고고학과 한국상고사의 제문제

최성필 지음

고고학과 한국상고사의 제문제

지은이__최정필
펴낸날__2010년 2월 25일
펴낸곳__주류성출판사
주소__서울특별시 서초구 서초동 1308-25 강남오피스텔 1309호
전화__02-3481-1024
팩스__02-3482-0656
www.juluesung.co.kr
juluesung@yahoo.co.kr

값 25,000원

잘못된 책은 교환해 드립니다.
ISBN 978-89-6246-040-7 93900

※ 이 책은 세종대학교 2007년도 교내 연구비 지원으로 연구되었음.

고고학과 한국상고사의 제문제

책머리에

    필자는 신라천년의 고도 경주에서 태어나 유년시절을 보내면서 남들보다 비교적 일찍이 문화유산에 대해 눈을 떴고 이를 계기로 고고학과 만남이 시작되었다. 물론 필자가 고고학과 인연을 맺게 된 동기는 단순히 고향이 천년왕도이기 때문이라기보다는 평생을 우리민족문화유산의 발굴과 보존에 헌신하신 선친 (石堂 崔南柱)의 영향이 절대적이다. 학동시절부터 선친을 따라 땅속에 묻힌 역사의 징표를 찾아 서라벌의 산야를 헤매면서 흩어져있는 유적들을 수없이 답사할 기회를 가졌다. 유적지 마다 선친의 설명을 듣게 되니 이가 바로 필자에게는 첫 고고학 현장 수업이나 마찬가지였다. 당시 고고학과 미술사학 그리고 문헌사학의 차이점을 이해하지 못한 필자는 고등학교에 진학한 이후부터 장래의 길을 역사학에 두었다.

    고교를 졸업한 다음 대학사학과에 진학을 하였지만 남들처럼 체계적인 공부를 할 기회가 허용되지 않았다. 그러나 장래에 유학을 가서 고고학자가 되어야 한다는 생각은 늘 마음속에 지니고 있었다. 그러던 중, 1970년에 와서야 뒤늦게 김정배 교수님으로부터 고고학 개론수업을 그리고 최영보 교수님으로부터 서양지성사수업을 듣고 깊은 감화를 받아 미국유학의 길을 결심하게 되었다. 당시 김정배 교수님은 Gordon Childe와 Lewis Binford의 고고학개론서를, 그리고 최영보 교수님께서는 Sole Tax의 인류학개론서를 주셨기에 이를 기독교인들의 성경책처럼 매일 끼고 다녔다.

 위의 두 교수님의 가르침을 교훈삼아 20대 후반에 단지 미화 70불을 손에 들고 미국으로 건너간 필자는 혼신의 노력 끝에 불혹의 문전에 와서야 비로소 소기의 뜻을 이룰 수 있었다. 10여 년 동안의 학위과정생활에는 필설로 형언할 수 없는 혹독한 고생도 따랐지만, 인생에서 가장 값진 시간을 보내기도하였다. James Advasio 교수의 지도로 미국고고학에 입문하여 세계고고학계의 비상한 관심을 모은바 있는 Meadowcroft 고대 인디언 유적지에서 첫 현장발굴을 경험한 것은 무척 다행스러운 일이라 하겠다. 그 후 여름방학동안에는 미국의 발굴현장 기술을 배우기 시작하였고 학교로부터 재정지원이 없을 때는 미국동부지역 유적지의 발굴에 의존하여 학비와 호구지책을 해결하였다. 이렇게 발굴현장과 실험실에서 유물정리에 매달리다보니 자신의 논문과 관계된 연구를 등한시하게 되었다. 그러던 중 1970년대 후반에 다행스럽게도 Robert Drennan 교수가 피츠버그대학 인류학과교수로 부임해 왔다. 교수의 중미고고학, 농경문화 그리고 복합사회의 기원에 관한 강의를 수강한 이후 그의 인품과 학식에 감명을 받아서 전공을 중미고고학으로 바꿀 생각까지 하였다. 왜냐하면 1970년대와 1980년 초반 미국고고학에서 가장 인기 있는 논제는 농경문화와 복합사회의 기원과 발달에 관한 문제였다. Drennan 교수의 이론고고학 영향을 받고 그를 따라 멕시코의 Tehuacan 계곡으로 현장조사를 가서 두 여름철을 보낸 것은 일생동안 잊을 수 없는 필자의 고고학 행각이라 아니할 수 없다. Tehuacan 계곡은 옥수수의 기원문제 때문에 세계고고학도들 모두가 관심을 두고 있던 지역이다. 참고로 Drennan 교수는 그 후 분석고고학과 이론고고학에 끼친 연구공적을 인정받아 고고학자로서는 세 번째(?) 미국학술원회원으로 추대되어 현재 피츠버그대학에 재직하고 있다.

1980년대 초반 멕시코에서 학교로 돌아온 필자는 농경문제와 관계된 신석기문화를 전공하기로 결심하였다. 즉, Tehuacan 계곡에서 발생한 옥수수재배에 바탕을 둔 농경문화가 미국 동북부지역으로 전파되는 과정이 필자에게는 매우 흥미로운 논제로 부각되었다. 이러한 이유는 아마도 양자강유역에서 발생한 벼농사가 동쪽으로 한반도에 전파되는 과정과 흡사하다고 판단한 당시 필자의 착각에서 연유했다고 볼 수 있다. 지금은 부끄럽기 그지없으나 필자의 학위 논문도 위의 논제를 다루었고, 또한 이를 바탕으로 집필한 논문 4편을 SSCI에 등재된 미국학술잡지에 발표도 하였다. 그리고 남들보다 엄청나게 긴 힉위과정의 세월을 보내는 동안, 필자는 학부시절에 접하지 못했던 형질인류학과 문화인류학강의를 가능한 범위에서 많이 이수하고 또한 청강하여 인류학에 기초한 고고학자로서의 소양을 다져나갔다. 이러한 과정에서 10여년의 세월이 무정하게 흘러갔고 필자도 불혹이 넘어서야 정신을 차려 귀국하였다.

고고학에 대한 가르침과 연구의 열정을 가지고 세종대학으로 부임하였지만 필자가 가르칠 고고학 관계 과목은 하나도 개설되어 있지 않았다. 선택의 여지가 없었기 때문에 교양학부에 설강된 인류학개론을 주된 과목으로 하고 한국고대사, 고려사, 한국사상사 등을 수년 동안 가르쳤으니 학생들에게 죄스럽기 그지없을 뿐만 아니라, 필자의 꼴도 말이 아니었다. 필자가 지니고 있는 학식과 자료가 퇴색되기 전에 전공과 관계된 과목의 가르침을 고대하던 중에 서울대학교로 부터 강의 부탁을 받았다. 필자는 감사한 마음으로 이를 즉시 승낙하고 대학원에 "문화진화론"

그리고 학부에 "인류의 진화"과목을 출강하였다. 그러나 즐거운 마음도 잠깐이었다. 전임교수로서 당시 세종대학교의 과다한 책임시간과 타교 출강의 강의시간은 엄청난 육체적 정신적 부담으로 돌아와 다음해에는 서울대 출강을 포기할 수밖에 없었다. 고고학도로서의 본업을 찾아야한 다는 강박관념에 사로잡히기도 하였지만 현장을 누비고 다니던 미국시 절이 생각나서 발굴현장과 인연을 맺기 위해 당시 문화재관리국 책임자 와 담당자를 찾아 발굴을 문의하였으나 거절당했다. 한국의 땅과 발굴방 법은 미국 토질과 다르기 때문에 허락해 줄 수 없다는 너무나 황당한 이 유였다. 물론 1980년대 후반에는 현재의 사정과 판이하여 대학박물관이 단독으로 발굴을 수행하기란 쉬운 일이 아니었다. 너무나 보수적인 풍토 에서 제자리를 찾지 못하고 돌아다니는 필자의 모습을 척연하게 생각하 신 임효재 교수께서 서울대 박물관에서 발굴계획 중이던 오이도 패총발 굴에 조사위원으로 합류하라는 제안을 하셨다. 임효재 교수님의 주선으 로 필자가 오이도 현장에서 보낸 시간은 매우 유익하였다. 많은 시간이 흘렀지만 임 교수님께 다시 한번 감사의 말씀을 드리고 싶다.

1990년대 중반에 접어들어 대학원에서 고고학을 전공하겠다는 학생들 이 증가하였고, 더하여 고고학과 관계된 강의도 개설되었다. 그러나 우 리말로 출간된 고고학교재가 너무나 제한되어 있기에 필자는 세계선사 학을 포함하는 고고학개론을 약 1년에 걸쳐서 집필하기로 작정하였다. 그러나 집필을 시작한지 약 4개월 만에 예기치 않게 대학본부의 부름으 로 학장직을 맡게 되어 행정업무 때문에 집필 작업을 훗날로 미루었다. 남은 원고를 완성해야한다는 생각은 뇌리에서 떠나지 않았지만 계속되 는 행정보직과 필자의 게으름 때문에 현실은 필자의 이상을 수용하지 않 았다.

이 책에 상재된 1장과 2장은 위에서 언급한 고고학개설을 위해 오래전에 집필된 것을 수정 보완한 것이다. 그 내용은 평소에 필자가 생각하고 있던 "고고학은 유물과 유적을 바탕으로 과거사회 구성원들의 관념체계와 행위를 설명하는 학문이다"란 것을 전제로 고고학의 학문적 패러다임을 인류학의 틀 속에서 논의하였다. 물론 학문의 패러다임은 시간의 흐름에 따라 변천한다는 사실을, 그리고 한국고고학의 풍토가 인류학 보다는 역사학의 말미에 매달려있다는 사실을 필자는 잘 알고 있다. 고고학자 모두가 역사학자로 분류될 수 있기 때문에 고고학은 역사학의 한 분파이다. 그러나 고고학이 인류학으로 부터 이론을 차용하지 않는다면 철학을 지닌 학문의 한 분야로 성립될 수 없다고 본다. 이론을 배제한 고고학자는 학자이기보다 오히려 유물을 뒤지는 단순한 기술자에 불과하다.

3장은 기존에 출판된 한국고대사입문에 게재된 신석기편을 바탕으로 다시 집필한 것이다. 따라서 이는 연구논문으로 작성된 것이 아니고 신석기시대 연구의 현황과 과제라는 틀 속에 그간 진행되어온 연구사를 검토해 보았고, 필자가 평소에 중요하다고 생각하는 분야를 쟁점과 과제로 설정하였다. 쟁점과 과제로 다룬 분야는 중서부지역 빗살무늬토기의 기원, 농경문화의 기원과 전개 그리고 신석기시대의 주민구성에 관한 문제다. 물론 3장의 내용은 위의 3가지 문제를 규명하는 데 있는 것이 아니고, 단순히 문제점을 제기하는데 그 목적을 두었다. 필자가 제기한 빗살무늬토기와 농경문화 그리고 주민구성문제는 얼핏 보면 별개의 문제로 생각되겠지만 사실은 서로 연계되어 있는 문화요소다. 따라서 4장과 5장, 그리고 8장에 논의된 내용의 일부가 여기에 정리되어있다.

4장은 우리민족문화의 기원을 인류학적 시각에서 다루었다. 따라서 연구는 민족의 기원을 규명하는데 목적을 둔 것이 아니라 기존의 연구를 비판적 시각에서 분석하는데 초점을 모았다. 종래의 설에 의하면 우리민족은 신석기시대에는 시베리아로부터 이주해온 고아시아족 그리고 청동기시대에는 북방에서 내려온 퉁구스족 또는 예맥족으로 교체되었기 때문에 민족의 형성은 이원적 교체론에 그 뿌리를 두어야 한다는 논리이다. 필자는 문화전파론에 입각한 민족의 이원적 교체론을 부정하고 고고학, 문화인류학 그리고 형질인류학적 관점에서 한반도에 전개된 선사문화의 연속성을 주장하고 싶다. 아울러 민족의 기원을 규명하는 작업은 현대인류학의 방법론에 부합되지 않는다는 사실을 강조하였다.

  5장은 반월형석도에 관한 문제를 벼농사의 전파와 연결하여 논의해 보았다. 오래전 대우재단에 연구비를 신청할 기회가 주어졌을 때 세계의 농경문제를 바탕으로 저서를 집필할 계획을 세웠다. 필자는 당시만 해도 원시농경에 관한 많은 자료를 섭렵하여 국제학술지에 이따금 발표를 하였다. 그러다가 근자에 와서 정년을 눈앞에 두고 이를 다시 정리하여 한 권의 책으로 출간하려 했으나 이것마저 여의치 못했다. 기존의 졸고를 추려보니 인용한 자료가 낡아서 부족하기 그지없으나 농경도구에 관한 내용은 편집하여 여기에 실었다. 농경문화에 대한 필자의 견해는 변함이 없다. 한반도의 농경문화는 이주민에 의해 전파된 것이 아니고 중기 신석기시대 중서부 인들이 변천하는 자연과 사회환경에 적응하기 위해 채택한 하나의 생계수단이다.

  6장과 7장은 복합사회의 기원을 다루었다. 그간 한국사에서 복합사회의 기원문제는 주로 문헌사학자들에 의해 논의되었다. 뒤이어 일부고고학자는 한국의 지석묘사회가 족장사회라는 점을 신진화론에 기초하여 설명한 적이 있다. 그러나 이러한 고고학자들의 지론은 한 문화인류학자의 반론이 제기되자 거의 폐기상태에 달하게 되었다. 한 가지 흥미로운 사실은 언론을 통해 화려하게 등장하던 기라성 같은 고고학자들이 수없이 많았으나, 이들이 문화인류학자에 대해 반격을 취하는 모습은 전혀 찾아 볼 수 없었다는 점이다. 이에 필자는 과정주의 고고학과 연계된 신진화론을 보다 체계적으로 소개하고 나아가 복합사회의 속성을 분석하여 한국고대사에 접목해 고고학자로서 지론을 피력해 보았다.

8장은 그동안 관심을 보여 온 농경문화에 대한 견해를 정리하여 필자가 주 저자가 되어 토론토 대학의 Martin Bale씨와 함께 수년전 국제학술지에 발표한 내용이다. 한국어로 번역을 시도하였으나 여의치 못하여 본서에 상재하는 것을 그만 두려고 했으나, 이 글이 게재된 외국학술지를 국내에서는 쉽게 접할 수가 없기에 본서의 부록으로 엮어서 소개하고자 한다.

위에서 설명한 바와 같이 이 책의 앞장은 고고학개론서 용으로 집필된 것이고 나머지 부분은 종래에 발표된 논문을 수정 보완하였기에 마치 용두사미처럼 저서로서 미진한 점 그지없어 심히 염려가 된다. 이점 독자들의 깊은 해량이 있길 기원하는 바이다. 끝으로 이 보잘것없는 책의 출판을 허락해 주신 주류성 최병식 사장님과 원고를 정리해주신 주류성편집 팀들에게 감사드린다.

2010년 2월
집현관 연구실에서
최정필

차 / 례 /

제 I 장 | 선사문화의 접근 ····· 17

1. 선사시대 ····· 17
2. 고고학과 선사학 ····· 20
3. 고고학과 역사학 ····· 23
4. 고고학과 인류학 ····· 25
   1) 체질인류학 ····· 27
   2) 문화인류학 ····· 28
5. 고고학의 학문적 목표 ····· 31
   1) 문화사의 복원 ····· 32
   2) 과거사회의 생활양식 설명 ····· 34
   3) 문화의 변천과정 설명 ····· 36
6. 고고학과 문화 ····· 38

제 II 장 | 고고학의 발달 ····· 43

1. 19세기 이전 ····· 43
2. 19세기 ····· 53
3. 20세기 초반 ····· 73
4. 1960~2000년 ····· 82
   1) 신고고학과 후기과정주의 ····· 82
   2) 후기과정주의 ····· 89
   3) 젠더 고고학과 경관고고학 ····· 96

제Ⅲ장 | 신석기 연구의 현황과 과제 ········· 101

1. 머리말 ··· 101
2. 연구사적 검토 ··································· 104
3. 쟁점 및 검토 ···································· 114
   1) 토기의 전파와 편년문제 ················· 115
   2) 농경의 제문제 ······························ 121
   3) 주민구성문제 ······························· 132
4. 과제 및 전망 ···································· 135

제Ⅳ장 | 인류학상으로 본 한민족 기원연구의 재검토 ········· 141

1. 머리말 ··· 141
2. 형질인류학과 한민족의 기원 ·············· 145
   1) 인종과 형태학적 분류의 문제점 ······· 146
      (1) 피부색 ··································· 148
      (2) 두개골의 형태 ························· 151
      (3) 눈꺼풀의 형태 ························· 154
3. 한민족의 기원과 종족명칭 문제 ·········· 160
   1) 古아시아족 ··································· 161
   2) 퉁구스족 ····································· 166
4. 고고학과 한민족의 기원 ···················· 172
   1) 신석기시대와 고아시아족 설 ··········· 174
   2) 청동기시대와 주민교체 설 ············· 180
5. 맺음말 ··· 184

제Ⅴ장 | 농경도구를 통해 본 한국 선사농경의 기원 ·········· 189

1. 머리말 ·········· 189
2. 한반도 원시농경문화의 전개 ·········· 192
3. 도작의 발생과 농경도구 ·········· 200
4. 반월형 석도 ·········· 206
   1) 장방형석도 ·········· 208
   2) 즐형석도 ·········· 210
   3) 어형석도 ·········· 212
   4) 주형석도 ·········· 214
   5) 삼각형석도 ·········· 217
5. 맺음말 ·········· 218

제Ⅵ장 | 신진화론과 한국상고사 해설의 비판에 대한 재검토 ·········· 223

1. 머리말 ·········· 223
2. 문화진화론의 역사적 배경 ·········· 227
3. 신진화론과 문화단계의 분류문제 ·········· 230
4. 족장사회(Chiefdom) ·········· 248
   1) 문화단계로서의 족장사회 ·········· 249
   2) 족장사회의 식별과 적용문제 ·········· 253
   3) 족장사회의 연구현황 ·········· 261
5. 맺음말 ·········· 268

제Ⅶ장 | 한국 상고사와 족장사회 ·········271

1. 머리말 ·········271
2. 족장사회의 성향과 최근 연구경향 ·········274
3. 족장사회와 지석묘 ·········287
4. 맺음말 ·········304

부 록

제Ⅷ장 | DEVELOPMENT OF SUBSISTENCE PATTERNS IN NEOLITHIC CULTURE IN KOREA ·········309

Introduction ·········309
I. The Bissalmuneui Period ·········311
II. Perspectives on Hunter-Gatherer Subsistence and Small-Scale Cultivation ·········314
III. Post-Pleistocene Environment and Social Conditions on the Korean Peninsula ·········317
IV. Subsistence and Settlement in the Early Bissalmuneui Subperiod ·········326
V. Subsistence in the Middle Bissalmuneui Period ·········338
Discussion and Conclusions ·········344

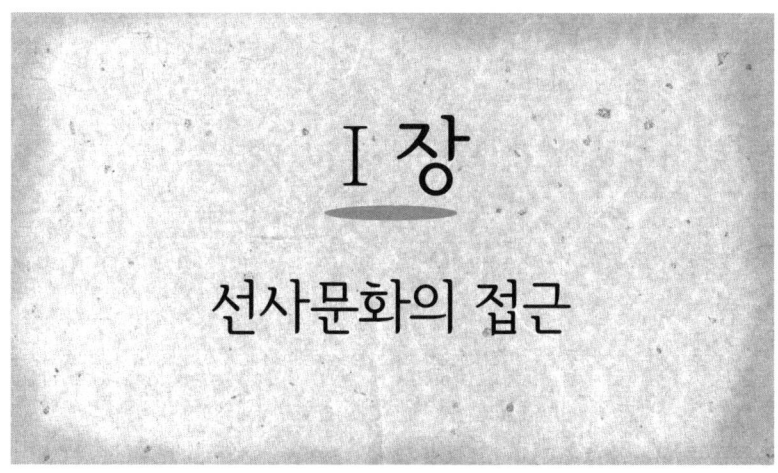

I장 선사문화의 접근

1. 선사시대

  인류는 약 6백만년 이상을 지구상에 존속해 왔으나 문자로 기록을 남기기 시작한 것은 불과 5천년전의 일이다. 초기의 문자사용은 서남아시아의 수메르(Sumer)사회에 한정되어 있었지만, 뒤이어 고대 이집트와 북중국의 상문화 그리고 미신대륙의 마야(Maya)인들은 외부로부터 영향을 받지 않고 각각 독자적으로 문자를 개발하였다. 그리고 최근에는 인도의 하라파(Harappa)문화에서도 약 5천5백년 전에 문자가 발명되었다는 설이 제기되고 있다. 이렇게 시작된 문자는 인류역사가 복합사회로 진입하게 되자 점차로 보편화되었다. 문자를 통한 인간생활의 기록은 지역에 따라서 시간적 차이가 두드러지게 나타나고 있다. 예컨대 서남아시아 지역처럼 5천년 이상 된 곳이 있는가 하면, 아프리카나 북미대륙 원주민사회를 비롯한 여러 집단의 경우에는 근대 서구문명이 침투하기 이전까지도 문자가 존재하지 않았다.

역사학과 고고학이 정의한 선사시대의 개념은 지구상에 인간이 탄생한 이후부터 고대 문자의 출현 이전까지를 의미한다[1]. 이러한 시간적 개념의 정의에 대하여 자연과학, 특히 지질학에서는 견해를 달리하여 지구가 형성된 이후를 선사시대의 기점으로 보고 있다. 그러나 본서에서는 인간의 역사를 다루고 있기 때문에 당연히 역사학과 고고학이 설정한 선사의 개념을 택하겠다. 역사시대 및 선사(prehistory)란 용어가 학계에 처음 소개된 것은 진화론이 구체적으로 논의되기 시작한 19세기 중반 무렵이다. 1833년에 프랑스 학자 트루날(Tournal)은 그의 논저 "인류의 시대"에서 역사학의 시간적 개념을 선사시대와 역사시대로 분류하였고, 1851년에 영국학자 윌슨(Wilson)은 선사 또는 선사시대를 한 민족의 문화사에 구체적으로 적용시켰다. 그는 선사학을 통해서만 각 민족의 고대 역사를 완전히 복원할 수 있다고 주장하였다[2].

그러나 이들 초기 학자들이 사용한 용어 선사(prehistory)에 대해 다소 반론이 제기되기도 하였다. 즉, "역사"란 단어는 이미 학계에 통용되어 왔기 때문에 역사 이전의 역사는 존재할 수 가 없다는 것이다. 따라서 일부 학자들은 "선사"라는 어휘 설정에 모순을 지적하고 이를 차라리 선문(시대)사(preliterate-history)라고 부르는 것이 타당하다고 주장하였다.

19세기 학자들이 정의한 선사시대 및 선사학의 개념은 20세기에 접어들어서도 그대로 수용되었으나 한편으로는 선사시대와 역사시대가 서로 만나는 시간적 공백기의 처리 문제가 대두되었다. 즉 5천년전에 서남

---

1) Daniel, G., 1963, The Idea of Prehistory. New York: The World Publishing Co.
2) Wilson, T., 1899, The Beginnings of the Science of Prehistoric Anthropology. Proceedings of American Association for the Advancement of Science Vol. 48, Pp. 309~353.

아시아의 우룩(Uruk)문화에서 고대수메르어로 기록된 문자가 출현하였지만, 이는 벽돌에 단조롭게 새겨진 쐐기형 문자로 그림 문자의 범주를 벗어나지 못하기 때문에 깊은 뜻을 전달하기는 어려운 형편이다. 게다가 이러한 초기 기록들이 행정과 재정문제에 지극히 한정되어 있었기 때문에 당시의 구체적인 역사적 사실은 담고 있지 않고 있다. 서남아시아 지역에서는 쐐기형 문자가 5백년 이상 사용된 다음에 비로소 표준문자가 제정되었다. 그러므로 초기문자가 출현하여도 5백년 이상은 선사시대와 접하고 있다.

선사시대와 역사시대가 병행하는 또 다른 예는 원주민사회에서 많이 찾아 볼 수 있다. 이들 대다수의 사회는 20세기 초반까지 문자는 통용되지 않았지만, 원주민의 생활상을 설명하는 역사가 타민족에 의하여 기록되어 있다. 이러한 원주민들의 역사를 놓고 볼 때, 외부인들에 의하여 이들의 생활양식에 관한 기록이 이루어지던 시대를 역사시대라고 단정하기는 어렵다. 일부학자들은 위에서 설명한 선사시대와 역사시대가 접하는 시간을 선사시대의 범주에 포함시켜 이차적 선사(시대)(secondary prehistory) 또는 원사(시대)(protohistory)라고 칭한다[3].

각 민족의 역사에 따라 이차적 선사시대 또는 원사시대의 시간적 개념이 모호한 예도 많을 것이며, 이에 선사시대와 역사시대를 뚜렷한 연대기로 설정하여 구분하기는 어렵다고 하겠다. 참고로 우리나라의 경우에는 후기 고조선사회에서 삼한시대까지가 여기에 해당되지 않나 생각된다.

5백만년이란 긴 인류의 역사를 살펴볼 때, 인간은 99% 이상을 선사시

---

3) Daniel, G., 1955, Prehistory and Protohistory in France. Antiquity, Vol. 29, Pp. 209~214.
　Piggott, S., 1959, Approach to Archaeology. Cambridge: Harvard University Press.

대에 살았으며 또한 일부 민족들은 역사시대를 맞이하지 못하고 민족사의 종지부를 찍은 예도 많다. 그러므로 인류문화사에서 선사시대가 차지하는 역사적 의미는 실로 엄청나다고 하겠다. 이와 같은 장구한 선사시대의 인간생활을 규명하기 위해서 현대과학이 얻을 수 있는 열쇠가 바로 고고학이란 학문이다.

2. 고고학과 선사학

선사시대의 문화를 고고학, 역사 언어학 그리고 민족사적 연구방법을 통하여 총체적으로 연구하는 학문을 일반적으로 선사학이라 한다[4]. 미국의 경우 선사학은 고고학의 한 시대적 부분으로 간주된다. 인류의 역사를 선사시대와 역사시대로 구분하여 선사시대의 인간행위를 고고학적 방법론으로 풀이하는 것을 선사고고학이라 칭한다[5]. 따라서 선사학이란 용어는 독립된 학문의 한 분야로 간주되지 않는다. 그러나 선사학이 고고학의 한 분야로 적용되기 때문에 선사학과 고고학의 용어는 번갈라 사용된다. 유럽에서는 선사학을 역사학과 동일한 계통으로 보고 선사학의 범주 속에 고고학이 포함되어 있다[6]. 이는 선사학이란 용어를 하나의 독립된 분야로 채택할 경우에 결국 고고학은 선사학의 방법론에 지나지 않는다고 볼 수 있다.

---

4) Rouse, I., 1972, Introduction to Prehistory: A Systematic Approach. New York: McGraw-Hill, Pp. 3~6.
5) Rouse, I., 1972, ≪위의 책≫, P.6.
   Hole, F. & Heizer, 1973, An Introduction to Prehistoric Archaeology. New York: Holt, Rinehart & Winston, Inc.
6) Daniel, G., 1967, Editorial. Antiquity, Vol. 41, Pp. 169~173.

다음 장에 설명하겠지만 고고학이 과학적 학문의 한 분야로 출발한 것은 19세기 이후의 일이다. 그러므로 시간의 흐름에 따라서 학문의 패러다임도 많이 변천하여 왔다. 미국을 중심으로 하는 현대 고고학의 정의는 발굴과 지표조사에 의하여 수집된 유물과 유적을 과학적으로 분석하여 과거사회의 인간행위를 체계적으로 설명하는 행동과학이다[7]. 여기에서 유물과 유적의 개념은 인간행위의 결과로 인해서 표출된 모든 물질을 의미한다. 따라서 유물과 유적의 개념은 상당히 포괄적이다. 즉, 인간에 의하여 제작된 제반 생활도구, 장신구, 의기, 토기, 그리고 이들 용품들을 생산하던 작업장과, 집터, 무덤 등의 인공유물과 유적은 물론, 인간이 생활을 해결하기 위하여 자연으로부터 수렵한 동물의 뼈는 물론 채집한 야생 식물, 그리고 자연물질 역시 문화적 행위의 결과로 나타난 것이기 때문에 자연유물(ecofacts)로 간주되어 유물의 범주 속에 포함시킬 수 있다. 유물과 유적은 관념체계아 직결된 인간행위의 표현이다. 따라서 문자가 역사적 기록이라고 할 수 있다면 유물과 유적은 고고학적 기록인 것이다.

고고학의 시간적 연구범위는 앞에서 정의한 선사시대가 주 대상을 이루지만, 문자가 통용되었던 역사시대의 문화도 다루고 있다. 이를 선사고고학에 대칭하여 역사고고학이라 한다. 예컨대 우리나라 역사시대의 경우, 문헌과 금석문을 통해 역사가 전해 오고 있지만 이는 대부분이 특정인물과 사건중심으로 기록되어 있기 때문에 일반 민중들의 구체적인 생활양식을 알 수 없다. 이러한 상황에서 고고학은 역사적 기록을 보완해 준다.

---

7) Binford L. R., 1968, Archaeological Perspectives. In New Perspective in Archaeology.
   Trigger, B. G., 1970, Aims in Prehistoric Archaeology. Antiquity, Vol. 44, Pp. 26~37.

현대 고고학은 현재사회도 연구의 영역이 될 수 있다. 그 예로 1970년대 등장한 응용고고학의 한 주류인 민속지 고고학(ethno-archaeology)을 들 수 있다. 이는 구석기 시대의 문화를 이해하기 위하여 현재 존재하는 수렵-채집경제 사회를 민속지적 연구방법론에 입각하여 원주민들과 함께 생활하면서 물질문화(생활도구)속에 담겨진 인간행위의 여러 가지 양상을 연구한다[8]. 또한 선사문화와는 관계가 멀지만 1973년에 미국의 애리조나 대학이 시작한 현대인간의 쓰레기 분석 작업은 고고학을 통한 인간행위의 연구라고 할 수 있다. 대부분의 사회과학 분야들이 채택하고 있는 인간행위에 대한 연구방법론은 대체로 설문지를 통하여 행해지기 때문에 진실한 답을 얻기가 어렵다. "쓰레기 고고학"(garbage archaeology)은 미국의 애리조나 주에 위치한 중상층의 한 주거지역을 선정한 다음 각 가정에서 버린 쓰레기를 수거하여 실험실로 가져와 종류와 양을 분석하는 작업이다. 쓰레기 고고학의 목적은 마을사람들의 실지행위가 설문지 내용과 얼마나 차이가 있는가를 검증 하는 것이다[9].

앞에서 언급한 사실을 종합한다면, 고고학은 통시적 개념에서 선사고고학과 역사고고학으로 분류 할 수 있는 것이 특징이다. 그리고 선사학과 고고학의 기본적인 차이점은 시간적 영역과 학문을 수행하는 과정에서의 범주문제인 것이라 할 수 있다. 유럽의 학문적 관점에서 본다면 선사학은 고고학을 연구의 방법론으로 채택하여 역사학으로 연결되고 있다. 그러나 미국의 고고학은 시간적 영역에서 선사시대와 역사시대 양

---

8) Yellen, J.E., 1977, Archaeological Approaches to the Present. New York: Academic Press.
9) Rathje, W. L. & M. Schiffer, 1982, Archaeology. New York: Harcourt Brace J, Pp. 34~35.
  Rathje, W. L., 1974, The Garbage Project: A New Way of Looking at the Problems of Archaeology. Archaeology, Vol. 27, Pp. 236~241.

자를 연구의 대상으로 포함시켜 인류학의 한 분야로 자리를 잡고 있다[10]. 그리고 선사학의 연구범위는 선사시대의 문화에 한정되어 있기 때문에 고고학의 개념과는 다소 구별이 된다. 아울러 고고학의 학문적 범주는 발굴을 포함한 현장조사의 방법, 유물과 유적의 분석과 분류법, 연대측정법 등 기술적 방법론은 물론 과거사회의 인간행위를 설명하는 이론적 내용까지 다룬다. 따라서 고고학은 선사학의 기술적 연구 방법론이며 선사학은 고고학의 학문적 목표의 중심을 이루고 있는 것이다. 그러므로 본서에서는 고고학의 기술적 방법론을 제외하고 이론적 목표인 선사학을 다루었다.

앞에서 설명한 바와 같이 미국의 경우 선사학은 고고학의 범주 내에 속한다. 선사학의 개념을 보다 명확히 이해하기 위해서는 고고학의 학문적 위치 설정이 중요하다고 생각된다. 따라서 고고학과 가장 인접 학문으로 간주되는 역사학과 고고학의 모체 학문이라고 할 수 있는 인류학을 고고학과 연계시켜 논의해 보기로 하자.

3. 고고학과 역사학

인간의 과거사회를 연구한다는 관점에서 본다면 고고학은 역사학의 시간적 연속임에 분명하다[11]. 왜냐하면 인류의 역사를 크게 구분하여 선사시대와 역사시대로 나눌 수 있으며, 이에 고고학은 선사시대의 역사를

---

10) Spaulding, A. C., 1968, Explanation in Archaeology, In New Perspectives in Archaeology. Ed. By L. Binford & S. Binford, Chicago: Aldine, Pp. 5~32.
　　Binford, L. & S. Binford, 1968, New Perspectives in Archaeology. Ed. by L. Binford & S. Binford. Chicago: Aldine.
11) Courbin, P., 1988, What is Archaeology, Chicago: University of Chicago Press.

복원, 설명하는 학문적 목표를 지니고 있기 때문이다. 그러나 두 학문의 가장 큰 차이점은 과거사회의 연구에 관한 방법론을 결정하는 기본 자료의 문제이다. 즉, 역사학의 기본 연구 자료가 기록된 문자를 중심으로 이루어지는 반면에 고고학은 인간이 남긴 유물과 유적을 대상으로 한다. 유물과 유적들은 인간행위를 직접적으로 말해주는 것이 아니고 그 내용이 이들 속에 숨겨져 있기 때문에 고고학적으로 훈련된 학자들만이 풀이 할 수 있다. 한편 역사학자들은 과거의 사실을 직접 기록한 문자를 연구의 대상으로 하기 때문에 보다 정확한 내용을 이해할 수 있지만 역사적 기록의 해설에는 냉철한 사관을 가지고 편견이나 사실의 과장이 없어야 함은 물론이다.

다음으로 두 학문이 서로 다른 점은 사회의 구성원을 보는 관점이다. 역사적 기록은 대체로 한 사회의 왕을 중심으로 이루어진 특수계층 그리고 이들과 연관된 사건을 다루고 있으므로 자연히 한 시대 또는 사건의 중심인물로 등장하는 특정인을 중요시 하고 있다. 주지하는 바와 같이 한 시대의 특정사건은 소수 또는 한 사람에 의하여 그 역사가 좌우되어 온 것처럼 기록되어 있으나 사회를 대표하는 상위문화 자체는 민중의 행위 속에 담겨져 있다. 따라서 역사학은 민중이나 집단의 개념이 결여된 반면에 고고학에서는 한 사회를 대표하는 것을 민중이라 보고 이를 강조하고 있다. 역사학이 문헌 사학의 범주를 넘어서 선사시대까지 포함된다고 간주하면 고고학은 분명히 역사학의 한 분야로 분류된다. 영국의 고고학자 다니엘(G. Daniel)이 역설한 것처럼 고고학자는 바로 역사학자이며, 만약 다른 점이 있다면 전자가 유물과 유적을 대상으로 하고, 후자는 문자를 중심으로 과거사회를 설명하는 것이다[12].

---

12) Daniel, G., 1967, Editorial. Antiquity, Vol. 41, Pp. 169~173.

고고학이 인류학 또는 역사학의 한 분파이냐에 대해서는 세계의 각국 간에 논란이 많다. 미국의 학계는 고고학이 인류학을 떠나서는 성립될 수 없다고 주장하고 있는 반면에[13], 영국은 역사학과 연결시키면서 보다 독립적인 하나의 학문으로 취급한다[14]. 반면, 한국과 일본은 역사학의 보조학문으로 발을 맞추고 있다. 고고학의 학문적 위치는 인류학 속에 포함될 때 보다 과학적인 학문으로서 이론적 배경이 성립된다. 그러나 이를 독자적인 학문으로 생각한다면 너무나 많은 이론과 방법론을 인류학으로부터 얻어 오는 실정이다. 한편 고고학은 학문적 목표에서는 역사학과 일치하는 점은 사실이나 역사학적 방법론으로서는 고고학을 해결할 수 없다.

4. 고고학과 인류학

고고학은 유물과 유적을 바탕으로 과거사회의 문화를 연구대상으로 하기 때문에 인류학의 한 구성분야로 취급되기도 한다. 그러면 고고학의 학문적 위상을 보다 폭넓게 이해하기 위하여 인류학의 개념을 살펴보자.

인류학은 인간의 체질과 문화를 연구하는 학문이다. 이를 보다 구체적으로 정의한다면 인간의 체질과 인간이 창조한 문화의 변천과정과 현재 존재하는 각 민족의 체질과 문화의 다양성을 비교 검토하여 법칙을 설명하고 문화적 편견을 없애는데 그 목적이 있다.

인류학이 타학문과 구별되는 점은 연구대상 범위, 사물을 보는 관점

---

13) Willey, G. & P. Phillips, 1958, Method and Theory in American Archaeology. Chicago: University of Chicago Press.
14) Clark, G., 1970, Aspects of Prehistory. Berkeley: University of California Press.

그리고 방법론이 독특하다. 인류학의 연구대상은 인간의 체질과 문화이다. 물론 위와 같은 연구대상을 바탕으로 형성된 학문은 많이 있다. 그러나 인류학은 연구범위가 광범하다. 어느 특정 시기나 지역에 한정되지 않고 시간과 공간에 구애됨이 없이 지구상에 존재했던 그리고 존재하는 인간사회를 연구하는 것이 특색이다. 이를 위하여 인류학자들은 수 백 만년 또는 수 천 만년전의 영장류 화석을 검토하여 인간의 진화계보를 밝혀내고 현재인간 집단의 다양체질을 설명한다. 또한 고대의 유적지를 조사 발굴하여 인류 문화의 변화과정을 설명함은 물론 원주민사회를 비롯한 현존하는 사회를 참여관찰법을 통하여 이들의 문화를 체계적으로 기술하는 방법론을 지닌다.

　인류학은 사물의 현상을 설명하는 관점이 총체적(holistic approach)이어야 한다. 사물의 한 현상을 연구하기 위하여 사물을 구성하고 있는 제반 요소들을 서로 분리시켜서 분석한다면 사물이 내포하고 있는 전체적 개념을 이해할 수 없다. 총체적 접근의 개념은 사물을 구성하는 제반요소들이 상호 연관되어 있기 때문에 이를 서로 연결시켜서 전체의 개념을 파악하는 것이다. 예컨대 인간의 진화과정은 체질과 문화 그리고 자연환경이 서로 밀접한 관계가 있다. 또한 인간사회 자체의 연구 경우에도 사회의 역사, 자연환경, 가족제도, 취락형태, 정치, 경제제도, 종교, 예술, 그리고 언어형태 등 사회를 구성하는 요소를 서로 연결시켜서 총체적으로 다루어야 문화 전체를 파악 할 수 있다.

　다음으로 인류학은 문화상대론(cultural relativism)에 입각하여 문화를 해설한다. 즉, 자민족 중심의 편견을 버리고 타민족의 입장에 서서 그 문화를 이해하는 관점을 갖고 있으므로 아무리 보잘 것 없는 민족의 문화라 할지라도 한집단의 문화에는 기능과 역사적 가치가 부여되어 있기 때문에 문화를 소유한 민족자체로 보아서는 모두가 의미있고 소중한 것이라 하겠다. 그러므로 문화 상대론적 견지에서 본다면 민족의 우월성이나 열등성은 성립되지 않는다.

마지막으로 인류학은 학문에 접근하는 방법론이 독특하다. 물론 인류학을 구성하고 있는 제반분야에 따라서 차이는 다소 있지만 대체로 현지조사(field work)를 통하여 자료가 수집되어야 한다. 현지 조사의 개념은 발굴과 지표조사를 근간으로 하여 과거사회를, 그리고 관찰하고자 하는 집단의 주민과 함께 생활하면서 현재사회를 연구함을 말한다.

1) 체질인류학

인류학은 연구대상이 인간의 체질과 문화이기 때문에 체질인류학(physical anthropology)과 문화인류학(cultural anthropology)으로 크게 구분된다. 체질인류학은 인류의 출현과정과 진화, 그리고 현재 존재하는 인간집단의 체질적 상이성을 연구하는 학문이다[15]. 체질인류학은 다시 세분화되어 영장류학(primateology), 고인류학(paleoanthropology), 인간생물학(human biology) 등 세 가지 명제에 연구의 중점을 두고 있다.

영장류학은 인류의 탄생을 진화론에 가설을 두고 현존하는 영장류의 동물들은 인간과 동일한 조상에서 분리 진화되었다고 설명하며 과거의 인간체질과 행위를 화석만을 가지고는 이해하기 곤란하기 때문에 침팬지나 원숭이 등의 집단을 연구한다. 이들 연구에 의하면 레무, 타시에, 로리세스 등의 프로시미(Prosimi)과는 영장류 중에서 인간과 가장 거리가 먼 것으로 약 4천만년 이전에 분리·진화되었고, 침팬지, 고릴라, 기븐, 그리고 오랑우탄으로 형성되는 유인원(apes)은 인간과 가장 밀접한 것

---

15) Weiss, M. S., & Mann, A. E., 1988, Human Biology and Behavior. Boston: Foresman/Little, Brown.

으로 불과 6백 만년에서 1천 2백 만년전에 분리·진화된 것으로 추측하고 있다.

다음으로 고인류학 분야는 인과(Hominid : 현생인류를 포함하여 과거에 존재했던 모든 인류계통을 칭함)의 진화과정을 설명하고 역사적 계보를 설정한다. 예컨대 약 5백 만년전에 출현한 아르디피테쿠스(Ardipithecus)와 4백 만년전의 오스트랄로피테쿠스(Australopithecus)는 이미 직립하여 손과 팔의 운동이 비교적 자유로웠으며 이들 중 한 갈래가 2백 5십만년전에 호모속으로 진화하게 된다. 도구를 제작하게 된 인간은 두뇌의 용량이 증가되고 계속 진화를 거듭해 왔으므로 시간에 따라서 인간의 체질이 변천해 온 것을 설명함은 중요한 명제라 할 수 있다. 인간의 체질은 행위와 직결되어 있으므로 화석화된 인골은 물론, 인간이 남긴 유물도 다루어야 하기 때문에 이 분야는 고고학적 연구와 함께 이루어져야 한다.

끝으로 인간생물학을 연구하는 학자들은 현존하는 인간집단의 신체적 특징을 생물학과 인간생태학의 개념을 가지고 접근한다. 오늘날 지구상에 살고 있는 모든 사람들은 호모 사피엔스 사피엔스(Homo sapiens sapiens)라는 동일한 종인데도 불구하고 다양한 신체적 특징을 보이고 있다. 종족에 따라서 피부색, 머리카락의 형태, 얼굴 생김새, 등의 신체적 구조는 물론 일정한 병에 대한 면역성 등이 서로 다르게 나타난다. 이러한 현상을 설명하는 것이 인종의 다양성에 대한 연구이며, 이는 특히 민족 간의 편견을 없애는데 중요한 과제이다.

2) 문화인류학

문화인류학은 자학문으로서의 문화인류학과 고고학 그리고 언어인류학으로 분류된다. 문화인류학은 현존하는 문화와 역사적 기록이 충실한 근대 사회의 다양한 문화를 연구하여 문화 간의 상이성과 상사성을 비교·검토한다. 따라서 문화의 법칙과 변동을 설명하는 학문이라고 할 수 있다. 문화인류학의 시간적 영역은 한 민족의 풍습이 잘 기록된 근대사회로부터 현재사회까지 포함된다. 여기에서 근대사회란 개념은 현대문명이 침투한 이래의 원주민사회를 가리키며 이들 사회는 문자가 통용되지 않았으나 외부인에 의해서 그들의 풍습이 기록되어 있다.

문화인류학의 주 관심대상은 가족 및 친족제도, 사회조직, 경제체제, 정치조직, 법질서, 종교, 언어, 인성 및 문화이론을 포함한다. 따라서 문화인류학은 정치인류학, 경제인류학, 종교인류학 그리고 심리인류학 등으로 구성되어 있다. 한편 문화인류학은 시간적 영역과 방법론적 시각에서 민속지(ethnography), 민족학(ethnology) 그리고 민족사(ethnohistory)로 나눌 수도 있다. 민속지는 연구자가 현존하는 일정한 사회집단을 선정하고 그곳에 들어가서 보통 1년에서 2년가량 현지 주민들과 함께 생활하면서 그들의 생활양식을 관찰하고 자료를 수집하여 이를 체계적으로 기술하는 것을 말한다. 그러므로 민속지를 통해서 얻어진 문화의 기술은 문화인류학의 가장 기본이 되는 자료이며, 문화를 비교론적 관점에서 보지 않은 것이 특징이다.

반면에 민족학은 비교문화론적 개념을 지니고 있으므로 민속지의 자료를 서로 비교·연구하여 문화의 이론이나 가설을 정립한다.

민족사는 사회의 변동에 관심을 갖기 때문에 민속지와는 달리 과거사회를 연구하여야 한다. 자료수집의 방법은 원주민사회를 직접 여행했거나 거주했던 선교사, 탐험가, 무역상들의 견문록과 식민지를 개척하는 과정에서 기록된 열강들의 정부문서를 바탕으로 한다. 민족사는 문헌사학과 연구방법론에서는 동일하지만 주관심 대상은 사회변동에 있으며 아울러 주민자체가 아닌 외부인에 의해서 기록된 문헌을 연구하는 것이 특이하다.

고고학은 유물과 유적을 대상으로 인간의 역사와 행위를 연구하는 학문이란 것을 이미 앞에서 언급하였다. 고고학과 문화인류학의 개념은 비슷하다고 하겠으나 차이점이 있다면 전자가 과거사회를 연구하는 반면에 후자의 경우는 주로 현재사회의 인간행위에 관심을 둔다는 점이다.

언어인류학(linguistic anthropology)은 언어의 변천과정과 현존하는 민족 언어의 구조를 연구하여 통시적 면에서 각 언어 간의 계보를 파악한다. 그러므로 언어인류학은 한 민족의 형성, 이동 및 변천과정은 물론 현존하는 제민족의 문화권을 설정하는데도 주요한 역할을 한다. 영국의 경우에는 언어인류학을 인류학의 구성분야로 취급하지 않는 경향이 있지만 언어가 바로 문화의 한 요소란 것을 부정할 수 없다.

고고학의 학문적 위치를 이해하기 위하여 인류학의 총체적 개념을 간략하게 살펴보았다. 앞에서 정의한 인류학의 특성을 음미한다면 고고학은 인류학의 기초 위에서 하나의 학문으로 성립될 수 있다. 인간의 체질과 지적인 수용능력은 상호관계에 있으므로 체질인류학을 배제한다면 구석기시대의 연구가 어려울 것이다. 그리고 민속지의 연구를 염두에 두지 않고 유물만을 가지고 한 집단의 생활양식을 풀이하는 데는 곤란한 점이 따르게 된다. 아울러 언어인류학은 경우에 따라서 한 민족의 기원과 이동문제를 해결하는데 단서를 제공하기 때문에 선사고고학에 많은 도움을 줄 수 있다. 더하여 고고학은 진화론, 역사적 특수론, 구조기능론 그리고 문화유물론과 같은 학문적 이론의 배경을 인류학에 의존하고 있다[16]. 따라서 고고학은 인류학 속에 위치하면서 단지 시간적 영역면에서

---

16) Binford, L., 1972, Archaeology as Anthropology, In Contemporary Archaeology. Ed. by P. Leone, Carbondale: Southern Illinois University Press, P.96.

과거사회를 연구한다는 점이 특이하다.

지금까지 설명한 것처럼 고고학을 인류학의 한 분야로 다루는 학풍은 지난 한 세기 동안 미국학계를 중심으로 이루어져 왔다. 그러나 영국을 중심으로 유럽에서는 고고학을 인류학과 집적 연관 시키지 않고, 보다 독립된 학문으로 다루고 있다. 이와 같이 학문을 보는 시각의 차이점이 달리 형성된 이유는 두 지역의 역사적 배경과 학문의 과제가 서로 다르기 때문이다. 미국의 인류학이 형성된 배경은 인디언 사회의 연구에서 기인한 것이다. 현재의 인디언 문화를 연구하기 위해서는 반드시 과거 사회를 이해하여야 하며 반대로 과거를 알기 위해서는 현재의 문화도 중요하다는 점을 파악하였기 때문이다. 따라서 같은 지역에 장기간 살아 온 인디언 연구의 경우 고고학은 인류학의 시간적 연속이라고 주장함이 당연하다. 유럽의 경우는 민족의 이동이 많았기 때문에 현재와 과거를 연결하는 문화의 동질성이 희박하다. 이러한 관점에서 볼 때, 우리나라는 현재와 과거사회를 연결하는 역사적 의식이 너무나 뚜렷한 문화지역이다. 그러므로 고고학은 역사학과 연계를 갖는 한편 반드시 인류학 속에 포함되는 것이 바람직하다.

5. 고고학의 학문적 목표

고고학의 개념을 보다 명확하게 이해하기 위해 현대고고학의 목표를 정의할 필요가 있다고 생각된다. 호고주의(antiquarianism)에 입각한 부호들의 유물수집 운동에서 출발한 고고학은 19세기와 20세기 초반을 거치면서 하나의 과학적 성격으로 발달하게 되었고 아울러 연구의 목적이 설정되기 시작하였다.

지금까지 정리된 고고학의 연구목적은 기술적인 측면과 이론적 측면으로 분류할 수 있다. 기술적인 측면은 첫째, 유물과 유적을 발굴 복원하고, 둘째, 박물관 또는 수장가에 의해서 소장된 유물을 형식과 연대기에 따라서 분류 진열하고, 셋째, 보고서를 발간하는 것이다[17]. 이러한 기술적 목표는 학자 또는 지역에 따라서 아직도 강조되고 있지만 학문으로서 철학적 이론이 결여되어 있는 관계로 현대 선사학 내지 고고학과는 거리가 멀다고 하겠다.

한편 인류학에 기초한 이론적 목표를 요약하면 과거 인간사회의 문화를 이해하고 각 문화 사이의 유사성과 상이성을 규명하여 문화의 법칙을 설명하는데 있다[18].

앞의 내용을 좀 더 구체적으로 분석하면 1) 문화사의 복원, 2) 과거사회 생활양식의 설명 그리고 3) 문화의 변천과정에 대한 설명으로 나눌 수 있다. 이들 중에서 문화사의 서술과 생활양식의 복원문제는 세계 고고학이 지난 한 세기 동안 추구해온 반면에, 문화의 변천과정을 설명하는 명제는 1960년대 말부터 미국의 소장 학자들에 의해서 제시되었다.

1) 문화사의 복원

기독교의 창세기설은 19세기 초반까지 학계를 주도해 왔다. 당시 대부

---

17) Rouse, I., 1972, ≪앞의 책≫.
　　Watson, P. J., 1973, Explanations and Models: The Prehistorian as Philosopher of Science and the Prehistorian as Excavator of the Past. In The Explanation of Culture Change. Ed. By C. Renfrew. Pittsburgh: University of Pittsburgh Press, Pp. 47~52.
18) Hole, F. & Heizer, 1973, An Introduction to Prehistoric Archaeology. New York: Holt, Rinehart & Winston, Inc., Pp. 11~12.

분의 학자들은 지구를 비롯한 만물의 역사를 6천년 이상으로 올려보지 않았으며 인간의 문화는 시작부터 농사를 짓고 발달된 기술을 소유한 복합사회로 형성되어 있었다고 주장하였다.

그러나 스펜서와 다윈을 중심으로 정립된 진화론과 고고학적 발굴의 성과로 인류의 역사는 성경에 기록된 것 보다 오래되었고 그 연대는 적어도 수백만년 이상을 거슬러 올라간다는 논의가 제기되었다. 그리고 인류의 역사 대부분이 수렵-채집경제에 의존하였다는 사실이 서서히 밝혀짐에 따라 학자들은 선사문화의 연대기에 대한 관심을 가지기 시작했다. 예컨대, 언제, 어디에서 현생인류가 처음 출현하였으며, 농업과 목축을 바탕으로 하는 농경사회와 다음 문화단계인 '복합사회는 몇 년 전에 형성되었을까' 라는 문제에 의문을 품었다. 아울러 선사시대 종족 또는 집단간의 문화적 상호관계에 관한 연구도 중요한 과제로 등장했다. 인류문화사의 서술은 위와 같은 명제를 바탕으로 문화의 형태를 시간과 지역에 따라 분류하여 지역사와 민족사를 복원하는 것이 목적이다[19]. 이러한 관점에서 볼 때, 문화사의 복원에서는 발굴을 통해 수집된 유물과 유적의 연대 측정법 및 형식의 분류가 가장 중요한 방법론이다. 따라서 역사의 변천을 설명하는 데 중점을 두지 않고 단순히 서술 또는 나열하는 것이 주된 이론이라 하겠다.

고고학의 목표가 문화사의 복원이라고 주장하는 학자들은 언제 무엇이 생겨났다는 문화의 서술에만 그치게 됨으로 문화의 변천과정을 설명하지 못하는 것이 큰 약점이라고 볼 수 있다. 문화사 복원의 또 다른 문제점은 서구문명을 중심으로 문화의 진화단계를 설정하고 모든 인류문화는 보다 편리한 삶을 추구하기 위해 필연적으로 서구문명의 단계로 진

---

19) Spaulding, A. C., 1968, Explanation in Archaeology, In New Perspectives in Archaeology. Ed. by L. Binford & S. Binford. Chicago: Aldine. Pp. 33~40.

화한다는 역사인식 때문에 문화적 편견을 지닐 수도 있다[20]. 비록 문화사를 복원하는 고고학적 목표가 어느 정도 문제점이 있다고 하더라도 선사문화를 이해하는데 크게 공헌하였다는 사실을 부정할 수 없다.

2) 과거사회의 생활양식 설명

지난 한 세기 동안 세계 고고학의 추세는 과거 인간의 식생활, 기술, 주거형태, 계절에 따른 이동상황, 그리고 장법 등 생활양식을 복원하는데 연구의 초점을 두었다. 대체로 고고학자들은 발굴된 유물과 유적을 현재 존재하는 여러 민족의 생활양식과 서로 비교하여 이로부터 과거의 문화를 유추하고 다시 추론과 자신의 판단으로 과거사회의 생활양식을 설명한다[21].

만약 강변의 한 유적지로부터 토기의 파편과 불에 탄 동물의 뼈를 비롯한 음식 찌꺼기가 잿더미 속에서 발견되고 그 주변에 기둥구멍으로 간주되는 것이 나타난다면 집자리로 추정하게 될 것이고, 이를 근거로 당시의 제반생활양식을 복원한다. 출토된 음식물과 생활도구를 자연환경과 연계하여 경제양상을 서술하고, 집자리의 형태와 경제생활의 비교에서 정주생활 또는 계절에 따른 방랑생활 등, 주거형태를 짐작할 수 있다. 아울러 유적과 유물을 민속지의 예에 비교하여 도구의 제작과정 및 직업의 분업 그리고 사회조직을 설명한다. 그러므로 고고학의 목표 중에서 과거사회의 생활양식 복원은 문화인류학의 민속지 분야와 동일한 개념

---

20) Dunnel, R. C., 1980, Evolution Theory and Archaeology. In Advances in Archaeological Method and Theory, Vol. 3, Ed. By M. B. Schiffer. New York: Academic.

21) Gould, R. A., 1980, Living Archaeology. Cambridge: Cambridge University Press.

이며 차이점이 있다면 시간적인 면에서 과거사회를 다루는 것이다. 이러한 이유 때문에 민속지고고학(ethno-archaeology)이란 방법론이 1970년대 말부터 선사학연구에 적용되기 시작했다[22]. 최근 세계의 많은 박물관들이 민속지고고학의 도움으로 과거사회의 생활양식을 총체적으로 복원하여 문화의 전모를 전시하고 있다.

과거 생활양식의 복원에 대한 방법론은 지난 30년 동안 눈부신 발전을 하였다. 고생물학과 지질학의 도움으로 화분 분석법이 개발되어 선사시대 자연환경 복원이 가능해지고 출토된 음식물 찌꺼기를 현미경으로 분석하여 경제생활을 이해할 수 있다. 그리고 수많은 유물을 층위와 유적지의 유형에 따라 전산으로 통계처리 하여 보다 정확한 과거생활의 실체에 접근이 가능하게 되었다.

비록 발달된 현대과학을 이용한다고 하더라도 수 천년, 수 만년 이전의 인간생활을 복원하는 작업은 결코 쉬운 일이 아니다. 특히, 민속지고고학을 응용하여 하나의 가설을 정립한다면 그 민족이 걸어온 역사적 맥락과 관련된 동일한 문화권의 경우에는 가설의 신빙도가 높다고 하겠다[23]. 생활양식의 복원에서 또 하나 유의할 점은 학자들의 과장된 추론과 상상이다. 과장된 추론은 객관성이 결여되어 과거의 문화를 올바르게 복원할 수 없다.

앞에서 논의한 문화사의 서술과 과거사회의 생활양식 복원은 현대 고

---

22) Gould, R. A., 1978, Explanation in Ethnoarchaeology. Albuquerque: University of New Mexico Press.
Gould, R. A., 1980, ≪위 책≫.
Binford, L. R., 1983, In the Pursuit of the Past. New York: Thames & Hudson.
Ed. By L. Binford & S. Binford, Chicago: Aldine, Pp. 1~4.
23) Yellen, J.E., 1977, Archaeological Approaches to the Present. New York: Academic Press.

고학의 목표로 설정되어 있지만 단순히 문화의 서술단계에 머물고 있는 형편이며 문화의 변천과정을 설명하지 못하는 것이 약점이라고 하겠다. 그러나 한국을 비롯한 아시아의 고고학계는 아직도 고고학의 목표를 유물의 양식을 연대기적으로 분류하고 문화사의 서술에 중점을 두고 있다.

3) 문화의 변천과정 설명

고고학은 과거사회의 문화를 연구하는 학문이다. 문화는 인간이 자연과 사회 환경에 적응하는 수단이기 때문에 시간에 따라서 항상 변화하는 속성을 지니고 있다. 따라서 문화의 변천과정을 설명하는 명제가 1960년대 후반부터 고고학의 목표로 부각되었다[24]. 문화의 변천과정을 연구하는 학자들은 과거 문화를 단순히 서술, 복원하는 차원을 넘어서 연역적 방법으로 논리를 전개하면서 "왜", 그리고 "어떻게"라는 질문의 답을 법칙으로 설명하는 것이 특징이다.

문화를 서술하는 것과 설명하는 것은 학문의 철학적 시각에서 엄청난 차이가 있다. 이를 보다 쉽게 이해하기 위해 한 예를 든다면 18세기와 19세기 진화론이 형성되는 과정에서 대두된 린네(Linnaeus)와 다윈(Darwin)의 생물학적 연구방법론에서 찾아볼 수 있다. 진화론이 정립되기 이전 18세기 학자 린네는 생물학의 연구목표를 생물의 생김새에 따라 과, 속, 종으로 분류하여 서술하였다. 반면에 진화론에 입각한 다윈은 분류보다 생물의 진화요인에 관심을 갖고 이를 자연선택설이라는 하나의 법칙으로 설명하는데 목적을 두었다. 이와 비슷하게 문화의 서술이 고고학의 목표라고 주장하는 학자들은 유물의 형식을 지역과 시

---

[24] Binford, L. & S. Binford, 1968, New Perspectives in Archaeology. Ed. by L. Binford & S. Binford. Chicago: Aldine.

간에 따라서 분류한다. 이들은 한 지역에서 출토된 유물을 다른 지역의 유물과 서로 비교하여 유사성과 상이성을 서술하거나 또는 "A"라는 형식의 유물이 "B"라는 유물보다 더 오래 되었다는 사실을 분류학적 관점에서 나열하는데 그치고 있다. 따라서 문화를 서술하는 학자들은 왜, 그리고 어떻게 이들 유물이 서로 다른 형태로 변화했는지, 또는 왜, 이들 유물이 동일한 형식으로 나타나는지 그 이유를 설명하지 않기 때문에 자연적으로 문화의 변천과정을 이해하지 못한다.

위와 같은 이유 때문에 문화의 변동과정을 설명하는 학파는 사회변동 그 자체에 관심을 갖고 단순히 '언제', '어디서' 보다는 '왜', 그리고 '어떻게' 수렵-채집경제 사회가 농경사회로, 또는 부족사회에서 국가사회로 변천하게 되었는가 하는 요인과 그 과정에 연구의 초점을 둔다.

신고고학이라 지칭되는 문화과정주의 학파는 고고학의 새로운 방향을 제시하면서 지난 40여년동안 문화변동요인에 관한 연구업적을 많이 남겼으나, 획일된 법칙은 규명하지 못하였다. 물론 인성이 내재되어 복합요소로 얽혀있는 인간의 역사를 생물학적 진화나 자연현상처럼 하나의 법칙으로 설명한다는 것은 무리가 있다고 생각된다. 그러나 여러 가지 주어진 가설을 설정하여 변인을 도출하고 이를 검증하는 방법은 바로 하나의 현상을 설명하는 것이기 때문에 바람직한 연구 경향이라고 하겠다. 다소 문제가 야기되고 있으나 앞에서 설명한 이유 때문에 문화의 변천과정을 설명하는 목표는 현대고고학의 지침이 되고 있다.

지금까지 열거한 세 가지 고고학의 목표는 서술과 설명의 모델로 분리시킬 수 있지만 상호보완 관계를 지니고 있다. 예를 들면 문화의 변천과정을 설명하기 위해서는 반드시 문화사와 일상생활양식의 복원이 필요하고, 반대로 후자만을 고집한다면 학문으로서 철학이 결여되어 있다고 생각된다.

6. 고고학과 문화

고고학은 유물론적 시각에서 인간이 남긴 물질을 바탕으로 과거의 문화를 총체적으로 연구하는 학문이다. 문화는 인간에 의해서 창조되어 왔으며 인간은 다른 동물과 달리 변천하는 자연환경과 사회환경에 전적으로 문화에 의존하여 적응해 왔다.

인류학자 화이트(Leslie White)는 문화를 인류역사의 전개과정에서 변천하는 환경에 적응하는 하나의 신체외적(extrasometic)인 수단으로 설명하고 있다[25]. 여기에서 신체외적 수단의 의미는 다른 동물들처럼 유전인자에 의해서 대부분이 결정되는 신체적 특징보다는 인간 특유의 사고력과 창조력 그리고 지적인 매체를 바탕으로 변천하는 자연환경에 적응하는 것을 뜻한다. 이렇게 볼 때, 인류의 역사는 인간이 문화를 창조하면서 시작되었고 인간이 창조한 문화는 다시 인간을 사회의 한 구성원으로 참여시켜 왔다.

고고학에서의 문화에 대한 개념은 문화인류학자의 설을 대체로 수용하여 한 집단의 공동 생활양식으로 풀이하고 있다. 공동 생활양식이란 뜻은 한 집단의 특징을 나타낼 수 있는 구성원들의 행위나 사고방식을 말한다.

현재 인류학에서는 문화를 총체론적 관점(totalistic view)에서 보는 학파와 관념론적 관점(mentalistic view)에서 보는 학파로 나누어져 있다. 총체론적 관점을 주장하는 대표적인 학자는 현대 인류학의 창시자인 타일러(Edward Tylor)이다. 그가 19세기에 정의한 문화에 대한 개념은 아직도 인류학을 비롯한 사회과학 전반에 걸쳐서 폭넓게 받아들여지고 있

---

25) White, L. A., 1959, The Evolution of Culture. New York: McGraw-Hill, P.8.

다. 타일러의 정의에 의하면 "문화란 지식, 신앙, 예술, 법률, 도덕, 풍속은 물론 사회의 한 구성원으로서 인간에 의해서 얻어진 다른 모든 능력이나 관습 등을 포함하는 복합총체"라고 한다[26].

타일러의 문화에 대한 관점은 상당히 포괄적이어서 우리가 직접 관찰할 수 있는 구체적인 사물은 물론 눈에 보이지 않는 정신적인 사고방식도 포함되어 있다. 타일러의 정의에서 한 가지 문제점은 문화는 제반 요소를 포함하는 복합총체라고 규정하고 있으나, 이러한 제반요소들이 막연히 나열된 상태인지 또는 체계적으로 서로 연결된 것인지는 분명하게 설명하지 않고 있다. 그러나 타일러의 문화에 대한 개념에서 가장 중요한 사실은 문화의 현상을 독자적인 학문의 법칙으로 보고 이를 생물학이나 심리학으로부터 분리시켜 연구해야 한다는 사실을 주장한 점이다.

한편 관념론적 관점에 문화를 해설하는 굳인어프(Ward Goodenough)에 의하면 문화는 인간행위 또는 행위의 결과로 표현된 물질 자체가 아니며 행위를 결정짓는 관념체계라고 한다. 관념론적 해설에 의하면 인간의 경험세계에서 얻어진 인지와 지각은 물질로 표현되어 있다고 하더라도 관념체계를 직접 관찰할 수 없는 것이 특색이다. 따라서 유물과 유적을 바탕으로 과거사회의 인간문화를 관념론적으로 접근할 경우에는 많은 어려움이 뒤따르기 마련이다. 문화를 관념론적으로 접근하는 방법에서 얻어진 고고학의 한 명제가 인지고고학이라 하겠다.

인간이 문화를 창조한 이후, 한 시대의 동일한 집단이 남긴 문화는 동일형태로 구성되어 있는 것이 통례이다. 바꾸어 설명한다면 문화는 한 집단의 구성원들에 의해서 공동으로 소유된다는 뜻이다. 문화가 공유성이 있기 때문에 고고학자들은 고고학적 기록을 바탕으로 한 집단의 문화

---

26) Tylor, E., 1913, Primitive Culture. (2 vols.) New York: Harper Torchbooks, Pp. 5~6.

를 공간과 시간적인 측면에서 하나의 문화권을 설정하고 타문화와 비교하여 특수성을 설명할 수 있다. 물론 문화의 공유성이 집단의 모든 구성원들에게 적용되지 않을 경우도 많다. 비록 동일한 집단이라 할지라도 그 속에는 성별, 연령 그리고 사회계층에 따라서 형성된 하위문화의 개념도 존재한다는 점을 염두에 두어야한다.

한세대의 문화가 다음세대로 전승된다는 사실은 고고학이 인지해야 할 또 하나의 문화적 속성이다. 일반 동물들은 그들이 죽음으로서 경험세계가 죽음과 동시에 끝이 나게 된다. 그러나 인간의 경우에는 언어란 매체를 통하여 그들의 경험세계를 가르치고 배울 수 있는 능력이 있기 때문에 지식이 다음 세대로 전승되어 되살아난다. 물론 언어 이외에도 몸짓과 물체를 통한 인지를 매체로 하여 전승되기도 한다. 이러한 사실은 인류의 초기 역사에서 동일한 형태의 도구들이 장구한 세월 동안 거의 변화되지 않고 지속되어온 점에서 잘 나타나고 있다. 예컨대, 호모 일렉투스가 제작한 주먹도기는 백 만년 이상 전통이 이어져왔다.

문화는 여러 가지 제반요소들이 상호작용하여 하나의 복합체계를 형성하고 있다는 사실은 고고학적 기록을 총체적(holistic) 그리고 과정주의(processualism)적 관점에서 해설하는데 중요한 단서가 된다. 고고학적 기록에 나타난 생활도구, 장법, 주거형태, 종교, 경제양상, 사회조직 등은 서로 연계되어 기능을 발휘함으로 사회가 자연환경과 평형을 유지하여 지탱된다. 따라서 한 사회의 문화전체를 파악하기 위해서는 출토된 유적과 유물군을 개별적으로 분리하지 말고 서로 연결시켜서 문화의 총체를 규명해야 한다. 아울러 문화의 복합체계는 문화가 어떻게 적응하고 변천하는가를 설명해준다. 만약, 자연환경의 조건이 악화되어 생계경제에 위협을 가한다면 인간은 문화적 전략으로 이에 대응하여 자연환경의 적응에 평형을 유지하면서 다시 과거의 생활 상태로 돌아간다.

그러나 문화는 적응을 위하여 항상 평형상태만을 유지하는 것이 아니다. 문화는 경우에 따라서 변화하는 속성을 지니고 있다. 이는 문화를 구성하는 요소들이 상호영향을 주기 때문에 한 요소가 원래의 기능을 상실하게 되면 새로운 적응을 위해 문화전체가 변화하게 된다. 변화의 요인은 문화 내부의 필요성에서 오는 발명과 개혁, 그리고 외부의 영향이 주를 이룬다. 외부의 영향은 문화접변에서 오는 모방과 전파 그리고 외부인의 대대적인 이주에 의한 교체문화를 말한다. 내부적 갈등으로 인한 문화의 변화는 점진적으로 이루어지는 반면에 외부적인 요인, 특히 인간의 이주로 인하여 변화를 가져온 문화는 빠른 속도로 전파되는 것이 통례이다. 문화가 하나의 체계를 이루고 있기 때문에 고고학적 기록을 통하여 변천과정을 체계적으로 규명하여 문화의 속성을 이해할 수 있다.

  문화의 공유성, 언어를 통한 다음세대로의 전달성 그리고 복합체계로서의 적응성과 변화는 고고학적 기록에 나타나있다. 그러므로 고고학자들은 위에서 언급한 문화의 속성을 염두에 두고, 지역과 시간에 따라서 문화사와 생활양식을 나열하지 말고 설명적인 모델을 정립해야 한다. 문화사의 복원과정에서 문화적 변동을 실감하게 되면 왜 변화가 오게 되었으며 이러한 변화는 무엇을 의미하는지를 규명하는 것이 문화에 대한 고고학의 명제이다.[27]

---

27) Binford, L. R., 1983, In the Pursuit of the Past. New York: Thames & Hudson.

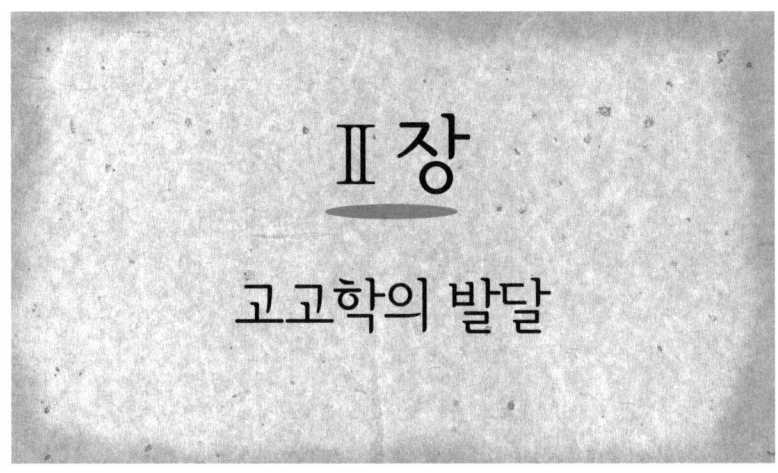

II장 고고학의 발달

1. 19세기 이전

고고학이 발굴과 민속지의 연구를 통하여 인류학의 한 분야로 자리를 잡게 된 것은 19세기 중엽이라고 할 수 있다. 그러나 이전에도 간헐적인 발굴과 간략한 민속지를 바탕으로 선사학에 관한 연구가 진행되었다. 예컨대 바빌로니아의 마지막 왕인 나보디두스(Nabodidus: 555~538 B.C.)는 고대의 역사에 호기심을 품고 수메루 유적지를 발굴하여 수많은 유물들을 발견하였다. 그러나 그는 처음에 의도하였던 역사의 복원에는 관심을 두지 않고, 출토된 진귀한 유물들에 현혹되어 오직 유물의 수집에만 열중하였기 때문에 과거 역사를 복원시키지 못했다[1]. 이와 비슷한 시기에 헤로도투스(Herodotus)와 추키디데스(Chucydides)를 비롯한 고대

---

1) Daniel, G., 1981. A Short History of Archaeology. London: Thames & Hudson, P.14.

그리스의 학자들은 여러 지역을 여행하면서 당시 그들이 속해있던 찬란한 그리스 문화보다 매우 열등한 민족의 문화가 존재한다는 사실에 대해 크게 흥미를 가졌다. 고대 그리스 학자들은 민속지의 자료를 바탕으로 착안한 사관에는 역사가 전개되는 원인과 결과, 자연선택(진화), 그리고 선사학의 개념이 어느 정도 포함되어 있다고 하겠으나 구체적인 역사의 변천단계를 찾아 볼 수 없는 것이 특징이다.[2]

학문의 발달사를 살펴볼 때, "역사(history)"란 단어가 처음 나타난 때는 그리스시대이다. 고대 그리스학자들은 인간의 역사는 신의 섭리가 아닌 인간에 의해서 결정된다는 사관을 역사상 처음으로 제시하였다. 따라서 그들은 민족집단의 역사에 관심을 갖고 민족사의 집필을 시작했고, 이러한 가운데 한 민족의 역사를 처음으로 집필한 학자는 헤로도투스이다. 그는 원인과 결과의 관점에서 인간의 역사를 서술했다. 또한 헤로도투스는 여행을 통해 얻은 지식으로 그 자신의 잣대에서 미개생활로 간주되는 문맹사회의 존재도 파악하게 되었다. 이들 미개사회가 당시로 보아서는 살아있는 선사인이라고 할 수 있다. 그러나 헤로도투스는 "야만족"이라는 용어를 사용하였지만 역사시대 이전의 시대가 선사시대라는 것을 설명하지 못했다. 아울러 헤로도투스를 비롯한 고대 그리스 학자들은 역사를 엮어 나가는 것은 인간 자신들이라고 생각하였지만, 결과적으로는 모든 만물의 형성이 신에 의해서 주관된다고 믿었다. 따라서 이들은 사회진화에 관한 구체적인 개념을 착안할 수 없었다. 비록 지구상에 존재하는 만물들의 연계관계를 바탕으로 우열 순위를 파악하고 이를 선택적 견지에서 보았다고 하더라도 다윈의 자연선택설과는 다르게 신의 섭리에 의해 결정된다고 보았다.

---

2) Kirk, G.S. & J.E. Raven., 1966, The Presocratic Philosophers. Cambridge: Cambridge University Press, P.338

고대 그리스학자들 중에서도 추키디데스의 역사관은 시대를 앞서간 것이 분명하다. 그는 동료 헤로도투스 처럼 역사를 원인과 결과로 분류하여 역사의 "주기론적(cyclical) 개념을 처음으로 제시한 학자다. 인간의 역사를 하나의 생명체로 간주하고 이를 탄생, 성장, 개화, 몰락 그리고 다시 탄생하는 주기로 분류하였다. 이러한 주기론은 20세기에 와서 역사학자 스펭글러(Spengler)와 토인비(Toynbee)에 의해 폭넓게 수용되었다.

신이 인간을 비롯한 만물을 창조하고 그 역사를 주관한다는 생각은 로마와 중세를 거치면서 고정불변의 학설로 옹호를 받아서 17세기까지 그 골격을 유지해 왔다. 창세기설이 지지를 받고 있는 가운데 많은 사람들은 '인간의 역사가 얼마나 오래되었을까?' 라는 문제에 관심을 가졌다. 당시 유명한 석학으로 캠브릿지대학 부총장이었던 존 라이트프트(Lightfoot)는 창세기설과 연관된 인류의 역사를 보다 세밀히 설명하기 위해 구약성서를 연구하여 인간이 신에 의해 창조된 시기를 B.C.4004년 10월 23일 오전 9시라고 추정했다. 그러나 이러한 설은 후에 다시 수정되었다. 구약성서에 등장하는 인물들과 사건들을 연대기적으로 정리한 영국의 제임스 어셔(Ussher) 대주교에 의하면 지구상의 만물은 하느님에 의해 6일 동안에 창조되었는데 인간은 6일째 되는 날 만물 중에서 마지막으로 태어났다고 한다. 따라서 그는 인간이 창조된 날짜를 수정하여 B.C.4004년 10월 28일 금요일이라고 못을 박았다[3].

인간의 역사를 해괴한 방법으로 계산하여 구체적인 날짜와 시간을 제시한 위의 두 학자들의 견해는 계몽주의 학자들이 선사학을 연구하는데 두 가지 측면에서 큰 걸림돌이 되었다고 볼 수 있다. 첫째는 창조설을 보

---

3) Daniel, G., 1981, ≪앞의 책≫, P.41.

다 구체적으로 주장하였기 때문에 진화론의 정립이 지연되었고, 둘째는 인류의 역사를 실제보다 짧게 설정함으로 인하여 장구한 선사의 개념을 흐리게 하였던 것이다.

그러나 18세기에 접어들자, 계몽주의 학문세계는 크게 발전을 보게 되었다. 계몽주의 학자들의 사물을 보는 시각은 자연, 사회, 그리고 역사의 현상을 전개시키는 원인에 대한 가설을 설정하고, 이를 새로운 연구방법론으로 검증하여 진리를 밝혀내는데 중점을 두었다. 이와 같은 실증주의 이론은 당시의 역사학에도 크게 영향을 준 것이 분명하다. 현대 역사학의 창시자로 불리는 비코(Vico: 1668~1744)는 고대 그리스 학자들과 세인트 오그스틴(Augustine)의 역사에 대한 개념을 바탕으로 역사의 원리와 발전법칙을 정립하였다. 비코에 의하면 역사의 연구목적은 역사유형을 결정하는 사회적 요소를 분석하는데 있다고 한다. 그가 지적한 사회적 요소는 계급의식, 신화, 기술 등의 문화적 특징을 의미하는 것이다. 비코는 역사의 유형을 문화형태로 간주하고 역사에 따라서 문화의 형태를 분류할 수 있다는 가설을 제기했다. 예컨대 인류문화는 발전의 개념을 지니고 있기 때문에 석기시대에서 청동기시대 그리고 철기시대의 단계를 거치면서 계속 발전하는 것이 통예지만 몰락하는 경우도 있다는 것이다. 인류의 역사가 신석기, 청동기, 철기시대로 발전한다는 사실은 이미 B.C. 7세기에 헤시오드가 제기하였다[4].

비코의 실증주의 역사철학은 당시 창세기설을 부정하고 진화론을 태동시키려고 하는 학자들에게 많은 영향을 끼쳤다. 특히 인류의 역사에 관심을 품은 학자들은 고고학적 발굴로서 역사를 검증하려는 연구가 뒤따르게 되었다. 화산의 폭발로 매몰되었던 고대 로마의 도시 폼페이와

---

4) Bury, John, 1932, The Idea of Progress. New York: Macmillan.

살즈베리 지역 거석문화의 발굴, 그리고 나폴레옹의 원정으로 고대 이집트 문화가 발견된 것도 18세기 중반과 후반 무렵이다. 그러나 18세기에 행해진 발굴 중에서 선사시대의 역사를 과학적으로 검증한 학자는 토마스 제퍼슨(Jefferson)이다. 후에 미국 3대 대통령이 된 제퍼슨은 인간의 역사, 특히 인디언의 기원에 관심을 가졌다. 당시 미국학자들은 인디언의 역사가 오하이오와 버지니아 지역에 산재한 거대한 고분형태의 유적들과 서로 연관성이 없다고 생각했다. 바꿔 말하면 미개 문화를 지니고 있는 인디언들이 거대한 고분을 축조할 능력이 없다는 것이다. 제퍼슨은 인디언과 오하이오 그리고 버지니아 지역에 산재한 유적들이 서로 연관이 있다는 가설을 세우고 인디언의 기원을 규명하기 위해 1784년에 유적지 발굴을 시작했다. 발굴결과 고대 인디언들이 남긴 유물들은 시간에 따라 형성된 층위 속에서 차례로 출토되었다. 따라서 제퍼슨은 유적지의 주인공이 성경에 기록된 잃어버린 부족과 관계가 있다는 당시의 설을 부정하고 인디언의 역사가 상당히 오래 되었다는 사실을 증명하였다[5]. 제퍼슨은 잊혀진 선사시대의 장구한 역사를 고고학적 발굴을 통해 복원한 최초의 학자인 동시에 층위에 따라 형성된 문화를 처음으로 식별한 학자이다[6]. 따라서 그의 발굴은 층위의 개념을 인식한 최초의 고고학적 업적이다.

  선사시대가 인류의 역사에서 대부분을 차지한다는 사실은 고고학적 발굴, 지질학적 연구, 민속지를 통한 문화단계의 분류 그리고 생물의 진화론이 고개를 들면서 점차로 밝혀졌다. 그러므로 선사문화는 문화(사

---

5) Willey G. & J.A. Sabloff, 1980, A History of American Archaeology. San Francisco: W.H. Freeman and Company, Pp. 28~30.

6) Hole, F. & Heizer, 1973, An Introduction to Prehistoric Archaeology. New York: Holt, Rinehart & Winston, Inc., P.63.

회)진화론과 생물진화론이 체계화 되는 과정에서 인류역사를 규명하는 데 필수적인 연구 분야로 부각되었다.

18세기 말엽 낭만주의가 형성되면서 민속지를 바탕으로 문화진화론을 처음으로 주장한 학자는 루소(Jean-Jacques Rousseau: 1712~1778)이다. 비코의 영향을 받은 그는 인간의 원초적 성향을 역사 속에서 규지할 수 있다는 가설을 세우고 수많은 미지의 세계를 답사하였다. 특히, 루소는 당시 카리브 해안에 살고 있던 중미의 인디언 문화를 관찰하고 크게 감명을 받았다. 그는 인디언 문화를 인류역사 속에 존재했던 가장 원초적인 사회조직으로 간주하고 이러한 문화의 유형을 바탕으로 인간의 품성과 역사가 변천하게 되었다고 주장했다. 인간 본연의 상태가 순수하고 선하기 때문에 자연(원초적 상태)으로 돌아가라고 하는 그의 성선설에는 분명히 진화의 개념이 내포되어 있다고 하겠다. 물론 민속지 연구를 바탕으로 문화진화설을 제기한 예는 계몽주의 학자들에게도 찾아볼 수 있다. 몽테스큐(Montesquieu)는 한 민족이 보유한 기술·경제양상을 바탕으로 인간의 사회형태를 수렵-채집경제에 의존하는 야만사회(savagery)와 유목 또는 원시농경을 생계·경제로 하는 미개사회(barbarian)로 분류한 바 있다. 그러나 몽테스큐는 루소처럼 현지답사를 통해 그의 가설을 검증하지 못했다[7].

지금까지 사회과학에 기초한 18세기 계몽주의와 낭만주의 학자들의 문화진화와 연관된 제반가설을 간략하게 살펴보았다. 이 시대의 학자들은 대체로 인류의 역사가 성경에 기록된 것 보다 오래되었을 뿐만 아니라 인간이 창조한 문화도 장구한 세월에 걸쳐서 진보의 개념을 가지고 변화했다는 사실을 터득하게 되었다. 그러면 같은 시대의 자연과학자들

---

7) Gardiner, P., 1959, Theory of History. New York: Free Press, Pp. 59~60.

은 지구와 생물의 역사에 대해 어떠한 견해를 지니고 있었는지 검토해 보기로 하자. 18세기 초반과 중반에 활동했던 대부분의 자연과학자들은 지구의 형태는 시간에 따라서 변화되었다고 생각했지만 생물의 경우는 창조설을 따랐다. 바꾸어 말하면 지구의 형태는 하느님이 창조한 이래 변화가 다소 있었으나 생물들은 창조되었던 원래의 형태를 그대로 유지해 왔다는 것이다. 이러한 생물의 고정불변설은 스웨덴의 유명한 생물학자인 린네(Linnaeus: 1707~1778)에 의해 더욱 확고한 자리를 굳히게 되었다. 린네의 주장에 의하면 지구상에 존재하는 모든 생명체들은 자연환경에 잘 적응하도록 신이 완벽하게 창조했기 때문에 그 이상의 변화가 필요치 않다는 것이다. 따라서 그는 생물의 창조설과 고정불변설을 수용함으로서 새로운 종이 진화할 수 있다는 사실을 믿지 않았다[8]. 반진화론을 주장한 린네는 그의 연구를 생물의 분류학에 중점을 두었다. 그는 식물과 동물의 형태적 특질에 따라서 각 집단을 분류했다. 예컨대, 식물의 경우에는 꽃송이의 모양, 곤충은 날개, 그리고 물고기는 비늘을 적용시켰다. 린네의 분류법에서 가장 주목할 사실은 인간을 일반 동물계열에 포함시킨 점이다. 이는 당시 창조설을 주장했던 다른 학자들의 견해와 큰 차이를 보이고 있다. 왜냐하면 창조학파들은 인간이 다른 동물과는 별개로 창조되었다고 생각했기 때문에 인간의 계보를 동물세계에 연결시키지 않았기 때문이다.

　비록 린네는 창조설을 믿었지만 그가 설정한 생물의 분류법은 당시로 보아서는 탁월한 식견이라고 할 수 있다. 린네가 제시한 속과 종으로 형성된 생물의 분류학에 근거를 둔 조직적인 명칭방법은 진화론을 주장하는 학자들로 하여금 동일한 종에 속하는 모든 생물들이 공동조상으로부

---

[8] Singer, R., 1959, A Short History of Scientific Ideas to 1900. London: Oxford University Press, Pp. 379~380.

터 파생되었다는 가설을 던져 주었다. 특히 인간을 동물계로 분류한 점은 인류의 진화설을 태동시키는데 결정적인 단서가 되었다고 생각된다.

린네의 생물에 대한 분류도식이 학계에 발표되자 프랑스를 중심으로 생물의 진화설이 제기되었다. 그 대표적인 학자가 바로 뷔퐁(Louis Buffon: 1707~1788)이다. 린네의 고정불변설을 부정한 그는 모든 생명체가 자연환경에 적응하는 과정에서 점진적으로 변화되어 왔다고 주장했다. 즉, 뷔퐁의 점진변화설은 후톤(James Hutton: 1726~1797)이 주장한 균일변동설(Uniformitarianism)과 같은 개념으로 지구를 비롯한 모든 생명체는 일정한 속도로 과거는 물론 현재에도 변화를 되풀이하고 있다는 것이다. 그는 린네가 제시한 생물의 속과 종이 하나의 공동조상으로부터 분화되었다고 설명하면서 이와 같은 분화는 신의 섭리가 아니라 자연의 현상 때문이라고 설파했다. 따라서 그는 자연사의 연구목적을 단순한 생물의 형태학적 분류보다는 변천과정을 규명하는데 두었다. 이러한 뷔퐁의 견해는 생명체의 변화가 자연환경과 연계되어 있다는 점을 강조하기 때문에 진화의 개념을 피상적으로나마 파악했다고 볼 수 있다. 뷔퐁은 생명체의 형태가 변화(transformation)한다는 점을 지적하였지만 후에 출현한 다윈처럼 자연환경의 변화로 새로운 종이 개발된다는 사실을 이해하지 못했다[9]. 어쨌든 그의 생명체에 대한 변화의 법칙은 당시 학계에 많은 논쟁을 불러 일으켰으며, 특히 찰스 다윈의 할아버지인 에라스무스 다윈(Erasmus Darwin: 1731~1802)과 레마르크(Jean Lamarck: 1744~1829)에게 많은 영향을 주었다.

에라스무스 다윈은 병원을 경영했던 의사인 동시에 유명한 시인이어서 다방면에 학식을 겸비한 학자였다. 그는 손자 찰스 다윈이 진화설을

---

[9] Lovejoy, A., 1959, Buffon and the Problems of Species, In Forerunners of Darwin, 1745~1859. Ed. by B. Glass. Baltimore: Johns Hopkins Press, Pp.84~113.

발표하기 반세기전에 이미 진화의 개념을 학계에 제기하여 큰 파문을 일으켰다. 에라스무스 다윈에 의하면 모든 생명체는 자연선택, 성(性)의 선택(sexual selection), 보호적응(protective adaptation), 그리고 개체가 획득한 신체적 특질의 유전으로 변화(transformation)된다는 것이다. 그는 인간의 진화 경우도 동일한 법칙을 적용시켰다[10]. 다윈의 할아버지가 착안한 자연선택과 연관된 생명체의 진화개념은 탁월한 식견이라고 할 수 있다. 그러나 그가 주장한 생명의 개체가 스스로 노력해서 획득한 신체적 특질이 그 다음세대로 유전된다는 가설은 진화의 체계적인 과정을 이해하지 못한데서 기인된 것이다[11]. 그러므로 에라스무스 다윈은 앞에서 소개한 뷔퐁처럼 진화의 개념을 터득하였지만 구체적인 과정을 설명하지 못했다. 물론 자연선택과 성의 선택을 논의한 에라스무스 다윈의 진화에 대한 견해는 뷔퐁보다 진일보한 것이라 볼 수 있다.

라마르크(Jean Lamarck: 1744~1829)의 진화에 대한 개념도 역시 뷔퐁 그리고 에라스무스 다윈과 비슷한 점이 많지만 위의 두 학자들보다는 좀 더 조직적이라 하겠다. 그는 모든 생명체가 자연환경에 적응하는 과정에서 변화한다는 가설을 세웠다. 그리고 생명체의 형태학적 지속성은 생명체의 생활조건과 비례하기 때문에 생명체의 생활조건이 바뀌면 그 형태도 변화한다고 믿었다. 라마르크에 의하면 형태적 변화는 생명체가 주어진 자연환경에 적응하기 위해 스스로 노력한다면 자연환경에 적합한 형태적 특질이 개발된다고 한다. 그는 생명체가 필요에 의해서 획득한 신체적 특질이 다음 세대로 유전된다고 생각했다. 예컨대, 높은 곳에 있는 사과를 먹기 위해서 기린 스스로 노력을 했기 때문에 기린의 목이 길어

---

10) Francoeuer, R. T., 1965, Perspective in Evolution. Baltimore: Helicon. P.68.
11) Singer, R., 1959, A Short History of Scientific Ideas to 1900. London: Oxford University Press, P.509.

졌고 길어진 목은 다음 세대로 유전된다는 것과 동일한 개념이다. 물론 이러한 라마르크의 견해가 타당하지 않다는 사실이 후에 찰스 다윈에 의해서 밝혀졌다. 그러나 라마르크가 주장한 자연선택설 즉, 자연환경에 적합한 신체적 특징을 지닌 생명체만이 생존이 가능하다는 가설은 진화론의 기본개념이 되었다. 이러한 관점 때문에 19세기 말엽의 학자들은 생물진화의 철학적 이론을 최초로 정립한 학자를 라마르크라고 지적했다.

위에서 논의한 바와 같이 생명체의 변화설이 학계에 제기되자 진화의 개념은 지구 자체의 역사에도 적용되기 시작했다. 18세기 말엽 영국을 중심으로 일어난 산업혁명은 대규모의 운하와 철도 건설작업을 유발시켜 지질학이라는 학문을 탄생시켰다. 당시 영국의 토목기술자 스미스(William Smith: 1769~1839)는 수많은 건설현장에 노출된 지층과 암석층을 세밀히 조사한 결과 이들 층위가 신에 의해서 만들어진 것이 아니라 자연의 현상으로 형성되었다는 결론을 얻었다. 스미스의 지론에 의하면 다양하고 거대한 자연의 퇴적층위는 장구한 세월을 두고 형성된 것이기 때문에 지구의 역사는 창조론자들이 주장하는 "6천년"보다 훨씬 더 오래되었다는 것이다. 그는 지층의 형성을 시간적 순서에 따라 분류하여 자연의 균일변동설(Uniformitarianism)을 설명했고, 또한, 오래전에 소멸된 여러 가지 동물들의 화석을 바닥층 위에서 발견하여 종의 소멸과 새로운 종의 진화를 지질학적으로 입증한 최초의 학자이다[12].

선사학의 발달과정을 이해하기 위해 18세기 학자들의 진화론에 대한 제반견해를 살펴보았다. 지구와 생명체가 변화했고 이들의 역사가 성경에 기록된 것 보다는 더 오래되었다는 가설이 18세기 말엽에서야 어느 정도 자리를 잡게 되었다고 볼 수 있다. 그러나 이렇게 대두된 진화설은

---

12) Judson, Sheldon, 1976, Physical Geology. Englwood Cliffs: Prentice-Hall, p.131.

유명한 프랑스 학자 큐비에이(Georges Cuvier: 1769~1832)의 도전을 받아 다시 혼란을 맞게 된다. 라마르크와 동시대 학자였던 큐비에이는 비교해부학에 해박한 지식을 가지고 생물학을 세분화시켜 동물학분야를 개척했다. 그는 동물계를 해부학에 기초하여 네 집단(척추동물, 연체동물, 복합동물, 식충류)으로 나누었다. 그리고 각 집단의 형태학적 특징은 자연환경에 적응하는 과정에서 기능적으로 발달되었다고 한다. 생명체의 신체적 특징을 자연환경과 연계시킨 큐비에이의 이론은 앞의 진화주의자들과 비슷한 인상을 주고 있지만 그는 진화론을 부정하고 생명체의 고정불변설을 믿었다. 큐비에이는 종교적 도그마에 빠지지는 않았지만 창조론을 수용하여 종의 소멸과 새로운 종의 출현과정을 천재지변설(Catastrophism)로 설명하였다. 그의 천재지변설에 의하면 과거에 맘모스와 같은 종류의 동물들이 지구상에 존재했으나 갑작스러운 자연의 재해로 인하여 소멸되고 신이 창조한 다른 종류의 동물들이 새해를 입지 않은 타지역에서 재해지역으로 옮겨와서 서식하여 새로운 종으로 대체되었다는 것이다. 그러므로 큐비에이는 새로운 종의 출현과 지층의 형성과정을 연속성과 상호연계성을 지닌 진화적 시각에서 보지 않고 천재지변으로 인한 생명체의 대절멸과 교체설로 설명하여 생명체의 고정불변설을 다시 강조한 학자이다. 비록 그는 생명체의 창조설을 믿었으나 천재지변은 신이 아닌 자연 현상 때문이라고 서술한 점을 생각한다면 당시의 진화설에 결정적인 쐐기를 박아 놓았다고는 볼 수 없다.

2. 19세기

학문의 발달사를 살펴볼 때 19세기는 결정적인 전환기라 할 수 있다.

왜냐하면 오랜 기간 동안 절대적 진리로 간주되어 왔던 창조설이 무너지고 문화와 생물의 진화론이 자리를 잡아서 인류의 역사를 재조명하기 시작했기 때문이다.

생명체의 진화설이 끈질기게 논의되고 있을 때, 문화진화설은 계몽주의와 초기낭만주의 학자들이 채택했던 민속지의 자료를 한 단계 넘어서 과거 인간이 남겨놓은 유물을 대상으로 제기되었다. 최초의 고고학자라고 칭송받는 톰센(Christian Jurgensen Thomsen: 1788~1865)은 1816년 덴마크 왕립박물관의 관장 직에 임명되어 박물관에 소장된 유물을 체계적으로 분류하여 인류역사에 대한 삼시기법(Three Age System)을 정립하였다. 삼시기법의 개념은 톰센이 박물관에 소장된 유물을 원자재에 따라 분석한 결과 석기, 청동기, 그리고 철기로 분류되었기 때문에 인간의 역사도 이러한 세 가지 단계를 거쳐서 발달해 왔다는 논리이다. 물론 당시 코펜하겐 박물관에 소장되어 있던 유물들은 코펜하겐 대학 도서관을 비롯하여 여러 곳에서 수합해 온 것이다. 그러나 이 유물들은 당시에 사용되던 민속품들이 아니라 덴마크, 노르웨이, 그리고 홀스타인 지역에서 발굴을 통해 찾아낸 출토품이란 점이 큰 의미를 준다고 하겠다.

인류의 역사가 톰센이 제시한 도식과 비슷한 문화단계를 거쳐 왔다는 주장은 이미 헤시오드에 의해 B.C. 7세기에 거론되었고 로마시대의 학자 루크레티우스(Lucretius: B.C. 98~55)[13]와 중국 한나라의 강 유안도 유사한 견해를 제시한 바 있다. 또한 르네상스와 계몽주의 학자들에 이어 덴마크의 역사학자 섬(P.F. Suhm)은 고대 스칸디나비아인들이 제작한 전쟁무기의 재료가 석기와 청동 그리고 철의 순서로 진화되었다고 1776년에 발표했다[14]. 그러나 톰센이 정립한 삼시기법 이전에 언급된 문화진

---

13) Bury, John, 1932, The Idea of Progress. New York: Macmillan.

화에 대한 가설들은 모두가 상상과 추론에 지나지 않는다고 볼 수 있다. 위에서 지적한 바와 같이 톰센은 박물관에 수장된 유물을 삼시기법으로 분류·정리하여 1819년에 일반에게 공개하였다. 그의 유물 진열 방법은 스칸디나비아인의 역사뿐만 아니라 인류역사를 진화론적으로 설명해 주었기 때문에 관계학계의 많은 관심을 모았다. 그는 1836에 박물관 유물의 진열에 대한 과학적인 지침서를 출간했다. 이러한 톰센의 업적은 선사학 연구의 시발점이 되었고 나아가서 문화진화론의 발달을 앞당겨 놓았다. 그가 고고학의 창시자로 칭송받는 이유도 실증주의적 측면에서 유물을 대상으로 선사학의 개념을 시간적 순서에 따라서 편년하였고 이와 같은 편년법은 오늘날까지 폭넓게 응용되고 있기 때문이다.

톰센은 최초의 고고학자이지만 자신이 유물을 직접 발굴하지는 않았다. 그러므로 그의 가설이 발굴된 유물을 대상으로 정립되었다고 할지라도 초기에는 층위적으로 입증된 것이 아니다. 톰센의 가설을 현대 고고학적 방법론에 기초하여 증명한 사람은 덴마크의 고고학자이며 톰센의 제자인 우세(J.J.A. Worsaae: 1821~1885)이다. 우세는 1843에 덴마크의 남부해안 지역을 발굴하여, 가장 바닥 층에서 돌로 만들어진 연모, 그리고 다음 층에서는 청동제품, 마지막 층위에서 철제유물들을 발견하였다[15]. 우세는 덴마크의 여러 유적지 발굴에서 층위의 법칙과 유물의 공반법칙(Law of Association)을 정립하게 되었다. 층위의 법칙이란 지질학에서 말하는 지층의 원리로 시간적 순서에 따라 지층이 아래에서 위로 쌓여왔기 때문에 아래에 형성된 지층은 위의 지층보다 오래되었다는 상대연대의 의미를 내포하는 것이다. 그리고 유물의 공반법칙은 유물들이

---

14) Daniel, G., 1981, ≪앞의 책≫, P.56.
15) Graslund, B., 1987, The Birth of Prehistoric Chronology. Cambridge: Cambridge University Press, P.18.

동일한 층위에서 발견된다면 같은 시기에 매장되어 서로 문화적 연관성이 있다는 것을 말한다. 톰센의 삼시기법은 우세에 의해서 층위의 법칙과 유물의 공반법칙으로 검증되었기 때문에 현대 고고학적 측면에서도 높이 평가되고 있다. 다음에 설명하겠지만 물론 모든 민족의 문화가 톰센의 도식에 따라 진화하는 것은 아니다.

 스칸디나비아 지역에서 고고학을 중심으로 문화진화론이 제기되던 거의 같은 시기에 프랑스에서도 중요한 유물이 출토되어 논란의 대상이 되었다. 프랑스 서북부에 위치한 아베빌(Abbeville)의 세관에 근무하던 뻬르트(Jacques Boucher de Perthes: 1788~1868)는 1837년에 소프(Somme)강변의 바닥 층에서 다량의 주먹도끼(hand axes)와 소멸된 동물들의 뼈를 발굴하였다. 그는 이 유물들이 큐비에이가 설명한 천재지변 이전에 존재했던 인간들이 남긴 유물이라고 주장하였으나 학자들의 지지를 받지 못했다. 뻬르트는 선사시대의 문화에 대해 강한 집념으로 발굴을 계속하여 더 많은 구석기 유물들을 찾아내었다. 그리고 발굴된 유물들을 체계적으로 정리한 보고서가 1847년에 간행되어 구석기시대 연구의 장을 열었다[16].

 선사학과 진화론의 발달은 18세기 이후부터 지질학과 밀접한 관계를 맺어왔다. 이러한 예는 19세기에 접어들면서 더욱 두드러지게 나타나 톰센의 가설을 입증시키는데 공헌하였고 아울러 구석기시대의 규명에도 어느 정도 도움을 주었다. 19세기 진화론을 거론하면서 빠뜨릴 수 없는 지질학자는 라이엘(Charles Lyell: 1797~1875)이다. 라이엘은 원래 변호사 출신이었으나 진화론에 관심을 가지고 유럽의 여러 지역과 북미를 답사하면서 지층의 형성과정을 연구하였다. 그는 오랜 기간 현장조사와 과

---

16) Fagan, B., 1978, In the Beginning. New York: Little, Brown, P. 30.

거에 거론되었던 지각과 생명체의 변화설을 면밀히 비교·분석하여 1785년에 후톤이 주장했던 지구의 균일변동설(Uniformitarianism)을 다시 확인하게 되었다.

  라이엘이 1830~1833년에 저작한 3권으로 엮어진 지질학 원론(Principles of Geology)에 의하면 지구의 형태는 큐비에이가 생각했던 가설처럼 천재지변으로 인하여 갑작스럽게 형성된 것이 아니고 오랜 세월동안 자연의 힘에 의해서 점진적인 변화를 계속해 왔다는 지론이다. 따라서 라이엘의 업적은 다음과 같은 두 가지 관점에서 높이 평가를 받을만하다. 첫째, 지구의 모양은 변화를 지속해 왔다. 둘째, 지구의 역사는 성경에 기록된 것 보다는 수백만년 이상 더 오래되었다. 이러한 라이엘의 지형에 대한 변화설은 당시 학자들이 진화론을 수용하는데 또 하나의 계기가 되었다고 볼 수 있다. 특히 변천을 거듭해 온 자연환경 속에서 생존하기 위해서는 생명체의 모습도 달바꿈 해왔다는 진화의 가능성을 다윈에게 심어주었고 다윈 또한 라이엘의 영향을 부인하지 않았다. 아울러 그는 1865년에 영국학자 러복(John Lubbock)이 집필한 선사시대(Prehistoric Times)에서 언급된 구석기시대의 문화단계를 지질학적 연구 방법론으로 검증하여 인류문화가 적어도 네 가지 단계인 구석기시대, 신석기시대, 청동기시대 그리고 초기철기시대의 순서로 이어져 왔다는 사실을 그의 저서 지질학 원론 제10판에 삽입해 놓으므로 선사학의 기틀도 다져졌다[17].

  지금까지 우리는 선사학의 발달이 진화론과 그 맥을 같이하고 있다는 사실을 살펴보았다. 진화의 개념은 민속지, 고고학, 지질학 그리고 생물학적 연구가 서로 연계되어 서서히 결실을 보게 되었다. 그러나 생물의

---

17) Daniel, G., 1963, The Idea of Prehistory. New York: World Publishing Co., P. 58.

진화가 정식으로 학계의 공인을 완전히 받게 된 것은 다윈의 업적 때문이다.

다윈(Charls Darwin: 1809~1882)은 부유층 신분으로 자라나 그의 할아버지 영향을 받아서 어릴 적부터 생명체의 변화 문제에 많은 관심을 가지게 되었다. 그러나 그의 부모들은 다윈이 훌륭한 의사가 되는 것을 원했기 때문에 마지못해 에딘바라 의과대학에 진학하였으나, 2년 후에 의학공부를 그만두고 켐브릿지의 크라이스트 신학대학으로 편입하였다. 신학대학 학창생활에서도 별로 흥미를 느끼지 못하던 다윈은 우연히 신학대학의 식물학 교수인 헨슬로(John S. Henslow)목사를 만나게 되어 다시 자연사 분야에 관심을 갖게 되었다.

다윈은 1831년 스물 두 살의 나이에 대학을 졸업했으나 뚜렷한 직장을 잡지 않고 집에서 소일 하던 중 헨슬로 교수로부터 한통의 편지를 받았다. 편지의 내용은 자연탐사에 대한 학술조사단이 조직되어 세계의 여러 지역을 항해하게 되었는데 다윈을 조사단원의 가장 적격자로 추천했다는 것이었다. 이 한통의 편지가 다윈의 일생은 물론 세계 과학사의 흐름을 완전히 바꾸어 놓았다고 볼 수 있다. 1831년 12월 다윈은 조사단과 함께 비글호(Beagle)에 승선하자 곧 바로 그가 평소에 관심을 두었던 식물학, 동물학 그리고 지질학에 관한 제반문제의 해결을 위해서 무엇을 해야 할 것인가에 몰입했다. 다윈이 승선한 비글호는 아프리카 해안과 남태평양의 열대군도, 그리고 남미를 거쳐서 5년간의 항해 끝에 귀국하게 되었다.

다윈은 항해 도중에 여러 미지의 지역을 탐방하고 그곳에서 서식하는 식물과 동물군을 포함하는 자연생태계를 세밀히 조사 기록하였다. 그는 자연탐사를 시작한지 불과 1년 만에 도마뱀이 다리가 퇴화하여 일반 뱀으로 탈바꿈할 수 있다는 것은 물론, 화석에서 보이는 고대 동물들이 비록 몸집의 크기는 다르지만 현존하는 일부 동물들과 진화의 고리가 연결되어 있다는 사실에도 심증을 굳혔다. 그 후 남미지역에 도달한 다윈은 안데스 산맥을 분수령하는 서쪽과 동쪽지역의 생태계가 서로 다르다는 점을 확인할 수 있었다. 특히 에콰도르의 서쪽에 위치한 갈라파고스 군도(Galapagos Islands)를 방문한 다윈은 크게 감명을 받았다. 이곳의 식물과 동물군은 남미지역과 큰 차이를 보이고 있었기 때문이다. 더욱 놀라운 사실은 갈라파고스의 여러 섬들에 서식하는 참새과에 속하는 새들의 경우 주둥이, 몸집의 형태 그리고 깃의 모양이 서로 비슷하지만 각 섬에 따라 종이 다르게 분포하고 있다는 것이다.

다윈은 생명체의 형태를 변화시키는 근본적인 이유에 대하여 골몰이 생각한 결과 자연의 힘 때문이라고 결론을 내렸다. 자연의 힘이란 자연선택(natural selection)을 의미한다. 즉, 자연은 자연환경에 적합한 생명체만 생존의 길로 선택한다는 논리이다. 다윈은 그의 진화론에 기본 원리가 되는 자연선택설을 1842년에 초고를 작성하고 1844년에 이를 보완하여 다시 정리하였으나 자료가 충분치 못하다고 생각한 관계로 학계에 발표할 자신이 없었다. 그러던 중에 그는 영국의 자연학자 월레스(Alfred A. Wallace: 1828~1913)가 말사스의 인구론을 응용하여 동남아시아 열대 군도의 생물진화에 대해 집필한 논문을 1858년에 입수하게 되었다[18]. 월레스의 논문을 숙독한 다윈은 너무나 놀랐다. 왜냐하면 두 사람은 서로 독자적인 연구의 결과로서 동일한 결론을 도출해 내었기 때문이다[19]. 다윈은 서둘러 그의 친구 지질학자 라이엘에게 이 사실을 알

---

18) Lowenberg, B. James, 1959, Darwin, Wallace, and The Theory of Natural Selection. Cambridge: Arlington Books.
19) Darwin, Francis, 1950, The Life and Letters of Charls Darwins. New York: Henry Schuman, P. 201.

렸다. 그리고 라이엘의 주선으로 두 사람의 논문이 1858년 7월에 개최된 린네학회(Linnaean Society)에 발표되었다. 그들이 제시한 자연선택설은 많은 학자들의 공감을 얻지는 못했지만 린네학회는 자연선택설을 보다 구체화하여 빠른 시일 내에 책으로 집필해 줄 것을 다윈에게 간곡히 부탁하였다. 이에 다윈은 1859년에 종의 기원(On the Origin of Species)이란 이름으로 책을 출간하자 그의 저서는 선풍적인 인기를 얻어 바로 매진되었다.

종의 기원에 발표된 다윈의 생명체에 관한 진화개념은 다음과 같다. 첫째, 모든 생명체는 그들이 자연으로부터 공급받을 수 있는 식량의 양보다 그들의 자식을 더 많이 생산한다. 둘째, 모든 생명체는 서로 변이(variation)를 보이고 있기 때문에 완전히 동일한 형태의 생명체는 존재하지 않는다. 바꾸어 말하면 같은 종이라 할지라도 생명체 개개의 생김새는 서로 다르다. 셋째, 자연환경은 환경의 적응에 유리한 신체적 특징을 지닌 개체만을 선택하고 선택된 개체들의 유전자는 다음 세대로 전승되어 생존을 위한 변화를 가져온다. 반면, 선택되지 못한 생명체들은 도태된다. 넷째, 오랜 세월이 흐른 가운데 자연환경이 변천되고 이에 따라 새로운 종이 개발되거나 또는 생명체의 형태도 변화한다. 여기에서 중요한 사실은 생명체의 선택단위 문제이다. 자연은 집단 전체를 선택(group selection)하는 것이 아니라, 집단속에 존재하는 개체들을 하나씩 선택하여(individual selection) 결과적으로는 선택된 개체들이 한 집단을 형성한다는 것이다.

다윈은 자연선택설을 진화의 기본적인 추진력으로 설정하고 이를 증명하기 위해서 개체와 개체 사이의 교접, 화석에 나타난 고생물학, 층위의 변화를 말해주는 지질학, 그리고 지역에 따라 분포하는 생명체의 형태를 자료로 제시하였다. 이러한 다윈의 연구는 당시 창조론을 신봉하던 일반인들에게 커다란 충격을 던져주었다. 특히, 인간도 다른 생물과 연결의 고리를 가지고 진화되었다는 그의 주장에 많은 비판이 가해졌다.

다윈이 생명체의 진화개념을 과거의 학자들보다 더 구체적으로 학계에 제시한 것은 아무도 부정할 수 없는 사실이다. 그러나 그는 생명체들이 어떠한 과정을 통해서 변화되는지를 정확하게 이해하지 못했다. 한 예로 다윈은 멘델의 유전법칙을 전혀 염두에 두지 못한 채 검은색과 흰색의 페인트를 혼합하여 나타나는 현상이 제2세의 생김새라고 생각했다. 따라서 진정한 의미에서의 생명체에 대한 진화법칙은 후에 출현한 멘델에 의해서 정립된 것이다.

생명체가 변화해 왔다는 진화론은 다윈에 의해서 독자적으로 개발된 설이 아니다. 앞에서 언급한 바와 같이 진화의 개념이 학계의 인정을 받기까지는 18세기 계몽주의와 그 이후의 낭만주의 학자들의 공헌이 크다고 하겠다. 이들 학사들 중에서도 날사스, 라마르크, 그리고 에라스무스 다윈의 연구는 찰스 다윈의 자연선택설에 그 맥을 이어 주었다. 특히, 말사스(Thomas R. Malthus: 1766~1834)가 집필한 인구론의 골격을 이루는 적자생존의 원칙설은[20] 다윈이 자연선택설을 구체화시키기 위해서 첫째로 제시한 인구(생명체)의 증가에 비교하여 자연환경의 수용능력이 따르지 못한다고 언급한 논리와 동일한 것이다. 이는 분명히 다윈이 말사스의 이론을 응용했다고 볼 수 있다. 또 한 가지 주지할 사실은 진화의 개념문제이다. 다윈이 1859년에 집필한 종의 기원에서는 진화(evolution)라는 용어를 사용하지 않았다. 후에 일반화된 진화의 개념을 생명체의 후세들에게 나타나는 신체적 변화(a change as a descent with modification)로 보았다. 이는 다음에 설명할 사회진화론자 스펜서의 진화에 대

---

20) Malthus, R. T., 1798, An Essay on the Principle of Population. London: J. Johnson.

한 관점과 비교할 때 큰 차이점이 있음을 알 수 있다.

스펜서(Herbert Spencer: 1820~1903)는 쌍-시몬, 꽁트, 콘돌세 등 계몽주의 학파의 영향을 강하게 받은 영국의 사회학자로 문화와 생물에 대한 진화설을 다윈보다 먼저 학계에 발표하였다. 그는 실증주의 철학에 입각하여 1852년에 문화진화의 원리를 명백하게 제시하였고 뒤이어 생물의 진화개념을 문화진화의 기본 틀에 적용시켰다. 그러므로 스펜서는 "진화(evolution)"란 용어를 문화와 생명체의 변화를 설명하기 위해 사용하고 정의한 최초의 학자이다. 그는 진화를 단순한 변화가 아닌 진보(progress)로 보고 초유기체(문화)와 유기체(생명체)를 포함한 지구의 제반현상을 진화의 개념으로 설명했다. 스펜서의 정의에 의하면 진화는 동질성에서 이질성으로, 또는 단순형태에서 복합 형태로 발전하는 것을 의미한다[21]. 이러한 시각에서 스펜서는 생명체의 형성과정을 지구의 지질학적 운동으로 바다와 육지가 생겨나고 자연력의 신진대사를 통하여 지구의 생명체가 탄생했다고 한다. 그리고 모든 인류사회는 가족단위의 집단사회에서 여러 단계를 거쳐서 국가와 연맹제국으로 진화되는 것이 기본원칙이라고 생각했다. 스펜서의 인류문화에 대한 시각은 분명히 보편진화주의로 분류될 수 있다고 하겠다.

스펜서가 착안한 문화진화론의 기본 법칙은 적자생존설(survival of the fittest)이다. 적자생존의 개념은 생물의 진화에서 언급한 바 있는 자연선택설과 비슷한 원리를 지니며 문화진화의 원동력을 의미한다. 적자생존의 원칙에 의하면 인류문화의 역사는 생존을 위해 사회간 투쟁이 끊임없이 계속되어 열등한 사회가 도태하고 보다 우수한 사회로 대치된다는 것이다. 따라서 적자생존의 법칙을 사회적 다윈주의 또는 생물학적

---

21) Spencer, H., 1855, Social Statistics. London: Macmillan.
　　Spencer, H., 1862, First Principles. London: William & Naragate.

사회진화론(Social Darwinism)이라고 부르기도 한다. 진화론에 대한 전문서적을 섭렵하지 못한 일반 학도들은 사회적 다원주의(생물학적 사회진화론)에 대해 혼란을 가져오는 경우가 많다. 왜냐하면 용어의 뜻을 풀이하면 스펜서의 문화진화론을 사회적 다원주의라고 칭하기 때문에 마치 스펜서가 다윈의 생물진화론을 빌려와 문화진화론에 적용시킨 인상을 줄 수 있기 때문이다. 물론 이는 잘못된 논리다. 앞에서 지적한 바와 같이 진화(evolution)란 용어는 스펜서에 의해서 먼저 사용·정의되었다. 그리고 문화진화론이 생물진화론 보다 앞서서 정립되었다는 사실은 이미 위에서 언급된바 있다. 그럼에도 불구하고 스펜서의 사회진화론을 사회적 다원주의라고 소개된 이유는 다윈의 생물진화론이 문화진화론 보다 일반인들에게 더 많이 알려졌기 때문이다.

　스펜서와 다윈이 제시한 진화설은 학계의 지지를 받았으나 인류의 선사분화가 어떤 형태로 변천 해왔는가 대해서는 입증하지 못했다. 따라서 이들 두 학자들의 선사학에 관한 연구는 인류의 역사가 성경에 기록된 것 보다 더 오래되었다는 사실과 톰센이 정립한 3시기 분류법에서 더 이상 발전을 보지 못하고 있었다. 이러한 과정에서 선사학은 영국의 한 학자에 의해서 다시 진보의 길을 걷게 된다. 톰센의 3시기 분류법은 덴마크와 스위스의 호반지역 문화층에는 맞아들어 갔으나 프랑스와 영국에 위치한 유적지의 경우는 상황이 다르게 나타났다. 프랑스의 소므강변과 드봉(Devon)동굴 유적지에서 출토된 유물과 층위를 세밀히 조사한 영국의 정치가이자 과학자인 러복(John Lubbock: 1834~1913)경은 톰센이 분류한 석기시대가 두 가지 문화층으로 형성되어 있다는 사실을 확인했다. 러복의 조사에 의하면 이들 유적지의 바닥 석기 문화층에서는 격지(flake)를 비롯한 타제석기가 출토되는 반면에 바로 위층에서는 마제석기가 주를 이루고 있다는 것이다. 이러한 현상은 영국의 유적지에서도 동일하게 나타났다.

제반자료를 분석한 러복은 인류문화가 두 가지 단계의 석기시대를 거쳐 왔다는 사실을 알게 되었다. 그는 인간이 타제석기를 사용했던 시대를 "구석기시대" 그리고 마제석기를 제작했던 시대를 "신석기 시대"라고 정의하였다. 따라서 러복은 Palaeolithic(구석기 시대)과 Neolithic(신석기 시대)이란 용어를 처음으로 학계에 소개한 학자이다. 그는 이러한 고고학적 증거를 바탕으로 1865년에 선사 시대(Prehistoric Times)라는 책을 저술하여 선사 시대와 관련된 구석기 시대와 신석기 시대의 개념을 정립하였다. 그의 저서는 선사학과 인류문화의 진화를 소개했다는 관점에서 대단한 인기를 모았다[22].

19세기 중엽은 문화진화론이 정립됨에 따라서 인류학이 새로운 학문의 분야로 등장하고 이에 선사학도 발달하게 되었다. 이 시기에 문화진화론을 현장조사의 방법론을 도입해 체계화시킨 학자는 몰간과 타일러이다. 이들 두 학자는 스펜서의 문화진화론을 계승하여 인간과 문화의 연구를 바탕으로 인류학을 창시했다고 볼 수 있다.

몰간(Lewis Henry Morgan: 1818~1881)은 미국 뉴욕주 로체스타시의 변호사 출신으로 당시 그 지역에 거주하던 일로꼬이(Iroquois) 인디언의 보호구역 분쟁문제를 변론하면서 인디언들의 문화에 깊은 관심을 갖게 되었다. 몰간은 일로꼬이 인디언들이 사용하는 가족호칭을 조사한 결과 당시의 유럽인들과 상당한 차이가 있다는 사실을 파악하였다. 그의 조사에 의하면 일로꼬이 인디언들은 아버지 세대의 모든 남성친척들을 아버지, 어머니 세대의 모든 여성친척들을 어머니라고 칭하여 생물학적인 부모의 개념을 구별하지 않는다고 한다. 더욱 특이한 점은 자신(ego)의

---

22) Daniel, G., 1963, 《앞의 책》, Pp. 58~59.

세대에 속하는 모든 남자친척을 형제, 그리고 여자친척을 자매라고 부르는 것이다. 이에 몰간은 친족의 호칭은 결혼의 형태와 가족제도로부터 유래되었다는 생각에서 친족의 호칭과 가족제도에 관한 자료를 수집하였다. 그는 당시의 여러 인디언 집단을 직접 방문하고, 현장조사가 불가능한 지역의 자료는 인편을 통해서 수합해 나갔다. 몰간이 제반종족으로부터 입수한 친족호칭을 분류하여 도출해 낸 사실은 인간의 결혼형태가 집단적인 난혼형태에서 출발하여 문화의 진화로 여러 형태의 단계를 거쳐서 오늘날의 일부일처제에 도달하게 되었다는 것이다. 그는 이와 같은 가족호칭의 비교연구를 근거로 혈족과 인척제도(System of Consanguinity and Affinity)를 1871년에 출간하여 선사시대의 결혼형태와 가족제도에 대한 규명을 시도했다고 볼 수 있다.

진화론과 연관된 몰간의 또 다른 업적은 유물론에 입각한 사회진화설이다. 그는 친족연구의 개념을 넓혀서 인디언들과 타민족의 문화를 비교문화론적 시각에서 분석하여 문화진화론의 도식을 설정하였다. 몰간은 계몽주의 학자들이 제시한 인류문화의 진화단계 - "야만시대(savagery)", "미개시대(barbarian)", 그리고 "문명시대(civilization)"를 수용하고 이들 문화단계 중에서 야만시대와 미개시대를 다시 세분화하여 각각 초기, 중기, 말기로 나누었다. 몰간의 문화단계분류법은 각 시대의 기술, 도구형태, 생산수단에 기초하였으며 이들 세 가지 형태의 기술이 문화를 발전시키는 추진력으로 보았다. 그러므로 몰간의 논리에 의하면 기술과 경제수단이 사회의 형태를 결정하게 되고 인류의 문화는 기술이 발달됨에 따라서 앞에서 언급한 7개의 문화단계를 거쳐 진화해 왔다는 것이다. 유물론적 문화진화론에 입각하여 몰간이 1877년도에 출간한 고대사회(Ancient Society)는 대서양을 건너가 엥겔스와 마르크스가 유물사관을 정립하는데 결정적인 영향을 주었다[23]. 그리고 그의 유물론적 진화론은 한 세기가 지난 오늘날에도 선사학의 연구, 특히 진화의 핵심적인 요소와 시대구분을 설정하는데 폭넓게 응용되고 있다.

　신대륙에서 몰간이 문화진화론을 적용하여 선사시대의 변천단계를 설정하고 있을 무렵, 유럽에서도 타일러(Edward Tylor: 1832~1917)에 의해 비슷한 연구가 진행되었다. 타일러는 영국의 부유층 출신으로 유년시절부터 선교사와 여행가들이 집필한 원주민사회의 문화에 대한 서적을 탐독하고 남다른 흥미를 가졌다. 그러던 중 타일러는 건강상태가 좋지 않아 요양을 목적으로 날씨가 따뜻한 신대륙의 멕시코와 인접지역에 6개월 가량 체류하게 되었다. 바로 이 기회가 타일러를 문화인류학자로 변신시켜 놓았다. 그는 다양한 인디언 문화를 관찰한 결과, 인류문화는 일정한 단계를 거쳐서 오늘날의 복잡한 형태로 진보해 왔다는 확신을 굳히고 문화진화론을 발표하였다. 타일러가 설정한 진화도식 역시 몰간이 시도했던 것처럼 계몽주의 학자들의 문화단계 방식을 차용하여 야만시대 → 미개시대 → 문명시대 순서로 문화의 고리를 이어나갔다. 타일러의 문화진화설에 의하면 야만시대는 돌로서 생활용구를 제작하였고, 수렵-채집이 주된 경제생활로 특징지어진다. 그리고 미개시대는 농경과 금속문화가 시작되었으며, 문명시대에 와서야 비로써 문자가 개발되었다고 한다. 민속지의 비교문화론을 바탕으로 문화를 연구한 타일러는 모든 인류문화가 정해진 도식에 따라 진화하고 있거나 진화했다고 주장하는 점이 몰간의 지론과 동일하다고 볼 수 있다. 그는 인류의 역사가 구석기시대와 같은 개념인 야만시대를 거쳐 왔다는 증거의 예로 19세기에 존재했던 수렵-채집 경제사회의 문화양상을 제시했다.

　타일러는 또한 통시적 측면에서 인류문화가 진화하였다는 가설을 입

---

23) Harris, M., 1968, The Rise of Anthropological Theory, New York: Crowel.

증하기 위해 "유제(survival)"의 개념을 적용시켰다. 타일러에 의하면 인간의 관습이나 제도는 전승되는 경향이 강하기 때문에 비록 야만시대 또는 미개시대의 문화적 요소라고 할지라도 그 기능은 상실되었지만 현재의 문명사회에 잔재가 남아 있다고 한다. 그는 이와 같은 문화요소의 잔재를 유제라 정의하고 유제의 개념을 과거사회와 현재사회의 문화적 고리를 연결시켜 주는 증거로 채택하였다.

타일러의 문화 진화단계는 동시대의 학자인 몰간과 유사하게 유물론에 입각하여 분류되었다고 볼 수 있다. 그러나 타일러의 연구는 물질문화의 분류방법을 탈피하여 인간의 관념체계를 진화론적 관점에서 설명한 것이 특이하다. 그가 1871년에 집필한 "미개문화(Primitive Culture)"에 의하면 인간의 지능이 발달함에 따라서 종교의 개념도 진화했다고 한다. 바꾸어 말하면 그는 종교의 발전을 인간의 사고력과 연결시켰다. 즉, 야만시대의 인간들은 어린이들처럼 생각이 단순했기 때문에 초자연의 세계를 감지하지 못했다는 것이다. 그러나 인간은 자연에 적응하면서 경험세계가 축적되어 죽음, 꿈 그리고 환상을 통하여 초자연적 세계를 알게 되었다. 예컨대, 인간은 육신과 영혼으로 구성되어 있음은 물론 자연 속의 모든 만물도 인간의 경우처럼 영적인 힘이 존재한다는 것이다. 따라서 육신과 영혼 그리고 자연과 초자연의 개념을 바탕으로 정령숭배사상(animism)이라는 인간의 새로운 관념체계가 형성되었다는 것이 타일러의 주장이다. 그가 종교의 발생과정을 설명하기 위해 착안한 애니미즘의 개념은 영혼의 세계 또는 초자연의 힘을 믿는 것을 말한다. 타일러의 논지에 의하면 종교는 애니미즘에서 출발하여 주술적 행위가 첨가되어 다신교로 발전하고 마지막 단계인 문명시대에는 일신교로 진화했다는 것이다.

타일러는 문화진화의 요인을 인간이 타고난 보편적 심리현상 때문이라고 설명했다. 인간의 심리는 보다 편리한 삶을 추구하려는 성향이 강하게 작용함으로 문화가 진화하게 된다고 한다. 그러므로 당시 문명사회로 분류된 서구인들은 발달된 지능을 이용하여 인간이 추구하는 최고의 행복을 누릴 수 있었던 반면에 원주민 사회의 경우는 사고력의 결핍으로 윤리체계가 확립되지 않은 야만 또는 미개사회에 아직도 머물고 있다는 것이다.

근대인류학, 특히 선사학의 성립과정에서 타일러의 업적은 실로 막중하다고 볼 수 있다. 그는 민속지의 비교문화론을 바탕으로 인류의 선사시대를 규지할 수 있는 문화진화론을 정립하였을 뿐만 아니라 문화의 개념도 정의하였다. 앞장에서 이미 논의한 타일러의 문화에 대한 정의는 미국인류학에 크게 영향을 미쳐서 지금도 폭넓게 인용되고 있는 실정이다.

지금까지 설명한 몰간과 타일러는 비교문화론적 관점에서 문화진화론을 인류의 역사에 대입시켜 선사학의 모체가 되는 인류학이란 학문을 개척한 학자이다. 우리는 이들 두 학자를 진화론의 발달사에서 단선진화주의라고 분류한다. 왜냐하면 몰간과 타일러는 인류문화가 획일적으로 정해진 방향에 따라서 진보의 개념을 지닌 채 진화한다고 단정했기 때문이다. 그러나 이들이 주장한 문화진화론에는 많은 문제점이 있다는 사실이 20세기 학자들에 의해서 밝혀졌다.

첫째, 모든 문화가 그들이 설정한 도식에 따라 야만시대에서 문명시대로 진화하지 않는다는 것이다. 민속지와 고고학적 연구에 의하면 어떤 문화는 야만시대 또는 미개시대에 머물고 있는 반면에 또 다른 문화는 야만시대에서 미개시대를 거치지 않고 바로 문명시대로 진화한 경우도 있기 때문이다. 이들이 제시한 단선진화론은 문화의 보편성에 대한 특수성 내지 상대성을 염두에 두지 않은데서 기인한 것이라 하겠다.

둘째, 비판을 받는 점은 인간의 지능과 관계된 진화의 측도문제이다. 민속지의 비교문화론을 연구한 19세기 문화진화론자들은 각 집단의 사고능력에 따라 문화의 진화 또는 발전 속도가 서로 다르게 나타난다고 주장한 바가 있다. 몰간과 타일러가 조사한 문화의 주인공들은 모두가 동일한 현생인류에 속하기 때문에 물론 두뇌의 지능이 서로 비슷하다. 비록 각 집단의 일상생활에 필요한 기술이 내재된 생활도구 등의 물질문화는 서로 우열을 가늠할 수 있을지 모르나 여러 가지 사회제도를 포함하는 정신문화는 그렇지 못하다. 문화는 인간이 자연환경에 적응하는 과정에서 창출됨으로 사회의 존속을 위해 그 기능을 발휘한다. 따라서 아무리 원시적인 문화라고 할지라도 그 기능은 중요하며 나름대로 고유한 특색을 지니고 있다. 진화론의 도식에서 귀착점은 서구문화를 중심으로 설정되었다. 만약 19세기 문화진화론을 그대로 수용한다면 서구중심의 민족우월감 혹은 사민족중심주의(ethnocentrism)에 빠져 민족적 편견을 지니기 마련이다. 이와 같은 예는 현대 고고학의 연구에서도 흔히 찾아 볼 수 있다.

19세기 문화진화론의 전개과정을 논의하면서 끝으로 한 가지 부언하고자 한다. 국내의 역사학자들은 진화론을 한국고대사에 적용하는 과정에서 문화진화론이 다윈의 생물진화론으로 부터 파생되었다고 생각하고 있으나 앞에서 논의한 진화론의 발생과정을 검토해보면 이 또한 잘못된 견해임을 알 수 있다. 필자가 국내의 학술지에 소개한 것처럼[24] 19세기 중엽에는 두 갈래 계통의 진화적 이론이 학계에 제기되고 있었다. 하나는 스펜서가 사회과학의 철학적 이론의 틀에 준거하여 인간사회는 통시적인 측면에서 적자생존의 기치 하에 진보의 개념을 가지고 변천한다

---

24) 최정필, 1988, A Study on the Differences Between Biological Evolution and Cultural Evolution, 한국문화인류학보 20집, Pp. 37~56.

는 사회진화설이며[25], 다른 하나는 경험에서 얻어진 자연의 현상을 과학적으로 정립한 다윈의 자연선택설을 말한다. 두 학설의 기본적인 차이점은 전자가 진화의 개념을 발전으로 보고 시간의 흐름에 따라 사회의 형태를 문화에 기초하여 단계별로 분류할 수 있다고 주장하는 반면 후자는 진화의 개념을 자연환경에 적응하기 위한 변화로 보았다. 따라서 양자 간의 진화요인과 관점은 명확하게 구별이 된다는 점을 알 수 있다. 즉, 스펜서는 진화를 개체의 능동적인 노력에 의해 전개되어 통합단계로 형성된다고 생각했고, 다윈은 개체가 피동적 입장에서 자연에 의해 선택되어 변화한다는 논리를 전개시켰다.

앞에서 열거한 두 학파는 진화의 요인과 관점에서 뚜렷한 차이를 보일 뿐만 아니라 "진화"라는 용어의 정의에서도 서로 다른 견해를 지니고 있었다고 생각된다. 다윈이 1859년에 발표한 "종의 기원"에서는 진화(evolution)란 용어를 찾아 볼 수가 없다. 그런데 1872년에 간행된 종의 기원 제6판에서는 진화라는 용어를 처음 사용하였지만[26] 용어에 대한 정의를 하지 않은 것이 특색이다. 그러나 스펜서는 "진화"라는 용어를 다윈보다 먼저 1862년에 사용하였고 진화에 대한 정의도 명확히 내렸다. 그가 저술한 1862년의 저서 제일의 원리(First Principles)에 의하면 하나의 모호한 동질성이 계속적인 분화와 통합을 거치면서 명확하고 획일적인 이질성으로 변화하는 것이라고 정의[27]하였다. 후에 이를 수정하여 진화는 절대적인 동질성으로 출발하지만, 반드시 이질성으로 귀착하지만은 않는다고 주장하였다.

---

25) Spencer, H., 1862, ≪앞의 책≫.
26) Darwin, C., 1872, The Origin of Species. 6th ed. London: John & Murray, Pp. 201~202, 424.
27) Spencer, H., 1862, ≪앞의 책≫, P. 216.

위의 사실을 종합하여 본다면 인류학의 창시자인 타일러가 1871년에 출간한 미개문화(Primitive Culture)와 몰간이 1877년에 발표한 고대사회(Ancient Society)에 기술된 문화진화론의 이론적 틀은 다윈의 학설보다는 스펜서의 사회진화설에 그 뿌리를 두고 있다는 것이 명백하며 후에 설명하는 20세기의 신진화론자들까지도 스펜서의 영향을 받았다는 것이 입증된다. 다윈의 생물진화론 자체도 말사서의 인구론을 응용하였다는 점 또한 기억할 필요가 있다. 그러므로 문화진화론은 다윈의 생물진화론에서 분화된 것이 아니라고 할 수 있다.

비교문화론과 고고학, 지질학 그리고 생물학을 바탕으로 정립된 19세기 진화론은 선사학의 발달에 결정적인 영향을 미치게 되었다. 첫째, 인류의 역사에서 선사시대가 차지하는 시간적 심도가 상상하기 어려울 정도로 깊다는 사실이 밝혀졌다. 따라서 어셔 대주교가 구약성서의 자료를 응용하여 산출한 인간의 역사는 물론 큐비에이의 천재지변설도 종교적 도그마로 밀려나 관계학계의 인정을 받지 못한 반면에 진화론이 자리를 잡았다. 둘째, 인류의 완전한 역사를 복원하기 위해서는 선사시대의 연구가 필수적이라는 인식이 고조되면서 선사학이 학문의 새로운 분야로 부각되기 시작했다. 영국학자 러복은 선사학의 탄생을 너무나 기뻐하면서 그가 집필한 "선사시대" 서두에서 다음과 같이 기술하였다. "인간의 학문세계에 또 하나의 분야가 생겨났으니 이가 바로 선사학이다. 선사고고학은 문자가 출현하기 이전의 장구한 역사를 다루기 때문에 역사고고학과는 구별되는 새로운 과학이다[28]."

19세기 말엽에 접어들면서 선사문화에 대한 연구는 고고학적 기술의 발달로 활기를 띄게 되었다. 그간의 고고학적 발굴은 유적지를 막연하

---

28) Lubbock, J., 1872, Prehistoric Times As Illustrated by Ancient Remains and the Manners and Customs of Savages. New York: D. Appleton, P.1.

게 파헤쳐 유물을 수집하는 것이 목적이었으나, 영국군의 장교출신(고고학 문헌에서는 그를 장군으로 호칭함)인 핏트-리버(Pitt-Rivers: 1827~1900)에 의해 과학적 면모를 갖추기 시작했다. 처음에 그는 진화론에 입각하여 당시에 발굴된 근대 총기류의 형식 분류를 시도하여 고고학에 많은 관심을 가졌다. 핏트-리버는 문헌에 기록되지 않은 인간의 역사를 복원하는데 가장 중요한 것은 보다 과학적인 발굴이라고 생각했다. 따라서 그는 과거 사회의 총체적 문화를 규명하기 위해서 보물찾기식의 부분적 발굴을 탈피하고 인간이 남긴 모든 유적지를 체계적으로 발굴해야 된다는 사실을 학계에 주지시켰다. 그가 고안한 발굴방법은 먼저 발굴지역을 그리드(grid)식으로 구획을 설정한 다음에 표토에서부터 층위의 순서에 따라 발굴을 하는 것이다. 그의 발굴방법에서 가장 괄목할 사실은 층위와 출토된 모든 유물의 위치를 세밀히 기록하여 도면을 작성하였다는 점이다. 일부학자들이[29] 이미 지적한 것처럼 핏트-리버는 시대를 앞서 갔던 고고학자이며 그가 고안한 발굴 방법론은 현대고고학의 발굴에 기본적인 틀로 응용되고 있다.

 인류의 선사시대에 대한 호기심은 수많은 유적의 발굴과 발견을 가져왔다. 유럽 학자들은 로마와 그리스 이전의 인류역사를 복원하기 위해 고대 이집트, 메소포타미아, 그리고 인도 지역의 유적지를 발굴한 반면에 미신대륙의 학자들은 당시 생존하던 인디언의 역사에 더 많은 관심을 가졌다. 바꾸어 말하면 유럽의 학풍은 고고학을 통해 인류의 보편사를 문화적 편견을 가지고 서술했고 미국학자들은 각 집단(종족) 및 문화의 기원과 지역역사 복원에 중점을 두었다. 인디언들의 역사와 문화를 연구하던 미국학자들은 선사학 분야가 고고학적 발굴과 민속지의 비교 문

---

29) Thompson, M. W., 1977, General Pitt-Rivers. New Jersey: Bradford.

화론적 연구와 상호보완 관계에 있다는 사실을 감지하고 선사학을 인류학 분야에 포함시켰다. 바로 이러한 학문적 경향 때문에 20세기 초반에 접어들면서 유럽은 선사학을 고고학 또는 역사학의 분파로 간주하였고, 미국은 선사학을 고고학속에 포함시켜 인류학의 한 분야로 설정하게 되었다.

3. 20세기 초반

모든 인류문화가 정해진 방향으로 일정한 단계를 거쳐서 진화한다는 단선진화론은 20세기 초반에 와서 많은 비판을 받았다. 단선진화주의를 맹렬히 비판한 대표적인 학자는 보아즈(Franz Boas: 1856~1942)이다. 독일 태생의 미국 인류학자인 보아즈는 복합체로 형성된 문화를 이해하기 위해 각 민족이 걸어온 역사적 맥락을 중요시하였다. 따라서 그의 연구는 진화론에 함축된 문화의 일반적 법칙을 부정하고 문화의 역사적 특수성에 초점을 두었다. 보아즈에 의하면 각 민족이 겪어온 역사적 배경이 서로 다르기 때문에 문화적 요소도 서로 다르게 형성되어 있으며, 이러한 관계로 아무리 보잘것없다고 생각되는 문화라 할지라도 그 나름대로 특성을 지닌다고 한다. 그는 문화상대론에 입각한 역사적 특수성을 입증하기 위해 현지조사를 강력히 주장하였다. 특히 보아즈는 수많은 북미 인디언 문화의 현지조사를 통해 집단의 관습에 대한 자료는 물론, 모든 유물을 수합하여 비교 문화론적 연구방법론을 탄생시켰다. 보아즈의 연구방법론은 당시 고고학자들에게 크게 영향을 미쳐 각 지역에서 출토된 유적과 유물을 서로 비교하여 문화의 보편성과 특수성을 인식시켰고 민속지고고학을 통하여 선사문화의 복원에도 많은 발전을 가져왔다[30].

보아즈의 업적으로 인류학이 미국학계에 기초과학으로 자리를 굳히게 되었고 그의 학문관을 역사적 특수주의(historical particularism)라고 칭한다. 보아즈는 문화인류학, 고고학, 체질인류학 그리고 언어인류학을 총체적으로 연구한 최초의 학자이기 때문에 현대 인류학의 아버지로 지금도 존경을 받고 있다.

역사적 특수주의는 1920대에 접어들면서 극단적인 문화상대론을 탄생시켜 문화진화론에 쐐기를 박아 놓았다. 보아즈의 후학들은 문화상대주의에 입각하여 민속지를 연구하였고 고고학의 경우도 예외는 아니었다. 그러나 1930년대 중반에 와서는 고고학을 중심으로 문화진화론이 다시 학계에 제기되고 일부 문화인류학자들도 이를 지지하였다. 당시 문화진화론을 재생시킨 대표적인 학자는 챠일드, 라코-호일, 스튜워드 그리고 화이트이며 이들을 신진화주의(neo-evolutionism)라고 부른다. 고고학자와 문화인류학자로 구성된 신진화주의 이론은 선사학의 발달에 크게 기여하였다고 생각됨으로 이들의 이론을 논의하고자 한다.

신진화론을 학계에 처음으로 재생시킨 학자는 오스트랄리아 출신인 영국 고고학자 챠일드(V. Gordon Childe: 1892~1957)이다. 챠일드의 고고학에 대한 접근방법은 진화론과 유물론에 이론적 바탕을 두고 문화의 변천을 경제생활, 사회조직 그리고 자연환경의 변화 관점에서 설명한 점이 특색이다. 그는 서남아시아와 유럽지역의 고고학적 자료를 섭렵하여 1936년에 신진화론을 발표하고 이를 모델로 하여 처음으로 세계선사학을 집필하였다. 챠일드는 인류역사에 나타나는 도구의 형태와 기술이 한 시대의 사회제도 및 경제조직을 결정한다는 가설을 내놓았다[31]. 그리고

---

30) Hatch, E., 1973, Theories of Man and Culture. New York: Columbia University Press.
31) Childe, G., 1936, Man makes Himself. London: Watts, Pp. 14, 87~112.

인간의 기술형태는 변천하는 자연환경과 사회환경에 적응하기 위해 발전의 개념을 가지고 진화한다는 사실을 고고학적으로 설명하였다. 예컨대, 인간이 농경문화를 개발하게 된 이유는 빙하기의 종식으로 서남아시아의 자연환경이 사막과 오아시스로 변화함에 따라 인간이 오아시스로 모여들어서 식생들과 친숙하게 되었기 때문이라고 한다. 그리고 국가의 형성은 인간이 금속문화를 개발하여 잉여농산물을 축적하게 되었다는 사실에 초점을 두었다. 물론 이와 같은 챠일드의 이론은 후에 타당성이 없는 것으로 밝혀졌다. 그러나 그가 문화진화의 요인을 인간이 변천하는 자연환경에 적응하는 수단으로 본 점과 또한 사회적 현상의 관점에서 규명하려고 시도한 점은 높이 평가를 받아야 마땅하다.

신진화론에 기초한 챠일드의 진화도식을 소개하면 다음과 같다. 그는 인류문화단계를 초기 진화론자들처럼 도구의 재료에 따라 구석기-신석기-청동기시대로 분류하지 않고 경세양상에 바탕을 두고 구석기시대를 채집경제사회, 신석기시대를 원시농경사회, 그리고 청동기시대를 국가사회라고 규정지었다. 챠일드는 위와 같은 진화도식을 제시하면서 각 문화단계의 사회제도와 경제조직 및 제반 문화요소들을 분석하여 그 특성을 지적하였다. 그는 문화단계의 특성을 설명하기 위해 통시적인 측면에서 비교문화론을 많이 응용한 점이 특색이다.

유물과 유적을 통한 챠일드의 비교문화론적 연구는 선사학의 발전에 크게 기여한 반면에 그를 문화전파주의자로 전락시켰다고 볼 수 있다. 서남아시아와 유럽의 선사문화를 비교연구한 챠일드는 금속문화와 거석문화를 비롯한 유럽의 신석기시대와 청동기시대의 제반 문화가 서남아시아에서 발생하여 유럽지역으로 전파되었다고 믿었다[32]. 다음에 설

---

32) Childe, G., 1952, What Happened in History. London: Routledge & Kegan Paul.

명하겠지만, 유럽의 거석문화와 금속문화는 서남아시아지역보다 더 오래된 것으로 판명이 되었고 또한 이러한 문화는 유럽에서 개발된 것으로 증명되었다. 일명 비엔나 학파라고도 불리는 문화전파주의(cultural diffusionism)는 20세기 초반 영국과 독일, 그리고 오스트리아를 중심으로 형성되어 인류문화의 전개과정을 전파론에 입각하여 설명해 왔다. 이 학파의 선봉자인 스미스(Eliot Smith: 1871~1937)에 의하면 새로운 문화와 관련된 인간의 성향은 창조적이지 못하기 때문에 항상 중심지역인 일정한 곳에서만 문화가 발생하여 타지역으로 전파된다는 것이다[33]. 아울러 전파주의자들은 복합전체로서의 문화와 이를 구성하고 있는 문화요소의 개념을 분석하지 않고 있다. 따라서 이들은 토기의 형식 일부분이 비슷하게 나타나도 그 이유를 인간의 이동으로 설명하는 경우가 지배적이다. 이는 문화의 특수성과 보편성은 물론, 일반적인 문화의 속성을 간과하지 못한데서 비롯되었다고 본다. 불행하게도 문화전파주의 이론은 우리나라의 선사문화에 대한 해설에도 그 예를 흔히 찾아볼 수 있다.

챠일드는 문화진화의 추진력을 과학적 검증을 거치지 않고 문화의 단일변인과 문화전파론으로 설명한 점은 후세학자들에게 비판을 많이 받고 있다. 그러나 문화의 변천에서 그가 채택한 자연환경의 변인은 문화의 진화과정을 설명하는데 분명히 진일보적인 가설이다. 그리고 신진화론을 재생시켜 각 문화단계의 경제와 사회조직을 유물론에 입각하여 해설한 점 또한 챠일드의 업적이라고 생각된다.

페루출신 고고학자 라코 호일(Rafael Larco Hoyle)의 업적은 국내에 간략히 소개된바 있다. 그는 위에서 언급한 챠일드와 비슷한 시기인 1930년대에 고고학적 발굴을 통해 신진화론을 재생시키고 사회형태에 따라

---

33) Harris, M., 1968, ≪앞의 책≫, Pp.380~384.

문화단계를 설정하여 선사학의 연구에 새로운 장을 열었다. 라코 호일은 페루의 모치카(Mochica)지역을 중심으로 여러 유적지를 발굴한 결과 과거에 설정된 문화단계의 명칭이 토기의 형태에 따라서 단순하게 작성되었기 때문에 문화의 진화를 설명하는데 발전을 상징하는 기능적 내용이 결여되었다는 점을 지적하고 새로운 문화단계의 도식을 제시하였다. 그가 설정한 문화의 진화도식은 1) 선토기시대 → 2) 초기토기시대 → 3) 촌락형성시대 → 4) 지역융성시대 → 5) 지역연합시대 → 6) 제국시대로 분류[34]되어 관계학계로부터 많은 지지를 받았다. 라코 호일은 신진화론을 주장하면서 그가 제시한 진화도식은 단순히 페루 문화사의 편년을 의미하는 것이 아니라, 진보의 개념을 지닌 독특한 사회양상을 나타낸다고 설명했다[35]. 라코 호일의 선사문화에 대한 주 관점은 진화론을 고고학적 견지에서 재생시켜 문화단계에 따라 사회형태를 설명하고 이를 국가의 형성과정과 연계시켰다는 사실이다. 그가 설정한 신진화론의 도식과 유물론적 진화의 개념은 미국 고고학자 윌리(Gordon Willey)에게 남미의 고대문화를 편년하는데 결정적인 영향을 주었다. 그리고 문화인류학자 화이트(Leslie White)와 스튜워드(Julian Steward)에게도 신진화론의 재생적 관점에서 많은 단서를 제시하였다[36].

화이트와 스튜워드와는 비교문화론적 관점에서 신진화론을 주장하고 문화의 속성을 연구하여 선사학에 크게 공헌을 끼친 문화인류학자이다. 화이트는 인류문화가 일반적으로 진화한다는 가설을 세우고 인간의 경

---

34) Larco Hoyle, F., 1938, Los Mochicas. Lima.
35) Larco Hoyle, F., 1966, Peru. Trans. by Tames Hogarth, Cleveland & New York: World Publishing Co., P.10.
36) Steward, J., 1948, A Functional-Developmental Classification of American High Culture. In A Reapprasial of Peruvian Archaeology. Ed. by W. C. Bennet. Society for American Archaeology, Memoir 4, P.104.

험세계를 통해서 축적되는 문화의 현상을 진화로 보았다. 화이트에 의하면 진화의 양상은 시간적 순서에 따라서 표출되는 것이 특징이다. 예컨대, "B"라는 단계로부터 "A"단계가 발생하며 "C"는 시간적으로 "B" 이전의 단계라고 한다. 그리고 진화의 방향은 시간의 흐름을 통하여 진보의 개념을 지니고 있다는 것이다[37]. 화이트는 진화의 개념을 에너지 법칙으로 설명한 점이 특이하다. 화이트는 진화의 척도를 연간 한사람이 자연으로부터 자원을 획득하여 동력화한 에너지의 양과 작업을 위해서 동력화 된 에너지를 작동시키는 수단(도구)의 효율성에 두었다[38]. 바꾸어 말하면 인류역사를 살펴볼 때 구석기시대에서 문명사회인 오늘날의 에너지의 양과 도구를 이용한 작업의 효율성이 문화단계에 따라 증가되어 왔으니 이것이 바로 문화진화의 징표란 것이다. 그는 진화를 하나의 계통적 발생으로 보았으나 19세기 단선진화론자 처럼 모든 문화가 야만, 미개 그리고 당시 서구의 문명사회로 진화한다는 진화의 귀착점은 명시하지 않았다.

　화이트의 선사학 발전에 대한 또 다른 공헌은 문화의 개념이다. 그는 문화를 하나의 복합체계로 간주하고 그 속에 구조적으로 다른 요소들이 연계되어 서로 작용한다고 믿었다. 그리고 문화는 체계를 형성하는 가운데 기층문화를 포함하여 세 가지 층위를 이루고 있다고 보았다. 따라서 문화가 변화하기 위해서는 반드시 복합체계를 이루는 문화의 한 요소가 다른 요소에 힘을 가해야만 가능하다. 아울러 그는 문화를 자연환경에 적응하는 신체외적(extrasometic) 수단으로 보았다. 즉, 문화는 자연환경의 변화에 적절하게 대응하여 항상 일정한 형평(equilibrium)을 유지하고 있다는 것이다. 물론 문화와 자연환경의 형평이 유지되지 않을

---

37) White, L., 1949, The Science of Culture. New York: Grove Press, Pp. 229~230.
38) White, L., 1949, ≪위의 책≫, Pp. 368~369.

경우에는 생존을 위해 인간은 새로운 문화를 창조해야한다는 논리를 내포하는 것이다. 이와 같은 그의 논리는 1960년대에 겐트 프렌너리(Flannery, 1968)에 의해서 고고학에 응용된 체계이론의 전조라고 볼 수 있다.

화이트의 분석에 의하면 모든 문화는 세 가지 기본적인 형태로 구성되어 있다고 한다. 세 가지 문화형태는 기술-경제체계, 사회제도 그리고 이념과 종교체계를 말하며 이들 중 기술-경제체계는 사회의 구성원들이 자연환경에 적응하는 과정에서 사회제도의 성격과 이념-종교체계를 결정한다는 것이 그의 지론이다. 화이트의 진화개념과 문화의 분석은 후에 등장하는 신고고학파들에게 새로운 연구방향을 제시해 주었다.

신진화론의 재생, 그리고 선사학의 발달과 연계시켜 마지막으로 소개하고 싶은 학자는 스튜워드이다. 그는 모든 문화가 진화한다는 화이트의 이론이 다양한 자연환경의 적응에서 생겨난 사회조직과 민족의 역사적 특수성을 고려하지 않았기 때문에 너무나 단순하다고 비판하였다. 스튜워드는 문화진화의 성향을 보다 구체적으로 설명하기 위해 고고학과 민속지 연구에서 얻어진 자료들을 비교문화론적 관점에서 검토하여 문화생태학(cultural ecology)이란 개념을 착안하게 되었다. 문화생태학은 문화의 핵심을 생계경제와 기술형태로 나누고 이들 문화적 요소가 자연환경과 어떻게 상호작용하느냐에 따라서 문화가 여러 가지 형태로 변화할 수도 있다는 것이다[39]. 스튜워드의 문화생태학에는 다음과 같은 세 가지 기본적 개념이 체계적으로 구성되어 있다. 첫째, 한 집단의 문화가 지니고 있는 기술과 그들이 생활하는 자연환경과의 상호관계를 분석해야 한다. 이들 두 가지 사항을 분석하는 과정에서 집단의 문화가 그 구성원들의 생계경제와 주거생활을 위해 자연에 산재한 자원을 얼마나 효율적

---

39) Steward, J., 1955, Theory of Culture Change: The Methodology of Multilinear Evolution. Urbana: University of Illinois Press.

으로 개발하는가를 조사하는 것이 중요하다. 둘째, 집단이 지닌 기술문화와 연관된 구성원들의 행위형태를 분석하는 것이다. 여기에서 행위형태란 구성원들이 생존을 위해 작업하는 행동을 의미한다. 셋째, 구성원들 사이의 행위형태에 대한 상호관계와 다른 문화제도를 파악해야 한다. 즉, 생존을 위한 행위가 그들의 사회활동, 그리고 인간관계에 어떻게 영향을 미치는가 하는 문제를 말한다.

　스튜워드의 문화생태학은 결국 한 집단의 기술-경제와 자연환경이 중심이 되어 위에서 열거한 세 가지 개념으로 기능을 발휘하여 문화의 핵심을 이루고 이의 영향으로 나머지 문화제도가 형성된다는 것이다. 그의 문화생태학은 자연환경과 연계된 기능주의적 관점이 마르크스, 챠일드 그리고 화이트와 대별된다고 하겠다. 스튜워드는 문화진화에 대한 관점도 다른 학자들과 차이를 보이고 있다. 그의 지론에 의하면 집단의 문화생태가 서로 다르면 문화도 상이하게 변화한다는 것이다. 따라서 그는 특정사회의 문화만이 정해진 방향으로 진화한다는 19세기 진화론자들을 단선진화론자로 규정하는 반면에 문화가 여러 가지 방향으로 진화한다는 자신을 다선진화론자 또는 특수진화론자, 그리고 챠일드와 화이트를 보편진화론자로 명명하였다[40]. 스튜워드의 문화생태학과 연계된 문화의 특수진화는 후에 신고고학의 탄생에 많은 영향을 끼쳤다. 이는 스튜워드 자신이 남미의 고고학발굴에 직접 참여한 사실과 무관하지 않다고 생각된다.

　지금까지 언급한 신진화론자들은 선사학의 발전에 크게 기여하였다. 미국의 고고학자 윌리(Gordon Willey)는 라코 호일이 발표한 신진화주의 도식을 바탕으로 신대륙의 여러 지역을 문화단계에 따라 분류하기 시

---

40) Steward, J., 1953, Evolution and Process. In Anthropology Today. Ed. by A. L. Kroeber, Chicago: University of Chicago Press, P.316.

작했다. 특히 윌리가 발굴한 페루의 비루(Viru)계곡 문화형태는 통시적인 측면에서 단계적으로 진화했다는 사실이 입증되었다[41]. 한편 윌리는 그의 동료 필립스(Philp Philips)와 함께 신대륙의 선사학을 진화론적으로 정립하기 위해 여러 지역의 발굴결과를 비교 검토해 보았다. 그 결과 문화는 대체로 그들이 설정한 단계에 따라서 진화하는 것이 통례이지만 이와는 다른 양상을 보이는 지역이 많다는 사실도 알게 되었다. 이와 같은 고고학자들의 선사학에 대한 신진화론적 접근은 꾸준히 전개되어 미국 고고학자 부레이드우드(Robert Braidwood)는 챠일드가 제기한 농경문화의 혁명적진화설(Neolithic Revolution)을 검증하기 위해 발굴사상 처음으로 지질학자와 고생물학자로 구성된 합동 조사단을 조직하여 1949년부터 중동지역 발굴에 착수해서 고대 자연환경을 복원하였다[42]. 그리고 영국의 고고학자 크라크(Grahame Clark)는 화분분석법을 영국의 스다 칼(Star Carr)유적시 발굴에 적용시켜 자연생태계와 관련된 고대 인간의 취락형태와 식생활을 훌륭하게 분석하였다[43].

고고학자들은 인류학적 이론에만 치우쳐 유물과 유적을 대상으로 선사문화를 복원하는데 많은 문제점이 있다는 사실을 인지하고 고생물학과 지질학 등 자연과학에 의존하게 되었다. 바로 이 시기에 소개된 절대연대측정법은 선사학의 편년에 혁명을 가져왔다. 1949년에 물리학자 리비(Willard Libby)가 발명한 방사성탄소연대 측정법은 비록 오차가 있고 상한연대가 50,000년(지금은 70,000년전까지 가능함)이내라는 제한점은 있었지만 당시 고고학자들에게는 현생인류의 출현, 인간의 신대륙이주,

---

41) Willey, G., 1953, Prehistoric Settlement Pattern in Viru Valley, Peru. Washington D.C.: Smithsonian Institution, Pp.17~19.
42) Braidwood, R., 1952, The Near East and the Foundations for Civilization. Condon Lectures, Oregon State for Higher Education, Eugene.
43) Clark, G., 1954, Star Carr. Cambridge: Cambridge University Press.

농경의 전개과정, 복합사회의 형성, 등 중요한 역사적 사실에 대한 절대연대를 제시해 주었다. 따라서 방사성탄소연대의 발명은 그간 상대연대로 설정된 문화사의 편년을 크게 수정하여 현생인류 출현이후 문화의 전개과정을 절대연대로 설명하는 자료가 된 것이다.

문화인류학자 화이트와 스튜워드의 문화이론 그리고 자연과학의 기술적 방법론이 선사학연구에 어느 정도 적용되었으나 1960대 이전의 고고학은 과학의 한 분야로 자리를 잡지 못한 채 학문적 철학이 결여되었다고 볼 수 있다. 당시 대부분의 학자들은 인류문화사의 단순한 서술에 목적을 두고 문화진화론을 바탕으로 지역사를 복원하는 것이 고고학의 목표라고 생각하였다. 따라서 이들은 새로운 학문적 페러다임을 추구하기 보다는 유물의 형식적 분류와 연대기 설정에 몰입되어 이미 설정된 기존학설에 그들의 이론을 꿰어 맞추는 경향이 지배적이었다.

4. 1960~2000년

1) 신고고학과 후기과정주의

1960년대 이후부터 오늘날까지 수많은 고고학자들은 선사문화의 올바른 이해를 위해 고고학이 학문적 철학을 지닌 현대 과학의 한 분야로 정립되어야 한다고 목소리를 높여왔다. 여기에서 현대과학이란 자연 또는 사회의 현상을 논리적인 법칙으로 설명하는 것을 의미한다. 고고학자들은 그들의 학문적 위상을 재정립하는데 필요한 모델이 자연과학 분야의 물리학, 화학 그리고 생물학 이라고 생각하였다. 왜냐하면 이들 자연과학은 수학적 공식과 법칙으로 자연의 현상을 설명할 수 있기 때문이다.

위와 같은 고고학에 대한 새로운 인식론은 미국의 소장학자들을 중심으로 제기되어 1960년대 중반에 와서는 "신고고학"(New Archaeology)이라는 학문적 풍토를 탄생시켰으며 이를 주도한 학자는 빈포드(Lewis Binford)이다. 그는 미시간 대학교 대학원 학생으로 재학하면서 문화인류학자 화이트의 영향을 받아 유물과 유적을 물질 자체로 생각하지 않고 체계적인 인간행위의 표출이라고 보았다. 바꾸어 설명하면 유물과 유적 속에는 인간행위가 담겨져 있기 때문에 이들을 바탕으로 문화의 체계를 설명할 수 있다는 것이다. 따라서 빈포드는 유물의 양식분류와 편년 그리고 문화사의 복원에만 치중했던 종래의 학자들을 신랄히 비판하고 새로운 페러다임을 정립하여 신고고학의 개념을 소개하였다. 신고고학의 탄생 배경에는 당시에 발달했던 절대연대 측정법과 컴퓨터 시뮬레이션 등 자연과학 그리고 헴펠(Carl Hempel)이 제기한 실증주의 철학[44]의 영향도 어느 정도 영향을 미쳤나고 생각되지만, 인류학의 이론이 절대적으로 작용하였다. 이는 빈포드와 그의 동료들이 주장하는 신고고학의 정의와 접근방법에서 잘 나타나 있다.

신고고학의 지향목표는 첫째, 문화의 체계와 변동과정을 규명하는 것이다. 신고고학자들은 문화를 통시적인 측면에서 변화하는 하나의 복합체계로 간주하고 복합체계를 구성하는 하부체계간의 상호관계와 문화의 변동에서 관찰되는 과정(process)을 중요시한다. 이러한 문화과정론은 역사를 단순하게 서술(descriptive model)하는 것 보다는 설명적(explanatory model)인 요소가 강하게 내포되어 있다고 하겠다. 둘째, 신고고학자들에 의하면 신고고학의 학문적 목표가 문화의 변천과정을 규명하는 것이기 때문에 문화의 법칙을 찾아낼 수 있다는 것이다. 이들이 주

---

44) Hempel, C., 1966, Philosophy of Natural History. Englewood Cliffs: Prentice-Hall.

장하는 법칙의 개념은 고고학을 통하여 하나의 현상을 과학적으로 설명할 수 있는 보편성이 내재된 이론정립을 뜻한다. 셋째, 문화과정론과 과학적 법칙을 규명, 정립함으로서 신고고학자들은 고고학이 모체학문인 인류학 이론에 공헌함은 물론 현대사회의 문제점도 설명할 수 있다고 보았다[45].

그러면 위에서 언급한 신고고학의 목표를 달성하기 위해 고고학자들이 취한 이론적 배경 내지 방법론을 살펴보기로 하자. 이들이 주장하는 고고학의 근간을 이루는 이론은 유물론과 진화론이다. 고고학은 위의 두 가지 기본이론에서 출발한다는 것이다. 그런데 신고고학파들이 가장 폭넓게 응용한 이론은 문화진화론이다. 이들은 챠일드와 화이트의 보편진화, 그리고 스튜워드가 제시한 다선진화의 개념을 수용하고 이를 바탕으로 선사시대의 문화변천에 대한 설명을 시도했다. 그러므로 신 고고학자들은 한 시대의 기술-경제형태가 나머지 문화형태를 결정한다는 신진화론자들의 유물사관을 응용하여 유물과 유적에 담겨진 기술-경제적 관점을 소상하게 다루었다. 아울러 신고고학자들은 선사문화의 진화단계를 대체로 네 가지 문화단계로 설정하고 이러한 이론적 틀에 맞추어 신진화론을 검증하고 확립시켰다. 여기에서 논의한 문화단계는 신진화론의 2세들이 정립한 것을 말한다.

앞에서 이미 지적한 바와 같이 20세기에 다시 고개를 들기 시작한 문화진화론은 챠일드, 화이트 그리고 스튜워드에 의해 재정립되어 신진화론으로 탈바꿈하였다. 이렇게 자리를 잡은 신진화론은 신진화론의 제2세대인 사하린스(Marshall Sahlins) 그리고 서비스(Elman Service)에 의해 일반진화(general evolution)와 특수진화(specific evolution)로 다시

---

[45] Binford, L. & S. Binford, 1968, New Perspectives in Archaeology. Ed. by L. Binford & S. Binford. Chicago: Aldine.

분류되었다. 특히 신진화론의 2세들 중에서 서비스는 비교문화론과 고고학적 연구를 바탕으로 인류문화의 진화과정을 무리사회(Band) → 부족사회(Tribe) → 족장사회(Chiefdom) → 국가사회(State)로 설정한[46] 반면에 프리드(Morton Fried)는 평등사회(Egalitarian) → 서열사회(Ranked) → 계층사회(Stratified) → 국가사회(State)로 분류한 점이 특색이다[47]. 이들 두 학자의 진화도식은 서로 비슷한 점을 보이고 있으나, 문화의 핵심을 보는 관점에서 다소 차이를 보이고 있다. 서비스의 도식은 사회형태와 문화의 통합수준에 근거를 두었다고 간주한다면, 프리드의 견해는 정치형태의 진화과정을 설명한 것이다. 따라서 프리드의 도식에는 부족사회가 존재하지 않는다. 그는 부족사회를 원주민문화에 서구의 문화가 침투하는 과정에서 발생했다고 보는 점이 특징이다. 신고고학은 진화론적 시각에서 앞에서 열거한 문화단계의 변천과정을 규명하는데 초점을 두는 것이 종래의 연구방법론과는 차이가 있다고 하겠다.

신고고학에서 응용되는 두 번째의 이론적 배경은 체계이론(system theory)이다. 신고고학파들이 체계이론을 도입한 것은 인간과 환경의 관계 그리고 생태계의 개념 때문이라고 생각된다. 여기에서 환경이란 자연환경과 인간이 창출한 사회 환경을 말하며 인간은 문화를 이용하여 두 가지 환경 속에 적응해 나간다. 생태계는 생물학에서 개발된 이론으로 생물체를 둘러싸고 있는 자연환경(기후도 포함)과 생명체계의 상호관계를 의미한다. 좀 더 구체적으로 설명하면 생태계의 특성은 자연의 단위를 체계적으로 설정하고 각 단위와 단위간의 에너지 흐름을 뜻하며 에너지 흐름은 환류현상을 일으킨다.

---

46) Service, E., 1962, Primitive Social Organization. New York: Random House.
47) Fried, M., 1967, The Evolution of Political Society: An Essay in Political Anthropology. New York: Random House.

이러한 생태계의 모델은 인간사회의 구조와 현상을 설명하는데 도입되었고[48], 다시 사회학자 마루야마(Magoroh Maruyama)[49]와 폰 버틸란피(Ludwig von Bertalanffy)에 의해 일반체계이론(general system theory)으로 개발되었다[50]. 앞의 두 학자에 의하면 하나의 체계는 여러 가지 하부체계로 구성되어 상호간에 연계성을 지니면서 각 하부체계가 기능을 발휘하여 하나의 복합체를 형성한다는 논리이다. 따라서 하나의 체계(복합체)는 각 하부체계가 서로 연계되어 있는 연속성과 하부체계가 기능을 발휘하여 그 영향이 반전되어 오는 환류성(feedback)을 지니게 되는 점이 속성이라 하겠다.

환류성은 긍정환류(positive feedback)와 부정환류(negative feedback)로 나누어진다. 전자는 체계가 작동하는 과정에서 이를 구성하고 있는 하부체계가 과거와 같은 일정한 기능을 발휘하지 못하는 경우에 반전되어 오는 환류현상이 체계의 불균형을 초래한다. 이러한 현상이 한 사회의 문화에 나타나게 되면 인간은 새로운 적응전략으로 대처하는 일반적인 경향이 있기 때문에 문화가 변화 또는 진화하여 다시 균형을 찾게 된다. 한편 부정환류는 문화의 균형을 유지하는 속성이 있다. 따라서 부정환류가 계속되면 문화는 크게 변화하지 않고 유지·존속된다. 참고로 환류의 형태에서 나타나는 문화의 속성을 한 가지 더 소개한다면 문화가 쇠퇴 내지 소멸되는 경우가 있다. 베일리[51]는 위에서 설명한 긍정환

---

48) Reid, L., 1962, The Sociology of Nature. Chicago: Rand McNally & Company. Duncan, O. D., 1964, Social Organization and the Ecosystem, In Handbook of Modern Sociology. Ed. by R. E. Faris. Chicago: Rand McNally & Company. Pp. 36~82.
49) Maruyama, M., 1963, The Second Cybernetics: Deviation-Amplifying Mutual Causal Processes. American Scientist, Vol. 51, Pp. 164~179.
50) Von Bertalanffy, L., 1968. General System Theory. Middlessex: Penguin Books.

류와 부정환류의 개념을 긍정환류라는 하나의 우산 속에 포함시켜 두 가지 성격으로 분류하고, 부정환류의 개념을 새롭게 설정하였다. 베일리에 의하면 부정환류는 진화를 향해 체계를 촉진하거나 또는 평소의 균형을 유지시키는 속성이 없고 균형이 파괴되어 인간이 이에 적절하게 대처하지 못하여 문화가 쇠퇴 소멸되는 것을 말한다.

신고고학자들은 체계이론을 적용하여 선사인들의 환경에 대한 적응전략과 문화변동을 과정론적 견지에서 규명하는데 많은 업적을 남겼다. 그들은 문화를 체계적 관점에서 해설하기 때문에 모든 종류의 유적과 유물을 문화체계의 단위와 연계시키는 것이 특징이다. 따라서 신고고학자들은 눈으로 관찰되는 유물과 유적 그 자체보다는 이들 물질문화 속에 담겨진 문화의 체계를 설정하여 인간행위와 연계된 현상을 환류성에 입각하여 설명한다. 선사문화의 규명을 위해 체계이론을 처음으로 도입한 학자는 프렌너리(Kent Flannery)이다. 그는 체계이론을 고고학적 견지에서 정립하여 중남미의 초기 농경문화와 복합사회의 형성과정을 제시했다. 그의 체계이론은 문화의 변동에서 원인을 추구하기 보다는 변동과정을 중시하였다. 그가 오와카(Oxaca) 계곡을 중심으로 제시한 농경문화의 전개과정과 복합사회의 형성과정에 대한 연구는 초기에 신고고학파들이 추구하는 문화의 변동요인 보다는 변동과정에 대한 설명적 모델이다. 따라서 프렌너리의 업적은 관계학계의 적극적인 지지를 받아 신고고학이 과정주의(processualism)란 이름으로 탈바꿈하여 지금까지 고고학이론의 주류를 이루고 있다.

체계이론이 신고고학에 응용된 이후, 문화의 변동과정을 단일변인으로 설명하는 가설은 설득력을 잃게 되었다. 예컨대, "인구증가"라는 단

---

51) Bailey, K.D., 1968, Human Ecology: A General Systems Approach. Austin: University of Texas Press.

일변인을 바탕으로 문화의 변천과정을 설명하는 것이 지배적인 경향이었으나 체계이론은 이를 부정하고 여러 가지 복합적인 요인이 상호작용하여 문화가 변화한다는 사실을 입증시켰다. 뒷장에서 설명하는 농경문화의 기원 그리고 국가의 형성과정 문제가 이를 잘 말해주고 있다.

신고고학이 주장하는 세 번째 이론은 연역적 가설 검증법이다. 이는 이론적 배경이라기보다는 신고고학의 목표를 달성하는데 사용되는 방법론이다. 신고고학자들은 언제, 누가, 무엇을 했다는 단순히 문화사를 서술하는 귀납적 방법을 배격하고, 연역적 방법으로 주어진 명제에 접근하는 점이 특징이라 하겠다. 이들은 민속지의 비교문화 연구와 역사인류학 그리고 문헌사학에서 얻어진 가설을 미리 세우고 이를 검증하는 과정에서 연역적 방법으로 논리를 전개하고 "왜", 그리고 "어떻게"라는 질문의 답을 법칙으로 설명한다.

신고고학자들은 왜, 그리고 어떻게 라는 답을 정립하기 위해 많은 부분을 수리적 통계수치에 의존한다. 왜냐하면 이들은 수리적 방법론이 과학적 법칙정립에 강한 힘을 지니고 있다고 생각하기 때문이다. 그러므로 신고고학이 취하는 연역적 가설 검증법은 가설의 출처를 중요시 하지 않고 가설을 검증하는 과정과 검증된 가설이 진리에 가까운지 또는 그렇지 않은지에 역점을 둔다. 이와 같은 신고고학파들의 연역적 논리전개와 가설 검증법은 피츠버그 대학의 유명한 철학자, 헴펠(Carl Hempel)의 실증주의철학[52]으로 부터 크게 영향을 받은 것이 분명하다. 이러한 사실은 신고고학자들이 문화인류학이나 역사학에서 얻어진 가설을 유추할 경우에는 이를 반드시 과학적으로 검증하여야 고고학이 하나의 과학으로 성립될 수 있다고 주장하는 점을 보아서도 규지할 수 있다[53].

---

52) Hempel, C., 1966, ≪앞의 책≫.
53) Willey G. & J.A. Sabloff, 1980, ≪앞의 책≫, Pp. 195~196.

1960년대 중반에 제기된 신고고학은 고고학사에 큰 획을 그었다. 새롭게 설정된 신고고학의 목표를 달성하기 위해 세워진 이론적 틀과 방법론은 당시 학자들에게 신선한 충격을 주어 새로운 학문의 세계를 펼쳐 주었다. 신고고학이 지니는 철학에 따라 대부분의 학자들은 현장과 실험실에서 얻어진 자료를 보다 과학적으로 분석하고 이를 바탕으로 신고고학의 학문적 위상을 다져 나갔다. 이들은 신고고학이 과학적 법칙을 지닌 과학의 한 분야로 정립될 수 있다고 믿었다. 그러므로 신고고학자들의 학문에 임하는 자세는 유명세를 떨치면서 학문을 전개시키던 원로학자들의 학설을 막연히 답습 또는 인용하는데 그치지 않고 기존의 학문적 페러다임에 대한 발상을 전환하여 가설검증에 보다 적극적인 점이 큰 발전이라고 볼 수 있다.

2) 후기과정주의

과정론을 중심으로 하는 신고고학이 1970년대까지 맹위를 떨쳤으나 1980년대 초반에 접어들면서 이에 대한 비판이 제기되기 시작했다. 물론 신고고학의 모순점은 이미 1970년대 말엽에 신고고학파내에서도 지적이 되었지만[54] 구체적인 반론은 외부로부터 제기되었다[55]. 이를 주도한 학자는 영국 켐브리지 대학의 호더(Ian Hodder)이다. 호더와 그의 추종자들은 신고고학파를 과정주의로 단정한 반면에 그들 스스로를 후기 과

---

54) Deetz J. F., 1972, Archaeology as Social Science. In Contemporary Archaeology. Ed. by M.P. Leone. Carbondale: Southern Illinois University Press, Pp. 108~117.
55) Hodder, I., 1982 [Ed.] Symbolic and Structural Archaeology. Cambridge: Cambridge University Press.
Hodder, I., 1986 Reading the Past: Current Approaches to Interpretation in Archaeology. Cambridge: Cambridge University Press.

정주의(post-processualism)라고 칭하고 있다. 후기 과정주의 또는 탈과정주의 용어는 과정주의에 대칭되는 것으로 신고고학을 비판하는 민속지고고학(ethno-archaeology), 인지고고학(cognative archaeology), 그리고 구조고고학(structural archaeology)을 주장하는 학자들의 지론을 통칭하여 성립되었다고 볼 수 있다[56]. 그러면, 먼저 신고고학에 내재되어 있다고 생각되는 가장 큰 문제점을 알아본 다음에 후기 과정주의의 개념을 살펴보기로 하자.

　신고고학자들은 자연과학, 특히 물리학과 화학의 경우처럼 인류의 역사를 획일된 법칙으로 설명할 수 있다고 역설하지만 여기에는 모순점이 많다고 생각된다. 왜냐하면 인류의 역사는 물리학 또는 화학과 같은 물질의 세계와는 기본적으로 구별이 되어야 한다[57]. 예컨대 인간의 역사는 자연과 사회적 선택의 산물이라고 할 수 있는 반면, 천체물리학에서 말하는 은하계 그리고 물질 속에 포함되어 있는 원자나 분자의 형성과정은 인류문화와 비교해 볼 때에 그 속성이 판이하다. 게다가, 인간의 역사는 지구라는 독특한 환경 속에서 시간적 순서에 따라 한정된 공간을 무대로 생활해 왔다. 그러나 물리학과 화학의 원리는 시공의 제약을 받지 않는다. 따라서 학문적 성격이 서로 다름에도 불구하고 이를 모델로 설정하여 철학적 법칙을 정립하겠다는 신고고학자들의 지론은 재고되어야 한다는 것이 후기과정주의의 과정주의에 대한 비판이다.

　신고고학자들이 주장하는 연역적 가설검증법 또한 문제가 많다고 하겠다. 신고고학자들은 그들이 설정한 목표를 달성하기 위해 미리 가설

---

56) Redman, C. L., 1991, Distinguished Lecture in Archaeology: In Defense of the Seventies-The Adolescence of New Archaeology. American Anthropologist, Vol. 93, Pp. 295~307.
57) Wenke, R. J., 2007, Patterns in Prehistory. New York: Oxford University Press, Pp. 28~29.

을 세우고 연역적으로 유물과 유적의 의미에 접근한다. 이때 고고학적 기록(유물과 유적)에 담겨있는 실재내용을 풀이하는데 가장 보편적으로 사용되는 방법론은 수리적 통계이다. 신고고학이 비판을 받고 있는 점은 바로 정해진 가설을 검증하는 과정과 수리적 방법론 때문이라고 하겠다. 미리 가설을 세워 이를 검증한다면 대체로 문화의 단면만을 보는 것이 통례이다. 앞에서 설명한 바와 같이 문화는 한 사회의 정치, 경제, 언어, 종교, 가족제도, 예술, 등 제반 요소로 형성된 복합체계이다. 따라서 연역적 가설의 검증법은 문화의 총체를 이해하지 못한 채 좁은 시야로 문화의 부분만을 설명하게 된다.

다음으로 지적할 점은 통계적 방법론이다. 신고고학자들은 유물과 유적을 통계로 처리하여 그 결과가 설정된 가설과 어느 정도 일치하면 통계의 수치를 진리에 가장 가까운 가설로 받아들인다. 물론 고고학적 자료를 통계방법으로 처리하려면 세심한 주의와 주어진 수치 풀이에 대한 객관성이 따라야 한다. 특히 변인의 설정은 물론 종속변인의 설정 또한 매우 중요한 부분이다. 그러나 미국을 중심으로 전개된 신고고학의 여파로 학계에 소개된 대부분의 연구는 계량적 방법론을 맹신한 나머지 자료의 타당도를 고려치 않고 무조건 이를 적용하여 역사를 왜곡되게 할 가능성이 많다. 복잡하게 얽혀있는 인간의 인지 세계를 단순히 계량적 방법에만 의존하여 해설하는 것은 타당치 않다고 생각된다.

후기 과정주의(포스트-프로세셜리즘)의 탄생배경은 위에서 논의한 신고고학의 문제점을 비판하고 이로부터 탈피하는 과정에서 비롯된 것이다. 후기 과정주의를 선도한 호더(Hodder)는 발굴현장에서 수거된 유물들을 신고고학자들이 주장하는 통계방법에 따라 분석하였으나, 그 결과가 무엇을 의미하는지 확고한 신념을 가질 수가 없었다. 이러한 관점에서 호더는 고고학적 기록의 해설에 대한 객관성을 지니기 위해 다음과 같은 두 가지 연구의 방향을 제시했다. 첫째, 인간의 문화에서 시공을 초월하여 획일적으로 존재하는 공통점은 거의 없다는 사실을 조사하는 것이다. 그는 유물과 유적의 외형이 비슷하게 나타난다고 할지라도 이들이 지니는 문화적 의미는 각 문화권과 시대에 따라 서로 다를 수도 있다고 주장했다. 호더의 이러한 견해는 신고고학이 지향하는 문화에 대한 일반적인 법칙정립이 회의적이며 유물과 유적의 통계처리에서 얻어진 결과의 해설에도 신중성을 기해야 한다는 입장이다.

호더가 제시한 두 번째 연구 방향은 민속지고고학(ethnoarchaeology)이다[58]. 앞에서 설명한 바와 같이 민속지고고학은 현존하는 사회의 문화를 연구하여 이를 고고학에 응용하는 것을 말한다. 포스트-프로세셜리즘을 주장하는 학자들에 의하면 유물과 유적 그 자체로서는 과거사회의 문화를 설명하기가 어렵다고 한다[59]. 따라서 이들은 고고학자들이 현존하는 집단사회의 구성원적 입장에서 고대인들의 인지체계를 규명함으로써 과거를 보다 정확하게 이해할 수 있다고 믿는 점이 특징이라고 하겠다. 물론 민속지고고학의 응용에는 동일한 문화권은 물론 시간적인 측면에 문화의 연속성이 있어야한다.

신고고학을 비판하는 학자들은 과정론자들이 유물과 유적을 중심으로 물리학과 같은 법칙을 정립할 수 있다는 주장에 대해 신화 속에 등장하는 상징적인 동물을 찾는 것이나 다름이 없다고 비꼬았다. 더하여 후기 과정주의자 들은 고고학의 이론적 틀이 인문사회과학에 속하기 때문에 자연과학의 법칙정립과 다르다는 논리를 전개시키고 있다. 후기 과

---

58) Hodder, I., 1986, Reading the Past: Current Approaches to Interpretation in Archaeology. Cambridge: Cambridge University Press.
59) Shanks, M & C. Tilley, 1987, Social Theory and Archaeology. Cambridge: Polity Press.

정주의를 주장하는 학자들이 지적하는 과정주의 가장 큰 단점은 명확한 증거를 제시하지 않고 과거사회의 문화를 주관적으로 해설하고 있다는 점이다. 이들에 의하면 유물과 유적만으로는 인류의 역사를 완전히 규명할 수 없다는 것이다. 따라서 후기 과정주의는 현재사회가 과거사회에 대해 무엇을 말해주는 가에 관심을 둔다. 이들의 지론은 과거사회의 문화 전개과정을 정확히 알 수 없기 때문에 현재가 과거를 해결하는 열쇠라고 주장한다. 즉, 그들의 논지에 의하면, 과정주의의 인간역사에 대한 관점은 "역사는 과거에 일어났던 것"이라고 간주하는 반면에, 후기과정주의자들은 역사는 과거에 일어났던 사실을 현재사회가 현재사회의 입장에서 풀이한다는 것이다. 이들의 주장이 옳을지 모른다. 고고학자들은 그들 자신이 속해 있는 문화 속에서 편견을 가지고 문화의 기능 일부만을 풀이하고 있기 때문이다.

위에서 논의한 바와 같이 후기과정주의자들은 역사에 접근하는 관점이 과정주의와 다르다. 그들의 주장에 의하면, 소멸된 과거사회를 현재라는 시간적 범주에서 설명하기 때문에 연구자의 주관이 배제되지 않을 수 없다는 것이다. 즉, 어떠한 경우라도 연구자의 주관이 강하게 작용하기 때문에 객관성을 흐려놓는다는 말이다. 이와 같은 후기과정주의의 과정주의에 대한 비판은 매우 타당하다고 생각된다. 과정주의자들이 철학자 헴펠(Hempel)의 영향을 받아 주장하는 가설검증법(testing hypothesis)은 연구자의 주관이 작용하여 자신이 의도하는 방향으로 연구의 결과를 도출해내는 경우가 많다.

후기 과정주의는 과정주의(processualism) 또는 신고고학이 인간의 행위와 이에 따른 기능의 분석에만 치중하기 때문에 사회의 규범과 구성원의 인지체계를 이해하지 못한다고 비판을 가하고 있다. 따라서 이들은 구조고고학(structural archaeology)이라는 새로운 용어를 학계에 제시했다. 얼핏 들어보면 앞의 용어가 심오한 의미를 담고 있다고 생각되지만 사실은 이에 대한 연구의 내실이 없고 그 개념도 상당히 피상적이다. 구조고고학의 개념에 의하면 한 지역과 각 시대의 문화(유물과 유적)에 공통적으로 나타나는 인지체계에는 논리적 상관성이 담겨 있다고 한다. 아울러 문화는 일종의 규범을 지닌 부호(code)와 같은 상징체계로 표현된다는 것이다. 그리고 이들 부호에는 개인의 생활규범이 내재되어 있으며 양자는 서로 연관성을 맺고 있다. 따라서 구조고고학은 과정주의자들이 취했던 기능적인 측면보다는 유물과 유적에 표현된 인간의 심리적 상징체계를 규명하여 문화의 지역적, 시대적 규범과 그 특성을 설명해야 된다고 주장하고 있다. 또한 구조고고학은 문화를 변화시키는 개인의 역할을 중요시 하면서 문화 상대론적 입장을 취하는 점이 특색이다. 바꾸어 설명한다면 문화(유물과 유적)는 시대에 따라서 변천하기 때문에 고고학자들은 유물과 유적을 분석할 때 마치 자신이 그 유물과 유적을 만들어 현재 사용하고 있다는 입장에서 이들을 분석한다면 이면에 숨겨진 인지체계를 규명할 수 있다는 것이다.

즉, 동일한 기능의 유물이라 할지라도 당시의 사회적 배경에 따라서 그 유물에 담겨진 내용은 판이하게 풀이 될 경우가 많다. 예를 들면, 20세기 말엽에 영국과 스웨덴에서 제조되었던 깡통맥주에 장식된 문양은 인간의 인지세계를 표현하는 상반된 내용을 담고 있다. 동일한 맥주이지만 영국사회에서는 이에 대한 아무른 거부감이 없이 모든 애주가들의 기호품으로 맥주를 즐기고 사회도 이를 장려하였다. 따라서 맥주깡통에 장식된 문양은 동물을 비롯한 자연주의 양식이 표시되어 매우 유혹적이며 친밀감을 느끼게 한다. 반면에 스웨덴은 과도한 술의 소비 때문에 술 자체가 사회적 문제로 대두되었다. 따라서 정부는 과음이 건강과 사회를 해친다는 표어를 내걸고 절주운동을 권장하였다. 이에 스웨덴에서 생산되었던 맥주깡통의 문양은 돌연히 변화를 가져와 과거와 달리 단순한 부호로 표현되어 친밀감을 느낄 수 없는 점이 특징이다. 맥주 깡통의 문양에 담겨있는 상이한 사회적 배경을 후대의 고고학자들은 바르게 인지하기란 매우 어렵다고 생각된다.

결국 후기 과정주의자들은 유물과 유적에 표현된 인지체계로서의 부호를 바탕으로 지역과 시대에 따른 개개인들의 생활규범을 찾아 낼 수 있다고 믿는다. 이들이 제시한 이론을 살펴보면 새롭다기보다는 문화인류학의 프랑스 구조주의, 인지인류학, 그리고 신민속지 이론을 융합한 것이라 하겠다. 따라서 이들의 이론적 틀은 기존의 문화인류학에 머물고 있다.

후기 과정주의를 주장하는 학자들은 연구자가 수천년 또는 수만년전으로 돌아가서 유물과 유적을 남긴 주인공의 입장에서 고대인들의 인지체계를 관찰한다면 당시 사회의 구조적 실체를 이해할 수 있다고 생각한다. 그러나 선사문화에 대한 이러한 접근 방법은 자료의 결핍 때문에 많은 어려움이 따르기 마련이다. 그리고 현대인과 선사인들은 물론 서로 환경을 달리하는 인간의 인지체계가 반드시 동일하다고 볼 수 없다.

후기과정주의의 개념을 정리하면 과거의 인간사회는 현재사회를 바탕으로 할 때 연구가 가능하다고 보는 점이 특징이다. 연구의 방향도 신고고학(과정주의)과 구별이 된다. 신고고학은 과정론적 관점에서 문화의 변천과정에 대한 연구에 치중하고 있는 반면에 후기 과정주의는 과거 사실의 실질적 의미가 무엇인가를 설명하는데 있다. 바꾸어 말하면 전자는 역사란 과거에 일어난 사실을 의미하며 후자의 경우는 역사란 현재사회를 바탕으로 과거사회를 규명한다는 뜻이다.

지금까지 논의한 바와 같이 후기 과정주의 고고학은 신고고학이 지니는 약점을 지적하여 현대 고고학의 발전에 어느 정도 기여한 것은 사실이다[60]. 그러나 현재의 고고학적 연구현황을 볼 때 후기과정주의의 등장은 좀 이른 감이 없지 않다[61]. 왜냐하면 아직도 과정주의를 중심으로 하는 신고고학이 학계의 주류를 이루고 있으며 이들의 이론과 고고학에 대한 목표설정이 모두가 근거가 없다고 생각하지 않기 때문이다. 더하여 후기 과정주의는 이론적 틀이 결여되어 있기 때문에 현대고고학을 주도하는 하나의 학파로 성립되기는 어려운 감이 많다. 매우 난해하고 사회과학에서 이미 제시된 잡다한 이론들을 후기과정주의에 인용하고 있지만 이를 읽어보는 독자들은 소화하기가 무척 힘든 형편이다. 그러나 그들이 지적한 젠더고고학(Gender Archaeology)과 인지고고학은 경관고고학(Landscape Archaeology)과 연계하여 많은 지지를 받고 있다.

3) 젠더 고고학과 경관고고학

후기과정주의자들이 주장하는 젠더 고고학(Gender Archaeology) 또는 페미니스트 고고학(Feminist Archaeology) 은 새로운 학설이 아니다. 사회적 성과 섹스로서의 성은 오래전부터 토론의 대상이 되어왔다. 특히 문화인류학에서는 과거에 현장조사를 통해 보고된 민속지연구의 대부분이 남성에 의해서 수행되었기 때문에 여성의 사회적 역할이 경시되고 항시 남성중심으로 편파적인 연구가 진행되어 왔다는 사실이 논의되

---

60) Cowgill, G. L., 1993, Distinguished Lecture in Archaeology: Beyond Criticizing New Archaeology. American Anthropologist, Vol. 95(3), Pp. 551~573.

61) Redman, C. L., 1991, Distinguished Lecture in Archaeology: In Defense of the Seventies-The Adolescence of New Archaeology. American Anthropologist, Vol. 93, Pp. 295~307.
Wenke, R. J., 2007, Patterns in Prehistory. New York: Oxford University Press, Pp. 28~31.

었다. 즉, 이들은 전통적 페미니스트들이 다루어온 성에 대한 이분법적 견해를 지닌 일반적 연구와는 차이를 두었다. 물론 젠더고고학은 여성과 남성을 이분법으로 나누어 단순히 그들의 사회적 역할을 규명하는 것이 아니고 젠더가 한 사회에서 차지하는 문화적 구성개념을 풀이한다고 후기과정주의자들은 역설하고 있으나 젠더에 대한 인식이 각 사회의 문화와 시간에 따라서 다르기 때문에 이에 대한 올바른 인식은 쉬운 일이 아니다.

후기과정주의 고고학에서 관심을 두는 분야는 경관고고학(Landscape Archaeology)이다. 이들이 주장하는 고고학적 경관의 기본개념은 고대인들이 남겨놓은 유적지의 물리적 환경과 들판을 의미한다. 고대인들은 이러한 자연 속에 생활을 영위하면서 유물과 유적을 남겨놓았다. 후기과정주의 학자들은 고대인들이 생활했던 당시의 환경을 눈으로 관찰되는 단순한 물리적 지연환경으로 취급하시 않는 점이 특이하다. 즉, 후기과정주의 학자들은 고대인들이 남겨놓은 유적지의 환경 이면에는 고대인들이 유적을 축조할 당시에 지니고 있었던 그들의 사회적 종교적 상징체계가 내포되어 있다고 생각한다. 따라서 고대인들이 생활했던 환경은 고대인들의 인지와 경험세계가 함축되어 설계된 실체이며 사회적 종교적 의미와 깊은 관계가 있다. 즉, 그들의 일상생활 속에서의 장소와 경관을 느끼고 체험했던 의미화 된 장소를 말한다. 예를 들면 고대 이집트 왕들의 무덤이 인간이 살기 어려운 사막과 농경지 사이에 위치하고 있는 상징적 의미는 파라오의 영토통일을 상징하는 위력을 시사해 준다는 것이다. 위와 같은 예는 우리나라 청동기시대에 축조된 고인돌사회에서도 찾아 볼 수 있을 것이다. 전남 영암과 화순의 고인돌군은 야산의 아름답게 펼쳐진 산록에 자리하고 있다. 청동기 인들은 이곳에 고인돌을 축조하기 이전에도 이들 산록을 매일 접하면서 생활하였을 것이다. 이곳에 형성된 산과 들판 그리고 개천들은 이 지역에서 생활하던 청동기 인들에게 특별한 종교적의미를 주었다고 생각된다. 따라서 이들은 훗날 이 곳에 마을을 건립하고 다시 고인돌을 축조하였다. 고인돌이 축조된 이 지역은 청동기 인들에게 과거와 또 다른 의미화 된 장소였다는 것이 고고학적 경관의 개념이다. 고고학적 경관은 고정되어있거나 정체되어 있는 상태를 외부로부터 바라보는 것이 아니고 경관 속에서 움직이는 상에 따라 보여 지는 장면을 이해하는 점이 특색이다. 그럼으로 고인돌의 위치와 군집형태에 따라서 고대인들의 상호 사회적 작용, 사회적 위계관계, 영역의 표식석, 그리고 종교체계, 등을 파악해야한다는 논리가 성립된다.

　고고학적 경관을 중요시하는 학자들은 인간을 문화의 조성과 문화를 변동시키는 매체로 간주한다. 따라서 고고학적 기록인 유물과 유적은 인간들의 수많은 활동과 지각에 의해서 창조된다. 그러나 고고학자들은 고고학적 기록이 자연환경, 생태계 그리고 기술에 의해서 결정되었다고 획일적으로 인류의 역사를 단순하게 설명할 수는 없다. 고고학자들은 인류가 어떤 과정에서 무엇을 인지하면서 문화를 의도적으로 창조하는지를 유심히 살펴보아야한다. 이러한 연유에서 미국 남서부지역의 수혈주거지를 연구한 학자들은 경관고고학에 근거하여 다음과 같은 가설을 제기하여 학계의 관심을 모우고 있다.

　예를 들면 Feinman과 Lightfood에 의하면 미국남서부지역 Pueblo 인디언의 수혈주거지 마을에 거주했던 고대인들은 두 가지형태의 사회정치적 조직을 지니고 있었다는 것이다. 일부 주거집단은 마을 전체가 공동으로 소유하는 저장고, 종교의식에 중점을 둔 마을 구성원들의 위계가 없는 협력체계에 연계되어 있는 반면에, 또 다른 수혈 주거집단은 부의 축적과 위세적 주거건축을 바탕으로 마을의 상류계층과 연계되어 있다는 것이다.

후기과정주의자들이 주장하는 고고학적 경관의 개념과 비슷한 논의는 과정주의 고고학의 공간분석과 생활을 위한 영역활동분석(Site Catchment Analysis)에서도 피상적으로 나마 다루어져 왔다. 물론 경관연구에 대한 이론적 배경은 중심지이론을 강조하는 인본주의 지리학 그리고 프랑스의 구조주의와도 그 맥이 연결되어 있다. 이들의 이론적 배경이 인간의 고대환경을 중요시하는 영국의 고고학과 만나면서 경관고고학이란 용어가 후기과정주의에 의해 탄생하게 되었다. 후기과정주의는 현재란 시간적 개념에서 관찰되는 한 사회의 문화적 구성에 대한 개념을 강조하고 있다. 그리고 이러한 관점을 지니고 과거사회에 접근해야 하기 때문에, 이들이 제기한 인지고고학에서 출발하는 젠더고고학, 탈식민지 고고학 그리고 경관고고학, 등에는 철학적 이미를 지닌 뚜렷한 이론은 찾아 볼 수 없다. 단시 과거에 능한시하던 분야를 현재의 정치적 그리고 사회적 상황에 따라 강조하는 점이 특징이다. 이는 식민지와 피식민지 그리고 도래인과 원주민 시각에서 역사를 풀이하는 관점이 다르기 때문이다. 이러한 문화의 관점 또한 20세기 초반에 제기되었던 문화상대론과 그 맥을 같이한다고 볼 수 있다. 끝으로 후기과정주의자들은 인문학적 시각에서 고고학을 접근해야 된다는 지론 또한 과정주의와 학문을 접하는 시각이 다르다고 하겠다.

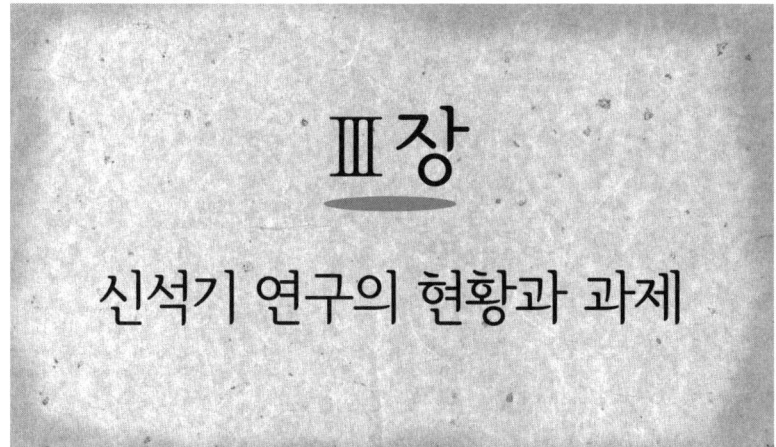

1. 머리말

지금으로부터 약 12,000~10,000년 전 지구상에는 자연환경의 변화가 일어나기 시작했다. 홍적세의 빙하기가 종식되면서 기온이 서서히 상승하여 생태계가 현재의 모습으로 점차 바뀌어 나갔다. 이러한 자연환경의 변화는 일부지역의 인간생활에 막대한 영향을 미치게 되어 인간은 생존을 위해 새로운 문화를 창출하여 변천하는 자연환경에 적응하였다. 즉, 구석기시대의 생활수단이었던 수렵-채집경제에서 식물을 재배하고 가축을 사육하는 농경문화로 생계수단을 전환하게 되니 이가 바로 신석기시대의 시작이다. 서남아시아를 필두로 지구상의 일부지역에서 약 10,000년 전에 농경을 바탕으로 전개된 신석기문화는 토기, 마제석기 그리고 정주생활 이라는 문화적 요소와 조화를 이루어 신석기문화의 복합체를 창출하게 되었다. 이렇게 몇몇 지역에서 시작된 신석기문화(농경문화)는 점차로 인접지역으로 전파되어 서력 기원전후에는 지구상의 대부분 민족들이 농경문화를 그들의 생계수단으로 채택한 반면에 나머지 민족들은 신석기 문화를 경험하지 못한 채 구석기시대의 문화에 계속 머물게 된다.

위에서 지적한 원시농경문화의 시작이 바로 현대고고학이 정의한 신석기문화의 기본적 개념이다. 그러나 우리나라 문화사의 경우 신석기시대의 편년은 원시농경의 시작과는 무관한 것이 특이하다. 오늘날 국내학자들이 정의한 신석기시대의 개시는 토기의 출현을 기점으로 설정하고 있다[1]. 이러한 이유는 과거 일본학자들의 고전적 선사시대 편년방법을 그대로 답습한데서 기인한 것이다. "신석기"라는 용어의 기원은 1865년 영국의 고고학자 루보크(Lubbock)가 톰센(Thomsen)의 삼시기법(三時期法)을 세분하여 석기시대를 도구의 제작형태에 따라서 구석기시대(타제석기)와 신석기시대(마제석기)로 분류한데서 시작되었다. 초기 한국고고학에 결정적 영향을 준 일본학자들은 이러한 편년방법을 채택하였으나, 현재는 사용치 않고 현대고고학의 편년방법을 따르고 있는 실정이다. 국내학자들은 일본학자들의 영향을 받아서 마제석기를 신석기의 개념으로 사용하였으나 근자에 와서는 이를 토기로 대체시켰다. 물론, 토기와 마제석기는 농경문화와 무관하게 출현하는 경우가 많다. 예를 들면, 오스트렐리아의 원주민은 25,000년 전에 마제석기를 제작하였고, 일본과 러시아의 아무루유역에서 출토된 토기의 연대는 13,000년 전으로 거슬러 올라간다.

토기의 출현을 신석기시대 시발로 설정한다면 한반도의 신석기시대는 약 10,000 전에 시작하여 청동기문화가 출현하기 전인 3,000~3,500년

---

1) 김원용, 1986, 한국고고학개설, 일지사.
임효재, 2000, 한국신석기문화, 집문당.

전 까지를 말한다. 신석기시대의 상한연대는 최근 제주도 고산리에서 발견된 토기의 절대연대가 10,000년 전으로 검출되었기 때문에 최근에 수정된 것이다. 고산리 토기가 발견되기 이전에는 신석기의 상한연대를 7,000년 전으로 설정하였기 때문에 한반도의 구석기시대와 신석기시대 사이에 약 3,000~4,000년의 역사가 공백으로 남아 있었다.

한반도 내에서 지금까지 발견된 신석기유적지는 약 500여기 이상으로 추정된다. 초기 유적지는 대체로 강안과 해안에 자리하다가 서서히 내륙지역으로 확산되는 경향을 보이고 있다. 우리역사에서 신석기시대가 차지하는 시간적 축이 매우 길기 때문에 이 시대의 문화를 상징하는 토기의 형태도 시간과 지역에 따라 서로 다르게 나타나고 있다. 초기의 토기는 평평밑에 융기문이 장식되어있거나 또는 무늬가 없거나 아가리 부분에 무늬가 장식되어있으며, 이들은 두만강 유역의 굴포리, 강원도 양양군 문임리, 오산리 그리고 부산의 동삼동을 비롯한 동부와 남부지역에서 출토된다. 반면에 뾰족밑에 곧은 아가리의 포탄형태를 하고 동체에 빗살무늬가 시문된 토기는 이들 보다 다소 늦은 시기에 황해도 지탑리, 궁산리 그리고 암사동을 비롯한 서부지역에서 출현하여 한반도의 대부분지역으로 확산되는 것이 특징이다. 따라서 한반도의 신석기시대를 "빗살무늬토기시대"라고 불러도 큰 무리는 없다고 본다.

일부학자들은 신석기시대를 고신석기시대(10,000~6,000 B.C.) 전기신석기시대(6,000~5,000 B.C.), 중기신석기시대(5,000~3,500 B.C.) 그리고 후기 신석기시대(3,500~1,000 B.C.)로 나누고 있으나[2] 이러한 편년방법은 단순히 토기의 형식 분류에 근거하고 있는 실정이다. 물론, 바람직한 편년방법은 경제양상과 도구의 개발에 따른 사회구조(취락형태)의 변화에

---

[2] 임효재, 2000, ≪앞의 책≫.

초점을 두어야하나 우리의 신석기연구 경향은 자료가 부족하기 때문에 이러한 편년방법을 취하지 못하고 있는 형편이다. 신석기시대의 연구는 토기보다는 경제양상과 더불어 그 변화를 설명하는 원시농경문화에 대한 연구가 보다 활발하게 진행되어야 한다. 학자들 사이에 견해의 차이는 있으나 최근 조사에 의하면 조와 수수를 바탕으로 하는 잡곡농사는 대략 3,500 B.C. 그리고 벼농사는 2,000 B.C. 경에 한반도의 중서부지역에서 시행된 것으로 나타나고 있다. 물론 이 자료는 지금까지 출토된 자료의 절대연대에 준한 것이다. 일부학자들[3]이 제시한 초기농경의 시작을 B.C. 4,000년으로 올려보는 설도 큰 무리는 없다고 본다.

2. 연구사적 검토

우리나라 신석기시대의 연구는 유럽고고학의 영향을 받아서 1910대부터 약 한 세기 동안의 역사를 지니고 있으나 그 결과는 만족스럽지 못하다. 이 기간 중에서 맹아기라 할 수 있는 1945년까지의 연구는 전적으로 일본학자들에 의해 수행되었다. 일본학자들이 수행한 연구는 1916년 황해도와 평안도 해안에서 수습한 빗살무늬토기 편, 1925년 을축년 홍수로 인해서 노출된 암사동유적지의 조사, 1930년과 1932년 부산의 동삼동과 영선동에서 행해진 시굴조사 그리고 1931년의 웅기패총과 두만강유역의 조사가 대표적이다.

당시 일본학자들의 조사는 현대 고고학의 층서학적 원리의 개념이 결여되었기 때문에 수습된 토기와 석기를 바탕으로 상대연대를 바르게 설

---

[3] 임상택, 2007, 신석기시대, 한국고고학강의, Pp. 47~72, 한국고고학회.

정하지 못했다. 따라서 그들은 식민사관에 입각하여 구석기와 청동기문화를 부정하고 한반도의 선사시대는 신석기시대 단일문화단계로만 형성되었다고 믿었다. 특히, 빗살무늬토기와 무문토기를 분석한 일본학자들은 두 토기가 같은 시기에 서로 지역을 달리하여 존재했다고 설명하면서 빗살무늬토기는 어로행위 그리고 무문토기는 내륙지역에서 수렵생활을 영위한 집단이 남긴 것으로 보았다. 즉, 동일한 시기에 생계경제를 서로 달리하는 두 집단이 한반도에 거주했다는 주장이다[4]. 이러한 가설은 후에 三上次男[5]에 의해 보다 구체적으로 전개되어 빗살무늬토기는 예족 그리고 무문토기를 남긴 민족은 맥족이란 설이 제기되어 토기를 남긴 민족에 대해 많은 관심을 보였다고 할 수 있다.

다음으로 지적할 연구 성과는 빗살무늬토기의 기원과 전파루트이다. 일본학자들은 당시 인류학과 역사학의 이론에 많은 영향을 끼친 비엔나 학파의 문화전파주의에 입각하여 한반도의 빗살무늬토기를 북유럽에서 발견되는 Kamm-keramik과 역사적 연관성을 주장하고 이 토기의 명칭을 한문으로 번역하여 즐목문토기(櫛目文土器)라는 용어를 처음으로 빗살무늬토기에 명명하였다. 후지다(藤田亮策) 의하면 한반도의 빗살무늬토기는 북유럽, 시베리아, 알라스카 그리고 북미에서 발견되는 즐목문토기(Kamm-keramik)와 동일한 계통이며 북유럽토기가 동쪽으로 전파되는 과정에서 한 갈래가 한반도로 유입되었다고 보았다[6]. 물론 이러한 가설은 후에 우리학자들에 의해 다소 수정되었으나 빗살무늬토기와 신석기시대의 주민이 시베리아에서 기원하였다는 북방기원설은 지금도 국내학계의 주를 이루고 있다.

---

4) 鳥居龍藏 1925, 朝鮮の有史以前について南鮮と北鮮, 有史以前の日本.
5) 三上次男 1952, 朝鮮に於ける櫛目文系土器社會と穢人, 朝鮮學報 3.
6) 藤田亮策 1930, 櫛目文樣土器の分布に就きて, 『靑丘學叢』 2.

해방이후 신석기시대의 연구는 북한학자들에 의해 먼저 진행되었다. 1946년 송평동 패총이 시굴되고, 1947년 나진만의 조도패총, 1950년 궁산리 패총, 1955년 금탄리 유적지 그리고 1957년에 지탑리 유적지가 발굴되었다. 이들 중에서 궁산리와 지탑리 유적지에 대한 연구는 우리나라 신석기연구사에서 처음으로 상대연대에 근거한 신석기시대를 편년하였다. 그리고 출토된 곡물과 농경도구 그리고 취락형태를 바탕으로 농경문화에 대한 가설을 제시한 연구는 높이 평가를 받아야한다. 그간 일본학자들에 의해서 동일한시기로 간주되었던 빗살무늬토기와 무문토기의 선후관계가 명확하게 밝혀진 것은 큰 수확이라 하겠다. 북한학자들은 주거지의 층위에 따라 빗살무늬토기와 무문토기의 선후관계를 구분하고 토기의 형태를 바탕으로 신석기시대를 세 단계로 나누어 초기, 중기, 말기로 편년을 시도한 것은 신석기연구의 진일보라 하겠다. 그리고 신석기의 상한 연대를 기원전 2000년으로 편년하고 그 기원을 시베리아 토기에 연결시킨 것 또한 흥미로운 사실이다. 가장 괄목할 연구는 신석기시대 농경문화의 전개과정에 대한 설명이다. 궁산리 유적지에서 출토된 사슴뿔로 만든 괭이와 뒤지게 그리고 멧돼지의 이빨로 만든 낫 등의 농경도구를 바탕으로 신석기시대에 원시농업이 실시되었다는 가설을 내 놓았다. 그리고 지탑리 유적지에서 출토된 탄화된 조 또는 수수의 낟알 그리고 석제 낫과 쟁기를 검토하여 지탑리 인들은 궁산리 보다 발달된 쟁기농사를 지었다는 가설을 제기하여 원시농경의 발달단계에 대한 설명을 시도했다. 잘 알려진 바와 같이 신석기시대의 연구에서 가장 중요한 분야는 생계경제와 연계된 농경문화이다. 1950년대의 세계고고학은 이러한 명제에 관심을 두었으나 식물의 규소체와 화분의 분석기술이 발달하지 못했다. 더하여 물체질을 하지 않고 탄화된 곡물을 현장에서 찾아낸다는 것은 쉬운 일이 아니다. 궁산리에서 출토된 집자리는 신석기시대 주거형태와 마을의 양상을 파악하는데 결정적인 자료이다. 따라서 1950년대는 3년 동안 계속된 우리 역사상 미증유의 전쟁 그리고 전후복구기간으로 온 민족이 시련을 겪었지만 북한의 고고학적 수확은 크다고 볼 수 있다. 따라서 이 시기에 행해진 궁산리와 지탑리 발굴에서는 한반도 신석기고고학연구의 전환점을 말해주는 귀중한 자료가 출토되었다.

한편 남한에서 신석기시대의 연구는 1960년대 중반에 와서야 이루어졌다. 미국 위스콘신대학 대학원생으로 Chester Chard교수의 지도를 받고 있던 Sample과 Mohr는 일본 규슈지역 패총발굴에 참가한 이후, Chard교수의 지시로 신석기시대 한일관계사를 연구하기 위해 한국에 왔다. 1964년 우리정부로부터 동삼동유적지의 제한된 일부지역에 대한 시굴허가를 받아서 이를 성공적으로 이행하니 이가 해방이후 남한에서는 최초의 체계적인 신석기유적지 시굴조사이다. 이들은 층위와 방사성탄소연대에 따라서 신석기문화를 5기로 나누고 빗살무늬토기 이전에 존재한 융기문과 민무늬토기 문화층도 확인하였다. 그리고 동삼동에서 발견된 흑요석과 죠몬토기를 근거로 고대한일간의 교역문제를 제시하여 국내학자들에게 신선한 충격을 주었다. 또한 동삼동유적지에서는 한국고고학 역사상 처음으로 신석기유적지의 층위에 따른 일관성 있는 방사성탄소연대가 검출되어 타 유적의 상대편년을 가능케 함은 물론 신석기의 문화편년에 결정적인 도움을 주었다.

마지막으로 지적할 사실은 한국고고학의 과학과 접목이다. 한국유적지 발굴사상 처음으로 어패류와 동물의 뼈를 과학적으로 분석하여 자연환경의 복원은 물론 생계경제의 규명을 시도한 것은 높이평가를 받아야 한다. 따라서 동삼동발굴을 바탕으로 1966년에 발표한 토기편년과 1974년에 출간된 연구보고서는 한국신석기문화 전반을 조명하고 연구방향을 설정하는 데 시금석이 되었다[7]. 뒤이어 동삼동과 암사동 유적지가 발굴되었으나 대규모의 취락지 확인과 절대연대 검출 이외에 이론적 성과는 없었다. 물론, 그 이후 남한에서 신석기유적지는 꾸준히 발굴 조사되어 강안과 해안 그리고 내륙지역의 유적지도 수없이 확인되었다.

해방이후 남한학자들에 의해 수행된 연구 중에서 가장 중요한 유적지는 오산리이다. 주거지와 층위를 이루는 다양한 토기, 복합낚시도구, 토제인면상 그리고 흑요석이 출토되어 학계의 비상한 관심을 모았다. 임효재는 오산리 유적에서 검출된 절대연대와 토기형태를 바탕으로 한국 신석기문화를 전기(B.C. 6,000~3,500), 중기(B.C. 3,500~2,000) 그리고 후기(B.C. 2,000~1000)로 나누어 한국 신석기시대의 편년에 새로운 방향을 제시하였다. 더하여 토기를 지역군에 따라 굴포리와 오산리로 대표되는 동북지역, 동삼동, 상노대도, 수가리로 형성되는 남부지역, 암사동, 오이도, 궁산리, 지탑리의 중서부지역 그리고 압록강유역의 서북지역으로 나누어 지역주의를 강조한 것이 특색이다[8]. 아울러, 오산리유적지의 발굴로 동해안지역의 평평밑 토기계보를 설정하여 이가 서부지역 빗살무늬토기 이전의 토기라는 것을 증명하였고, 또한 이를 러시아의 연해주 및 Amur강 유역과 연결시킨 시도는 높은 안목이라 하겠다. 토기를 바탕으로 하는 신석기시대의 편년연구는 남한 보다 북한에서 더욱 구체적으로 진행되어 굴포리, 궁산리 그리고 지탑리 유적의 층위를 편년의 근거로

---

[7] Mohr, A and L.L. Sample, 1966, 朝鮮新石器時代初期の土器編年に關する新資料, 朝鮮學報 41.
 Sample, L.L., 1974, Dong Sam Dong: A Contribution to Korean Neolithic Cultural History, Arctic Anthropology Vol. 11, 1~125.
[8] 임효재, 2000, ≪앞의 책≫.
 한영희, 1995, 신석기시대, 한국고고학 반세기(제19회 한국고고학회 전국대회 발표지).

채택하였다. 1980년에 와서는 "조선의 신석기"라는 책이 간행되었고 편년을 전기(B.C. 5,000~4,000), 중기(B.C 4,000~3,000 후반기) 후기(B.C. 3,000 후반기~2000)로 나누었다. 북한학자들이 신석기연대의 하한을 B.C. 2,000으로 설정한 것은 청동기의 개시를 일찍 편년하기 때문이다. 이러한 북한학자들의 편년은 절대연대의 검출에 근거하지 하지 않았지만, 후에 남한에서 검출된 절대연대를 살펴보면 북한학자들이 설정한 신석기의 하한과 상한연대가 비슷하다.

한편 토기의 북방기원설에 대한 남한학자의 연구는 김정학에 의해 처음으로 시도되었다. 그는 한반도의 토기를 북유럽의 토기 Kamm-keramik에 연계하여 즐문토기(櫛文土器)라고 지칭한 일본학자들의 용어를 부정하고 이를 기하문토기로 명명하였다. 그리고 한반도의 기하문토기는 동유럽이나 북유럽보다는 시베리아의 바이칼 호수지역에서 발견되는 토기와 유사한 점을 지적한 것이 특이하다. 시베리아토기의 편년과 토기형태 및 문양을 근간으로 신석기시대의 토기와 유적을 편년한 것은 남한의 신석기연구사에 처음 시도한 연구로 큰 의미가 있다고 하겠다[9]. 김정학의 위와 같은 한반도에서 발견되는 기하문토기 연구는 김정배[10]에 이어져 민족의 기원연구로 확대된 점 또한 연구의 발전이라 할 수 있다. 김정배는 기하문토기를 남긴 종족을 신석기시대 한반도에 거주했던 주민으로, 그리고 이들은 고고학적으로 볼 때 시베리아에서 기원했다는 가설을 제시하여 신석기시대 주민구성은 물론 한민족의 기원연구에 크게 이바지하였다.

토기의 형식 분류와 편년 그리고 기원연구에 비하여 경제양상에 관한 연구는 비교적 부진하였다. 미국의 신고고학 이론에 기초하여 한반도 선

---

9) 김정학, 1968, 한국기하문토기의 연구, 백산학보 4.
10) 김정배, 1972, 고조선의 민족구성과 문화적 복합, 백산학보, 12.

사시대 생계경제를 신진화론적 관점에서 설명을 시도한 최초의 학자는 김정배이다[11]. 그는 신석기말기에 원시농경이 중서부의 일부지역에서 실시된 사실을 인정하였으나, 신석기시대는 기본적으로 식량채집단계 그리고 청동기시대를 식량생산단계로 보았다. 한반도 농경의 기원을 청동기문화를 담당한 예맥족의 남하에 따른 주민교체설에 초점을 두는 점이 특이하다. 즉 김정배에 의하면 한반도의 농경은 청동기를 담당하는 주민이 한반도로 이주하는 가운데 전파된 것이라고 한다.

그 이후 농경의 연구는 자료의 부족 때문에 주로 농경도구를 바탕으로 중국대륙으로부터 전파통로를 설명하면서 해상통로를 부정하고 해안을 통한 육로가 제시되었다[12]. 지건길과 안승모는 한반도에서 출토된 곡물과 농경도구를 집대성하여 신석기시대 중기에 농경이 행해졌다는 가설을 제시하여 신석기시대 농경개시를 확인해 주었다. 한편 자연환경에 대한 연구도 진전을 보아서 B.C. 4,000~3,000 경에는 후빙기의 최난온기가 존재하여 기온과 해수면이 현재보다 높았다는 사실이 제기되어 신석기시대의 기후, 식물과 동물 그리고 어패류 종류가 어느 정도 규명된 것은 당시의 식생활연구에 많은 도움이 되었다. 자연환경의 변천과 연계된 농경의 기원에 관한 연구도 행해져 초기신석기시대 서부지역의 주민은 주로 육상자원에 의존한 반면에 동부는 해상자원을 중심으로 어로행위를 하였다는 가설도 제기되었다. 그리고 한반도의 농경문화는 변천하는 자연환경과 사회환경에 적응하기 위해 중서부지역의 일부 집단에 의해 신석기시대 중기에 채택되었다는 과정주의에 근거한 학설은 앞으로 관심을 두어야할 과제이다. 이 외에도 경제양상과 취락지에 관한 연구

---

11) 김정배, 1971, 한국선사시대의 경제발전단계 시론, 역사학보 50. 51.
12) 최정필, 1982, The Diffusion Route and Chronology of Korean Plant Domestication, Journal of Asian Studies Vol. XLI, No. 3, 519~529.

가 많이 진행되었다[13]. 최근에 진행된 벼농사의 연구도 큰 성과라 할 수 있다. 일산과 김포 가현리 그리고 대천리에서 출토된 볍씨와 규소체분석은 그 연대가 B.C. 2000 이상으로 검출되어 적어도 신석기말기에는 벼농사가 중서부지역에서 행해진 것을 말해준다[14].

북방과 관계된 주민구성문제는 김정배에 의해 체계화되었다[15]. 김정배는 문화인류학, 언어학 그리고 고고학적 연구방법론을 응용하여 거시적 안목에서 신석기시대의 주민을 북방에서 이주해온 고아시아족으로 규정하고 단군신화가 신석기인들이 남긴 역사적 산물이라고 주장하여 현재 학계의 정설로 자리를 잡고 있다.

1990년대와 2000년대에 접어들면서 신석기연구에 많은 변화가 일어났다. 첫째는 고산리유적의 발굴과 출토된 토기의 절대연대이다. 1990년 이전의 한국 신석기연구에서 가장 문제시되었던 점은 중석기의 설정 또는 밀기구식기와 신석기사이에 존재하는 시간적 공백을 채우는 문제였다. 그러나 제주도 고산리의 토기가 10,000전으로 기록되고 있기 때문에 앞에서 지적한 시간적 공백은 엄청나게 해소되었다. 아울러 고산리의 발굴을 통하여 일본의 규슈, 제주도, 강원도의 문암리와 오산리 그리고 함경북도 굴포리를 거쳐서 아무루유역을 연결하는 동북아시아의 초기토기문화 벨트가 형성되었다. 그리고 강원지역 문암리 신석기유적의 발굴은 우리나라 융기문토기의 편년을 설정하는데 좋은 자료를 제공하고 있

---

13) 이준정, 2001, 수렵. 채집경제에서 농경으로의 전이과정에 대한 이론적 고찰, 영남고고학보 28, Pp. 1~31.
14) 임효재, 1990, 경기도 김포반도의 고고학조사연구, 서울대학교박물관 연보 2, 1~22.
이융조, 김정희, 1998, 한국선사시대 벼농사의 새로운 해석-식물규소체 분석 자료를 중심으로, 선사와 고대 11, Pp. 11~44.
한창균 외, 2003, 옥천대천리 신석기유적, 한남대학교 중앙박물관.
15) 김정배, 1972, ≪앞의 논문≫.

다. 문암리의 평행선 융기문토기는 오산리 토기보다 오래된 것으로 나타났다.

동삼동 유적지의 추가 발굴에서 출토된 조와 기장 그리고 대천리에서 출토된 보리와 밀은 한반도 내에서 발견된 곡물 중에서 가장 오래된 절대연대가 검출되었다[16]. 참고로, 1950년대에 지탑리에서 출토된 탄화곡물은 아직도 절대연대가 검출되지 않았다. B.C. 3,360으로 발표된 동삼동의 탄화된 조와 기장을 생각한다면 한반도의 중서부지역에 조를 바탕으로 하는 농사가 처음시작된 것은 이 보다 훨씬 오래되었다고 생각된다. 매장유적과 자연환경을 말해주는 연구도 계속 진행되었다. 안도와 연대도유적의 발굴은 남해안지역의 매장풍습을 이해하는데 결정적인 자료이다. 지금 까지 발견된 신석기시대 매장유구는 제한되었고 또한 매장된 인골의 출토가 매우 희소하다. 이러한 관점에서 본다면 안도패총과 연대도에서 발견된 인골자료는 당시의 매장 풍습은 물론 신석기시대 형질인류학연구에 큰 도움이 될 것이다.

비봉리유적의 발굴도 과소평가할 수 없다. 창녕군 비봉리 유적은 2004년과 2005년에 걸쳐 발굴되어 신석기시대의 생계경제와 자연환경을 말해주는 수많은 자료가 출토되었다. 우선 B.C. 3,000년 이상으로 판단되는 사육된 개의 뼈와 탄화된 조가 발견되었다. 개의 사육은 북한지역의 굴포리 발굴에서 어느 정도 언급이 되었으나 연구의 진전을 보지 못했다. 식물의 재배는 동물의 사육과 함께 농경문화를 구성하는 핵심 문화요소이다. 그러나 자료의 결핍 때문에 신석기시대 동물의 사육에 관한 자료가 전무한 상태에서 비봉리 출토 개의 뼈는 신석기시대 농경문화를 연구하는데 더없이 귀중한 자료가 될 것이다. 비봉리에서 발견된 탄화

---

16) 하인수, 2003, 동삼동 패총문화에 대한 고찰, 한국신석기연구 7, Pp. 77~104.

된 조 또한 한반도의 농경문화의 편년과 전파를 설명해 주는 중요한 자료이다. 비봉리유적은 앞에서 언급한 동삼동 유적의 서북쪽 근거리에 위치하고 있다. 비봉리에서 발견된 탄화 곡물을 감안한다면 적어도 B.C. 3,300년경에는 한반도 중서부지역에서 조 농사가 보편화 되어 한반도의 동남지역에 전파되었다는 사실을 말해 준다. 비봉리에서 발견된 유물 중에서 가장 괄목할 것은 나무배이다. 신석기시대 생계경제와 교역을 논의 하면서 목선의 존재는 수없이 논의되었다. 그러나 배의 형태를 알 수 없어서 B.C. 4000년 경에 제작된 것으로 추정되는 일본의 승문시대 배를 우리의 모델로 간주해왔다. 물론 강물과 심해의 배는 그 구조에서 다소 차이가 있지만 창녕지역의 낙동강이 남해바다와 그리 멀지 않다는 사실을 생각한다면 비봉리 배의 발견은 우리에게 시사하는 바가 크다고 하겠다. 목선의 시료를 탄소연대 측정한 결과 B.C. 5,700(6,800±50 B.P.)년으로 검출되있다[17].

비봉리유적의 신석기연구에 대한 또 하나의 공헌은 자연환경의 복원이다. 앞에서 설명한 바와 같이 1990년대 이후 신석기시대의 자연환경에 대한 연구가 자연과학자들에 의해 전개되어 동남해안의 자료를 바탕으로 한반도의 해수면변동에 대한 설명을 시도하였다. 울산의 세죽리 해안을 조사한 학자들에 의하면, Holocene에 접어들어서 6,700 B.P. 이후부터 해수면이 계속 상승하여 6,000 B.P. 경에는 현재보다 약 0.5m 상승한 것으로 나타난다. 그런데 세죽리의 자료가 6,000 B.P. 까지 설명해주는 반면에, 비봉리 자료는 계속해서 3,500 B.P. 까지 해수면의 변동을 나타내고 있는 점이 유익한 자료이다. 비봉리 자료에 의하면 해수면은 5,200 B.P.에는 현재보다 05m 상승하였다. 그리고 계속 상승하여 5,000 B.P.에는 현재

---

17) 국립김해박물관편, 2008, 비봉리, 국립김해박물관.

보다 1.5m 높아지고 여기에서 완만하게 하강하여 4,000 B.P.에는 약 0.8m 높아진다. 즉 비봉리 지역은 홍적세이후 6,000 B.P. 까지는 현재보다 해수면이 낮은 것으로 나타나는 점이 과거의 다른 연구와 차이가 있다. 그리고 비봉리 자료에 의하면 그간 논란이 되어왔던 Holocene의 최난온기는 5,000~3,500 B.P. 에 해당된다[18]. 물론 위의 두 지역의 자료를 서해지역에 그대로 적용시킬 수는 없다.

3. 쟁점 및 검토

앞에서 논의한 바와 같이 한 세기란 긴 세월에 비해 우리나라 신석기 연구는 아직도 미진한 형편이다. 비록 1980년대 이후 신진학도들이 현대 고고학의 방법론을 도입하여 종래의 그릇된 가설을 바로잡고 새로운 연구방향을 설정하려는 시도는 두드러지게 보이나 영세한 자료 때문에 그 벽을 넘지 못하고 있다. 그 이유는 대부분의 유적지조사가 구제발굴로 실시되어 충분한 자료를 확보할 수 없는 경우가 많았고, 또한 우리나라의 토양은 산성성분이 많아서 유기물질로 된 유물을 쉽게 부식시키기 때문이다. 어쨌든, 여기에서 논의하고 싶은 쟁점은 크게 토기의 전파와 편년, 생업과 관계된 농경문제 그리고 주민구성 세 가지 논제에 제한하였다. 물론 이외에도 자연환경, 취락형태와 사회구조, 지역 간의 교류도 신석기연구가 해결해야할 필수적 과제이다.

---

18) 국립김해박물관편, 2008, ≪위의 책≫.

1) 토기의 전파와 편년문제

앞에서 논의 한 바와 같이 우리나라의 신석기문화는 토기의 출현과 함께 시작된다. 따라서 신석기 연구에서 가장 많이 다루어진 분야는 토기이다. 지금까지 토기에 대한 연구를 크게 나누어 살펴보면 양식에 따른 토기의 편년과 전파가 주를 이루고 있다.

후빙기에 접어들면서 구석기시대가 종식되고 바로 신석기 문화단계가 시작되는 것이 유럽과 중국을 중심으로 하는 구대륙의 고고학 추세이다. 물론 영국처럼 지역에 따라서 "중석기"를 구석기 다음에 오는 하나의 문화단계로 설정하여 신석기로 넘어오는 전환시기로 보는 지역도 있고, 또한 경우에 따라서 신석기 용어를 사용하지 않고 토기의 이름이나 지역이름을 따서 문화의 명칭을 사용하는 곳도 많다. 그간 우리나라 신석기연구에 가장문제가 된 부분은 말기구석기와 초기신석기를 연결하는 시간적 공백이다. 다행스럽게도 제주도 고산리에서 출토된 토기의 연대가 B.P. 10,000을 상회하기 때문에 과거 보다는 시간적 공백이 많이 줄어들었다. 따라서 신석기의 개시 년대도 그만큼 빨라졌다. 고산리토기를 1만년전으로 보는 이유는 문화층이 B.P. 6,300년 전에 분출했다는 규슈의 화산재 층보다 아래에 형성되어 있기 때문이다. 그리고 비록 검출된 탄소연대의 수가 하나이지만 토기에 혼합된 섬유질의 절대연대가 B.P. 10,000로 나타난 것도 고산리토기가 오래되었다는 사실을 증명해 준다.

고산리에서 출토된 토기는 우리에게 다음과 같은 문제를 제시해 주고 있다. 첫째, 고산리토기의 기원에 관한 문제이다. 토기는 선사시대 인류가 발명한 문화요소 중에서 가장 복잡한 기술과 절차를 요하는 물품이다. 따라서 토기는 세계농경문화의 발생지 보다 그 수가 더 제한된 지역에서 발생되었다는 것이 현대고고학자들의 일반적인 견해다. 현재 세계의 초기토기문화권은 아무루강과 규슈를 중심으로 하는 동북아시아, 양자강 이남을 중심으로 하는 남중국 그리고 중동지역으로 나누어진다. 이들 지역 중에서도 규슈와 아무루 중류지역의 토기절대연대는 13,000~10,000년 전이며, 이는 세계최고 토기로 기록되고 있으며 탄소연대의 수도 가장 많다. 한반도에서 가장 오래된 토기가 출토된 고산리는 앞에서 열거한 동북아시아 토기중심지로 간주되는 두 지역에서 멀리 떨어져있지 않은 점이 특색이다. 고산리유적지는 남동쪽으로 일본의 규슈지역과 지리적으로 근거리에 있는 한편, 동북쪽으로는 오산리와 굴포리를 거쳐 아무루강 중류지역과도 교류가 가능한 지역이다. 이와 같은 지리적 사실을 감안한다면 고산리토기의 기원은 세 가지 추론이 가능하다. 첫째는 지리적으로 가장 가까운 일본 기원설이다. 규슈의 후쿠이(福井)동굴유적지는 1960년대 말기이후 부터 최근까지 세계에서 가장 오래된 토기가 여러 차례 발견되어 학계의 비상한 관심을 모았다. 일본학자들에 의하면 고산리토기의 속성, 그리고 토기와 함께 출토되는 좀돌날(세석인)을 비롯한 석기는 규슈 후쿠이문화와 맥을 같이한다는 것이다. 후쿠이동굴 토기는 B.P. 12,700으로 나타났다.

다음은 아무루 지역기원설이다. 최근 아무루강 하류 오시뽀르까 문화층에서 발견된 토기가 B.P. 13,000으로 기록되었고, 노보페또로브카(Novopetrovka)지역을 비롯한 아무루 중류지역에서도 B.P. 10,000년 이상의 토기가 발견되었다. 따라서 이들 지역에서 발견된 탄소연대도 B.P. 13,000~10,000으로 검출되어 그 수가 비교적 풍부한 편이다. 일부학자들은 노보페또로브카 유적지에서 발견된 좀돌날과 융기문 토기가 한반도의 동북부지역에서 발견되는 유물과 유사하다고 주장하고 있다. 나아가 이들은 굴포리와 문암리에서 발견되는 토기가 연해주의 보이스만(Boisman)유적지에서 발견되는 토기와 유사하다는 점을 바탕으로 한반도 초기신석기문화의 시베리아 기원설을 주장하고 있다[19]. 바꾸어 말하면 고산리토기는 아무루유역에서 전파되었다는 가설이다. 아무루전파의 가설을 받아드린다면 굴포리와 문암리 그리고 오산리 하층에서 고산리형식의 유물군이 발견되어야 한다. 그러나 이들 지역에서 아직도 고산리토기와 좀돌날이 포함된 일괄유물은 발견되지 않았다. 한 가지 눈여겨 볼 사실은 B.P. 12,000년으로 검출된 오산리의 탄소연대이다. 이 연대는 오산리에서 검출된 다른 절대연대와 비교해 볼 때 시간적으로 큰 차이가 있기 때문에 현재 학계에서 폐기된 상태이다. 만약 아무루유역의 토기가 한반도로 전파되었다면 제주도이외의 지역에서도 오래된 토기가 발견되어야 한다.

마지막으로 한반도의 기원 시나리오다. 규슈나 아무루 지역보다 더 오래된 토기가 장차 한반도에서 발견될 가능성이 있다는 것이다. 이러한 가설을 받아드린다면 한반도의 토기는 남으로 규슈 그리고 동북으로 아무루지역으로 비슷한 시기에 전파되었다는 논리이다. 지금까지 출토된 고고학적 자료를 살펴볼 때 물론 이와 같은 논리는 타당성이 없다. 그러나 후빙기이후 계속 상승하였던 서해안의 해수면을 생각한다면 서부지역의 초기토기유적지는 현재 모두가 서해바다 속에 잠겨있다는 가설이 성립된다.

고산리토기가 한반도에서 기원하지 않았다는 가설을 받아드리더라도, 한반도의 최고 토기연대는 고산리토기의 연대 보다 훨씬 더 오래되었을

---

19) 이동주, 2001, 암사동 빗살문양토기의 원류에 대한 새로운 시점, 한국선사고고학보 8, Pp. 71~94.
   김장석, 2003, 중서부 신석기시대 편년에 대한 비판적 검토, 한국신석기연구 5집, Pp. 5~20.

것이다. 왜냐하면, 토기가 규슈 또는 아무루 유역에서 발생하여 어느 한 지역으로 전파되었다면 전파통로는 동해를 통한 바닷길 보다는 당시 육지로 형성되었던 서해를 포함한 육로가 분명하다고 생각되기 때문이다.

토기와 관련하여 다음으로 논의할 것은 중서부지방 빗살무늬토기의 기원문제이다. 현재 학계에서는 신석기시대 토기를 서북부, 동북부, 중서부 그리고 남부지역 군으로 분류하는 것이 통례다. 그러나 이들 지역 집단 중에서 서북부와 동북부지역의 토기는 그 역사적 맥락이 서로 다르다는 가설이 학계에 제기되고 있다. 예를 들면 서북부지역의 토기는 중국요령지역의 초기신석기 토기문화에 연계되어있다고 주장하는 반면에[20], 동북지역의 오산리, 문암리 그리고 굴포리에서 발견되는 초기 융기문토기는 보이스만을 비롯한 시베리아 극동지역문화에서 기인하였다는 것이다[21]. 서북부 토기군이 중국요령지역과 일치한다는 가설은 토기의 형태, 빗살무늬를 비롯한 문양의 형태 그리고 시문면적 등에 근거를 두고 있다. 특히 한반도의 중서부지방과 남부전역에서 나타나는 "之"자 문양이 시문된 토기는 중국 요서지역과 요동지역의 초기신석기 토기에서 흔히 찾아볼 수 있는 문양이기 때문에 이 지역으로부터 서북부지역으로 확산되었다고 한다. 중국학자들에 의하면 B. C. 7,000 경에 유행하던 압인문과 빗살무늬문양은 B.C. 6,000년경부터 서서히 퇴화한다는 것이다. 아마도 이러한 이유는 신석기시대 초기에는 요서지역이 북방지역의 영향을 강하게 받아오다가, B.C. 6,000년경 홍산문화 단계에 접어들면서 중원의 앙소문화 영향을 받게 되었고, 요동지역은 산동의 대문구문화권에 편입되었기 때문이 아닌가 생각된다.

---

20) 김영희, 2001, 요동반도와 한반도 중서부의 관련성 문제검토, 한국선서고고학보 8, Pp. 55~70.

21) 임효재 편, 2005, 한국신석기 문화의 전개, 학연문화사, Pp. 138~140.

한반도 중서부지역의 빗살무늬토기의 기원에 대해서는 1) 요령지역의 토기가 서북지역을 통해서 전파되는 과정에서 기형이 원저 또는 첨저로 변화하였다는 설, 2) 영선동형식의 압인문 토기가 오산리식 토기와 교류하면서 탄생한 빗살무늬 토기가 중서부지역으로 전파되었다는 설[22], 3) 대동강일대에서 기원하여 남쪽과 동쪽으로 전파되었다는 설이 관심을 모으고 있다. 위의 세 가지 가설 중에서 먼저 서북지역을 통한 요령지역 기원설을 살펴보기로 하자. 잘 알려진 바와 같이 한반도 청천강이북 지역의 초기토기들은 평저이기 때문에 중서부지역과는 상이한 반면에 요령지역과 유사하다. 특히 발해만을 중심으로 요령지역에서는 배열된 문양의 조합순서는 다르지만 중서부지역 초기빗살무늬토기에서 나타나는 문양 대부분이 존재한다. 한 가지 차이점이 있다면 그간 관심을 모아오던 "之"자형 토기가 중서부지역에서는 호형 토기에 시문된 반면에, 요동에서는 주로 심발형 토기에 나타나는 점이 특색이다. 문양의 배열 또한 차이를 보이고 있다. 중서부지역의 문양은 종열로 시문되어 있고 요령지역은 횡열로 다른 문양과 함께 배열되어 있다. 만약 중서부지역 토기의 기원을 요령지역에 비정한다면 서북지역의 토기연대가 시대적으로 중서부 지역보다 마땅히 앞서야 한다. 북한학자들은 궁산유적 1기와 지탑리유적 1기의 상대연대를 기원전 6,000~5,000년으로 설정하고 있다. 물론 이러한 연대는 절대연대를 바탕으로 제시한 것은 아니다. 그러나 위의 두 유적지 보다 남쪽에 위치하는 암사동의 절대연대가 B.C. 5,000년이란 사실을 감안한다면 북한학자들의 주장은 어느 정도 타당하다고 생각된다. 궁산 1기의 연대가 기원전 6,000~5000년이란 사실을 감안한다면, 서북지역의 토기연대는 이 이상으로 올라가야 한다. 그러나 서북지

---

22) 이동주, 2001, ≪앞의 논문≫.
　　이상균, 1999, 신석기시대의 한일문화교류, 학연문화사.

역의 토기가 B.C. 6,000년 이전으로 기록된 예는 아직도 보고된 바가 없는 실정이다.

다음으로 중서부지방의 빗살무늬토기가 영선동 압날문토기 문화와 오산리 1기토기 사이의 접촉과정에서 발생하였다는 설에는 많은 모순이 따른다. 물론 영선동을 비롯한 남해의 압입문 토기는 오랜 전통을 유지하면서 기형은 첨저와 원저모양을 하고 있다. 아울러 중서부지역에서 나타나는 문양 또한 영선동 압인문토기와 비슷하다. 일부 학자들이 주장하는 바와 같이, 중서부 토기가 영선동식 압인문에서 유래하여 남쪽에서 해안을 타고 북쪽으로 또는 오산리 일대에서 서쪽으로 중서부지역에 전파되었다면 평안도나 황해도지역 보다 경기지역에 먼저 도달해야 되는 것이 문화전파의 지리적 순서인데 오히려 그 반대의 양상을 나타나고 있다. 최근 강원도 지경리에서 출토된 빗살무늬토기를 분석한 연구에 의하면 중서부 토기문화가 오히려 동쪽으로 지경리와 오산리에 전파되었다고 한다. 지경리토기에서 다치횡주어골문이 결여된 이유는 중서부지방에서 다치횡주어골문이 출현하기 이전에 중동부로 빗살무늬토기가 전파되었기 때문이라고 설명하고 있다[23].

마지막으로 대동강유역의 자체발생설을 논의해 보기로 하자. 대동강유역설은 다음과 같은 문제점에 봉착하게 된다. 첫째, 지금 까지 출토된 자료에 의하면 중서부지역에서는 빗살무늬토기가 가장 오래된 토기문화이다. 그런데 중서부지역의 빗살무늬토기는 동북지역과 남부지역의 초기 융기문토기와 압날문토기 보다 시기적으로 늦게 출현한다. 이러한 사실은 동부지역과 남부지역의 빗살무늬토기 하층에는 융기문토기, 등 다른 토기문화층이 존재한다는 사실로 입증된다. 앞에서 열거한 점을 감

---

23) 임상택, 2000, 중서부지역 신석기시대 석기에 대한 초보적 검토, 한국신석기연구회 발표논문집, 3~48.

안한다면 빗살무늬토기가 유입되기 이전인 한반도의 조기신석기 동안에 중서부지역에는 인간이 살지 않았다는 모순된 논리에 빠지게 된다. 물론 세련되고 완숙한 빗살무늬토기가 선행토기의 전조가 없이 갑자기 중서부지역에 출현한다는 것은 당시 빗살무늬토기 인들이 중서부지역으로 토기문화를 지니고 타 지역으로부터 이주해 왔다는 사실을 말해준다. 그러나 현재의 자료에 의하면 중서부인들이 동부 또는 남부로부터 이주해왔다는 가설은 성립될 수 없는 실정이다. 그렇다면 상대적으로 발달된 빗살무늬토기의 기원지와 전파과정이 우리의 과제가 아닐 수 없다.

후빙기에 접어들면서 신석기동안에 서해안의 해수면이 계속 상승하여 왔다는 것은 학계에 널리 알려져 있는 사실이다. 아울러 서해안은 간만의 차이가 세계에서 가장 심한 곳 중의 하나이며 이에 해수의 심도가 상대적으로 매우 완만하게 낮아지는 곳이다. 우리는 초기신석기인들의 주거지가 강안이나 해안에 위치해있다는 사실을 알고 있다. 따라서 초기 신석기시대의 수많은 유적지가 현재 서해바닷물 속에 잠겨있기 때문에 빗살무늬토기 형성과정을 말해주는 자료가 지금까지 출토되지 않고 있다. 물론 신석기조기의 융기문토기나 압날문토기가 발견되지 않는 이유도 해수면의 상승 때문이다. 중서부지역의 조기신석기인들은 선행빗살무늬토기문화를 지니고 당시 육지로 노출되었던 현재의 서해에 기거하던 중, 점차로 상승하는 해수면 때문에 과거의 주거지를 패기하고 새로 형성된 해안을 따라 옮기는 주거양상을 수없이 되풀이하였을 것이다. 초기빗살무늬토기의 기원은 서해바다가 열쇠를 쥐고 있다.

2) 농경의 제문제

앞에서 논의 한 바와 같이 농경은 신석기시대의 가장 핵심적 문화양상이기 때문에 서구고고학에서는 이 시대를 원시농경시대라고 칭한다. 그러나 우리나라 신석기의 경우에는 농경문화와 관계없이 토기의 시작을 그 상한연대로 설정하고 있다. 따라서 한반도의 신석기에서는 토기가 출현하고 시간이 어느 정도 지난다음에 마제석기와 정착마을 그리고 농경문화가 뒤따르게 된다. 현대고고학에서는 위의 4가지 문화적 사항을 신석기시대의 문화적 복합요소라고 칭한다.

지구상에는 농경문화가 독자적으로 개발된 지역이 있는 반면에 기존의 농경문화가 전파되어 이를 수용한 민족도 있다. 농경문화는 야생식물을 재배하고 동물을 사육하는 인간행위를 근간으로 하기 때문에 문화의 개발과 수용과정이 매우 복잡하다. 따라서 독자적으로 발생된 초기 농경문화의 발생지는 그 수가 매우 제한되었으며, 훗날 이들 지역으로부터 인접으로 농경이 확산되었다는 사실이 밝혀지고 있다. 농경이 독자적으로 발생한 지역을 농경의 중심지라 칭하고 이러한 농경의 중심지는 후에 모두가 세계고대문명의 발생지로 기능을 발휘하게 된다. 농경을 독자적으로 개발한 신석기인들은 야생식물과 동물의 순화과정에서 엄청난 시행착오를 겪었을 것이다. 따라서 이들은 단순히 인간의 보편적 심리현상 때문에 보다 나은 삶을 위해 종래의 수렵과 채집생활을 버리고 농경사회로 진입하지는 않았다는 사실이 고고학적으로 증명되고 있다. 이러한 연유로 현대고고학자들은 농경문화의 기원과 전개과정을 가장 중요한 명제로 다루어 왔다. 그들은 단순히 언제 어디에서 농경문화가 발생했다는 서술적(descriptive) 모델을 벗으나 "왜, 그리고 어떠한 과정을 밟아서 농경문화가 발생전개 되었을까"라는 설명적(explanatory) 모델을 염두에 두고 명제에 접근하는 것이 기본자세이다. 그러나 농경문화가 중심지로부터 전파되어 수용한 경우는 이에 대한 설명이 보다 단순하고 또한 학자들의 관심도 적은 편이다. 따라서 한반도의 경우도 농경의 중심지가 아니기 때문에 학자들은 이와 같은 명제에 관심을 표하지 않았다.

지금 까지 한반도의 농경기원에 대한 연구는 매우 단순하고 서술적이다. 서술된 내용을 살펴보면, 중국의 황하유역에서 발생한 농경문화가 한반도로 자연스럽게 전파되어 신석기시대 중기 또는 후기에 조를 바탕으로 하는 곡물농사가 시작되었다는 내용과 청동기시대의 개시와 함께 대륙으로부터 이주해온 신래족이 청동문화와 농경문화를 전파시켰다는 설로 요약 된다. 그리고 벼농사에 대해서는 반월형석도의 형식분류와 양자강유역으로부터 벼농사의 전파통로에 관한 연구이다. 즉, 양자강에서 발생한 벼농사가 해안을 따라서 한반도로 전파되었는지 또는 산동반도에서 황해를 가로질러 한반도에 도달했는지에 관한 논의이다. 그러나 한 가지 다행스러운 사실은 최근 일부학자들은 한반도의 농경문화의 전개를 사회적 갈등모델을 바탕으로 설명을 시도하고 있다는 점이다[24]. 문화의 변동속성에 의하면 문화는 내부적인 갈등요인 때문에 필요에 따라 내부구성원들 스스로의 힘으로 문화를 변화시키는 경우가 있는 반면에 외부의 영향으로 접변현상을 일으켜 문화가 변화하는 예도 많다. 물론 외부의 영향으로 문화를 수용하는 경우에도 인간은 단순히 피동적 자세이기 보다는 적응을 위한 하나의 전략으로 이를 채택하는 능동적 자세가 고대사회의 보편적 현상이다.

한반도의 농경발생에 대한 설명은 문화의 단순한 전파 또는 이주민에 의한 확산 보다는 더 복잡한 상황이 내재되어 있다는 것이 고고학 자료에서 나타나고 있다. 민족지조사에 의하면 수렵-채집경제사회와 원시농경사회가 서로 교역을 하면서 공존하고 있는 경우가 여러 집단에서 보고

---

24) 임상택, 2007, ≪앞의 논문≫.

되고 있다. 물론 수렵-채집경제인들은 이웃집단에서 행하고 있는 농경문화의 실체를 파악하면서도 농경문화를 채택하지 않는 점이 특이하다. 이들 대부분은 자연환경이 풍부한 조건 속에 생활하고 있기 때문에 원시농경민에 비해서 생업을 위한 주당 작업시간이 짧은 반면에 경제는 더 윤택하다는 것이다. 아울러 이들의 평균수명도 원시농경민 보다 길다는 보고다. 민족지의 이와 같은 연구는 농경문화의 발생지에서 농경이 인접지역으로 전파되는 속도가 너무 느리고 또한 문화의 수용에서 보수적이라는 사실이 그동안 발표된 고고학적 자료와 일치하고 있다. 지금까지의 연구에 의하면 기원전 8천년 전에 중동의 Zagros와 Levant지역을 필두로 여러 지역에서 독자적으로 발생한 농경문화는 서서히 인접지역으로 전파되어서 서력기원 전후에는(남태평양은 인간 이주가 늦게 시작됨) 지구상의 대부분지역이 이를 생계경제의 수단으로 수용하였다. 서력기원 전후까지 농경문화를 수용하지 않은 집단은 20세기 초반까지 계속 수렵-채집사회로 남게 되었다. 이들이 농경문화를 수용하지 않은 이유는 대체로 다음과 같은 세 가지 이유로 집약된다. 첫째는 중심지로부터 지리적으로 고립되어 농경문화를 이해하지 못한 경우다. 남미의 일부 부족과 오스트랄리어 남단 섬 타사모니아의 원주민이 이에 속한다. 다음은 자연환경의 악조건 때문에 경작할 수 없는 곳이다. 오스트랄리어 중부 사막성 토질의 원주민과 한대지방에 살고 있는 에스키모를 들 수 있다.

　마지막으로 농경문화를 고의적으로 수용하지 않는 집단을 말한다. 흥미로운 사실은 아프리카의 쿵 산(Kung San) 족과 하드자(Hadza) 족을 비롯한 여러 집단이 위험도가 높고 작업시간이 긴 원시농경 보다는 수렵-채집사회를 더 선호하고 있다는 것이 밝혀졌다.

　필자는 한반도의 농경문화발생을 논의할 때 지금 까지 열거한 사실을 반드시 염두에 두어야 이에 대한 올바른 회답을 얻을 수 있다고 생각한다. 한반도의 농경문화는 세계농경 중심지역중의 하나로 간주되는 중국에서 전파되었다는 사실을 부정하는 사람은 아무도 없다. 중국 중원지역의 배이강과 자산문화에서 약 8,000 B.P.에 시작된 조와 기장을 중심으로 하는 잡곡농사가 동쪽으로 전파되어 7,000 B.P. 경에는 요동지역의 신석기문화로 대표되는 신락문화에 도달한 것으로 증명되고 있다. 신락문화 하층에서 탄화된 기장이 출토되는 점을 감안한다면 문화의 복합도와 양상이 비슷한 소주산과 압록강하류문화로 분류되는 후와문화에도 분명히 농경이 실시되었다고 생각된다. 이들 요동지역의 신석기문화는 한반도 서북부 신석기문화와 밀접한 교류가 있었다는 사실이 두 지역의 토기연구에서 잘 나타나고 있다[25].

　요령지역의 신석기문화는 6,000 B.P. 경에는 많은 변화를 가져오게 된다. 요서지역에 홍산문화가 출현하면서 이 시역은 중원의 앙소문화권으로 편입되는 반면에, 한반도와 바로 인접한 요동지역은 산동지역의 대문구문화 영향을 강하게 받는다. 여기서 중요한 사실은 앙소문화와 대문구문화의 생계경제는 농업을 바탕으로 한다는 점이다. 그러면 한반도의 원시농경과 관계된 문화의 전개사항을 살펴보기로 하자. 신석기문화에 접어들면서 한반도에는 지역에 따라 문화의 양상이 차이를 보이고 있다. 앞에서 언급한 바와 같이 초기 신석기시대 북서부, 중서부, 동북부 그리고 남부지방의 토기는 서로 뚜렷한 지역주의를 나타내고 있다. 이러한 지역 간의 문화적 차이는 생계경제에도 반영되어 동부지역 인들은 주로 어로행위에 의존한 반면에 서부 인들은 식물성먹이를 중심으로 하는 육

---

25) 김영희, 2001, 요동반도와 한반도 중서부의 관련성 문제검토, 한국선서고고학보 8, Pp. 55~70.
　　임상택, 2006, 한국중서부지역 빗살무늬토기문화 연구, 서울대학교 박사학위 논문.

상자원을 더 많이 활용하였다는 것이 출토유물에서 읽을 수 있다[26]. 특히 중서부 인들이 동부지역 보다 육상자원에 더 의존한 이유는 자연환경의 입지 때문이라 하겠다. 중서부지역의 초기유적지는 대부분이 해안이나 강안에 자리하고 있지만 생계경제를 위한 활동영역 분석(site catchment analysis)의 관점에서 본다면, 강 또는 바다를 중심으로 하는 수산자원은 물론 주거지 주변의 들판과 야산에서 생산되는 자원도 중요한 활용대상 이었다. 특히 중서부인들의 경우는 강 또는 바다와 들판 그리고 야산이라는 세 가지 미시적 자연한경의 자원을 효율적으로 활용하려면 계절과 직결된 경제활동 일정표에 따라 생활하지 않으면 생존에 어려움이 따랐을 것이다. 지금 까지 출토된 자료에 의하면 지탑리와 암사동을 위시한 중서부인들은 계절에 따라 일정을 달리하여 서식하는 자원을 지혜롭게 잘 활용하였다는 사실이 밝혀지고 있다. 초기신석기인들은 문화의 변동을 경험하지 않고 수천년 동안 비교적 안정된 상태에서 그들의 자연환경에 적응하였다.

초기신석기 인들이 요동지역의 농경문화를 약 2천년 이상동안 채택하지 않고 종래의 경재생활을 고집한 이유는 현존하는 수렵-채집경제인들의 예에서 볼 수 있는 것처럼, 풍족한 자연환경의 이점 때문이 아닌가 생각된다. 중서부 인들은 서북부 인들과 함께 요령지역의 초기신석기문화와 수많은 교류를 육로와 해상을 통해서 전개시켜왔다. 따라서 이들은 씨앗을 파종하면 삭이 나서 자라게 된다는 원시농경의 실체를 분명히 알고 있었을 것이다. 그리고 중서부 인들은 요령지역에 전파된 농경문화를 수용할 수 있는 농경과 관계된 문화적 요소를 충분히 지니고 있었다. 민족지 조사에 의하면 원시화전농경에 필요한 도구는 괭이, 굴봉, 이삭

---

26) 최정필, 1990, Origins of Agriculture in Korea, Korea Journal 30, No. 11, Pp. 4~14.
　임상택, 2007, ≪앞의 논문≫.

을 따는 수확도구(타제 scraper) 그리고 수확한 곡물을 담고 저장하는 용기 정도가 필요할 뿐이다. 이러한 도구는 서북부와 중서부의 초기신석기시대 인들이 갖출 수 있어다는 것이 고고학적으로 증명이 된다. 지금까지 조사에 의하면 탄화된 곡물과 곡물의 화분 그리고 곡물이 압인된 자료가 다른 유물과 함께 출토된 신석기유적지 수는 약 20여기에 달 한다(표 1. 참조). 곡물이 발견된 대표적 유적지는 지탑리, 남경리, 마산리, 대천리 그리고 남부지방의 동삼동과 비봉리 등이다. 이들 유적지에서는 재배된 곡물의 흔적과 함께 원시농경에 필요한 도구도 출토되었다. 정확한 사실은 알 수 없으나 남부지방에서 검출된 절대연대를 생각한다면 중서부지역에 처음으로 농경문화가 출현한 것은 B.C. 3,500년 이전 경으로 여겨진다. 북한에서 발간되는 자료에 의하면 탄화된 조 또는 피가 지탑리 2지구 2호주거지에서 출토되었고 토기의 양식에 근거한 2호주거지의 상대연대는 약 B.C. 4,000년 이라고 한다. 이 연대를 암사동에서 검출된 절대연대와 비교하여 대체로 남한학자들도 수용하는 편이다. 지탑리에서 원시농경이 B.C. 4,000년경에 시작되었다는 가능성을 말해주는 단서는 최근 발굴된 비봉리와 동삼동유적에서도 나타나고 있다. 한반도의 동남부에 위치한 두 유적지에서는 탄화된 조가 발견되었고 동삼동의 조와 기장은 B.C. 3,360년으로 기록되었다.

표 1. 신석기시대 유적지 출토 곡물현황 표

유적명칭	벼	보리	밀	조	수수	기장	피	콩	팥	공반유물	비고
평양남경유적 31호주거지				◉						뼈, 어망추, 갈돌, 갈판, 흙구슬, 석부, 빗살무늬토기, 점선띠무늬토기, 민무늬토기, 양이부단지, 삼각집선문호 등	

유적	1	2	3	4	5	6	유물/내용	비고
황북봉산 마산리유적 7호주거지			●				석부, 석제자귀, 목기, 연석, 짐승뼈부스러기	
황북봉산 마산리유적 17호주거지				●			팽이형토기, 방추차, 석촉, 반월형석도	
황북봉산지탑리유적 2지구2호			●		●		빗살무늬토기 석제 보습, 돌낫, 갈판 등	조 혹은 피
양양오산리유적 신석기시대 문화층		●					융기문토기, 즐문토기, 어망추, 인면토제품, 결합식낚시바늘 등	
인천강화 우도패총 유적		압날					빗살무늬토기	
인천용유도 남북동 52호 야외노지주변	●							벼과 종자의 소수경
경기 고양 가와지 유적 (일산2지역) 대화리 III층	●	화분						4330±80BP
경기고양 주엽리 새말유적 (일산 3지역) 갈색 토탄층		규소체					오리나무, 자작나무, 빗살무늬토기	
경기고양 주엽리 새말유적 (일산 3지역) 대화리층		규소체					빗살무늬 토기	
경기김포 가현리 유적 토탄층	●		●					4010±25B.P

유적	1	2	3	4	5	6	7	출토유물	비고
충북옥천 대천리 유적 주거지	규소체	⊙	⊙	⊙		⊙		빗살무늬토기, 갈판, 갈돌, 석부, 무늬새기개, 뒤지개류, 격지 등 석기	
부산금곡동 율리패총 유적 패총	규소체			규소체	규소체			이중구연토기, 직립구연빗살무늬토기, 마제석부, 환상석부, 마제석촉, 어망추 등	갈대(多), 억새
부산 동삼동패총 유적 1호주거지				⊙	⊙			태선침선문토기, 각종석기, 골각기, 어구, 장신구, 동물유체	탄화조AMS 연대: 3360cal BC
경남 김해 농소리패총 유적 패총	규소체		규소체	규소체	규소체			굴, 꼬막, 목탄, 옥돌, 색맨드라미씨, 타제석부, 지석, 공이, 녹각제지르개, 간 뼈연모, 압인문토기, 이중구연토기 등	
경남 진주 상촌리 유적 (B지구) 17호 주거지	⊙	⊙	⊙					빗살무늬토기, 마제석촉 등	
경남 진주 상촌리 유적 (B지구) 수혈 유구				⊙	⊙				
경남 창녕 비봉리 유적 제1패층4pit의 패각층				⊙				빗살무늬토기	사육된 개의 뼈출토

(출전: 국립중앙박물관, 2006, 한국선사유적 출토 곡물자료집성)

중서부인들이 초기신석기시대 자연환경의 이점을 이용하여 농경문화를 채택하지 않고 비교적 안정된 생활을 하였다는 사실은 주거지에서도 잘 나타나고 있다. 암사동, 지탑리 그리고 궁산리 주거지의 기둥구멍은 계절에 따라서 먹 거리를 찾아 헤매면서 건립한 움집에 비해 그 규모가 너무 크다. 먹 거리가 풍족하여 인간이 정주생활을 하게 되면 인구가 증가하는 것은 고고학에서는 잘 알려진 사실이다. 물론 문화의 변동을 무조건 인구압에 결부시키는 논리는 해묵은 고고학이론이다. 수렵채집경제인들은 그들이 생활하는 자연이 수용할 수 있는 인구조절(Carrying capacity)에 많은 노력을 한다는 것이 민족지연구에서 밝혀지고 있기 때문이다. 아울러 세계 농경발상지의 경우 농경으로의 전환 직전단계에서 인구가 갑자기 증가하였다는 사실은 증명되지 않고 있다. 그러나 한반도 중서부의 경우 B.C. 4,000에서 B.C. 3,000년 사이에 유적지의 수가 늘어나고, 그 위치가 해안이나 강안으로부터 내륙지방으로 서서히 옮겨지는 현상을 찾아 볼 수 있다. 물론 신석기인들의 내륙지역 진출은 농경문화란 새로운 생계경제의 수용 때문이기도 하겠지만 인구압의 작용도 어느 정도 영향을 미치지 않았나 생각된다. 한 가지 흥미로운 사실은 학자간의 견해에 차이는 있지만, 바로 이 시기가 서해안에서는 후빙기의 최난온기(Post-Pleistocene Optimum period)에 해당한다. B.C. 3,000~B.C. 2,000 년경에는 내륙으로 진출한 신석기인들은 주거지를 들판과 산자락에도 축조한 것으로 보고되고 있다. 그러나 초기농경에서는 아직도 고랑과 이랑으로 형성되어 물을 공급하는 갈이농사의 증거는 찾아볼 수 없다.

다음으로 벼농사는 잡곡농사 보다 늦게 채택되었다는 사실이 밝혀졌다. 그동안 발견된 벼농사의 증거는 탄화미, 벼의 규소체, 화분 그리고 압날된 형태, 등이다. 이들 자료를 바탕으로 표 1을 참조하여 검출된 절대연대를 살펴보면, 일산 가와지; 4,070±80bp., 김포 가현리; 4,020±25 bp.

그리고 다소 문제는 제기되고 있지만 최근에 발굴된 대천리가 4,200bp으로 기록되어 있다. 앞의 연대를 보정하여도 모두가 B.C.3,000~B.P.2,000년 내에 해당되며 이는 신석기인들의 내륙진출과도 연관이 있다고 하겠다. 참고로 수확도구용으로 반월형석도가 유입되고 생계경제를 거의 농경문화에 의존하던 시기는 후기신석기를 지나 청동기시대에 와서야 가능했을 것이다. 따라서 한반도의 농경문화는 여러 단계에 걸쳐서 서서히 전개된 것이다. 양자강 유역에서 발생한 벼농사는 1)육로전파설, 2)황해전파설 그리고 해안선전파설 등이 있다[27]. 그러나 발견된 탄화미의 지리적 분포와 반월형석도의 분포를 살펴본다면 황하유역에 도달한 벼농사가 다시 산동반도와 해안선을 타고 한반도의 중서부에 도달한 것으로 여겨진다.

한반도의 초기농경문화는 대륙으로부터 이주해온 집단에 의해 혁명적으로 선개된 것이 아니고 중서부인들이 변화하는 자연환경과 사회환경에 새롭게 적응하는 과정에서 채택된 하나의 생계수단이라고 생각된다. 즉 한반도 인들은 자연환경의 변화와 인구압은 물론 변천하는 복합적 사회제도의 요구에 부응하는 과정에서 농경문화를 단계적으로 수용하였다. 물론 한반도의 경우에, 농경문화의 전이과정에서 최근 일부학자들이 제시한 모델 "재배종화(domestication)에서 경작(cultivation), 그리고 농경(agriculture)"의 세 단계를 차례로 거치지 않으나 Harris가 제시한 소규모 경작(small-scale cultivation), 대규모 경작(large-scale cultivation) 그리고 농경(agriculture)의 단계는 차례로 전개되었다고 생각된다.

장차관심을 두어야할 명제는 최근 학자들의 가설처럼[28] 요동반도에서

---

27) 김원용, 1986, ≪앞의 책≫.
　최정필, 1982, ≪앞의 책≫.

한반도, 그리고 한반도 내에서 전개된 농경문화의 전파가 언어의 전파와 연계되어 있는지 규명하는 것이다. 종래 국내학자들이 주장하는 청동기시대의 농경을 바탕으로 하는 신래족설을 받아드린다면 Renfrew의 "농경/언어확산" 가설[29]과 일치한다.

한반도에 농경문화가 최초로 전개된 곳은 중서부지역이다. 중서부 인들은 늦어도 중기신석기시대 전반기에 조와 기장, 등의 잡곡을 재배한 것으로 나타나고 있다. 벼농사는 잡곡농사를 시작한 이후에 원시농경문화의 변천과정에서 말기신석기시대에 수용되어 서서히 전개된 것이다.

3) 주민구성문제

신석기시대의 주민구성문제는 한민족의 기원은 물론 구석기시대에서 청동기로 이어지는 우리민족사의 연속성과 직결되어 있다. 근자에 문헌사학, 고고학 그리고 인류학에 기초한 학자들은 신석기시대의 주민구성을 규명할 수 있다고 생각하고 그들의 가설을 제시하였다. 남한학자들은 대체로 북방설을, 그리고 북한학자들은 자체형성설을 주장하고 있다. 북방설을 주장하는 학자들은 한반도의 말기구석기에서 신석기로 이어지는 시간적 공백을 인정하는 견해를 취하고 그들의 논리를 전개시키는 것이 특징이다. 북방설에 의하면 한반도에는 말기구석기동안 인간이 살다가 후빙기에 접어들어 자연환경의 변화로 인하여 이들이 이동하는 동물을 따라 북쪽으로 이주하였고 한반도는 공백상태로 남게 되었다는

---

28) Denham & Peter White, 2007, The Emergence of Agriculture; A Global view. New York: Routledge, Pp. 1~3.

29) Renfrew, C., 2002, The Emerging Synthesis, In P. Belwood(eds) Examining the Farming/Language Dispersal Hypothesis, Cambridge: McDonald Institute.

것이다. 그 이후 수천 년이 지난 다음에 시베리아의 바이칼호수 부근에 살던 고아시아족(Paleo-Asian)이 빗살무늬토기문화를 가지고 한반도에 정착하여 신석기문화를 남겼다고 한다. 자체형성설은 북한의 정치이념에 대한 정통성을 강조하기 위해 현재의 민족과 체제의 뿌리가 중단됨이 없이 구석기시대로 이어진다는 논리이다.

　북방설을 주장하는 학자들은 문화전파주의 이론을 바탕으로 우리민족이 신석기시대와 청동기시대에 걸쳐서 각각 새로운 이주민으로 두 차례나 교체되었다는 민족형성의 2원적 교체론을 주장하는 것이 특징이다. 신석기시대 주민이 고아시아족이라고 주장하는 학자들은 바이칼지역에서 출토되는 토기와 한반도의 빗살무늬토기를 동일문화계통으로 간주하고 이를 뒷받침하기 위해 단군신화의 곰 숭배사상, 부여역사에 기록된 고대언어, 등 여러 가지 문화인류학적 자료를 시베리아와 연결시켜 제시하고 있다. 이늘은 러시아학자들이 작성한 고대 시베리아지역의 인종분류계보를 응용하여 신석기시대에 동북시베리아와 한반도에 동일한 인종집단이 분포하고 있었다고 주장하고 있으나 그 근거는 분명치 않다. 그리고 한반도의 빗살무늬토기가 바이칼지역에서 유래하였다는 가설은 오래전부터 논의되어 왔으나 이 또한 문제가 많은 것으로 밝혀졌다. 잘 알려진 바와 같이 1920년대에 일본학자들은 한강변에서 출토되는 빗살무늬토기가 북유럽에서 기원한 Kamm-keramic(빗살무늬형태토기)이 시베리아를 거쳐서 한반도로 동진한 것이라고 주장하였다. 그 이후 북유럽기원설은 다소 수정되어 바이칼지역에서 기원한 토기가 한 갈래는 북유럽으로 그리고 다른 한 갈래는 동쪽으로 한반도에 도달했다는 것이다.

　빗살무늬토기 이전에 융기문토기를 비롯한 다른 형태의 토기가 한반도에 존재했다는 것은 움직일 수 없는 사실이다. 이러한 연유로 신석기

토기는 서북부, 동북부, 남부 그리고 중서부 지역군으로 분류되고 서북부의 토기는 소주산과 후와 하층문화를 비롯한 요령지역, 그리고 동북부는 연해주와 아무루중류 문화에 연결된다는 것이 학계의 일반적인 지론이다. 특히 바이칼지역 토기와 동일계열이라고 주장하는 중서부지방의 뾰족밑과 둥근밑 토기는 한반도의 북서부 또는 동남부지역에서 기원하였다는 설이 제기되고 있는 가운데, 앞에서 논의한 바와 같이 중서부지역 자체발생설도 유력하다. 현재 중서부지역의 빗살무늬토기와 비슷한 형태를 가진 토기는 북유럽, 바이칼지역 그리고 미국의 동북부지역에 분포되어있다. 전파주의학자들은 이러한 토기의 지역적 분포를 바탕으로 환북극(Trans-arctic) 토기문화권이 역사적으로 존재하였다고 생각하는 학자도 있다. 토기의 속성을 면밀히 검토하면 한반도의 빗살무늬토기는 위에서 열거한 세 지역의 토기와 역사적 연관성이 없다고 생각된다. 참고로 지난 2,000년에 영국 Durham대학에서 개최된 동아시아 고고학대회에 참가한 후, 필자를 포함한 4명의 고고학자들은 북구를 방문하여 박물관에서 Kamm-keramic을 관찰할 기회를 가졌다. 일행 모두가 양 토기간의 연관성이 없다는 점에 동의하였다. 한편 한국을 방문한 러시아학자도 두 지역의 역사적 관련설을 부인하였다는 것이다.

한반도의 빗살무늬토기는 바이칼지역으로부터 이주해온 집단에 의해 전파된 것이 아니고 자체 내의 선행토기를 바탕으로 전개되었을 가능성을 배제할 수 없다. 외형은 비슷하다고 생각되나 구체적 속성은 상이하다는 사실이 밝혀지고 있기 때문이다. 더하여 한반도의 빗살무늬토기 연대는 바이칼지역보다 더 오래된 것으로 나타났다. 그리고 최근에 발표된 형질인류학적 연구도 혼선을 초래하고 있다. 앞장에서 논의한바와 같이 우리민족의 기원에 대해 북방설이 제기되고 있는 가운데 또 다른 분자생물학적 연구는 남방설을 주장하는 점이 특이하다. 현대분자생물학에서는 현생인류의 기원 그리고 유전자집단간의 관련성을 규명하기위해 인체의 DNA 분석을 통한 연구가 진행 중이다. 분자생물학의 연구에 의하면 Y염색체 DNA는 부계를 통해서, 그리고 미토콘드리아 DNA는 모계를 통해서 유전되기 때문에 고대 인류의 계통을 분류하는데 활용된다. 두 DNA는 죽은 세포나 아주 작은 시료에서도 도출할 수 있다고 한다. 그러나 이러한 연구는 신석기시대 인골의 DNA도출에서 실시되어야 실효성이 높다. 따라서 지금까지 논의한 문제점을 감안한다면 신석기문화를 담당한 주민이 고아시아족이라는 가설은 재고되어야한다.

4. 과제 및 전망

지금까지 신석기시대 연구는 토기의 형식 분류와 편년에 너무나 집착한 나머지 경제양상, 사회조직 그리고 문화의 속성과 관계된 문화변동의 요인에 염두를 두지 않은 것이 약점이라 하겠다. 토기의 속성은 고고학적 기록 중에서 문화의 변동에 가장 예민하다는 것이 고고학자들의 일반적인 견해이다. 따라서 토기의 형태가 변화할 때에는 사회적 요인이 전제되어 있을 것이다. 만약 토기의 문양을 바탕으로 신석기시대의 문화단계를 초기, 중기, 말기, 등 세부적으로 분류하였다면 새로운 문양의 출현이 사회구조에 미친 영향이 무엇인지를 설명하여야 바람직한 연구방법론이라 하겠다. 그러나 대부분의 연구는 단순히 토기의 문양이 변화하였기 때문에 이 시점을 신석기의 중기 또는 후기로 분류한다고 서술적인 표현을 하고 있는 실정이다. 구태여 토기편년에 집착한다면 토기의 형태와 용량에 따른 기능을 분석하는 편이 사회변동을 설명하는데 더 많은 도움이 될 것이다. 물론 편년의 방법에 획일적으로 토기만 적용하는 것보다는 다른 문화적 요소도 반드시 참고 하여야한다. 예를 들면 자연환경과 식생활의 변화, 주거지의 변천, 새로운 생산 도구의 출현, 등이 문화단계를 분류하는데 더 과학적 방법이라고 할 수 있다. 그런데 지금까지 연구에 의하면 초기농경이 신석기 중기 그리고 벼농사가 신석기 말기에 전개되었다고 단순히 지적만 하였지 이러한 생업의 획기적인 변화를 편년에 응용하지 못한 점은 모순이라 하겠다.

비록 한반도는 농경의 독자적 발생지가 아니지만 신석기 인들이 농경문화를 내부적 갈등요인으로 채택하였다고 한다면 이에 대한 설명이 반드시 필요하다. 따라서 자연환경의 변천과 농경의 전개과정은 신석기문화가 해결해야할 필수적 과제이다. 후빙기에 접어들면서 점차로 날씨가 따뜻해지고 이에 해수면도 상승하였다. 따라서 선사인들이 적응해왔던 자연환경의 생태계에도 많은 변화가 온 것은 사실이다. 변천하는 자연환경에 따라 새롭게 형성된 해안과 강안은 신석기인들의 이상적인 생활터전으로 등장하였다. 이러한 현상 때문에 후빙기의 최난온기(Optimum Period)에 접어들면서 생활의 변화가 많았을 것으로 추정된다. 해묵은 가설이지만 Binford가 중동지역의 농경을 논의할 때 제시한 모델을 눈여겨 볼 필요가 있다. 빈포드에 의하면, 농경이 발생한 지역의 자연환경은 다양한 생태계(Ecological mosaic)로 구성되어 있으며, 이러한 환경 속에 인구문제와 관계되어 두 가지 형태의 사회가 존재한다는 것이다. 첫 번째 사회는 여영아살해(Female infanticide)풍습, 등의 자율조정체계로 자체 내의 인구를 조절하여 천년자원의 양과 인구 수 사이의 평형을 유지하는 사회를 말한다. 한편 다른 형태의 사회는 인구의 이동이 개방된 사회로 자연에 서식하는 먹이의 양에 비례해서 인구밀도가 상한선에 달하게 되면 그중 일부가 자원이 풍부한 타 지역으로 이동하여 새로운 생활터전을 마련한다는 것이다. 그런데 새로운 터전에 자리 잡은 집단은 인구압을 받게 되어 농경문화를 개발하게 되었다는 논리이다[30].

　빈포드의 가설을 중서부지역에 적용한다면 다음과 같은 시나리오가 성립된다. 풍부한 자연환경의 자원 때문에 중서부의 특정해안과 강안에 신석기 인들이 거처를 정하고 이를 바탕으로 안정된 생활을 하는 가운데 인구가 증가되었을 것이다. 이들 중에서 일부지역은 현존하는 수렵-채집경제사회의 예처럼 자율조정체계로 인구를 조절하는 반면에, 다른 지역은 계방체계를 유지하여 인구의 이동이 비교적 자유로운 사회체제를 유지하고 있었다. 따라서 이와 같은 사회는 타 집단을 수용하는 반면에, 또한 인구의 조절을 위해 새로운 집단을 타 지역으로 분리시켰을 것이다. 타 집단으로 분리된 사회는 다시 인구압 등 내부적 갈등으로 중국의 요령지역으로부터 농경문화를 수용하게 되었다는 논리이다. 해수면의 변동으로 인하여 수많은 유적지가 파괴된 중서부지역의 고고학적 조사에서 위의 가설을 검정하는 것은 쉬운 일이 아니다. 그러나 주거지의 양상과 토기의 전파는 중서부 인들의 이동을 파악하는데 많은 도움이 될 것이다. 예를 들면, 초기신석기문화의 전조 없이 갑자기 출현한 암사동신석기문화는 어느 지역인지 알 수 없으나 어머니집단으로부터 분리되어 현재의 새로운 생활 터에 자리를 잡았다는 사실을 강하게 시사해준다고 하겠다. 아울러 탄화곡물이 발견된 지탑리 2지구는 1지구의 자 문화가 분명하다. 어머니문화로부터 파생된 암사동신석기 인들은 다시 미사리 그리고 동막동으로 분파되었다는 사실은 토기로 증명이 가능하다. 지탑리 2지구와 암사동사회는 빈포드가 논의한 것처럼 인구압과 관계되어 갈등을 초래하는 개방체계 속에서 문화를 전개시켰을 가능성이 높은 지역이다.

---

30) Binford, L.R., 1968, Post-Pleistocene Adaptation, In L.R. Binford & S. Binford Ed., New Perspective in Archaeology. Chicago: Aldine.

중서부지역의 빗살무늬토기 기원과 전파과정을 규명하는 문제는 주민구성은 물론 위에서 언급한 자연환경의 연구와도 관련되어 있다. 중서부지역의 토기가 요령지역 또는 영선동과 오산리토기의 접촉과정에서 발생하였다는 설은 장차 논의의 대상이 되어야한다. 중서부지역에 처음 출현하는 토기는 너무나 완숙하여 영선동은 물론 요령지역의 토기와 상이한 양상을 보이고 있다. 중서부지역의 토기원형은 현재의 서해바다 속에서 찾아야 된다고 생각한다. 빗살무늬토기 이전의 중서부 인들은 선행빗살무늬토기 문화를 가지고 지금은 바다 속에 잠겨버린 서해안에서 생활하다 점차로 상승하는 해수면의 해안을 따라 계속 동쪽으로 생활터전을 옮겼을 것이다.

　신석기시대의 주민구성에 대한 고아시아족설은 무척 흥미가 있으나 자료가 부족하여 앞으로 더 많은 연구가 필요하다. 고고학적 자료에 의존할 형편이 되지 못할 경우는 형질인류학의 도움을 받아야한다. 현재 연구 중인 현생인류의 기원이 아프리카 설이란 것을 증명하기 위해 학자들은 지구상의 인류를 여섯 집단으로 나누어 미토콘드리아 분석연구를 하고 있다. 그리고 국내에서도 유전자분석을 바탕으로 우리민족이 남방과 연결되어 있다는 설이 최근에 제기된 반면에, 또 다른 연구는 북방설을 두둔하고 있는 형편이다. 만약 신석기 이후에 주민교체가 없었다면 이러한 연구가 더 효율적인 결과를 가져올 수 있다고 본다. 그러나 한민족형성과정은 생각처럼 단순하지 않다. 특히 현재의 요령지역은 신석기 이후부터 한민족이 생활의 터전을 마련하여 고구려와 발해로 이어져 온 곳이다. 따라서 이 지역의 주민은 북방 그리고 중국지역과의 혼인교류를 빈번히 가져왔다. 그럼으로 표집대상에 따라 미토콘드리아의 역사적 연관성이 서쪽으로 또는 북쪽으로 이어지기 마련이다. 한반도의 신석기인들이 고아시아족이라는 가설을 규명하기 위한 가장 효율적인 방법은 바이칼지역과 요령지역 그리고 한반도의 중서부지역 신석기시대 유적지에서 출토되는 많은 개체의 인골을 표집하여 생화학적으로 비교 분석하는 것이다. 그러나 현재 이와 관계된 자료가 너무나 빈약하다.

마지막으로 지적할 사실은 신석기시대 용어의 개념문제이다. "신석기"란 용어는 1865년 석제도구의 제작형태를 바탕으로 제창되어 학계에 소개되어 왔으나 편년에 많은 모순점이 노출되어 지금은 일부사회주의 국가를 제외하고는 이 용어를 사용하지 않는다. 따라서 우리 나라의 경우도 신석기를 빗살무늬토기시대로 바꾸는 것이 타당하다고 본다.

IV장
인류학상으로 본 한민족 기원연구의 재검토

1. 머리말

한민족의 형성에 관한 연구는 1960년대 이후부터 문헌사학의 한계성을 탈피하고 인류학적시각에서 새로운 방향을 모색해 왔다[1]. 이와 같은 연구경향은 사물을 분석함에 있어서 총체적 접근 방법론(holistic approach)이 요청되었기 때문이라 하겠다.

그러나 대부분의 인류학적 연구도 "기원(genesis)"문제에 집착하여 민족의 원류를 밝혀낼 수 있다는 생각에서 체질의 생김새에 따라서 인종

---

1) 예를 들면, 나세진, 한국민족의 체질인류학적 연구, 한국문화사대계I, 고려대학교 민족문화연구소, 1964, Pp. 87~233.
김정학, 한국민족형성사, 한국문화사대계I, 고려대학교민족문화연구소, 1964, Pp. 316~452.
김정학, 고고학상으로 본 한국민족, 백산학보1, 1966, Pp. 133~150.
김정배, 한국민족문화의 기원, 고려대학교 출판부, 1973.

을 분류하고[2], 전파주의에 입각하여 문화의 변천을 설명하기 때문에[3] 많은 문제점을 지니고 있다. 특히 민족기원을 문화적인 측면에서 연구하는 학자들이 미리 설정해 놓은 민족 기원지와 형성시기에 관한 두 가지 논지는 현대인류학의 개념과 어긋난다고 생각된다.

기존연구에서 거론된 첫째 문제는 "한민족은 어디에서 왔으며 그 조상은 누구인가"란 말로 요약할 수 있다[4]. 다음에 설명하겠지만, 이러한 논지는 과학적으로 크게 타당성을 갖지 못한다고 생각된다. 그러나 관계학자들은 이 점을 규명하기 위하여 남방설, 북방설, 자체형성설 등, 여러 견해를 내 놓았다.

지금은 대체로 남방설은 부정되고 있는 가운데 남한학자들은 북방설을, 그리고 북한학자들은 자체형성설을 강조하고 있다. 이들 중 북방설을 요약하면, 한반도에는 소수의 구석기인들이 거주하였으나 기후의 변화로 소멸, 또는 다른 지역으로 이동하게 되어 수천년 동안 문화적 공백을 이루다가 시베리아의 바이칼 호수 부근에서 발생한 古아시아族 (Paleo-Asian)이 남하하여 한반도에 정착하고 "유문토기"(빗살무늬토기) 문화를 남겼다는 것이다. 그러나 수렵-채집경제를 담당하던 고아시아족의 "유문토기"인들은 청동과 농경문화를 배경으로 하는 알타이계의 예맥족, 또는 퉁구스족의 내습으로 쫓겨나거나 동화되어 완전히 사라졌기 때문에, 한민족의 체질은 물론 문화도 두 차례에 걸쳐서 교체되었

---

2) 나세진, ≪앞의 논문≫.
  손보기, 체질-형질인류학상으로 본 한국 겨레의 뿌리, 한국사론14, 1985, Pp. 43~72.
3) 김정학, ≪앞의 논문≫.
  김정학, 한국민족의 원류-문헌 및 고고학적 고찰, 한국사론14, 1985, Pp. 1~42. 이 외에도 민족기원의 연구를 다룬 대부분의 학자들이 여기에 속한다고 본다.
4) 한국정신문화연구원과 국사편찬위원회가 개최한 "민족문화의 원류"에 관한 학술회에서 이를 중심으로 다루고 있다. 두 학술회의에서 출간된 논저는 다음과 같다.
  민족기원의 원류, 한국정신문화연구원, 1980, 한국사론14, 국사편찬위원회, 1985.

다고 한다[5].

　다음으로 자체형성설(민족단일론)에 따르면 한반도의 구석기시대와 청동기시대 사이의 문화적 연속성을 인정하고 민족의 혈연적 단일성을 주장하고 있다[6].

　위의 두 논의는 모두가 인종(race)의 개념과 생물학적 진화의 기본요인, 그리고 문화의 속성과 그 분석틀[7]을 크게 심중에 두지 않은 것으로 생각된다. 인간의 체질과 문화는 이웃집단과의 교류를 통해서, 그리고 자연과 사회환경에 적응하기 위하여 끊임없이 변천해왔다. 그러므로 이 지구상에는 순수한 인종은 물론, 외부와 완전히 고립되어 하나의 민족단위로서 독자적인 문화만을 지켜온 예를 발견하기란 그리 쉽지 않다[8].

　그것은 더하여 문화의 속성과 이에 연관되는 고고학적 자료를 검토하면 고아시아족이 남하하였다는 사실은 물론, 한반도로 이주해 온 이들이 다시 청동기인에 의하여 소멸되었다는 확실한 증거가 없는 것이다. 이렇듯 불확실한 증거에 기초한 민족의 기원에 관한 연구는 논리전개상 많은 문제점을 안고 있는 것이 사실이며, 어쩌면 이와 같은 논제의 초점은

---

5) 김정학, 앞의 두 논문.
   김정배, ≪앞의 책≫, 김정배교수는 ≪앞의 책≫ 전권에 걸쳐서 이 문제를 다루고 있다. 김원용, 한국고고학개설, 일지사, 1986, Pp. 24~25, 58. 특히 김원용교수는 무문토기(김정배교수의 청동기인과 동일한 개념)을 중국 동북계에서 내려온 지역화 된 퉁구스족이라고 전제하고, 과거의 견해를 수정하여 한반도에서 고아시아족과 퉁구스족의 만남은 큰 충돌 없이 자연스럽게 이루어졌다고 설명하고 있다.
6) 1970년대 이후 북한에서 출간된 모든 고고학 및 역사서적은 민족단일성을 주장하고 있다.
7) 전경수, 한국민족문화의 기원연구에 대한 방법론의 비판적 검토, 한국사론14, 국사편찬위원회, 1985, Pp. 73~100.
8) 오스트랄리어 동남쪽에 위치한 타스모니아섬의 주민의 경우는 예외라고 할 수 있다. 말기구석기 이후 해수면의 상승으로 오스트랄리어와 분리되면서 외부와의 접촉이 거의 없었다.

무의미한 일이 아닐까 생각된다. 이 보다는 한반도에 언제부터 인간이 살기 시작하였으며, 그리고 이들의 체질과 문화가 어떻게 변천하여 왔는가를 설명하는 것이 보다 더 중요하고 밝혀져야 할 바람직한 명제가 아닐까 여겨진다. 현대 고고학의 추세도 민족의 기원을 밝히는 것보다는 문화의 변천과정을 설명하는 데에 더욱 비중을 두고 있다.

이제까지의 연구에서 발견할 수 있는 또 하나의 문제점은 시간적인 개념에서 "언제부터를 한민족의 형성기로 설정하느냐"하는 것이다. 이러한 문제의 접근은, 오히려 맨 처음 논의의 대상으로 등장한 우리의 조상은 누구인가 하는 질문보다 더 많은 모순성을 지니고 있다. 현재는 이를 해결하기 위한 방안으로서 구석기시대까지 거슬러 올라가야 한다는 주장[9], 또는 농경을 바탕으로 하는 읍락국가에서 찾아야 한다는 견해[10] 등이 거론되고 있다. 이 문제 또한 앞서 언급한 바와 같이 한반도에 인간의 역사가 언제부터 전개되었는가를 먼저 살펴본 다음, 문화적 연속성을 검토하고 이어 시공적 측면에서 문화의 보편성과 특수성을 설명하는 편이 바람직한 것이 아닌가 생각된다.

필자가 본고를 쓰게 되는 이유도 바로 여기에 있다. 따라서 필자는 한민족의 기원을 규명하기 보다는 기존연구의 문제점을 찾아내어 이를 비판하고 인류학적 시각에서 이에 관한 새로운 연구방향을 제시할까 한다.

그러므로 본고는 종래의 연구방법론에 관한 문제점을 살피기 위하여, 먼저 인간유전집단의 형태학적(외형적 생김새) 변인이 지니는 의미를 검토하고자 한다. 이와 같은 접근을 바탕으로 국내학계에 소개된 고아시아족과 퉁구스족의 개념에 관한 소련학자들의 논저[11]를 재검토해 보기로 하

---

9) 정영화, 고고학적 측면에서 본 한민족의 기원, 민족연구의 원류. 한국정신문화연구원, 1980, Pp. 20~29.
10) 김정학, 1985, ≪앞의 논문≫, P. 1, P. 14.

겠다. 아울러 한민족의 시베리아 기원설과 이원적(二元的) 교체설을 주장하는 학자들이 제시한 고고학적 자료를 살펴서 문제점을 지적할 것이다.

2 형질인류학과 한민족의 기원

한민족의 개념을 체질과 문화로 구분하여 형질인류학적으로 혈연의 뿌리를 찾을 수 있다는 단편적인 연구가 그동안 논의되어 왔다[12]. 그 내용은 주로 체질의 생김새에 따라 민족을 분류하고, 나아가서 체질의 외형적 특징을 가지고 고아시아족 또는 북방민족과의 연결을 시도한 것 등이다[13].

---

11) 국내학자들이 가장 많이 인용한 다음 두 책을 주로 참고하였다.
S. M. Shirokogoroff, Social Organization of the Northern Tungus, Oosterhout N. B. -the Netherlands. 1966.
M. G. Levin, Ethnic Origins of the people of Northeastern Asia. University of Toronto Press. 1963.
12) 대표적인 한국학자들의 논문은 다음과 같다.
박선주, 한국민족 뿌리에 관한 여러 문제, 충북사학3, 1990, Pp. 1~20.
손보기, ≪앞의 논문≫.
손보기, 체질인류학 상으로 본 한국사람의 뿌리, 국사관논총, 국사편찬위원회, 1989.
나세진, ≪앞의 논문≫.
나세진, 형질학적 측면에서 본 한민족의 기원, 민족기원의 원류, 한국정신문화연구원, 1980, Pp. 62~84.
장우진, 조선사람 이발의 인종적 특징에 대하여, 고고민속논문집7, 1979, Pp. 10~44.
장우진·리애경, 조선사람의 혈청학적 특징에 관한 연구, 고고민속논문집9, 1984, Pp. 153~179.
13) 나세진, 1980, ≪앞의 논문≫.
손보기, 1980, ≪앞의 논문≫.
김정배, ≪앞의 책≫, P. 14. 김교수는 체질문제를 직접 다루지는 않지만 나세진 교수의 연구를 인용하고 있다.

현대 형질인류학의 방향은 인종을 분류하는 대신 인간체질의 진화과정과 이의 다양성을 설명하는 경향을 띄고 있다. 따라서 우리는 형질인류학의 방법론을 응용하여 한민족의 체질이 어떻게 한반도라는 특수한 환경에 적응하기 위하여 변천해 왔는가를 설명할 수는 있을 것이다. 그러나 이를 다른 민족의 체질과 분리시켜 하나의 독립된 하부인종, 또는 지방인종(lokal race) 단위로 설정할 수는 없다. 아울러 지리적으로 원거리에 위치하고 있는 타민족과 유전학적 연관성을 규명하기 위하여 오랜 세월을 거슬러 올라가는 작업은 현재의 자료로는 쉬운 일이 아니다. 물론 최근에 와서 집단을 표집하여 세포핵의 개인별 유전자변이(SNP)를 분석을 하는 방법, 그리고 여성의 난자를 통해 다음 세대로 전승되는 미토콘드리아를 분석하는 방법이 제기되고 있으나 상당한 시간이 소요된다. 그러면, 이와 같은 문제점을 이해하기 위하여 인종분류와 관계된 형질인류학의 최근 연구 경향을 살펴보겠다.

1) 인종과 형태학적 분류의 문제점

집단 간의 체질적 상이성을 말해주는 인종의 개념은 그 정의가 상당히 모호하다. 형질인류학 논저에 나타난 여러 학자들의 견해를 종합하여 보면 다음과 같다.

인종(race)은 종(species)의 한 분파로서 육종집단(breeding population)을 말하는 것이며, 이 집단이 지니고 있는 유전인자의 빈도는 다른 집단과 명확하게 구분이 되어야 한다[14].

그러나 이와 같은 견해에 많은 문제점이 제기되고 있다. 예를 들어 유

---

14) A. M. Brues, People and Races, New York: Macmillan Publishing Co., 1977, P. 1.

전인자 중 어느 것이라고 명시하지 않는다면 그 의미가 없다고 한다[15]. 그리고 특정유전인자를 표본으로 사용하지 않았을 경우 유전인자집단들 사이의 구분이 불가능함은 물론, 집단분포의 지리적 경계선을 어느 지점에서 구획해야 하는지 그 점이 분명하지 않다[16]. 한편 특정유전인자의 빈도만을 측정하게 된다면, 왜 이러한 인자가 집단분류의 대상이 되었는가 하는 점을 설명하기가 어렵다[17]. 즉, 한민족기원에 관한 문제를 놓고 볼 때, 왜, 두개골의 형태가 분류의 대상으로 채택된 이유를 정당화 시켜야만 그 타당성을 지닐 수 있다.

이처럼 인종의 정의가 명확하지 않기 때문에 인종을 분류하는 방법도 학자에 따라 임의적이며[18], 분류에 사용된 형태학적 변인도 통합된 의견을 보지 못하고 있는 실정이다.

지금까지 집단의 분류와 신체적 특징을 설명하기 위하여 보편적으로 사용되어온 변인은 피부색, 머리카락의 형태, 눈동자의 색깔, 얼굴모양, 두개골의 계측지수, 여성의 젖가슴과 젖꼭지, 체모, 대머리의 빈도, 지문 형태, 치아의 구조, 혈액형, 신장 및 사지의 크기, 피부 속에 쌓인 지방질의 두께, 그리고 화학물질 투입과정에서 일어나는 인체의 생화학적 반응 등이 주를 이루고 있다[19].

인간의 복잡한 체질을 해부학적 측면에서 살펴 볼 때, 위의 변수 이외

---

15) W. F. Bodmer and L. L. Cavalli-Sforza, Genetics, Evolution, and Man, San Francisco: W. H. Freeman and Company, 1976, P. 562.
16) ≪위의 책≫, Pp. 561~563.
17) F. B. Livingstone, On the Nonexistence of Human Race, In Concept of RaceA. Montagu(ed.), New York: Free Press, 1964, P. 49.
18) 1684년 프랑스학자 F. Bernier가 처음으로 인종의 개념을 소개하고 분류한 이후, Linnaeus와 Huxley에서 현대학자인 M. G. Garn에 이르기까지 분류방법이 다르다.
19) B. C. Campbell, Humankind Emerging, Boston: Little, Brown and Co., 1979, Pp. 439~440.

에도 수많은 신체의 부위들이 존재하는데 이들에 관해서 이렇다 할 뚜렷한 설명이 없는 것은 이해하기가 곤란하다. 그러면 한민족기원 연구에 인용된 몇 가지의 형태학적 변인을 검토하여 보고자 한다.

(1) 피부색

한민족의 기원연구에서 피부색이 인용된 것은[20] 주로 소련학자[21]들의 영향을 받은 것이라 추측된다. 이들이 주장하는 기본적 이론의 틀은 피부색에 바탕을 두고 지구상의 인종을 황인종(몽고인종 Mongoloid), 백인종(Caucasoid), 흑인종(Negroid)으로 나누고 이를 근간으로 하부인종을 구분하고 있다[22]. 물론 피부색의 지리적 분포현상은 인류학의 기초지식에 지나지 않지만 생김새에 따라 인종을 분류할 수는 없다는 점을 재삼 강조하기 위하여 다음과 같은 연구내용을 소개하려 한다.

흑인종으로 분류되는 검은 피부색의 집단은 대체로 지구상의 적도를 중심으로 하는 열대지방에 분포하고 있다. 그러나 열대지방에 위치하고 있는 모든 집단이 반드시 검은 피부색을 지니고 있지는 않다. 생화학적 연구에 의하면 검은 피부색의 형성은 피부의 표피층에 짙은 갈색의 색소(melanin)가 생겨나기 때문이라고 한다[23]. 이와 같은 피부의 색소는 같은 적도지방이라 할지라도 밀림지대 보다는 사바나로 형성된 아프리카에서 생활하는 집단들에게 강하게 나타나고 있다. 그러다 차츰 적도를 벗

---

20) 손보기, 1985, ≪앞의 논문≫.
21) M. G. Levin, ≪앞의 책≫, P. 301.
22) 손보기 ≪위의 논문≫.
 김정학, 1985, ≪앞의 논문≫, P. 2. 김교수의 논문은 형질인류학을 중심으로 하지 않고 있지만 한민족기원 연구의 기본방법론이 인종분류에서 출발하고 있다.
23) C. L. Brace, Nonracial Approach towards the Understanding of Human DiversityIn Concept of Race, A. Montagu(ed.), New York: The Free Press, 1984, Pp. 103~152.

어나면서 북쪽으로 올라갈수록 피부색은 점차로 밝아지는 현상이 나타난다.

현재 위와 같은 피부색의 지리적 분포는 유전학적 연관보다는 자연선택의 결과로 설명되는 것이 학계의 정설이다. 즉, 열대 사바나 지역에서 생활하는 집단들은 피부를 강한 태양열에 노출시키는 시간이 가장 많기 때문에 짙은 갈색의 색소가 표피에 형성될 확률이 높다는 것이다. 이와 더불어 적도 부근에는 피부암을 유발시키는 자외선이 태양에서 직접 방사되므로 이러한 환경에서 피부를 보호하려면 흑갈색의 피부색소가 밝은 색 보다는 더 적응력이 있다고 한다.

한편, 위도가 높은 북쪽지역에선 태양의 자외선이 미약하여 밝은 색소의 피부를 개발하지 않고는 체내에 필요한 자외선의 양을 충분히 흡수하지 못하게 되어 비타민 D의 형성을 막아 치명적인 질병을 앓게 된다[24].

자연환경에 따른 피부색의 분포는 아시아대륙에서도 비슷한 현상을 찾아 볼 수가 있다. 인구의 이동이 활발하게 전개되기 이전에는, 동남아시아의 적도 부근에도 흑갈색의 피부색소를 지닌 원주민들이 존재하였다. 물론 이들은 아프리카인들과는 유전학적으로 무관하다. 또한 아시아의 적도 북쪽 시베리아 바이칼호수 지역으로 가면 북유럽의 경우와 비슷한 현상이 나타난다. 이 지역에 살고 있는 퉁구스족은 타집단에 비해 더 밝은 피부색을 하고 있다[25].

위에서 설명한 피부색의 지리적 분포와 한민족의 기원에 관한 연구를 관련지어 다음과 같은 사실을 파악할 수 있다고 생각된다.

첫째, 인간의 형태학적 특징은 오랜 기간, 다양한 자연환경 속에서 생

---

24) W. F. Loomis, Skin-pigment Regulation of Vitamin-D Biosynthesis in Man, Science, 1967, (157), Pp. 501~506.
25) Roginskiy 1934을 인용한 M. G. Levin ≪앞의 책≫, P. 127.

활하면서 형성된 적응력의 결과라고 할 수 있다. 물론 여기에는 유전학적 개념이 완전히 배제될 수는 없다고 하겠지만, 지리적 이동과 유전인자의 교류가 다른 생물 보다 더 빈번한 인간집단을 기나긴 시간의 축과 다양한 환경 속에 놓고 볼 때에, 인간집단의 외형적 특징은 자연선택에 크게 영향을 받고 있음이 분명하다. 그러므로 한국인의 생김새가 고아시아족, 또는 바이칼호수 지역의 원주민과 비슷하다는 이유만으로 유전학적 가설을 내세워 민족의 뿌리를 찾는 것은 이치에 맞지 않는다. 유전인자의 역사적 연관성이 없어도 비슷한 체질은 진화의 요인으로 간주되고 있는 자연선택과 변이, 그리고 제3의 집단과의 품종교잡, 유전적 부동(genetic drift)등에 의해 생겨나기 때문이다[26].

다음으로 지적해 볼 수 있는 사실은 형태학적 변인 중에서 단일변인의 선택 문제이다. 그동안 피부색은 가장 식별하기가 쉽다는 이유 때문에 집단과 집단을 분류하는 보편적인 방법으로 채택되어 왔다. 만약, 피부색이라는 단일변인만을 가지고 집단을 분류한다면, 인도의 남부지방에 분포하는 원주민을 분명히 흑인종이라 할 수 있다. 그러나 그들의 얼굴 생김새는 완전히 백인종에 가깝기 때문에 대부분의 학자들은 인도 남부인들을 백인종으로 분류하고 있는 실정이다. 이와 같은 단일변인의 유사점은 물론 한민족과 고아시아족 사이에서도 찾아 볼 수 있을 것이다. 하지만 단일변인만을 가지고 있는 집단을 분류할 수 없다는 것을 알 수 있다.

끝으로, 피부색의 분포에서 얻을 수 있는 사실은 집단과 집단 사이의 지리적 한계선이 분명하지 않다는 것이다. 피부색은 적도에서 북으로 올라가는 거리에 비례하여 밝아지고 있기 때문에 명확한 선을 구획하기가

---

26) G.L. Stebbin,Processes of Organic Evolution, Prentice Hall: Englewood Cliffs, 1971, Pp. 5~11.

거의 불가능하다. 이를 한민족의 기원 연구와 관련지어 생각한다면, 시베리아 특유의 자연환경 속에서 발달된 고아시아족의 생김새는, 한반도를 향해 남쪽으로 내려오면서 상이한 자연환경 때문에 점차로 그 특색이 변화되었을 것이다. 따라서 고아시아족의 분포지를 설정하기가 어렵다. 물론 이러한 시나리오는 고아시아족들이 6~7천년전에 한반도를 향해 이주를 개시하였을 그 당시 북만주 지역과 한반도에 전혀 인간이 거주하지 않았다고 가정하더라도 체질의 변화가 이루어졌을 것이다. 그러나 고아시아족이 이주했다고 주장하는 시기에는 위의 두 지역에 이미 다른 집단들이 존재하고 있었다는 고고학적 증거가 나타나고 있다[27]. 그러므로 고아시아족이 남쪽으로 내려왔다고 할지라도 고아시아족적 유전인자집단은 상이한 자연환경의 적응은 물론, 타집단과의 빈번한 교류로 유전인자가 혼합되었기 때문에 남쪽으로 내려오면 올수록 그 특색을 찾아내기가 곤란하다.

(2) 두개골의 형태

한민족의 체질적 기원연구에서 가장 많이 인용되어온 변인은 두개골의 계측지수이다. 일본학자들의 자료를 바탕으로 연구한 나세진교수는 두개골의 계측항목 중에서도 두부의 전후경과 좌우경은 두형을 추측하는데 결정적인 단서라고 생각하였다[28]. 그는 한국인의 두장폭 지수를 다른 집단과 비교하여 한국인이 단두형에 속한다는 결론을 내렸다. 그 이유는 두부의 전후경 길이가 다른 민족보다 짧기 때문이라고 한다[29].

위의 연구에서는 첫째, 두개골이라는 변인의 선택에 문제가 많다고 하

---

27) 安志民, 略論三十年來我國的新石器時代考古, 考古5, 1979, Pp. 393~403.
28) 나세진, 1980, ≪앞의 논문≫, Pp. 68~69.
29) ≪위의 논문≫, P. 69.

겠다. 보고자는 인간의 외형적 생김새 중에서도 두부형질은 환경의 변천이나 이주에 영향을 받지 않는다고 주장하고 있지만, 두부는 오히려 신체의 다른 부위보다 더 쉽게 변화 한다는 사실이 판명되었다. 즉, 두형은 인간이 태어나서 2년 동안의 유아기에 형성되므로, 각 민족의 육아방식에 따라 결정된다. 이를 증명하는 가장 좋은 예는 오늘날의 많은 한국 어린이들의 머리형태가 단두형으로 특징 지워졌던 과거와는 대조적으로, 두부의 좌우폭이 앞뒤보다 훨씬 좁게 형성되어 있다. 이는 유전인자의 돌연한 변화에 의해서 나타난 현상이 아니라, 유아를 엎어서 잠을 재우는 새로운 문화에 기인하여 그렇다는 것은 누구나 다 알고 있는 사실이다.

　오늘날 두형의 연구는 형질인류학 보다는 오히려 문화인류학적 측면에서 다루어지므로 두형의 형성과정을 통하여 편두의 풍습, 육아방식 등의 문화를 알 수 있다. 만약에 한민족이 단두형이라는 사실을 받아들인다면, 이는 집단에 관한 유전학적 연구보다는 차라리 과거의 생활풍습 즉, 육아방식에서 아기를 눕혀놓는 방법, 눕혀놓는 시간의 길이, 작업 또는 외출시 아기를 돌보는 방식, 그리고 아기가 사용하는 침구 등, 기타제반 문화적 요소를 중요시해야 한다.

　다음으로 한민족의 형질적 특징을 두부의 형태로 설명할 수 없는 없는 이유는 계측방법의 문제이다. 두부의 형태가 인종의 분류에 채택된 것은 19세기 중엽 이후의 일이다. 스웨덴의 해부학자 A. Retzius는 두개골의 폭과 길이를 계측하여 이를 백분 비율로 계산하여 얻은 지수를 가지고 집단의 특색을 설명하고, 유럽인들을 장두(두부의 좌우 폭이 길이의 75% 보다 작음)와 두부(좌우폭이 길이의 80% 이상)로 분류하였다[30].

---

30) T. F. Gossett, Race, the History of an Idea in America, Dallas: S. M. U. Press, 1963, P. 76.

이러한 두부의 연구는 다시 프랑스 형질인류학자 P. Broca에 의하여 더욱 심화되어 그는 2천여 개의 두개골을 계측하여, 이를 60여개의 집단으로 분류하였다. Broca는 두개골의 형태적 분류작업을 위하여 "두개골 계측기"를 발명하였고, 이를 통해서 얻어진 계측지수와 두개골의 형태는 통계학적으로 상호관계가 있다고 믿었다[31].

인종분류를 위한 두개골의 계측치의 통계작업은 20세기 초반까지 크게 각광을 받았으나, 그 이후부터는 아래와 같은 점이 지적되기 시작하였다. 첫째, 계측기 자체가 표준 형태로 통일을 보지 못하였다는 점, 둘째, 조사자들의 계측 눈금을 읽는 방법이 각자 다르다는 것 등이다. 동일한 계측기를 사용하여 똑 같은 두개골을 두 사람이 측정하였는데 그 결과는 서로 상이하게 기록되었다[32].

위에서 설명한 문제점은 지금까지 발표된 한민족의 두개골 계측지수 도표에서도 그대로 나타나고 있다. 같은 지역을 조사한 소련학자와 일본학자[33]의 견해가 달랐고, 이런 현상은 다른 학자들 사이에서도 마찬가지였다. 그밖에 통계의 결과를 풀이하는 데에도 그 관점이 차이가 났다. 예를 들면, 일부학자들은 같은 한민족 중에서도 북부와 남부를 서로 다른 집단으로 분류하는 반면[34], 다른 연구자들은 그 차이를 크게 염두에 두지 않았다[35].

위와 같은 문제점들을 고려해 볼 때 두부형질은 집단을 유전학적으로

---

31) 《위의 책》, Pp. 75~76.
32) 《위의 책》, P. 76.
33) 표집대상이 서로 다르기 때문이겠지만 수치의 차이가 너무 많다고 본다. M.G Levin, 《앞의 책》, Pp. 291~295.
34) 《위의 논문》 및 Levin이 인용한 자료. Levin, 《앞의 책》, P. 294.
35) Levin은 그간의 자료를 종합적으로 검토하여 두 지역 사이의 차이는 어느 정도 찾아 볼수 있다고 기술하고 있으나, 그 차이는 집단분류의 근거가 될 만큼 현저하지 않다고 한다. M.C. Levin, 《위의 책》, P. 296.

분류하는데 있어 변인으로 채택될 수 없으며, 특히 한민족의 기원 문제를 논함에 있어서도 두부형질을 응용하여 "고아시아족"과 연결시키는 것은 바람직하지 못한 것 같다.

(3) 눈꺼풀의 형태

몽고인종(Mongoloid)의 형태학적 특징은 눈의 윗부분 속 쌍꺼풀(epicanthic fold)과 광대뼈, 낮은 코, 그리고 얼굴의 완만한 굴곡 및 체모가 많지 않은 점 등인데 이는 날씨가 추운 지방에서 오랫동안 적응해 온 결과로 형성되었다는 견해가 소개된 바가 있다[36]. 일부 연구에서는 이러한 가설을 그대로 수용하여 한민족의 속 쌍꺼풀도 그 기원이 시베리아의 바이칼 지역에서 형성된 것이라 말하고[37] 있지만 이 점 또한 문제점이 적지 않다.

한대지방에서 진화하였다고 지적된 몽고인종의 형태학적 특징은 다른 집단에서도 그 예를 찾아볼 수 있다. 현재 이들의 지리적 분포를 살펴보면 한대지역과 무관한 남아프리카의 Kung San족과 동남아시아인 그리고 미신대륙의 일부 아메리칸 인디안 까지도 여기에 포함된다.

만약, 추위로부터 눈을 보호하기 위하여 속 쌍꺼풀이 형성되었다고 하는 주장을[38] 받아 드린다면, 열대지방인 남아프리카와 동남아세아 경우는 설명하기가 곤란하다. 왜냐하면 인디언들은 그 기원이 동북아시아에 있으므로, 2만년이 지난 오늘날 까지도 속 쌍꺼풀이 퇴화되지 않았다고 하지만, 다른 두 지역은 시베리아 일대의 원주민들과 유전학적으로 직접

---

36) C. Coon, S. Garn and J. Birdsell, Races: A Study of the Problem of race in Man, Springfield: C.C Thomas 1950.
37) 손보기, 1985, ≪앞의 논문≫.
38) W.W Howells, ≪앞의 논문≫, P. 239.

관계가 없다는 것은 널리 알려진 사실이다. Kung San족은 Bushmen-Hottentot와 연결되어 넓게는 아프리카의 흑인종에 그 뿌리를 두고 있다. 반면에, 동남아시아인들은 동북아시아와는 달리 Malay-Indonesian계로 간주되고 있다.[39)]

물론 동남아시아 제반 민족들을 넓은 의미에서 시베리아의 원주민과 같은 몽고인종으로 취급할 수 있다고 하지만 동남아시아의 인간역사가 시베리아보다 더 오래 되었고, 아울러 인구의 분포도 조밀했다는 증거가 나타나고 있으므로, 유전인자 집단이 역으로, 북에서 남쪽을 향하여 흘러 와서 동남아집단 전체를 변화시켰다고 생각하기 어렵다. 더욱이, 현재 아시아에 위치한 여러 집단 중에서 속 쌍꺼풀의 빈도를 검토하여 본다면, 한국인 보다는 오히려 중국인이 더 높게 기록되고 있다는 사실도[40)] 눈여겨 볼 필요가 있다.

한대지방과 관련된 몽고인종의 형태학적 특징에 관한 또 다른 모순점은 북유럽 원주민, 그리고 홋카이도와 사할린의 아이누족이 앞의 가설과 맞지 않다는 점이다. 예를 들어 몽고인종의 특징으로 제시된 항목 중, 속 쌍꺼풀은 추위로부터 눈을 보호하고, 낮은 코는 외부의 찬 공기가 체내에 쉽게 스며들지 못하도록 하여 코감기를 막는데 도움이 된다고 가정하자. 그리고 그들 말대로 코와 턱수염을 비롯한 체모가 타 집단보다 적은 이유를 인체의 땀이 털에 엉기지 않게 하기 때문에 동상과 폐렴에 견디는 힘이 강해진다고 한다면[41)], 날씨가 추운 동북유럽 지방에서 생활해 온 원주민들은 왜, 몽고인종과 같은 신체적 조건을 지니지 못한 채, 그 반대의 현상을 하고 있는지 의문이 생긴다. 북부독일을 위시한 동북유럽지

---

39) S. Garn을 위시한 20세기 중반의 학자들은 모두 이와 같은 분류법을 택하고 있다.
40) G.M. Levin, ≪앞의 책≫, Pp.301~302.
41) W.W. Howells, ≪앞의 책≫, P.239.

역은 인간의 역사가 시베리아 보다 더 오래 되었고, 특히 말기구석기 동안에는, 빙하기의 영향을 많이 받아 툰드라와 산림지대가 주를 이루었다는 사실이 밝혀지고 있다.

홋카이도와 사할린에 분포한 아이누족의 경우도 이와 마찬가지이다. 이들도 말기구석기시대 이후로 추운 지방에 적응해 왔지만[42], 몽고인종의 특색과는 다르게 체모가 많다.

Howells와 Coon은 앞에서 열거한 몽고인종의 형태학적 특색이 다른 집단에 비해 시간적으로 가장 늦게 발달되었고, 그 진화과정도 명확하다고 주장하고[43] 있지만, 일부에서는 이에 대하여 다음과 같은 회의를 품고 있다. 즉, 몽고인종은 말기구석기에 접어들면서 지구상에 가장 넓게 분포하고 있으며, 생태계 면에서도 다른 집단에 비해 훨씬 다양한 지역을 점령해왔기 때문에 이들의 진화과정은 더욱 설명하기가 모호하다는 것이다[44]. 특히 한대지역에서 발생하였다는 몽고인종의 형태학적 특징을 장기간에 걸쳐 연구한 학자에 의하면 속 쌍꺼풀, 코의 형태, 체모 등은 한대지역의 자연선택과 전혀 무관하다는 견해가 제시되고 있다[45].

끝으로, 한민족의 시베리아 기원설을 주장하는 학자들[46]이 잘못 생각하고 있는 점은 Howells 등이 설명하고 있는 몽고인종의 기원문제이다.

---

42) C.M. Aikens and T. Higuchi Prehistory of Japan, New York: Academic Press, 1982, Pp. 59~63.
43) ≪앞의 책≫, P. 239.
44) J.B. Birdsell, Human Evolution, Chicago: Rand Mcnally and Co., 1972, P. 501.
45) A.T. Steegman, Cold Adaptation and Human FaceAmerican Journal of Physcial Anthropology32, 1970, Pp. 243~250.
　A.T. Ateegman, Human Adaptation to ColdInPhyscial Anthropology. A. Diamond (ed.). New York: Oxford University Press, 1975, Pp. 130~166.
46) 손보기, 1985, ≪앞의 논문≫. 손교수는 몽고인종의 시베리아 기원설에 관한 참고문헌을 제시하지 않았으나, 논문의 내용을 보아서 Howells의 연구를 인용한 것이 분명하다.

이들이 몽고인종의 형태학적 특징에 관한 한대지방 기원설을 1950년대에 처음 내어 놓았을 당시에는 고고학적 자료가 아주 빈약하였고, 이와 아울러 절대연대측정법이 발달되지 않았기 때문에 시베리아의 인간역사가 실제보다 매우 오래된 것으로 오인되었다. 그러나 인간은 말기구석기 동안에 북쪽지방으로 이동을 시작하였다는 사실이 밝혀지고 있다. 이 기간 동안 동북시베리아에 존재한 인구는 극히 소수에 지나지 않기 때문에[47], 한대지방에 적합하다는 몽고인종의 형질적 특색이 단기간 내에 아시아의 넓은 지역에 퍼지기에는 그 규모가 너무나 작은 육종집단이 아닌가 생각된다.

지금까지 한민족의 기원연구에 인용된 형태학적 변인의 문제점을 살펴보았다. 이처럼 단순한 신체의 몇 가지 변인을 가지고 한민족을 동북시베리아 집단과 역사적으로 연결시키거나, 또는 분리시키는 생각은 재고되어야 한다.

물론 인간의 외형적인 생김새 중에서 자연환경에 크게 영향을 받지 않는 부위도 있다. 형질인류학자들의 연구에 의하면 치아의 구조는 대체로 유전인자에 의해서 결정된다고 한다. 예를 들면, 동북아시아에 기원을 둔 아메리카 인디언은 2만년이 지난 오늘날에도 위쪽 앞니의 안쪽 부분의 가장자리가 두드러져 삽 모양을 하고 윗턱 첫 번째 작은 어금니(P1)의 뿌리 수가 하나, 첫번째 큰 어금니(M1)의 뿌리 수는 세개인 것은 동북아시아 인들과 동일하다[48]. 그러나 이러한 외형적 특징은 한민족과 고아시아족은 물론, 동북아시아 집단 절반에 걸쳐서 나타나고 있는 현상이기 때문에 여기서 더 이상 말하지 않겠다.

---

47) 최정필, America Indan의 기원, 력사학보125, 1990, Pp. 137~172.
 이선복, 동북아시아 후기구석기와 신대륙으로 인간 이주에 관한 소고, 한국고고학보16, 1984, Pp. 43~70.

외형적 생김새를 바탕으로 하는 집단 분류의 모순점은 앞에서 논의한 몇 가지 제한된 변인의 선택에서만 나타나는 것은 아니다. 집단분류에 응용할 수 있다고 간주되는 모든 변인들을 종합하여 분석한 최근의 연구에 의하면 민족 간의 체질적 분류 자체가 별 의미가 없다는 결론을 내리고 있다.

보편적으로 거론되어온 형태학적 변인만으로 집단을 분류하는 방법에 회의를 느껴온 Harvard대학의 저명한 유전학자 Lewontin은 최근 방대한 연구진을 조직하여 지금까지 수용되어온 인종과 하부인종의 개념을 보다 구체적으로 검증해 보았다. 이들은 우선 7가지 지역인종(Caucasoid, Black Africans, Mongoloid, South Asian Aborigines, Amerinds, Oceanians, Australian Aborigines)을 설정하고 이 지역을 종족적 개념에서 다시 188개의 소집단으로 분류하였다[49]. 그리고 분류된 대, 소집단을 대상으로 17가지의 형태학적 변인을 선정하였다. 또한, 각 집단과 집단 사이의 유전학적 차이가 무엇인가를 알기 위하여 컴퓨터를 사용하여 다변량 통계분석을 시도해 보았다. 놀랍게도, 통례적으로 분류되어온 7가지 지역인종(geographical race)간의 차이점은 단지 6.3%만이 존재하고 있는 반면, 같은 지역인종에 소속된 하부인종들 사이에는 8.3%의 차이가 나타나고 있었다. 이는 즉, 지역인종으로 분류되어온 몽고인종과 타인

---

[48] C.G. Turner, Telltale Teeth , Natural History96, 1987, Pp.6~7.
Turner교수에 의하면, 동북아시아인과 아메리카 인디언들은 위턱 앞니의 안쪽 면이 부 삽형태를 이루고, 첫 번째 작은 어금니(P1)의 뿌리는 한 개, 두 번째 큰 어금니(M2)는 두개, 그리고 아래턱 첫 번째 어금니(M1)의 뿌리는 세 개, 두 번째 큰 어금니(M2)는 한 개라고 한다. 이와 같은 형태의 높은 빈도는 다른 종족에서는 찾아볼 수 없다. 같은 몽 고인종으로 분류되지만 동남아인과 에스키모인들은 어금니의 뿌리 수가 동북아인에 비 하여 하나 많거나 적거나 한다.

[49] R.C. Lewontin, The Apportionment of Human DiversityInEvolutionary Biology 6th. Dobuzansky (ed.) New York: Plenum, 1972, Pp.381~398.

종과의 차이점은 6.3%이며, 나머지 94%는 같은 몽고인종 내에서 서로 달리 표출되고 있다는 말이다. 그밖에, 몽고인종의 하부인종으로 분류된 한국, 중국, 일본, 부리야트, 아이누 등, 22개의 소집단 사이의 차이점은 8.3% 뿐이므로, 92%라는 차이가 각 소집단[50], 즉 한민족 내에서 존재한다는 사실이다. 그러므로 형태학적 변인의 차이점은 민족과 민족은 물론, 같은 민족 속에서도 지방과 지방, 마을과 마을, 그리고 가족과 가족, 더 나아가서는 각 개인들 각자 사이에도 존재하므로 집단의 한계선을 분류하기가 어렵다는 결론이다.

인간을 제외한 생물들은 자연선택을 중심으로 하는 진화의 요인에 따라 종이 개발되고, 이는 다시 아종과 변종으로 변화되어 가는데, 그 과정을 생물학적으로 분류할 수도 있다. 그러나 인간의 경우는 이와 다르게 자연환경에 적응을 거의 문화에 의존하여 왔고, 아울러 집단과 집단 간의 이동이 다른 생물보다는 빈번하였기 때문에 민족단위로 체질을 분류하여 뿌리를 찾는다는 것은 그 기준이 모호하다. 물론 그렇다고 하여 한국인을 서양인 또는 아프리카인들과 서로 혼동하지는 않겠지만, 각 민족의 체질적 분류작업은 그리 쉬운 일이 아니라고 본다.

유전자 분석을 바탕으로 하는 집단과 집단의 연관성에 관한 명제는 현생인류의 기원연구에서 보다 폭넓게 전개되었다. 관계학자들은 네안데르탈인들이 현생인류와 진화의 고리가 연결되지 않고 절멸되었다는 사실에 착안하여 현생인류의 기원을 연구하기 시작했다. 분자생물학자들은 지리적 분포에 착안하여 현생인류를 아프리카지역의 Negroid, 유럽지역의 Caucasoid, 아시아지역의 Mongoloid, 오스트랄리어의 Australoid, 미 신대륙의 Ameriindian, 등, 7집단으로 크게 나누고 각 집단의 유전자

---

50) 《위의 논문》.

상관관계를 유전자분석을 바탕으로 조사를 하였다. 우선 각 집단에서 약 170-200명의 여성을 조사표집대상으로 선택하고 여성의 난자를 통해서만 유전되는 미토콘드리아(Mitochondria) 유전자를 분석해 보았다. 그 결과 인류가 이주해온 고고학적 편년의 순서에 따라 각 집단사이의 근사치가 나타났고 한다. 바꾸어 말하면 오스트랄리어 집단과 아메리칸 인디언 집단은 아시아 집단과 미토콘드리아 구조가 가장 비슷하다. 그리고 아프리카 집단과는 가장 거리가 먼 것으로 나타났다. 이러한 연구를 바탕으로 기원에 기원을 추적하여 현생인류는 지금으로부터 약 150,00년 전에 아프리카의 한 여성에서 기원하였다는 여성 "이브(Eve)의 설"을 제기하여 관심을 모았다. 그러나 이러한 분자생물학적 접근 또한 한민족의 기원을 규명하는 데에는 문제가 많다. 표집대상도 문제가 있지만 우리나라의 경우, 남부지역과 북부지역은 항시 이웃 타 집단과 유전자의 교류가 이었기 때문이다.

3. 한민족의 기원과 종족명칭 문제

한민족의 기원에 관한 인류학적 연구에서 가장 많이 거론된 "종족"명칭은 고아시아족과 퉁구스족이다[51]. 그러나 지금까지 국내에서 발표된 관계논저를 살펴보면, 이들 두 "종족"의 개념이 무엇을 의미하는지 명확하지 않다. 예를 든다면, 고아시아족을 고시베리아족과 같은 의미로 그 명칭을 번갈아서 사용하고 있는 반면에, 퉁구스족의 경우에는 하부인종

---

51) 고아시아족설은 김정배, 김정학교수의 견해를 수용하였고, 퉁구스족설은 일본 학자들의 영향도 있겠지만, 손진태교수의 주장을 따른 것이라 생각된다. 손진태, 한민족사 槪論, 태학사, 1981, Pp. 305~406.

단위와 언어단위 중에서 어느 것을 말하는지 설명이 없다. 그러므로 여기에서는 고아시아족과 퉁구스족의 개념을 국내학자들이 인용해 온 두 소련학자의 저서를[52] 바탕으로 검토해 보겠다.

1) 古아시아족

고아시아족(Paleo-Asian)이란 용어가 언제부터 소련학계에 소개되기 시작했는지는 정확히 알 수 없으나, Levin은 길약족의 기원과 관계된 논의에서, 1883년에 소련학자 Shrenk가 언어학에 기초하여 처음으로 캄챠달(Kamchadal), 길약(Gilyaks), 축치(Chukchis), 코략(Koryaks) 등을 고아시아족으로 분류하였다고 기술하고 있다[53]. 그러나 Levin 자신은 동북아시아의 제반종족을 분류함에 있어서, 고아시아족을 하나의 "하부인종단위"로 인정하는 인상을 주고 있으나[54], 이에 관한 뚜렷한 정의를 내리지 않고 그 용어를 수없이 사용하고 있다. 다만 그의 저서를 통해서 느낀 소견은, 레빈은 고아시아족을 퉁구스족 언어를 사용하는 집단이 이주하기 이전에 동북아시아에[55] 존재하던 종족으로 보고 있는 것 같다. 그리고 이들은 후에 이주해 온 퉁구스집단과 상당수가 혼합되었으나, 그 일부는 아직도 유카길, 캄챠달, 축치 등, 많은 민족 속에 남아 있다는 사실을 추정해 낼 수 있을 뿐이다.

그러면, Levin의 저서에 인용된 제반학자들의 아시아인종에 관한 분류의 연구과정을 검토하여 본다면, 고아시아족이라는 명칭이 하부인종

---
52) G.M. Levin, 《앞의 책》.
　　S.M. Shirokogoroff, 《앞의 책》.
53) G.M. Levin, 《앞의 책》, P. 109.
54) 《위의 책》, Pp. 192~212.
55) Levin은 지리적 분포에 관한 구체적인 언급이 없다.

단위로서 합리성을 지니고 있는지 알 수 있을 것이다. 여기에서 먼저 밝혀 둘 사실은 인종을 분류한다는 자체는 문제가 있다고 하겠지만 종족명칭에 관한 과거의 연구과정을 소개하는 것은 고아시아족의 모순점을 이해하는 데에 도움이 되리라고 생각한다.

동북아시아의 종족연구에서 인류학적 개념을 바탕으로 처음 하부인종의 분류를 시도한 학자는 Deniker(1900년)라 할 수 있다. 그는 동북아시아의 인종을 Ainu, Eskimo, Ugrian, Mongolian으로 크게 나누었다. 나아가서, 몽고종(Mongolian)을 지역적 개념에서 남방과 북방으로 분류하여, 한국족, 만주족, 브리야트족, 등을 북방몽고족에 포함시키고 구체적인 하부인종명을 열거하였다[56]. 그러나 19세기 말엽에 Shrenk가 언급한 고아시아족은 이 계보에서 찾아 볼 수가 없는 것이 특징이다. 이와 같은 사실은 10년 뒤에 발표된 Ivanosky의 동북아시아 종족분류에서도 마찬가지로 계속되어[57] 고아시아족 명칭이 보이지 않는다. 더욱 궁금한 것은 20세기 초에 소련학자들에게 가장 영향을 많이 주었다고 간주되는 이태리 인류학자 Giuffrida-Ruggeri(1917년)가 인종문제를 구체적으로 분류한 계보에도 고아시아족의 명칭은 "하부인종단위"로서 언급되지 않고 있다. 그는 고아시아족의 명칭을 사용하지 않았지만, Paleo-Arctic 또는 아시아의 Paleo-Arctic을 하부인종단위로 설정하고, 후에 Montandon이 고아시아족이라고 분류하였던 유카길, 캄챠달, 코략 등을 여기에 포함시키고 있다[58].

Levin이 소개한 자료를 검토하면, 고아시아족 명칭을 하나의 하부인종단위로 일시적이나마 처음 설정한 학자는 Montandon이다[59]. Montan-

---

56) 《위의 책》, Pp. 22~23.
57) 《위의 책》, P. 23.
58) 《위의 책》, Pp. 24~25.

don은 고아시아족을 에스키모집단, 아이누집단, 몽고집단으로 크게 분류하고, 에스키모집단에는 아시아의 에스키모와 축치, 아이누집단에는 아이누족과 캄챠달, 코랴, 축치족의 일부를, 그리고 몽고집단에는 길약과 아르트족을 위시하여 앞에서 언급한 캄챠달, 코랴, 축치, 유카길의 일부도 포함시키고 있다[60]. 그런데, Montandon의 고아시아족 개념에 관하여 크게 혼란을 가져오는 것은, 그가 1933년에 수정발표한 동북아시아와 관련된 인종분류의 계보이다[61]. 다음 도표에서 보는 것처럼 고아시아족이라는 명칭을 찾아볼 수 없는 대신에 고시베리아족(Paleo-Siberian)이 하부인종단위로 나타나는 것이 특이하다.

  Levin이 인용한 Montandon의 논저를 직접 확인하지는 못하였기 때문에 확실한 전모를 알 수 없으나, 아마도 Montandon은 그가 과거에 설정하였던 고아시아족의 개념을 버리고, 이를 수정하여 고시베리아족이라는 용어로 사용한 인상을 준다. 그러나 양자 간의 관계는 Levin의 저서에서 명확하게 나타나지 않고 있다. 다만, 단편적으로 알 수 있는 사실은 Montandon이 1926년에 언급한 고아시아족 중에서도 동부지역의 고시베리아족과 길약을 포함하는 북몽고종의 일부와 겹치고 있다는 사실이다. 그러므로 고아시아족과 고시베리아족은 동일한 개념으로 사용되지 않았으며, 아울러 같은 계보상의 하부인종에서 모와 자의 관계도 아니라는 사실을 알 수 있다. 즉, 고시베리아족이라는 새로운 개념으로 분류 자체를 수정하였다고 생각된다. 그 이유는 고아시아족을 다시 언어단위로 편입시킨 반면에, 하부인종단위로서는 고시베리아족 명칭을 채택하였

---

59) ≪위의 책≫, P. 26. Montandon은 두개골을 연구하여 분류를 시도하였다고 한다. 그러나 Levin은 Montandon의 연구에 관해서 표집대상수가 너무 적기 때문에 조사의 정확성에 어느 정도 회의를 표시하고 있다.
60) ≪위의 책≫, P. 26.
61) ≪위의 책≫, Pp. 27~28.

다고 볼 수 있겠다.

　Montandon이 설정한 고시베리아족의 개념을 살펴보면, 그 형성과정은 적어도 말기구석기시대까지 거슬러 올라간다는 추측이다. 고시베리아족은 말기구석기 동안에 유럽으로부터 시베리아에 이주해온 유럽인종(Europoid)이 몽고인종과의 혼혈에서 생겨난 하부인종을 지칭하고 있다[62].

　위에서 설명한 것처럼 Montandon은 후에 발표한 논저에서 고시베리아족의 개념은 정리하였으나, 고아시아족에 관해서는 언급이 없다. 이와 같은 고시베리아족의 개념은 Biasutti의 동북아시아 인종분포도에도 반영되어서 고아시아족은 보이지 않는다.

　앞에서 열거한 사실을 종합하여 본다면 19세기 말엽 언어학에 기초하여 분류된 고아시아족의 개념은 Montandon에 의하여 잠깐 동안 하부인종단위로 채택되었다. 그러나 뒤에 고시베리아족의 개념이 새롭게 대두되어서 하부인종단위와 언어단위가 일치하지 않았기 때문에, 고아시아족은 형질인류학적으로 종족의 의미가 없어졌다는 사실을 감지할 수 있다. 그러면 왜, 고아시아족이 한민족의 형성사에서 하나의 하부인종단위로 부각되었을까? 그간 발표된 관계논저들을 세밀히 검토하여 본다면, 국내학자들이 고아시아족이란 용어를 채택하게 된 결정적 이유는 Shirokogoroff의 영향이라고 할 수 있다. 그가 1928년에 발표한 "북방퉁구스의 사회조직"에 의하면, 퉁구스족이 기원전 3천년 경, 동북으로 이동하기 이전에, 고아시아족은 산동반도, 한국, 만주 그리고 동북시베리아 전반에 걸쳐서 거주하였다고 한다. 이들은 후에 퉁구스족의 이동으로 차츰 밀려나거나 동화되었지만, 축치, 캄챠카를 위시한 태평양연안

---

62) ≪위의 책≫, P. 27.

과 한반도에는 퉁구스의 영향을 받지 않고 서력기원 이후까지 생존해 온 것으로 기술하고 있다[63].

문화인류학자이자 형질인류학에도 탁월한 식견을 가진 Shirokogoroff 는 민족의 형질적 분류는 구체적으로 시도하지 않았으나[64], Shrenk가 창안한 고아시아족 명칭을 사용하면서 언어학적 계보에서 현재의 길약, 캄챠달, 축치족을 이에 포함시키고 있다[65]. 신석기시대에 고아시아족이 한반도와 만주, 그리고 동북시베리아에 분포하였다고 주장하는 Shirokogoroff는 이를 입증하기 위하여 뚜렷한 논리의 전개 없이 비엔나학파로서 대표적 전파주의자인 Schmidt의 논문과 간략한 고고학적 자료를 인용하고 있을 뿐이다. 이와 같은 사실을 볼 때에 Shirokogoroff가 말하는 고아시아족의 지리적 분포는 언어학에 기초하여 상상에 지나지 않는다고 하겠다. 그러므로 한민족의 기원을 고아시아족에서 찾으려는 문제점은 제쳐놓더라도 하부인종단위를 지칭하는 용어 자체도 합당치 못하다. 더구나 참고문헌을 세밀히 분석하지도 않고 "언어단위"인 고아시아족을 "인종단위"인 고시베리아족과 동일한 개념으로 이해하고 있는 사실은 반드시 수정되어야 한다[66].

북방민족과 연관을 지어 역사적 측면에서 분류계보의 시각에서 종족명을 구태여 고집한다면 그간 연구가 보다 체계적으로 진행되어온 Howells[67] 또는 Eickstedt(1943년)[68]가 설정한 "고대몽고인종"계보에서

---

63) S. M. Shirokogoroff, ≪앞의 책≫, Pp. 142~147.
64) Levin의 앞 책에서는 Shirokogoroff의 단편적인 형질인류학적 연구를 소개하고 있으나, 구체적인 사실은 알 수 없다.
65) S. M. Shirokogoroff, ≪앞의 책≫, P. 2.
66) 김정학, 1985, ≪앞의 논문≫, Pp. 5~41.
   김원용, 한국고고학개론, 일지사, 1986, P. 24.
67) W. W Howells, ≪앞의 논문≫, Pp. 236~241.
68) G. M. Levin, ≪앞의 책≫, Pp. 29~30.

한국종이라고 하는 편이 차라리 타당하다고 본다. 적어도 이들이 사용하고 있는 명칭은 언어단위가 아니고 하부인종단위이며, 아울러 학계에 널리 소개되었고 설득력도 있기 때문이다.

인종을 세부적으로 분류하여 계보를 설정하고 명칭을 붙이는 것은 경우에 따라서는 자의적으로 될 수도 있고, 그것 또한 많은 문제점을 내포하고 있기 때문에 쉬운 일도 아닐 것이다. 따라서 넓은 의미에서 몽고인종, 그리고 좁게는 "한국종"이면 충분하다고 보며, 그 이상의 종족명이 필요하지 않다고 생각된다.

2) 퉁구스족

한민족의 기원을 퉁구스족과 연관시킨다면 학문의 논리상 퉁구스족의 개념은 물론, 형성과정에 관해서도 명확한 설명이 따라야만 제시된 가설은 설득력을 지닐 수 있다고 하겠다. 그러나 한민족의 기원과 관련된 종래의 연구는 이에 관한 검토가 없이 대체로 비엔나학파들의 설을 그대로 수용하고 있기 때문에[69], 민족기원설에 집착하여 전파주의적 입장에서 이를 설명하고 있다.

관계연구에서 비엔나학파에게 가장 많은 영향을 많이 미쳤다고 생각되는 Shirokogoroff의 퉁구스에 관한 종족적 개념은 문화의 속성을 감안할 때에 너무나 단순한 논리라고 생각된다. Shirokogoroff에 의하면 퉁구스족을 상징하는 문화의 요소를 지니고 있는 모든 집단을 퉁구스족 이라고 정의하고 있다. 나아가서 그는 퉁구스족을 북방과 남방으로 크게 분류하여, 전자는 주로 트란스 바이칼을 중심으로 예니세이, 레나, 흑룡

---

69) 손진태, ≪앞의 책≫, Pp. 305~306. 그리고 제반학자들의 민족이동설이 여기에 해당된다.

강 일대에 분포하고 있으며, 후자는 만주지역에 집중되어 있다고 한다. 특히 南퉁구스족은 경우에 따라서 북방과 상이한 문화의 양상을 나타내고 있으나, 이는 한족, 고아시아족, 몽고족의 문화가 후에 첨가 되었기 때문이며, 언어학상으로 볼 때는 그 기원이 북방과 동일한 종족이라고 역설하고 있다[70].

이와 같은 Shirokogoroff의 정의는 언어학과 문화인류학에 기초하여 종족의 개념을 해설하려는 의미가 내포되어 있다. 그러나 그가 기본적으로 생각하는 이론적 틀은 인류학의 총체적 접근을 시도하여 종족의 형질적 기원도 설명하고 있는 것이다. 때문에 그는 비슷한 언어, 또는 문화를 소유하고 있는 집단들은 역사적으로 거슬러 올라가면 체질적으로 동일한 종족이라고 생각한다[71]. Shirokogoroff의 이러한 전파주의적 해설은 그 이후에 많은 비판을 받게 되었다. 고대동북아시아의 종족형성에서 언어와 문화가 비슷하더라도 체질적으로 그 기원이 서로 다르다는 사실이 밝혀지고 있으므로[72], 체질적인 개념에서의 퉁구스족은 그가 생각하는 것처럼 동북아시아의 대부분을 차지하는 방대한 인종집단이 아니라 하겠다.

비엔나학파들이 퉁구스족을 동북아시아의 대단위 하부인종집단으로 규정하게 된 것은 물론 언어학에 기초하였지만 다음과 같은 세 가지의 상상적인 가설도 크게 작용하였음을 Shirokogoroff의 저서에서 찾아볼 수가 있다. 즉,

(1) 퉁구스족의 기원은 양자강과 황하강 사이의 광활한 중원지역이다. 이 지역에 거주하던 퉁구스족들은 양자강 남쪽으로부터 물결쳐 온 중국

---

70) S.M. Shirokogoroff, ≪앞의 책≫, Pp. 1~2, 51~52, 54.
71) ≪위의 책≫, Pp. 140~146.
72) G.M. Levin, ≪앞의 책≫, P. 167~168, 184.

민족의 압력에 의하여 밀려나 인구밀도와 문화수준이 비교적 낮은 동북시베리아와 만주지역으로 이동하였다.

(2) 퉁구스족이 이주하기 이전에 동북아시아 전반에 걸쳐서 거주하던 고아시아족은 A.D. 1세기경에는 거의 소멸되었거나 퉁구스족으로 동화되었다. (한반도는 제외됨).

(3) 퉁구스족은 단일 기원지에서 발생하여 전파되었음으로 문화의 유형을 쉽게 식별할 수 있다[73].

그러나 Shirokogoroff의 가설을 검토한 Levin은 퉁구스의 중국기원과 전파설을 다음과 같은 이유를 들어 부정하고 있다. 즉,

(1) 황하유역에서는 일찍부터 앙소문화를 위시한 발달된 신석기문화가 계속되어 왔기 때문에 위에서 서술한 민족의 이동을 찾아 볼 수 없다.

(2) 중국기원설을 주장하는 퉁구스족의 의상양식과 가슴에 달고 있는 장신구는 중국의 문화와 무관하고, 퉁구스족 특유의 경제생활과 자연환경에 편리하게 발달된 것이다.

(3) 퉁구스족은 원래 중국의 황하유역과 같은 온난한 지역에 살다가 추운 동북시베리아지방으로 이주해왔기 때문에, 새로운 자연환경에 적응하는 수단으로 설안경(snow-goggle)을 발명했다는 설은 타당치 못하다. 설안경은 이주해 온 퉁구스족 뿐만 아니라, 추운지방에 오랫동안 생활해 온 에스키모와 아메리칸 인디언에게도 찾아볼 수 있다[74].

(4) 퉁구스족의 언어는 중국어와 다른 반면에, 몽고어 및 터키어와 같은 계열을 하고 있다[75].

위와 같은 Levin의 반박은 상당한 타당성을 지니고 있다고 생각된다.

---

73) S.M. Shirokogoroff, 《앞의 책》, Pp. 140~146.
74) G.M. Levin, 《앞의 책》, Pp. 164~174.
75) 《위의 책》, P. 177.

황하유역을 비롯한 중원지역에서는 구석기시대 이후로 계속 문화의 연속성이 드러나고 있다. 裴李江문화를 선두로 하여 仰韶문화, 大汶口, 그리고 龍山문화에 이어지면서 신석기문화가 꽃을 피우게 되고 이를 바탕으로 하여 복합사회와 초기국가사회가 형성되었다는 사실은 췌언을 필요치 않다고 하겠다. 아울러, 문화의 요소가 서로 비슷하다고 하여서 양자를 동일한 문화로 취급하여 그 기원을 단일지역에서만 찾으려는 생각은 문화의 속성을 염두에 두지 않고 있는 것이다. 문화는 적응력이 있기 때문에 서로 다른 지역에서 비슷한 형태가 발달하기 마련이다[76].

통구스족의 형성과정을 밝히는 일은 한민족의 기원연구와도 연결되어 있다. 중국기원설을 처음으로 비판한 학자는 Okladnikov이다. 그는 바이칼지역의 신석기시대 유물들을 현존하는 Evenk족과 비교하여 에벵크족의 생활양식이 신석기에 직접 연결된다는 점을 들어, 통구스족의 기원을 바이칼지역으로 비정하였다[77].

한편, Levin은 새로운 고고학적 자료를 바탕으로 하여, 통구스의 바이칼 기원설도 인정하지 않고 있다. 그의 조사에 의하면 신석기시대의 바이칼지역 문화와 흑룡강유역의 문화는 서로 다른 양상으로 나타난다고 한다. 즉, 흑룡강문화는 남으로 연결되어 중국, 만주 그리고 한국과 일치하고 있다는 것이다[78].

Levin은 통구스족의 기원에 관해서 시원스럽게 결론을 내리지 못하였으나, 다음과 같은 견해는 통구스족의 개념을 이해하는데 많은 도움이

---

76) J. Steward, Cultural Causality and Law: A Trial Formulation of Development of Early Civilization, American Anthropoloist51, 1949, Pp. 1~27.
77) A. P. Okladnikov, Ancient Population of Siberia and Culture. New York: A. M. S Press, 1959, Pp. 31~32. Okladnikov는 이 지역의 신석기문화와 Tungus-Yukagil 의 민족지와도 비교하여 같은 결론을 내리고 있다.
78) Levin, 《앞의 책》, P. 176.

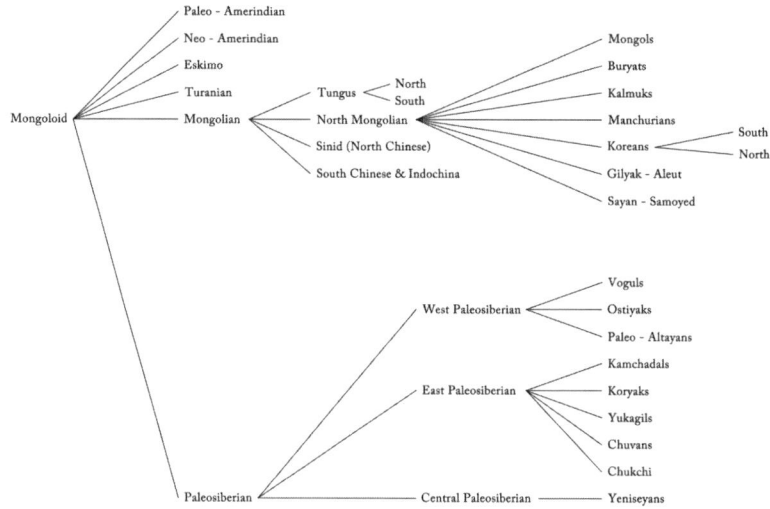

Levin이 인용한 Montandon의 아시아 인종분류에 관한 내용을 바탕으로 작성한 것임. Montandon의 원문을 직접 보지 않았기 때문에 정확하지 않을 수도 있음.

된다고 본다. 즉 그는 고대 유카길족[79]이 위치하였던 지역의 남쪽으로부터 새로운 민족이 이동하여 와서 유카길과 혼합되어 생겨난 집단을 퉁구스족이라고 정의하고 있다[80]. 그의 논의에서 확실히 알 수 있는 사실은 남쪽으로부터 이주해 온 민족 자체를 형질적인 퉁구스족으로 간주할 수 없다는 점이다. 그리고 이들 남방민족과의 혼합은 유카길족 이외에도, 여러 지역에서 이루어졌기 때문에, 퉁구스가 하나의 하부인종단위 또는 퉁구스족이 동북아시아 넓은 지역에 자리를 잡은 시기는 비교적 늦은 서력기원 이후로 추정하고 있는 것이다. 아울러, 퉁구스족의 형성과정이

---

79) Levin은 고대유카길족의 위치를 명확히 언급하지 않았으나, Okladnikov에 의하면 현재의 예니세이강을 중심으로 방대한 지역을 점령하였다고 한다.
Okladnikov, ≪앞의 책≫, Pp. 31~32.
80) Levin, ≪앞의 책≫, P. 171.

복잡하므로 단일 지역 기원설로서 설명하기가 어렵다는 사실이다.

  Levin의 논의에서 한 가지 모호한 것은 그가 지칭하는 "남쪽"은 정확히 어느 지역을 말하는 표시가 없다. 물론, Levin은 자신도 여기에 관해서는 확고한 자료가 없기 때문에 언급을 피하고 있으나, 퉁구스어가 몽고어 그리고 터키어와 연관되어 있다고 강조하는 사실을[81] 보아, 그 기원을 위의 두 언어가 분포한 일부지역으로 비정하고 싶은 의도가 아닌가 생각된다.

  위의 사실을 종합하여 본다면 퉁구스족의 기원과 연관된 민족의 이동은 무문토기와 청동기문화가 시작되었다는 B.C. 10-15세기경, 한민족의 형성에는 직접적인 영향을 주었다는 확실한 증거가 없다고 하겠다. 만약, 퉁구스의 잔재가 있다면, 이는 후에 만주지역에서 형성된 남방퉁구스 집단과의 교류에 의한 것이라 추측된다. 다음으로 지적할 사실은 한민족의 조상을 퉁구스족이라고 이름 하는 것은 "하부인종단위"의 개념은 물론, "언어단위"로서도 적합하지 못하다. 언어학자들에 의하면 한국어가 퉁구스어에서 분화되었다는 주장보다는, 두 언어가 알타이어를 공통祖語로 하여 독립단위로 분리되었다는 설이 지배적이다[82].

---

81) ≪위의 책≫, P. 177. 1991년 3월 11일 서울대학에서 발표를 가진 이르쿠츠크대학의 메드베제프교수는 퉁구스의 기원지를 중앙아시아(몽고일대) 지역으로 보고 있다.

82) R. A. Miller, Genetic Relationship of the Altaic Languages, Chicago: University of Chicago Press, 1971.
송기중, 한민족의 선사와 한국어의 선사, 한국상고사학보 6, 1991, Pp. 83~120. 현재 일부학계에서는 "알타이어단위"자체가 성립될 수 없다는 견해가 제기되고 있다.

4. 고고학과 한민족의 기원

고고학은 인간이 남긴 유물과 유적을 바탕으로 과거사회의 인간행위와 관념체계 즉, 문화를 연구하는 학문이다. 고고학은 학문적 목표를 달성하기 위하여 기술적인 문제의 해결은 경우에 따라서 자연과학의 도움을 받기도 하지만, 사회과학으로서의 이론적 배경은 대부분을 문화인류학에 의존하고 있는 형편이다[83]. 대표적인 이론적 배경의 예는 문화진화론, 문화전파론, 력사적 특수론, 구조기능론, 체계이론과 문화생태론, 등을 들 수 있겠다. 이밖에도, 민족지와 민족사로부터 도출된 사실들을 가설로 세워 검증하고 있으므로, 고고학의 검증을 위한 많은 가설들은 문화인류학에서 얻어진다고 볼 수 있겠다.

위의 이론들은 문화를 보는 관점이 서로 다르기 때문에 문화의 현상을 설명하는 방향도 상이한 양상을 띄고 있다. 그런데, 한민족의 기원연구에서는 문화전파론과 민족지의 가설에 준거한 민족지고고학(ethnographic analogy)을 주로 그 이론적 바탕으로 하고 있다.

일명 비엔나학파라고도 불리 우는 문화전파주의(論)는 20세기 초반 영국과 독일, 그리고 오스트리아를 중심으로 형성되어 인류문화의 전개과정을 전파론에 입각하여 설명해 왔다. 이학파의 선봉자인 E. Smith와 W. Schmidt에 의하면 새로운 문화와 관련된 인간의 성향은 창조적이지 못하기 때문에 항상 중심지역인 일정한 곳에서만 문화가 발명되어 타 지역으로 전파된다는 것이다[84]. 아울러 전파주의자들은 복합전체로서의 문화와 이를 구성하고 있는 문화요소의 개념을 분석하지 않고 있다. 이들

---

83) 미국을 중심으로 형성된 고고학의 성격을 말함.
84) M. Harris, The Rise of Anthropological Theory, New York: Thomas Y. Crowell Co., 1971, Pp. 380~384.

은 가장 작은 문화단위라고 할 수 있는 토기의 파편까지도 문화전체로 혼돈하고 있다. 따라서 토기의 형식 일부분이 비슷하게 나타나도 그 이유를 인간의 이동으로 설명하는 경우가 지배적이다. 이는 문화의 특수성과 보편성은 물론, 일반적인 문화의 속성을[85] 생각하지 못한데서 비롯되었다고 본다.

타 지역에서 수행된 민족지의 연구결과를 유추하여 고고학적 가설을 세우고, 이를 검증하는 방법은 미국의 "신고고학파(New Archaeology)"들에 의하여 적극적으로 수용되어 왔다. 신고고학파들은 피츠버그대학의 유명한 철학자, C. Hempel의 실증주의로 부터 크게 영향을 받아 문화인류학이나 역사학에서 얻어진 가설을 유추할 경우에는 이를 반드시 과학적으로 검증하여야 고고학이 하나의 과학으로 성립 될 수 있다고 주장한다[86]. 이들은 귀납적 방법을 배경으로 하는 문화사의 단순한 서술보다는, 미리 가설을 세우고 이를 검증하는 과정에서 연역적 방법으로 논리를 전개하고 "왜", 그리고 "어떻게"라는 질문의 답을 법칙으로 설명하는 것이 특징이다. 그러므로 민족지의 예를 고고학에 응용할 때는 과학적 검증이 따라야 하고, 나아가서 법칙정립이 필요하다고 생각된다.

민족지 또는 민족사를 단편적으로 인용한 한민족의 기원연구에서는[87] 과학적 검증을 거치지 않고 관계유물들을 가설에 억지로 꿰어 맞추는 형식을 취하고 있다. 그리고 문화의 변천법칙을 단순히 전파주의로 설명하고 있기 때문에 민족기원 연구의 고고학적 접근에 다소 문제점이 있다고 보여 진다.

---

85) 전경수, 《앞의 논문》. 특히 문화의 분석틀에 관하여 좋은 견해를 제시하고 있다.
86) C.R. Willey and J.A. Sabloff, A History of American Archaeology. San Francisco: W.H. Freeman and Company, 1980, Pp. 195~196.
87) 김정학, 1985, 《앞의 논문》.

1) 신석기시대와 고아시아족 설

고아시아족 설을 주장하는 학자들은 우선 두 가지 가설을 세우고 이를 근거로 하여 제반논리를 전개하고 있다. 첫째는 한반도에 신석기문화를 남긴 종족은 고아시아족이라는 것과, 다음으로는 이들이 시베리아의 바이칼호수 부근에서 이주해 왔다는 견해이다[88].

고아시아족이 신석기 동안에 한반도에 거주하였다는 가설은 언어학과 단편적인 민족지 및 민족사를 인용하여 작성한 것으로 보여 지는 Shirokogoroff의 "고아시아족 가상분포도"[89]에서 얻어진 것이라 생각된다. 그러므로 이 가상분포도를 받아드린다면, 자연히 다음과 같은 모호한 논리를 가지고 고고학에 접근하게 될 것이다. 즉, 동북아시아의 신석기문화에서는, 동일한 언어단위에 속하는 종족이 남긴 유물은 서로 비슷하고 따라서, 비슷한 유물이 출토되는 지역은 같은 종족이 분포했다는 것이다.

위와 같은 가설을 검증하는 목적에서 고아시아족 설을 주장하는 학자들은 한반도의 신석기시대 토기와 석기문화가 고아시아족이 남긴 시베리아의 신석기 전통을 그대로 이어 받았다고 다음과 같이 기술하고 있다. "시베리아의 신석기시대의 기하문토기는 전기의 첨저와 평저로 나눌 수 있다. 한반도의 전파 루트는 두 갈래가 있어서 한 갈래는… 바이칼지역의 첨저기하문토기가…… 한반도의 서부와 남부에 전파되었고, 한 갈래는 평저기하문토기문화가 동시베리아로부터 한반도의 동북부(함경도)에 전파된 루트이다. 시베리아의 신석기 토기의 문양에는 즐치문(comb-mark), 사선문, 어골문, 첨자문, 첨자예인문(stab-and-drag-pat-

---

88) 《위의 논문》.
89) Shirokogoroff, 《앞의 책》, P. 467.

tern), 연속호문, 망문(net-mark)……모두가 한반도에서 많이 볼 수 있다."[90]

　김정학교수는 한반도에서 발견되는 제반 토기의 문양에 대한 명칭을 그대로 시베리아 토기에 대입시켜서 양자를 동일한 것으로 설명하고 있다. 물론 다양한 생태계를 바탕으로 지역화 된 시베리아의 신석기문화 전체를 샅샅이 뒤져 본다면 한반도와 비슷한 개념의 문양도 이따금 발견되는 것도 사실이다. 그러나 여기에서 가장 중요한 현실은 동일한 용어로 불리 우는 두 지역의 토기문양을 기법과 양식 면에서 비교한다면 많은 차이가 있음을 알게 된다. 필자는 시베리아 고고학에 문외한이지만 사선문, 어골문, 격자문 등등의 우리 토기문양을 시베리아 신석기와 비교하여 상이점을 지적한 적이 있다[91]. 물론 이와 같은 주장이 입증되려면 보다 다양한 자료를 바탕으로 통계학의 힘을 빌려 구체적인 문양기법의 비교 연구가 시행되어야겠지만, 시베리아 신석기의 관계 자료를 어느 정도 접한 사람이라면 누구나 필자와 같은 생각을 하고 있으리라 추측된다[92].

　현재 바이칼지역에서 출토된 최고의 토기는 8,000B.P.로 기록되고 있으나 층위에 대해 다소 논란이 제기되고 있다. 반면에 7,000B.P. 이상 된 토기가 새롭게 평가된 Kitoi文化의 여러 유적지에서 출현하는 것으로 보아[93], 과거에 Belkachi 유적지에서 검출된 토기의 연대[94] 보다 훨씬 올라가는 것은 사실이다. 토기의 편년기적 측면에서 본다면 시베리아 토기

---

90) 김정학, 1985, 《앞의 논문》.
91) C.P. Choe, The Subsistence Patterns of Chulmun Period, Pittsburgh: University of Pittsburgh, 1985.
92) 이르쿠츠쿠대학의 Medbedev교수도 두 지역의 연관성을 부정하고 있다. 1991년 3월 20일 동아일보 12면.
93) Medbedev교수의 1991년 3월 12일 국립박물관에서 개최된 복사물 참조.
94) C.S. Chard, Prehistory of Northeast Asia, Medison: Univeristy of Wisconisn Press, 1974, P.65.

와 한반도는 비슷한 양상을 나타내고 있기 때문에 시베리아 토기가 후자의 원형이라는 발상을 할 수도 있다. 그러나 시베리아 초기신석기 토기 문양의 기법은 섬유질 같은 천으로 눌러서 시문을 하는 방법이 대부분을 차지하고[95], 다음으로는 섬유질로 만든 끈을 판자나 막대기에 감아서 토기 표면을 누르거나 두들겨서 문양을 만들었다[96]. 후기에 와서는 나무판자에 문양의 모형을 새겨서 토기 표면에 찍거나 첨기로 문양을 직접 시문하였다.

위와 같은 문양기법은 한반도의 초기토기에서 거의 찾아볼 수가 없다. 초기 한반도의 토기는 민패토기, 아가리무늬토기, 덧무늬토기, 손톱무늬토기로 형성되었다는 것은 널리 알려진 사실이다.

구체적인 문양의 형태와 시문방법을 논의하는 것은 현재로서는 필자의 능력을 벗어나는 일이지만, 일부의 연구에서 지적된 바와 같이[97] 두 지역 토기의 역사적 동질성 문제는 다시 검토되어야 함이 마땅하다고 본다. 토기의 문양을 편년적 측면에서 비교하고 다음으로는 동일한 용어로 취급되는 문양의 형태와 그 기법을 반드시 세심하게 살펴보아야 한다. 앞에서 언급한 바와 같이 동일한 개념의 문양이라 할지라도 시문하는 기법은 현저하게 다르기 마련이다.

토기의 속성(attribute)은 단지 외형과 문양에만 나타나는 것이 아니다. 이들 이외에도 성형법, 태토의 성분, 표면처리, 소성온도, 빛깔, 기벽의 두께, 크기 등은 두 지역의 토기제작에 대한 기술과 토기의 기능을 결정해 주는 관계로 고고학의 입문생이라면 누구나 간과할 수 없는 문제이

---

95) ≪위의 책≫, P.65.
96) Okladnikov, ≪앞의 책≫, Pp. 11~12.
97) 이선복, 신석기·청동기시대 주민교체설에 대한 비판적 검토, 한국상고사논총1, 1991, Pp. 41~66.

다. 필자가 수집한 자료에 의하면 두 지역의 토기는 성형법, 태토의 성분 그리고 빛깔 등에서도 많은 차이를 보이고 있다. 예를 들면, 바이칼지역에서 가장 많이 출토되는 섬유질의 천으로 시문된 토기의 성형법은 그 과정이 한반도와는 판이하다고 생각된다. 테쌓기 또는 감아올리기 방법 대신 토기 모양의 구덩이를 땅속에 파고, 구덩이의 표면의 따라 섬유질의 천을 덮은 다음에 흙을 골고루 발라서 토기를 제작한다[98]. 이와 같은 "구덩이 성형법은 현재도 동남아시아의 Andaman섬 원주민들에 의하여 실시되고 있다. 토기의 형태에 따라서 미리 바구니를 제작하여, 바구니 속에 흙을 바르는 기법도 다른 지역의 민족지에 보고되고 있는 사실을 감한한다면 제반 민족에 따라서 여러 가지 토기 성형법이 존재했음을 알 수 있다.

다음으로, 김교수가 지적한 석기공작 문제는 한반도의 신석기시대 석제도구 자체가 체계적으로 연구되지 않은 마당에서, 두 지역의 문화를 비교하여 유사점을 강조한다는 것은 시기상조의 일이다. 김교수는 시베리아의 신석기문화가 후기구석기의 전통을 이어받아 세석기와 Skleblos형 양면찍개 문화를 한반도에 전수하였다고 주장하고 있으나 구체적으로 무엇을 의미하는지 알 수 없다.

후기구석기의 동북아시아형 세석기는 중국의 峙욕문화를 필두로 하여 만주, 내몽고, 티벳, 한국, 일본 및 태평양 연안의 시베리아 전역에서 발견된다고 한다[99]. 위의 분포에서는 지역간의 특색이 있겠지만 왜, 한반도 신석기시대의 세석기공작 전통이 하필이면 시베리아 문화를 이어받았는지, 그리고 구체적으로 어떠한 형태의 세석기를 말하는 것인지 알

---

98) H. N. Michael, The Neolithic Age in Eastern Siberia, Philadelphia: The American Philosophical Society, 1958, P. 40.
99) 이선복, 동북아시아 구석기 연구, 서울대학교 출판부, 11989, P. 99.

수 없다.

　Skleblos형 찍개문화도 비슷한 문제점을 지니고 있다. 원래 Skleblos 찍개문화가 발생한 지역은 몽고 또는 북중국으로 추정되고 있으며[100], 후에 예니세이강 유역의 Afontova와 앙가라강 하류의 Malta유적지에서 특색을 이루고 있다. 이들 Malta-Afontova 문화에서는 동부지역에서 유행한 버드나무 잎 모양의 창날문화 대신에 평편한 강돌의 양 측면을 톱니 모양으로 비스듬히 타제하여 찍개 또는 도끼의 기능으로 사용하였다[101]. 그러나 문제는 우리나라의 신석기문화에서 시베리아형 Skleblos석기가 발견되었다는 보고를 필자로서는 아직 접하지 못하였다.

　고아시아족설을 주장하는 학자들에 의하면 한반도의 신석기인 들이 바이칼호수 부근에서 이주해 왔다는 논리는 두 가지 고고학적 전제조건 하에서 전개되고 있다. 첫째는 지금까지 논의한 두 지역의 토기와 석기를 동일한 전통으로 보고 있으며, 다음으로는 한반도의 후기구석기와 신석기사이의 문화적 공백을 인정하는 논리이다. 문화적 공백이란 뜻은 신석기와 후기구석기를 이어주는 문화층의 존재를 부정하고 나아가 빗살무늬토기가 유입되기 이전에 다른 유형의 토기문화가 한반도에 존재했다는 사실을 부정하는 것이라 하겠다. 그러나 앞에서 지적한 바처럼, 두 지역간의 유물문제는 앞으로 많은 연구가 요청되어야 하기 때문에 더 이상 바이칼 기원설을 뒷받침할 수 없다고 생각된다. 그러므로 여기에서는 후기구석기와 빗살무늬토기 이전의 다른 토기문화의 존재여부가 논의의 대상이라 하겠다.

　그간 유럽의 전통고고학에서 논의된 중석기 또는 조기신석기 존재의 가능성은 석장리와 두만강 하류의 유적지를 중심으로 여러 차례 제기되

---

100) C.S. Chard, ≪앞의 책≫, P.18.
101) B.M. Fagan, The Great Journey, London: Thames and Hudson Ltd, 1987, P.90.

어 왔다[102]. 특히 오산리와 문암리 고리고 고산리 하층에서 검출된 절대연대[103]가 후기구석기와의 시간적 간격을 많이 좁혀 놓음으로써 신석기의 상한연대문제에 대한 과거의 인식은 점차로 바뀌게 되었다. 그리고 최근에 와서는 신석기와 이어지는 선토기문화층과 세석기가 상노대도, 욕지도, 거창 임불리, 홍천 하화계리, 제주도 고산리 등지에서 속속히 발견되고 있는 사실로 보아서 조기신석문화의 면모가 서서히 드러나고 있다. 현재 조기신석기 유적지의 수가 보다 많이 발견되지 않은 이유는 제4기의 마지막 빙기 이후에 한반도에 전개된 최난온기와 관련된 유적지의 유실 때문이라고 추정된다.

후기구석기가 종식되고 조기신석기에 접어들면서 점차로 해수면의 상승을 가져오고 새로운 하천과 호수가 형성되기 시작하였다는 사실은 지질학적으로도 입증되고 있다. 지금까지의 연구에 의하면 조기신석기인들은 해수면의 상승으로 인하여 풍요한 수산자원이 형성되자 그들의 취락지를 내륙지방으로부터 해안이나 강안으로 옮겼다는 해석이 세계의 여러 유적지에서 보고되고 있다. 현재 한반도 내에서도 조기신석기와 초기신석기로 간주되는 유적지가 강안이나 해안에서 집단적으로 발견되고 있는 것은 바로 신석기인들이 강안이나 해안으로 취락지를 옮겼다는 사실을 입증하는 것이다. 그러므로 조기신석기 유적지는 후빙기의 최난온기를 맞아 상승하는 해수면과 새로운 하천의 형성으로 인하여 물속으로 잠겼거나 파괴되었을 가능성이 많다고 본다. 특히 서해안 간만의 차와 얕은 해심을 생각한다면 수많은 유적지가 자연환경의 변천으로

---

102) 최복규, 중석기 문화, 한국사론12, 국사편찬위원회, 1986, Pp. 415~478.
103) 임효재·권학수, 오산리 유적, 서울대학교 박물관, 1984, P. 63., 1988, P. 57.
  제 6차 조사에서는 주거지 1기가 노출되었고 바닥층의 탄소연대는 논란이 많지만 12,000±50B.P.로 기록되었다.

유실되었을 것이다.

지금까지 실시된 신석기유적지의 발굴경향 또한, 조기유적지를 찾아 내는데 저해가 되었다고 본다. 그간의 발굴과정을 본다면 경제적 시간 적 압박 때문에 많은 예가 신석기문화층(토층문화층)에서 발굴을 종료 하였고 선토기문화층은 세밀하게 확인할 여유가 없었다. 따라서 바닷물 이나 강물에 침식되지 않은 조기신석기유적지는 앞으로도 계속 발견되 리라 생각된다.

다음으로, 빗살무늬토기 이전의 토층문화층의 존재는 동해안과 동남 해안의 수많은 유적지에서 발견된 민패토기, 덧무늬토기, 손톱무늬토기, 아가리무늬토기 등의 출현으로 확고하게 증명되고 있기 때문에 더 이상 설명을 하지 않겠다.

2) 청동기시대와 주민교체 설

주민교체설에 따르면, 농경과 청동문화를 배경으로한 新來族이 B.C. 10세기경 북방으로부터 이주하여 어로행위를 중심으로 경제생활을 하 던 원주민을 흡수하거나 몰아내고 청동기시대를 개시하였다고 한다. 이 와 같은 주장을 합리화시키기 위하여 제시한 고고학적 자료를 요약하면 대체로 다음과 같다[104].

1. 새로운 토기로서 무문토기가 출현한다.
2. 경제양상이 어로행위에서 농업으로 전환된다.
3. 유적의 위치가 강안이나 해안에서 구릉지대로 옮겨진다.
4. 타제석기에서 마제석기로 변화한다.

---
104) 김정학, 1985, ≪앞의 논문≫.
　　 김정배, ≪앞의 책≫, Pp. 55~65.

5. 청동유물이 출현한다.

주민교체설을 주장하는 학자들의 가장 큰 문제점은 무문토기 또는 청동기시대는 민족의 이동으로 전개되었기 때문에 청동문화와 관련된 제반문화적 요소가 동시에 출현했다고 생각하는 것이다. 물론, 앞에서 열거한 문화 또는 문화의 요소들이 갑작스럽게 한꺼번에 변화한다면, 대부분의 고고학자들은 이를 민족의 이동으로 해설할 수도 있다고 하겠다. 그러나 지금까지 발굴된 관계유물들을 검토해 본다면 주민교체설에 제시된 문화의 현상은 모두가 동시에 출현하였다 기 보다는 시대를 서로 달리하고 있다는 사실이 밝혀지고 있다[105]. 구체적인 유적지와 유물의 지리적 분포 및 형태의 변화에 관한 설명은 다음 기회로 미루더라도 문화의 구성요소들을 살펴본다면 농경과 청동주조, 또는 무문토기의 시작과 청동주조 등은 시간적으로 일치한다고 보기에는 어렵다[106].

주민교체설을 주장하는 학자들이 결정적인 단서라고 설명하고 있는 경제양상의 변천과정은 오히려 대단위의 민족이동설을 부정하는 좋은 예가 된다고 하겠다. 필자의 조사에 의하면[107] 한반도의 농경은 민족교체설과는 무관하며 적어도 중기빗살무늬토기시대에 시작되어서 오랜

---

105) 현재 무문토기의 이른 연대는 다음과 같다. 일산군 송포면 B.C. 2400, 김포 가현리 B.B. 2100, 상촌리 B.C. 1500, 동삼동 B.C. 1500, 흔암리 B.C. 1200. 이들 중 가현리 유 적지에서는 무문토기가 직접 출토되지 않았지만 무문토기와 관계된 석재 도구들이 발견 되었다.

106) 신암리 2층문화에서 청동유물과 무문토기가 함께 발견되어 이를 于家村유적과 교차연 대에서 B.C. 1000경으로 추측하고 있다. 김원용, ≪앞의 책≫, P. 60. 그러나 이들 청동유물은 한반도에서 직접 주조되었다는 증거가 전혀 없다. 특히 윤무병교수는 무문토기문화를 가리켜 단순히 청동기시대로 간주하는 것은 곤란하다고 설명하고 있다. 윤교수는 우리나라의 청동기문화를 무문토기가 처음 출현하는 시기보다 훨씬 늦은 B.C. 5세기 이후로 보고 있다.
윤무병, 한국청동기문화연구, 예경산업사, 1988, Pp. 113~115, 275.

107) 최정필, Origins of Agriculture in Korea, Korea Journal 30 No. 11, 1990, Pp. 4~14.

세월을 두고 점진적으로 발달하였다고 본다.

원시농경의 기원과 관련하여 지탑리에서 출토된 곡물의 낟알에 대해서 다소 논란이 제기되고 있지만, 현대고고학은 대체로 다음과 같은 자료가 나타나면 이를 농경의 증거로서 채택하고 있다. 예를 들면, 유적지 일대에서 야생으로 분포하지 않는 곡물이 출토되거나, 출토된 곡물이 형태학적으로 야생종과 다를 경우, 전기문화층에서 볼 수 없었던 식물이 다른 음식물의 양에 비하여 갑자기 많이 나오거나, 농경에 관계된 도구가 출토될 대를 말한다. 현재 빗살무늬土器시대 농경의 흔적을 말해주는 유물로는 지탑리 2지구와 남경유적 31호 집자리에서[108] 출토된 조와 수수의 낟알, 오산리의 돌낫, 궁산리의 뿔괭이, 굴봉, 골제낫, 그리고 지탑리 2지구의 돌낫, 돌괭이, 돌보습, 돌삽 등을 들 수 있다. 아울러 최근에는 동삼동과 비봉리 등, 중기신석기 유적층에서 탄화된 조가출토되었다. 그리고 김포군 가현리와 일산읍 송포면[109] 선사유적지에서 볍씨가 다량으로 발견되었고 절대연대가 모두 B.C. 2100년 이상으로 올라가고 있다. 위의 농경에 관계된 유물들을 문화층위에 따라서 분류한다면, 초기에는 뿔괭이와 골제굴봉만이 출토되었고, 다음 층에서는 돌낫, 돌보습, 돌괭이, 그리고 마지막 단계에서는 벼농사와 연관된 유물들의 순서로 나타나고 있다. 이와 같은 사실은 한반도 의 농경문화가 외부로부터에서 이민을 온 집단에 의해서 "혁명적"으로 전개되었다는 사실을 부정하는 것이다. 이는 필자가 이미 지적한 것처럼[110], 변천하는 자연환경과 내부적 제반요인들이 상호작용하는 과정에서 한반도의 중서부 인들이 생존

---

108) 서국태, 조선의 신석기시대, 사회과학출판사, 1986, P. 31.
109) 충북대학교 및 서울대학교 발굴보도자료, 1991년 6월 26일, 조선일보, 12면.
110) 최정필, 1990, ≪앞의 논문≫.
　　　최정필, 농경의 기원에 관한 제문제, 한국상고사, 한국상고사학회, 민음사: 1989, Pp. 332~345.

을 위해 농경문화를 서서히 채택했다고 생각된다.

민족의 이동에 의해서 전파된 농경문화는 전파의 속도가 짧은 시간 내에 이루어지고, 문화를 구성하는 복합요소들이 대체로 한꺼번에 출현하는 것이 보통이다. 현재 이민 집단에 의해서 농경의 전파과정을 가장 잘 설명해주는 예가 유럽지역이다. 멀리 중동지역에서 발생한 농경문화는 Anatolia 또는 지중해를 거쳐서 적어도 B.C. 7000년 경에는 유럽의 가장 동남지역인 그리스에 도달하게 되고, 이것이 다시 B.C. 5000~5500년경에는 동남유럽의 북부지역에서 Starcevo 농경문화를 형성하게 된다. 이 Starcevo 문화가 Linear 토기문화로 변화되어 서부유럽의 전지역으로 전파되는 데에는 불과 400년이라는 시간밖에 소요되지 않았다[111]. 이러한 전파의 속도를 한반도와 비교해 볼 때 너무나 대조적이다.

또한 서부유럽지역에서는 농경문화를 형성하는 요소들이 같은 시기에 갑자기 출현하는 것이 특징이다. 즉, 농경문화는 점차적으로 발달되지 않고 농경, 토기, 마제석기, 토제인형 및 인장등과 정착생활이 같은 시기에 유입되어 초기 농경과정에서 이미 성숙한 농경마을을 형성하고 있다[112]. 그러나 한반도의 경우에는 이와는 반대로 농경문화의 복합요소를 형성하는 토기, 마제석기(갈돌), 정착생활, 농경도구(굴봉, 괭이, 낫, 보습, 반월형석도), 재배된 곡물(조, 수수, 벼) 등이 시간적으로 서로 차이를 두고 제한된 지역에서 출현하고 있다.

그러므로 농경문화는 주민교체설을 주장하는 학자들의 견해와는 달리, 중기신석기시대에는 중서부의 일부 주민들에 의해서 채택되었다고 본다. 이는 집단과 집단의 교류를 통하여 점차적으로 확산, 발달하였으

---

111) S. Milisauska, European Prehistory, New York: Academic Press, 1978, Pp. 44~46.
112) A. J. Ammerman and L. L. Cavallli-Sforza, Measuring the Rate of Spread of Early Farming in Europe, Man16, 1972, Pp. 674~688.

며, 다시 대륙과의 문화접변 현상으로 인하여 새로운 요소들이 첨가되었다고 추측된다. 그리고 민족이 교체되었다는 B.C. 1000년경에는 경제생활을 비롯한 문화양상에 큰 변화를 찾아 볼 수 없다고 하겠다.

새로운 토기형태의 출현을 주민교체설과 관련지우는 견해 또는 재검토를 요하고 있다. 압록강유역의 심발형토기가 송화강지역과 비슷하다고 지적하고 있지만 이를 근거로 주민교체설을 내세우는 것은 무리가 있다고 본다. 심발형토기는 무문토기의 일형식에 불과하며 이외에도 여러 가지 형태의 토기들이 지역군에 따라서 발달하였다는 사실이 드러나고 있다[113]. 근자에 발굴된 경남 임불리와 미사리를 비롯한 경기지역 신석기유적지에서는 태토, 빛깔, 기벽의 두께 등이 빗살무늬토기와 동일한 무문토기가 출현되었다. 이는 기존의 토기 문화를 바탕으로 하여 일부 지역에서는 토기의 형식만 바꾼 것이라고 추측된다.

무문토기의 첫 출현과정은 농경문화는 물론, 청동문화와도 직접 관계가 없다고 생각된다. 현재 검출된 무문토기의 연대는 B.C. 2000년-B.C. 1500년 되는 유적지가 보고되고 있기[114] 때문에 청동유물의 주조연대와는 시간적으로 너무나 차이가 많다. 더하여, 지역군에 따라서 토기의 연대와 양식이 상이하다는 사실, 또한 주민교체설에 상치되고 있다.

5. 맺음말

형질인류학과 고고학은 진화론을 바탕으로 성립된 학문이다. Huxley

---

113) 윤무병, ≪앞의 책≫, Pp.309~329.
114) L.L. Sample, Dong Sam Dong: A Contribution to Korean Neolithic Cultural History, Arctic Anthropology 11, 1974, Pp.1~125.

가 지적한 바처럼 진화의 개념은 보다 유익한 생존을 위하여 생명체의 모양이 새롭게 탈바꿈되는 것을 말한다[115]. 이와 같은 진화론을 입증하는 의도에서 많은 학자들은 인간의 기원을 연구하고 그 진화계보를 설정하여 왔다. 그러나 여기에서 뜻하는 진화계보는 인종 또는 하부인종단위를 구체적으로 분류하여 역사적 연관성을 규명하는 것이 아니라, 지구 상의 인간 전체를 하나의 유전집단으로 취급하여 시공적 차원에서 단계 과정을 설명하는데 그치는 것이다.

생명체는 진화할수록 복잡한 신체적 기능이 형성된다[116]. 더하여 고등 영장류동물인 인간의 경우는 거의 문화에 의존하여 자연환경에 적응해 왔고, 또한 집단과 집단 간의 교류가 다른 생물보다 더 빈번하였기 때문에 매우 복잡한 형태학적 양상을 나타내고 있다. 그러므로 우리는 형질인류학적 측면에서 한민족의 체질을 다른 민족과 분류하여 하나의 독립된 하부인종단위로 설정할 수 없다고 본다. 이와 아울러 지리적으로 원거리에 위치하고 있는 타민족과 외형적 생김새가 서로 비슷하다고 하여 유전학적 연관성을 주장하는 생각은 바람직하지 못하다고 하겠다. 인종을 분류하고 민족의 혈연적 뿌리를 찾는 연구보다는 지금까지 한민족의 문화권 안에서 역사를 전개해 온 구성원들에 관한 체질의 변화과정과, 현재 한국인들의 체질적 다양성을 설명하는 것이 현대형질인류학의 명제라고 생각된다.

위와 같은 제안은 민족기원을 문화적 측면에서 연구함에도 마찬가지이다. 전파론에 입각하여 문화의 기원문제에 집착하게 된다면 결국은 단일기원론(monogenesis)이라는 모순에 빠져서 문화의 특수성과 보편성

---

115) G. G. Simpson, Tempo and Mode in Evolution, New York: Columbia University Press, 1946, P. 253.
116) ≪위의 책≫.

에 관한 개념을 상실하게 될 것이다.

　문화는 적응력이 있기 때문에 존속한다. 그러나 문화는 정체된 상태가 아니고 항시 살아서 움직이며, 새로운 환경에 적응하기 위하여 변화한다. 문화의 변화요인은 크게 내부적인 갈등과 외부적인 영향으로 나누어 볼 수 있다. 내부적인 갈등은 집단 구성원들의 필요에 의해서 스스로 새로운 문화를 창조하는 것을 말한다. 반면에 외부적인 영향은 타문화와의 접촉과정에서 단순한 문화적 접변으로 이루어지기도 하고, 경우에 따라서는 민족이 이동하여 문화 전체를 옮겨 놓을 수도 있다. 그러므로 앞에서 설명한 발명, 모방(전파) 그리고 민족의 이동에 의해서 변천된 문화는 그 양상이 각각 다르게 나타나는 것이다. 발명과 모방의 경우는 대체로 문화를 구성하고 있는 일부의 요소가 새롭게 첨가되어 서서히 다른 요소들에 영향을 미치게 된다. 그러나 민족의 이동에 의해서 변천된 지역에는 문화의 일부요소 뿐만 아니라 복합전체로서의 문화가 한꺼번에 변화될 것이다. 이와 같은 문화의 속성은 종래에 제기된 고아시아족 이동설과 청동기시대의 주민교체설을 부정하고 있다고 볼 수 있다.

　문화의 접촉이 없어도 유사한 토기의 형태는 서로 다른 지역에서 발달되기 마련이다. 예를 들면, 한반도의 덧무늬토기는 유럽신석기의 Starcevo와, 그리고 빗살무늬토기는 북미 동북부 Maine지역의 Herring-bone 토기와 매우 비슷하다고 본다. 특히, 일본의 승문토기가 남미 에콰도르해변에서 출토되는 선사토기와 유사하다는 점을 지적하여, 고대일본인들이 태평양을 항해하여 토기문화를 신대륙에 전파하였다는 일부 학자들의 주장은 오늘날 세계고고학계에서는 일소에 부치고 있는 실정이다.

　한반도의 빗살무늬토기 기원문제는 여기에서 논의할 성질이 아니지만 일부에서 제시한 발해연안설 또는 한반도 자체발생설을 앞으로 염두에 둘 필요가 있다고 생각한다.

끝으로 한민족의 형성시기에 관한 문제는 민족의 개념을 정의하는 학문의 시각에 따라서 서로 다를 수도 있다. 최근 일부의 연구에서는 언어, 지역, 문화 및 자의식공동체로서 독자적인 단일국가의 출발을 민족형성 시기로 규정하고[117] 있으나, 인류학적인 측면에서 볼 때 이에 다소 문제점이 있다고 본다. 국가사회와의 관계가 없어도 같은 언어, 지역, 문화를 지닌 자의식공동체는 수렵-채집 경제사회에서 얼마든지 찾아 볼 수가 있다. 수렵-채집 경제사회는 다만 문화진화론적 견지에서 Band라는 사회조직의 복합도(complexity)[118]가 국가(state)와 차이가 있을 뿐이지, 자의식공동체로서는 동일하다고 생각된다. 따라서 이러한 문제도 한반도에 인간의 역사가 언제부터 시작하였는가를 먼저 살펴본 다음, 문화적 연속성을 검토하여 변천과정을 설명하는 것이 더 타당하다고 하겠다.

---

117) 노태돈, 한국민족형성과정에 대한 이론적 고찰, 한국고대사논총 1, 1991, Pp. 9~40.
118) 국가사회와 무리사회의 기본적인 차이점은 사회계층화에 있다. 무리사회는 계층화되지 않은 반면에 같은 언어, 지역, 문화 속에서 뚜렷한 자의식 공동체를 형성하고 있다.

| 후기 |

　이 글은 1991년 한국상고사학보 8집에 발표된 것을 수정 보완하였다. 발표이후 우리민족의 이원적 교체설과 연계된 자료가 많이 발굴되었다. 그러나 필자의 논지를 반증하는 자료는 없다고 생각한다.
　민족의 체질적 기원연구는 자연과학분야에서 진행되고 있다. 예를 들면, 2009년 7월에 국제과학학술지 "네이쳐"에 발표된 서정선교수의 논문에 의하면 현재 진행 중인 유전자지도의 연구는 아프리카인과 유럽인, 남방계 아시아인 그리고 북방계 아시아인으로 나누어져 있다. 그런대, 연구의 방법론에 따라서 결과가 상이하게 나타났으며, 한국인의 DNA는 북방계와 남방계의 혼합형으로 추정된다는 것이다. 연구는 두 가지 방법을 채택하였다. 첫째는 세포핵의 개인별 유전자변이(SNP)를 분석하였는데(2009년 7월 네이쳐 학술지) 그 결과 60-70%가 남방계였다. 이들의 주장에 의하면, 아프리카에서 출발한 현생인류의 조상은 인도 북부를 거쳐서 동남아시아에 정착했고 그 중에 동북쪽으로 이동한 한 갈래의 집단이 만주를 거쳐서 한반도에 정착하였다는 것이다. 즉, 한국인의 기원은 "남방계"란 설이다. 반면에 또 다른 학자에 의해서 채택된 방법은 아시아의 각 민족을 표집하여 미토콘드리아 유전자를 분석하는 것이다. 미토콘드리아는 세포핵 밖에 있는 기관으로 인체에 필요한 에너지를 생산하는 발전소와 같은 역할을 한다. 미토콘드리아는 반드시 여성의 난자를 통해서 다음세대로 전달되기 때문에 모계혈통을 규명할 수 있다. 그런데 한국여성의 미토콘드리아 DNA분석에 의하면 60-70%가 북방계유전자를 보유하고 있다는 것이다(2009년 12월 사이언스 학술지). 따라서 두 학자들의 주장을 종합하면 아이러니컬하게도 한국인의 기원은 남북의 혼합계열로 풀이되어 뚜렷한 결론을 도출할 수 없는 것이 특징이다.

V장
농경도구를 통해 본 한국 선사농경의 기원

1. 머리말

　인류의 역사 5백 만년을 살펴 볼 때 인간이 생계수단을 수렵-채집경제 생활에서 농경문화로 전환하기 시작한 것은 불과 1만년 전이다. 지금까지 연구에 의하면 농경문화는 지역과 민족에 따라 독자적으로 개발된 경우도 있지만 타민족의 영향을 받아서 이를 생업으로 채택한 예가 대부분이다. 지구상에서 농경문화가 독자적으로 가장 이른 시기에 발생한 곳은 중동의 Zagros와 Levant, 동남아시아의 타일렌드, 중국의 양자강 과 황하류역, 멕시코 중부의 고원지대, 그리고 남미의 페루지역으로 의견이 모아지고 있다[1]. 그러나 일부 학자들은 위에 언급된 초기 농경 중심지에 에집트의 나일강 중류지역을 포함시켜야 한다는 의견을 제기하고 있다. 나일강 유역에서 발견된 농경문화의 자료는 기원전 8,000년경으로 절대연대가 검출되었고 관계된 문화요소가 중동지역과는 다른 양상을 보이고 있다고 한다. 물론 이러한 중심지 외에도 농경문화가 여러 지역에서 독자적으로 발생하였다고 주장하는 학자들도 있다.

후빙기를 전후하여 개발된 농경문화는 서서히 발달하여 인접지역으로 파급되기 시작하였으며 지금으로부터 약 1,500년 전까지 농경문화를 수용하지 않았던 민족은 계속 수렵-채집경제인으로 남게 되는 사실이 민족지와 민족사 연구에서 나타나고 있다.

고고학자와 문화인류학자들은 농경문화의 개발을 인류역사에서 가장 획기적인 문화적 변천과정으로 간주하고 이에 대한 연구를 자연과학과 연계하여 체계적으로 진행시켜 왔다. 이러한 결과로 인하여 관계학자들은 지역에 따라 초기에 재배된 식물과 사육된 동물의 형태학적 특징은 물론, 당시의 자연환경을 어느 정도 규명하였다. 그리고 농경문화에 대한 발생과정의 요인이 무엇이며, 또한 어떤 단계를 밟아서 수렵-채집경제사회가 농경사회로 전환하게 되었는지에 대한 가설을 제시해 놓았다.

위와 같은 사실을 생각해 볼 때 한반도의 원시농경에 관한 연구는 아직도 초보단계에 머물고 있는 실정이다. 이 분야의 연구가 부진한 이유는 영세한 자료 때문이라고 간주할 수도 있겠으나, 본 명제에 접근하는 방법론과 선사학의 주 과제인 경제양상을 소홀히 다루어 왔다고 생각된다. 지금까지 발표된 대부분의 연구에 의하면 한반도의 초기농경문화는 문화전파론에 입각하여 대륙으로부터 이주해온 집단에 의해서 확산되었거나, 또는 대륙으로부터 막연히 전파되었다고 한다. 바꾸어 말하면 기존연구에서는 왜, 그리고 어떻게 라는 논리를 염두에 두고 농경문화가

---

1) Flannary, K. V., 1973, The Origins of Agriculture, Annual Review of Anthropology, Vol. 2, Pp. 271~310.
MacNeish, R., 1995, Origins of Rice Agriculture: The Preliminary Report of the Sino-American Jiangxi Project. Publication in Anthropology No. 13, The University of Texas at El Paso.

한반도에 수용되는 과정을 전혀 설명하지 못하고 있는 것이 현대 과학적 관점에서 비판을 받아야 된다고 하겠다.

필자는 위의 사실에 입각하여 한반도의 벼농사를 포함한 원시농경문화를 다룬 적이 있으나 물론 명쾌한 답을 얻지 못했다[2]. 그러나 한 가지 분명한 사실은 한반도의 초기농경문화가 대륙으로부터 이주해온 집단에 의해 혁명적으로 전개된 것이 아니고 한반도의 중서부인들이 변화하는 자연환경과 사회환경에 새롭게 적응하는 과정에서 채택된 생계수단이라고 생각된다. 한반도에 농경문화가 최초로 전개된 곳은 중서부지역으로 추정된다. 중서부인들은 늦어도 중기신석기시대 전반기에 조와 피, 등의 잡곡을 재배한 것으로 나타나고 있다. 벼농사는 잡곡농사를 시작한 이후에 원시농경문화의 변천과정에서 빗살무늬토기시대(후기신석기) 말기에 수용되어 서서히 전개된 것이다.

본고에서는 한반도의 초기농경을 간략히 소개하고 아울러 농경문화와 관련된 도구를 분석하여 이의 전개과정을 설명하고져 한다. 농경도구의 분석은 신석기유적에서 발견되는 도구일부와 반월형석도를 대상으로 하였다. 그리고 이 들의 시기와 지역적 분포에 근거하여 농경문화의 전개과정을 설명해 보겠다. 따라서 본고는 과정주의적 측면에서 농경문화를 심도 있게 다루지 못하고 농경도구의 형식분류를 통해서 한반

---

[2] 최정필, 1982, The Diffusion Route and Chronology of Korean Plant Domestication, Journal of Asian Studies Vol. XLI, No. 3, Pp. 519~529.
최정필, 1985, The Subsistence Patterns of the Chulmun Period: Development of Agriculture in Korea. Pittsburgh: University of Pittsburgh.
최정필, 1989, 농경문화기원에 대한 제문제, 한국상고사. 한국상고사학회편, 민음사, Pp. 332~345.
최정필, 1990, Origins of Agriculture in Korea, Korea Journal, 30, No. 11, Pp. 4~14.
최정필, 2002, Current Perspectives on Settlement, Subsistence, and Cultivation in Prehistoric Korea, Current Anthropology Vol. 39, Pp. 95~121.

도의 농경문화가 오랜 시간에 걸쳐서 단계적으로 전개되었다는 사실을 규명하는 데 그 목적을 두었다.

2. 한반도 원시농경문화의 전개

원시농경문화가 전개되는 문화단계를 신석기시대(Neolithic)라고 규정하는 것이 세계고고학의 추세이나 한국의 경우에는 농경문화와 관계없이 토기가 처음 출현한 시기를 신석기의 기점으로 편년하고 있다[3]. 그리고 신석기시대(빗살무늬토기시대)를 세분하여 일부학자는[4] 조기(B.C. 6,000~4,000), 전기(B.C. 4,000~3,000), 중기(B.C. 3,000~2,000) 그리고 말기(B.C. 2,000~1,000)로 설정하는 반면에, 또 다른 학자는[5] 전기(B.C. 5,000~3,500), 중기(B.C. 3,500~2,000), 후기(B.C. 2,000~1,000)로 나누고 있는 실정이다. 본고에서는 농경문화와 관련된 편년을 후자에 기준을 두기로 한다. 참고로 최근에 발견된 제주도 고산리 토기를 10,000년 전으로 보는 견해도 있다.

한반도에 농경문화가 언제부터 시작되었을까 라는 질문은 이따금 거론되고 있으나 빈약한 자료 때문에 시원한 답변을 얻을 수 없다. 물론 누가 언제 식물을 처음으로 재배하였다는 사실을 명확하게 규명하는 작업은 현대과학의 힘을 빌려도 불가능할 뿐만 아니라 학문적으로도 별 의미가 없다고 하겠다. 그러나 현재라는 시점에서 우리에게 부여된 고고학

---

[3] 김원용, 1986, 한국고고학개설, 일지사.
  임효재, 1998, 한국고대문화의 흐름, 집문당.
[4] 임효재, 1998, ≪위의 책≫.
[5] 김원용, 1986, ≪위의 책≫.

적 자료를 바탕으로 어림잡아 초기신석기시대 또는 중기신석기시대에 한반도에서 농경문화가 발생하였다는 가설은 반드시 필요한 과제라고 생각된다.

현대고고학에서 식물의 재배를 암시해주는 자료는 1) 유적지일대에서 야생으로 분포하지 않았던 곡물이 출토되는 경우, 1) 출토된 곡물이 형태학적으로 야생종과 다를 경우, 3) 발굴현장의 전기문화층에서 볼 수 없었던 식물이 다른 음식물의 양에 비해 갑자기 많이 출토될 경우, 4) 화분과 식물의 규소체 분석으로 재배된 식물을 확인할 경우, 그리고 5) 농사에 관계된 도구가 문화층에서 발견되었을 경우 등을 들 수 있다. 물론 여기에서 말하는 농경도구는 화전농경을 비롯한 원시형태의 식물작법에 필요한 것을 말한다. 그러면 초기에 행해진 농경문화를 이해하기 위해 지금까지 보고된 다양한 민족지를 바탕으로[6] 화전농경법(火田農耕法)을 간략히 살펴보기로 하자. 화전농경은 인간이 개발한 가장 오래된 농경기법으로 신석기시대에 농경문화가 개발된 이후에 보편화되었으며 최근까지도 수많은 민족이 화전농경을 행해왔다. 그리고 우리나라의 경우에도 화전농경은 조선시대 편찬된 문헌에 종종 나타나고 있으며, 강원도지역에는 근래에도 화전민들이 있었다.

민족지에 의하면 화전농경인들은 먼저 경작지역을 설정하며 경작지역은 반드시 목초가 무성하여야 한다. 그리고 일년 중에서 가장 건조기(한반도의 경우 2~3월)를 틈타서 원하는 경작지의 수목에 불을 지른다. 경작지의 수목이 불에 타고 후에 비가 오게 되면 불에 탄 나무의 재가 토양에 스며들어 비료 역할을 하게 된다. 파종시기가 다가오면 불에 탄 나

---

6) Conklin, H., 1957, Hanunoo Agriculture in the Philippines. Rome: Food and Agricultural Association in United Nations.
Geetz, C., 1963, Agricultural Involution. Berkeley, University of California Press.

무뿌리를 돌도끼와 괭이로 제거하고 계획된 경작지의 표토를 정리한다. 그리고 동물의 뼈 또는 나무로 만든 막대기 형태의 굴봉으로 표토를 찔러 얕은 구멍을 내고 구멍 속에 씨앗을 뿌린 다음 발로서 흙을 덮으면 파종작업이 완료된다. 이러한 과정을 생각한다면 화전농경방법은 매우 단순하여 특별한 기술과 도구가 필요하지 않은 점이 특징이다. 아울러 화전농경은 첫 해에는 수전(水田) 만큼 수확량이 풍부하다. 그러나 화전농경은 수전에 비해 불리한 점도 많다. 예를 들며, 동일한 지역에 계속 농사를 짓게 되면 해가 갈수록 수확량이 줄어드는 것이 약점이다. 따라서 화전농경인들은 2~3년 정도 지나면 줄어드는 수확량 때문에 경작지를 다른 지역으로 옮겨야 한다. 만약 화전농경인들이 경작지가 부족하여 과거에 화전을 한번 했던 지역에 다시 파종을 시도한다면 그 지역은 반드시 초목으로 다시 뒤덮여 있어야한다. 한반도의 자연환경을 생각해 볼 때 동일한 지역에 다시 화전을 하는데 필요한 기간은 대략 20년 이상이 걸린다. 화전농경에 있어서 또 한 가지 장애가 되는 것은 잡초와 병충해이다. 따라서 화전농경인들은 수많은 시간을 잡초제거에 보내야 함은 물론, 병충해와 기후변동 때문에 항상 위험부담을 지니고 있다.

위에서 간략히 언급한 바와 같이 화전 농경방법은 약 9,000년 전에 인간에 의해 개발되어 자연환경의 조건에 따라서 지구상의 농경민족에게 보편화되었다는 사실이 밝혀지고 있다. 물론 초기에 인간이 개발한 농작법은 화전농경 이외에도 여러 가지가 있다. 예를 들면 멕시코의 테화깐(Tehuacan)지역과 같이 사막성 자연환경에는 목초지역이 제한되어 있기 때문에 들판을 굴지구로 뒤져서 소규모 원예형태의 경작을 하였다[7]. 지

---

7) MacNeish, R., 1964, Ancient Mesoamerican Civilization, Science, 143, Pp. 531~537. Ford, R., 1985, Prehistoric Food Production in North America. Michigan: Ann Arbor.

금 까지 조사된 고고학과 민족지의 자료에 의하면[8] 화전을 비롯한 원시농경에 필요한 도구와 시설은 매우 단순한 것으로 밝혀졌다. 즉, 개간과 파종에 필요한 도구는 괭이와 도끼 그리고 굴봉(막대기)이 전부이다. 잡초는 농부의 손이나 호미형태의 단순한 도구로 제거하였다고 생각된다. 다음으로 수확에는 재배된 곡물의 이삭을 자를 수 있는 간단한 낫 형태의 수확구와 수확한 곡물을 담아서 주거지역으로 옮기는 용기가 필요하다. 운반용기는 토기를 사용할 수도 있겠지만 동물의 가죽이나 바구니가 더 효율적이었을 것이다. 중동과 중남미지역은 토기의 출현 이전에 농경이 시작되었고 미국의 동부지역 아메리칸 인디언들은 지금으로부터 15,000년 전에 바구니를 제작하였다는 사실이 밝혀졌다[9].

수확한 곡물을 주거지로 옮기게 되면 저장고가 필요하다. 저장고는 큰 토기를 사용할 수도 있겠지만 지하 저장공이 효율적이다. 조, 수수 그리고 쌀, 등의 곡물은 한반도의 자연환경을 생각할 때 지하 저장공에서 겨울철동안 보관하기에 좋은 조건을 지니고 있다.

조리하는 데 필요한 도구는 수렵-채집경제 생활 당시와 비교해 볼 때 새로운 것이 필요치 않다. 예를 들면, 야생 씨앗을 채집하여 조리하는 과정에서 사용된 갈돌과 갈판은 원시농경사회에서도 계속 사용되어 기능상 차이가 없었을 것이다. 농경사회에 접어들면 갈판의 이용도가 더욱 빈번하게 되기 때문에 다만 그 규모가 더욱 대형화되고 수가 증가되었다고 생각된다.

농경문화와 관련하여 지금까지 발견된 신석기시대의 유적지는 20여

---

[8] Flannary, K. V., 1973, The Origins of Agriculture, Annual Review of Anthropology, Vol. 2, Pp. 271~310.

[9] Advasio, J. M., & R.C. Carlisle, 1987, An Indian Hunters's Camp for 20,000 Years, American Scientist, Vol. 250 (5), Pp. 130~136.

개가 된다. 그러나 1998년 이후 2차에 걸쳐서 이융조교수에 의해 발굴된 청원군 소로리유적지에서 탄화된 볍씨가 13000~15000년 전으로 절대연대가 검출된 층위에서 발견되어 학계의 비상한 관심을 일으켰다. 소로리에서 발견된 볍씨와 연계하여 수차례의 국제학술회의가 개최되었다. 곡물을 감정한 국내의 학자들은 "유사벼" 또는 재배된 벼라고 판정하고 곡물이 출토된 층위도 교란되지 않았다고 주장하고 있다[10]. 반면에 중국 학자들은 이에 대해 처음에는 공감을 표했으나 후에 생각을 바꾸어 소로리 볍씨는 후대의 것이 구석기층으로 유입되었다는 입장을 취하고 있다. 더하여 소로리 볍씨는 벼가 아니라는 주장 그리고 층위가 교란되었다는 설도 제기되고 있다[11].

대부분의 신석기 유적지에서는 농경과 관계된다고 볼 수 있는 도구들이 출토되었지만 지탑리와 마산리 평양의 남경유적, 동삼동 그리고 대천리 경우와 같이 탄화된 곡물이 직접 발견된 곳도 있다. 그러나 농경의 흔적을 말해주는 유적지 중에서 가장 오래된 곳은 궁산리와 지탑리를 들수 있다. 궁산리 유적지에서는 사슴의 뿔로 만든 괭이와 굴봉 그리고 산돼지의 어금니를 갈아서 만든 낫이 발견되었다. 아울러 물소(Bubalus sp) 뼈가 출토되어 소를 이용한 갈이농사가 궁산 1기(전기신석기시대) 시작되었다고 하나[12] 문화적 복합요소들을 분석한다면 설득력이 없다고 본다. 그러나 농경관련 도구들은 이 지역에 화전형태의 초기농경이 실시되었다는 사실을 말해 준다.

지탑리유적 2지구에서는 피(Panicum crus-galli) 또는 조(Setaria italica)로 간주되는 탄화곡물이 돌낫, 보습, 갈돌 그리고 갈판 등의 농구와

---

10) 이융조, 우종윤, 2000, 청원 소로리 구석기유적, 충북대학교 박물관.
11) 안승모, 2009, 청원 소로리 토탄층 출토 볍씨 재고, 한국고고학보 70, Pp.192~237.
12) 고고학. 민속학 연구소, 1957, 궁산원시유적 발굴보고, 유적발굴보고 2집.

함께 출토되었다. 보고자에 의하면 탄화된 곡물은 야생종과 비교할 때 육안으로도 식별이 가능하다고 한다[13]. 돌낫은 4기가 발견되었는데 유물에 따라서 차이가 있으나 대략 길이 20cm 그리고 최장폭이 5cm이며 끝부분에 나무자루를 달아서 역사시대의 금속제 낫과 동일한 방법으로 사용하였다고 생각되나 곡물의 이삭만 잘랐는지 또는 줄기 전체를 베었는지 확실치 않다. 이와 비슷한 돌낫은 암사동 4호 주거지[14]와 원정리 패총, 오산리 등에서도 발견되었으나[15] 규모가 작은 편이다. 지탑리에서 발견된 농경도구 중에서 가장 괄목할 사실은 보습이다. 약 30여기가 발견되었는데 일부는 완전한 모습을 하고 있다. 이들은 크기가 다양하여 대형은 길이 65cm, 폭 24cm, 두께 6cm, 그리고 소형은 길이 30cm, 폭15cm 미만이다. 한반도에서 출토되는 보습의 분포도를 살펴보면 암사동과 진주 남강 유역을 중심으로 모래가 혼합된 충적평야에서 발견되는 보습은 규모가 작고 퇴화된 감을 주고 있다[16]. 따라서 신석기시대의 보습은 자연환경의 특성에 따라서 그 규모가 대. 소형태로 나타날 수도 있겠으나 지탑리의 경우는 기능적 차이 때문이라고 생각된다.

최근 연구에 의하면 소규모의 보습을 따비 또는 삽 과 괭이 같은 굴지구로 분류한 경우도 있다[17]. 지탑리에서 발견된 대형농구는 갈이농사에 사용된 쟁기의 보습으로 생각된다[18]. 60cm 이상 되는 대형보습은 삽 또

---
13) 도유호, 황기덕, 1957, 지탑리유적발굴 중간보고, 문화유산, 5, Pp. 20~37.
14) 국립중앙박물관편, 1994, 암사동, P. 193.
15) 서울대학교 박물관, 1997, 원정리패총발굴현장설명자료집.
16) 송은숙, 1997, 입지로본 남부내륙지역 신석기문화의 특징, 한국선사고고학보, 4, Pp. 7~21.
17) 임상택, 2000, 중서부지역 신석기시대 석기에 대한 초보적 검토, 한국신석기연구회 발표론문집, Pp. 3~48.
18) 최정필, 1985, The Subistence Patterns of the Chulmun Period: Development of Agriculture in Korea. Pittsburgh: University of Pittsburgh.
  안승모, 1998, ≪앞의 책≫, P. 67.

는 괭이로 사용하기는 너무나 크고 육중하다. 지탑리인들은 대형보습에 나무 자루를 부착하고 줄을 연결시켜서 사람이 손으로 끌어 당겨 갈이농사를 했을 것이다. 민족지 또는 민족사에 의하면 이러한 갈이농사는 초기화전이나 소규모의 원시원예 형태의 농경(horticulture 또는 gardening) 보다는 발달한 기법이며[19] 다음 단계에는 동물들이 쟁기를 끌게 되나 미신대륙의 경우처럼 쟁기농사가 전개되지 못한 지역도 많다. 위의 사실을 감안한다면 지탑리에서 발견된 대형농경도구는 보습 그리고 소형은 쟁기와는 기능이 다른 삽이나 괭이가 아닌가 생각된다. 한반도에서 괭이가 처음 출현한 것은 서포항 1기와 오산리 그리고 암사동 등이며 이들은 모두가 전기신석기에 해당한다. 물론 괭이의 기능은 수혈가옥을 건립하는데 사용되었을 가능성이 있지만 서부지역의 경우는 농경과 관계되었다는 사실을 전혀 배제할 수 없다. 지금까지 설명한 궁산리, 지탑리, 암사동, 마산리, 남경유적 그리고 금탄리 1층 문화의 돌삽과 괭이 및 용당포의 돌괭이를 분석하면 초기농경문화의 발달을 농경도구를 바탕으로 어느 정도 이해할 수 있다고 생각된다. 이들 농경도구를 시기별로 나열하면 다음과 같다. 북한학자들이 편년을 한 궁산 1기 문화에는 괭이와 굴봉 그리고 낫을 사용하여 원시화전농경이 실시되었으며 다음문화 단계인 궁산 2기와 3기에는 돌보습, 돌삽, 돌괭이 그리고 돌낫 등의 도구가 더욱 기능적으로 발달되었다. 특히 한반도 동북지역에서 발견되는 장방형석도는 중국 仰韶문화에서 곡물의 이삭을 자르는 수확도구로 규정하고 있으나 한반도의 경우 돌낫과 석도의 기능이 분명치 않다. 이 두 도구는 지역에 따라 다른 형태로 나타나는 수확구인지 또는 기능이 서로

---

19) Geetz, C., 1963, Agricultural Involution. Berkeley, University of California Press. Ford, R., 1985, Prehistoric Food Production in North America. Michigan: Ann Arbor.

다른지 앞으로 연구를 기대해야 한다. 지탑리 2지역의 경우에는 다른 유적지에서 출토되는 돌괭이가 거의 보이지 않고 소형의 보습(따비형태)이 주를 이루고 있다[20]. 따라서 지탑리 2지역에서는 농경도구가 보다 발전되어 조와 피를 재배하기 위해 삽과 따비로 땅을 파고 쟁기를 사람이 끌고 다니는 갈이농사가 약 5,000년 전에(중기신석기시대) 실시된 것으로 볼 수 있다. 물론 농경유적에서 절대연대는 검출되지 않았지만 지탑리 2지구의 토기와 유사한 것이 암사동에서도 출토되었는데 B.P.4765±200로 나타났다[21].

위에서 논의한 지탑리의 탄화된 조 또는 수수가 야생이 아니고 재배된 곡물이라는 사실과 농경문화가 적어도 중기신석기시대에 한반도의 중서부에 도입되었다는 사실은 최근 발굴된 동삼동유적에서도 증명이 된다. 동삼동유적지 1호 주거지에서는 탄화된 조와 기장이 발견되었는데 그 절대연대는 B.C. 3360(B.P.4590±100)로 검출되었다[22]. 이는 현재 남한지역에서 발견된 가장 오래된 재배된 조이다. 다음 장에서 논의하겠지만 이와 같은 한반도의 농경문화는 적어도 5000년 이전에 조를 중심으로 하는 잡곡농사가, 그리고 약 4,000년 전에 벼농사가 첨가되어 서서히 전개되지만, 신석기시대에는 농경이 중서부와 남부지역 일부에 국한된다.

중기신석기시대에 조, 기장 그리고 수수는 북중국 황하류역의 磁山문화와 裵李崗문화에서 처음으로 재배된 곡물의 종과 동일한 것이다. 磁山과 裵李岡의 농경문화는 仰韶문화와 요령지역의 新樂문화와 小珠山 1층 문화에 영향을 주는 한편 산동北辛과 大汶口문화에도 파급이 된 것

---

20) 임상택, 2000, ≪앞의 논문≫.
21) 임효재, 1998, ≪앞의 책≫.
　　안승모, 1999, 서해안 신석기시대의 편년문제, 古文化, 54, Pp. 3~60.
22) 하인수, 2004, 동삼동패총문화에 대한 예찰, 한국신석기연구, 7, Pp. 77~104.

으로 여겨진다. 한반도 중기 신석기시대에 출토된 곡물과 농경도구의 일부는 신락문화와 소주산문화 그리고 대문구문화에서 발견되는 유물과 같은 계보로 간주됨으로(山東北辛 유적지 발굴보고, 1980). 한반도의 초기농경은 북중국에 그 기원을 두고 있다고 볼 수 있다.

3. 도작의 발생과 농경도구

한반도의 초기벼농사 전개시기와 전파경로는 학계의 쟁점으로 부각되어 왔다. 우리 나라에서 처음으로 탄화미가 발견된 곳은 1920년에 조사된 김해 회현동 패총으로 공반유물 가운데 중국 화폐가 섞여있었기 때문에 탄화미의 연대는 기원전 1C 초로 추정되어[23] 한반도에서 벼농사가 시작된 것은 비교적 늦은 시기라고 소개되어왔다. 1960년대까지도 탄화미가 발견되지 않아서 일부학자들은 벼의 수확도구를 바탕으로 한반도의 벼농사 전개시기가 적어도 기원전 5세기. 이상을 상회한다고 추정하였으나[24] 외국학계의 지지를 얻지 못했다. 1970년 말에 접어들어서 여주 흔암리, 부여 송국리 그리고 북한지역의 남경유적에서 탄화미가 반월형석도를 비롯한 농경도구와 함께 다량으로 발견되어 한반도 도작의 기원연구는 큰 발전을 보게되었다. 이들 유적지 중에서도 흔암리 발굴에는 임효재 교수가 미국 유학시 터득한 물채질(water flotation)을 국내발굴에 최초로 사용하여[25] 탄화미를 비롯한 곡물수합에 큰 성과를 거두었다. 1980년대 이후에는 벼농사에 대한 연구가 보다 과학적으로 전개되어 토

---

23) 有光教一, 1954, 金海貝塚土器の 上限と 下限, 考古學雜誌, 40, Pp.1~9.
24) 김원용, 1964, 한국도작기원에 대한 일고찰, 진단학보, 25, 26, 27 합집, Pp.301~308.
25) 임효재, 1978, 흔암리주거지, 서울대학교 박물관.

탄층 그리고 화분과 식물의 규소체 분석으로 후기신석기시대 (2,000~1,000 B.C.)에 벼농사가 한반도의 서부와 남부지역의 여러 곳에서 시작되었다는 사실이 규명되었다[26].

1980년대 이후의 연구에서 학계의 주목을 가장 많이 받는 유적지는 김포 가현리와 일산 가와지이다. 가현리 유적지의 토탄층에서 쌀과 조 등의 탄화곡물이 검출되었는데 그 절대연대는 4020±25 bp.로 나타났다(임효재, 1990). 그러나 가현리 유적지는 중기신석기시대 후엽에 벼농사가 시작되었다는 자료를 제시하고 있으나 농경과 관련된 공반유물이 출토되지 않았고(석기가 출토되었으나 이 시대의 농경도구로 적합치 않음) 절대연대가 탄화미에서 검출되지 않은 점이 아쉽다고 하겠다. 현대 지질학의 연구에 의하면 경우에 따라 토탄층의 형성과정에서 층위가 교란되는 현상이 나타나고 있으며 화분은 물론 곡물 자체도 바람과 물줄기를 타고 이동하기 때문이다. 가현리 유적은 단순한 시굴과정에서 큰 성과를 얻었음으로 총체적인 발굴을 한다면 한반도 초기벼농사의 전모가 규명되리라고 본다.

김포지역과 인접한 일산 가와지유적 또한 초기 벼농사를 말해주는 중요한 유적이다. 벼의 식물유체와 볍씨는 가와지유적지 1, 2, 3지역에서 발견되었다. 가장 오래된 볍씨는 신석기후기에 형성된 토탄층에서 발견되었으며 토탄층 위에는 청동기문화층으로 점토대토기와 우각파수편이 출토되었다. 볍씨가 출토된 토탄층의 바닥은 약 6,000년 전에 형성되기 시작했다고 하며 볍씨 출토층은 4070±80 bp.로 검출되어[27] 위에서 논

---

26) 안승모, 1998, 동아시아 선사시대의 농경과 생업, 학연문화사, Pp.63~66.
이융조, 김정희, 1998, 한국선사시대 벼농사의 새로운 해석-식물규소체 분석자료를 중심으로, 선사와 고대 11, Pp.11~44.
곽종철, 1995, 신석기시대 토기태토에서 검출된 벼의 plant-opal, 한국고고학보 32, Pp.149~162.

의한 김포 가현리 출토 탄화미와 연대가 비슷한 점 때문에 관심을 끌고 있다. 필자도 이융조교수의 배려로 충북대학교 박물관에 소장되어있는 출토된 볍씨를 육안으로 관찰하였는데 그 형태가 너무나 선명하여 놀랐으며 양호한 상태로 보아 토탄층에서 오랜 세월동안 잘 보존되어 왔다고 믿고 싶다. 그러나 일부 학자들은 일산에서 출토된 볍씨의 층위에 문제가 있다는 논란을 제기하고 있다[28]. 최근 연구에 의하면 더욱 흥미로운 사실은 일산 가와지 3지역 대화리층과 갈색토탄층에서 출토된 빗살무늬토기에 내포된 식물규소체의 분석으로 벼가 확인되었는데 그 연대가 6,000년 전으로 추정된다고 한다[29]. 벼가 확인된 가와지유적의 신석기문화층에서도 농경도구는 전혀 발견되지 않았지만 청동기문화층에서는 농경도구가 출토되었다.

이상 김포와 일산지역에서 출토된 탄화미와 볍씨의 절대연대는 토탄층위와 농경도구가 전혀 발견되지 않았기 때문에 다소 문제가 없지 않으나 흔암리의 탄화미 그리고 나주 가흥리 영산강변의 화분분석으로 확인된 벼와 절대연대를 감안한다면 한반도 초기벼농사는 적어도 4,000년 전에 시작되었다고 보아도 별 무리가 없다. 앞으로 김포지역의 체계적인 발굴결과에 따라 보다 구체적인 초기벼농사의 양상이 밝혀지겠지만 당시의 농경도구는 정형화되어 있지 않았고 중기신석기시대의 전통을 이어 받았다고 생각된다. 물론 중국의 양자강 어구나 산동반도의 도작농경유적에서 발견된 패류로 만든 수확구나 다른 형태의 목재농경도구가 새롭게 첨가되었다고 생각되나 이들은 소멸되었거나, 일부는 현재 토탄층과 갯벌 속에 매장되어 있을 가능성이 많다. 따라서 벼의 수확구로 간

---

27) 손보기 외, 1992, 일산 신도시지역의 학술조사보고 1, 경기도, 한국선사문화연구소.
28) 안승모, 1998, ≪위의 책≫, Pp. 384~385.
29) 이융조, 김정희, 1998, ≪위의 논문≫.

주되는 반월형석도는 시간이 어느 정도 지난 다음 약 3,500년 전부터 중국에서 유입되기 시작했다고 본다. 반월형석도의 유입 시기를 3,500년 전으로 설정한 것은 동삼동에서 발견된 석도가 bp. 3500년으로 나타났고 [30], 평양의 남경유적에서 탄화미와 함께 발견된 반월형석도 그리고 최근에 조사된 평택 현화리[31]와 진주 남강댐 수몰지구의 구순각목문토기와 공열토기를 비롯한 청동기문화가 종래의 관념을 벗으나 3,100전으로 기록되고 있기 때문이다[32]. 더욱 흥미로운 사실은 필자가 1999년 하절기에 발굴한 평택 지제동 청동기시대 주거지에서 채취한 시료를 미국Beta 연구소에서 분석한 결과 최고 연대가 bp. 3500년 까지 검출되었다.

한반도에 벼농사가 유입되기 시작한 시기는 적어도 4,000년 전 이상으로 생각되면 초기벼농사는 주로 서부와 남부의 해안과 강어귀에 위치했던 제한된 충적평야 일부지역에서 실시된 것으로 나타나고 있다. 그러나 시간이 지나면서 3,000~2,500년 전에는 점차로 범위를 넓혀서 내륙지역으로 확산되고 벼농사 방법도 진일보한 것이 아닌가 생각된다. 최근 고려대학교 조사단이 논산 마전리에서 확인한 우물과 밭은 이와 같은 사실을 증명해 준다. 지금 까지 조사된 청동기시대 벼농사 유적지[33] 외에도 발굴과 분석방법에 따라서 청동기시대의 수많은 벼농사 유적지가 발견될 것이다. 경기도 하남시 광암동 에서도 볍씨자국이 찍혀있는 무문토기가 지석묘에서 최근에 발견되었기 때문이다[34]. 후에 다시 설명하겠

---

30) Sample, L. L., 1974, Dong Sam Dong: A Contribution to Korean Neolithic Cultural History, Arctic Anthropology, Vol., 11, Pp.1~125.
31) 충북대학교박물관, 1997, 현화리.
32) 최무장, 1999, 진주상촌리(3-8호) 및 선사유적, 남강선사문화 세미나 요지, 문화재청, Pp.111~116.
33) 이용조, 김정희, 1998, ≪앞의 논문≫.
34) 최정필, 1999, 광암동 지석묘, 세종대학교 박물관.

지만 필자는 한반도 초기벼농사의 전개과정을 크게 두 단계로 나누는 것이 타당하다고 본다. 즉 4,000~3,000년 전을 화전농경을 비롯한 원시농경법에 따른 벼 유전자와 연관된 벼농사의 적응시기, 그리고 3,000~2,500년 전은 벼농사의 정착시기로 보고자 한다. 따라서 한반도의 벼농사는 초기에 유입된 후, 고립되어 발전하지 않고 중국대륙과 오랜 시간 동안 문화적 교류에 편승하여 여러 차례 양자강유역, 산동반도 그리고 요령지역으로부터 벼농사와 관련된 문화적 요소를 받아 드렸다고 생각된다.

한반도 벼농사의 기원은 야생서식처나 벼농사와 관계된 수확구를 생각하여 남중국으로 보는 것이 학계의 일반적인 견해이지만 전파 루터에 대해서는 의견의 일치를 보지 못하고 있는 실정이다. 지금 까지 제시된 벼농사의 한반도 전파설은 세 가지로 종합할 수 있다. 첫 번째 설은 화남설이다. 즉, 양자강 유역에서 발생한 벼농사는 양자강하류에서 황해를 가로질러 한반도의 중서부지방에 도달했다는 것이다. 양자강설을 주장하는 학들에 의하면 벼의 수확구로 간주되는 주형반월형석도의 분포가 양자강 유역과 한반도의 중서부지역에 집중되어 있고[35], 생태학적 측면에서 볼 때 벼는 북중국에서 경작이 잘되지 않고 현재 산동지역 토착민들이 쌀밥을 싫어하기 때문에 벼농사는 초기에 중국의 동북지역으로 파급되었을 가능성이 희박하다는 것이다[36]. 두 번째는 양자강유역에서 발생한 벼농사문화가 산동반도를 거쳐서 서해를 통해 한반도 서부지역에 도달한 설이다. 산동반도 설은 산동지역에서 탄화미와 주형을 포함한 여러 형식의 반월형석도가 5,000년전에 출토되고 한반도 서부지방과의 거

---

35) 石毛直道, 1968, 日本稻作の 系譜, 史林 51(5,6), Pp.96~127, 130~150.
36) 毛昭晣, 1995, 稻作의 東傳과 南方經路, 韓中原始農耕文化의 諸問題, 韓國古代學會 7회 全 國 發表論文集, Pp.27~30.
　　毛昭晣, 1996, 先秦時代中國江南和朝鮮半島의 海上交通初探, 中國江南地域과 韓中交涉 學術 發表會 論文集, Pp.79~89, 東國大學校.

리가 가까우며 해류를 따라 해상 교통로가 용이하기 때문이다. 다음은 북로설이다. 북로설에 따르면, 양자강 유역을 중심으로 황하지역의 앙소문화로 북상한 벼농사는 산동반도의 해안을 따라 요령지역에 전파된다. 요령지역에서 발해만을 따라 륙로로 또는 발해를 건너서 한반도 서북부에 벼농사가 유입되었다는 내용이다[37]. 북로설의 가장 약점은 요령지역에 한반도 보다 오래된 재배된 벼의 흔적을 찾아볼 수 없고 주형석도가 수가 많지 않다는 것이다.

  벼농사의 원산지에 대한 가설은 국내학자들에 의해 여러 차례 소개되었기[38] 때문에 구체적인 논의는 생략하겠다. 현재 벼농사와 관련하여 가장 오래된 유적지는 중국 강소성 남창지역에서 동쪽으로 약 100Km에 위치한 시안렌동(仙人洞)과 왕동 동굴유적지이다. 이들 유적지는 중국학자들에 의해 장기간 조사되어 오던 중, 미신대륙지역의 농경기원 연구에 가장 업적이 많고 현재 활동하는 학자 중에서 가장 나이가 많은 리차드 멕네씨 박사가 주축이 되어 미국과 중국 합동조사단에 의해 체계적으로 발굴되어 최근 종합보고서가 영문으로 출간되었다[39]. 보고서에 의하면 시안렌동과 왕동 유적지의 퇴적층에서 식물 규소체 분석으로 야생 벼와 재배된 벼가 확인되었는데 재배된 벼의 절대연대는 12,000년 전으로 검

---

37) 김원용, 1972, 한국반월형석도의 발생과 전개, 사학지 6, Pp.1~17.
    최정필, 1982, The Diffusion Route and Chronology of Korean Plant Domestication, Journal of Asian Studies Vol. XLI, No.3, Pp.519~529.
    이춘녕, 1986, 도작의 문화와 한일관계, 한일문화교류기금.
38) 이춘녕, 1986, ≪위의 논문≫.
    허문회, 1995, 한국에 재배되었던 벼, 한국고대학회 제7차 전국학술대회 발표론문집, Pp.19~26.
    안승모, 1998, ≪앞의 책≫.
39) MacNeish, R., 1995, Origins of Rice Agriculture: The Preliminary Report of the Sino-American Jiangxi Project. Publication in Anthropology No.13, The University of Texas at El Paso.

출되었다고 한다. 보고서에 기록된 시안렌동 유적지의 발굴방법과 층위의 문화적 연속성 그리고 첨단 과학적 분석방법 등을 고려 할 때 검출된 절대연대는 신빙성이 있다고 하겠다. 널리 알려진 사실이지만 인접 절강성의 河姆渡, 羅家角, 湖南의 彭頭山, 湖北의 關廟山, 河南省의 賈湖유적지에서 보다 성숙된 도작문화의 증거가 농경도구와 함께 발견되었고 절대년대가 7,000~9,000년 전으로 검출된 사실을 생각한다면 절강성의 벼농사 기원은 멕네쉬가 주장하는 바와 같이 시안렌동 유적지에 두고 있다고 간주해도 별 문제가 없다고 생각된다. 이들 중국의 초기 벼농사 유적지에서 발견된 농경도구는 한반도에 전혀 영향을 주지 않은 것이 확실하다.

4. 반월형 석도

반월형 석도는 중국의 앙소문화와 용산문화가 소개되면서 재배된 곡물의 수확도구로 간주되어 왔으며 그 형태도 다양한 것으로 나타나고 있다. 한반도에서 출토되는 반월형 석도의 형식을 형태, 표면에 제작된 구멍의 수, 크기 그리고 칼날의 제작방법에 따라 두 자리 숫자 이상으로 분류하는 예도 있지만[40] 이러한 분류작업은 종래에 논의되어 왔던 장방형, 즐형, 어형, 주형 그리고 삼각형이라는 다섯 가지 범주에서 크게 벗어나지 못하고 있다고 하겠다. 동북아시아의 반월형석도에 대한 연구는 1950년대 중반부터 폭넓게 전개되어[41] 1960년대 말에 와서 고고학과 민족지의 접목으로 형식분류, 편년, 지역적 분포 그리고 석도의 기능과 사용방

---

40) 안승모, 1998, ≪앞의 책≫, Pp. 105~150.
41) 安志敏, 1955, 中國古代的 石刀, 考古學報, 10, Pp. 27~51.

법에 이르기까지 총체적으로 진행되어 보기 드문 성과를 거두게 되었다[42]. 그 이후 국내외 학자들에 의해서 연구가 진행되었지만[43], 이시께(石毛)의 연구를 필적할 만한 것이 없다고 생각된다. 물론 石毛의 논문 중에서 당시 자료의 결핍 때문에 반월형석도의 전개와 이를 바탕으로 논의한 벼농사의 전파과정은 문제가 많은 것으로 나타나고 있다. 최근 중국학자의 연구가 있으나 이는 단지 새로 발견된 자료를 소개하는데 그치고 있는 형편이다(俞爲潔, 1998).

  반월형석도의 기능과 사용방법을 구체적으로 제시한 학자는 石毛直道이다. 그는 석도형식이 지리적으로 다르게 분포하고 있는 점에 착안하여 석도를 기능적으로 설명하였다. 우선 장방형석도가 황하류역의 앙소문화를 중심으로 분포하고 있는 반면에, 주형석도는 용산문화에서 출발하여 양자강유역에 집중되어 있는 사실을 재배곡물이 지역에 따라 서로 다르기 때문이라고 생각했다. 그의 연구에서 가장 괄목할 사실은 석도의 날 부분에 남아있는 사용 마모흔적(sickle sheen)을 규명한 것이다. 석도의 날 부분을 관찰한 그는 석도가 일반 칼처럼 사용되지 않았다는 사실을 알게 되었다. 석도의 날 부위에는 마모흔적이 남아있는데 그 흔적이 가로가 아닌 세로 방향으로 긁혀있었다. 이러한 예는 중동지역에서 발견된 신석기시대의 돌낫에서도 마모흔적(sickle sheen)이 구미학자들에 의해 조사되었다. 石毛는 석도의 사용방법을 구체적으로 규명하기 위해 민족지연구의 예를 검토해 보았다. 타이렌드와 타이완을 비롯

---

42) 石毛直道, 1968, ≪앞의 논문≫.
43) 김원용, 1972, ≪앞의 논문≫.
    下條新行, 1980, 東アジアにおける外灣刃石庖丁の展開, 古文化論考, Pp. 202~204.
    寺澤薰, 1995, 中國古代收穫具の 基礎的研究, 東北アジアの 稻作起源と 古代稻作文化. 和佐野 喜久生 編, Pp. 215~256.
    안승모, 1998, ≪위의 책≫.

한 동남아시아의 원주민들은 금속과 대나무로 만든 반월형석도 모양의 칼로 벼를 수확하는 데 사용한다는 사실을 알게되었다. 즉, 구멍에 줄을 달고 손가락을 넣어 칼을 손바닥에 놓은 다음, 엄지 또는 다른 한 손으로 벼이삭을 잡아서 도려내어 동작을 취하면서 이삭을 수확 한다. 동일한 벼이삭의 수확방법은 만주지역의 민족지에서도 나타났다. 그리고 혹가이도의 아이누族에서도 사용된다고 한다. 아이누族은 야생씨앗을 채집할 때 어형석도와 비슷한 모양의 조가비에 구멍을 내어 줄을 달고 위와 같은 수법으로 야생식물의 이삭을 딴다는 사실이 반월형석도의 사용법을 말해 주고 있다는 것이다.

본 단락에서는 반월형석도를 앞에서 열거한 장방형, 즐형, 어형, 주형 그리고 삼각형을 바탕으로 종래의 연구를 검토하여 문제점을 지적하고 새로운 연구방향을 제시해 볼 까 한다.

1) 장방형석도

장방형석도는 토제와 석제가 있다. 석제는 타제와 마제로 분류되며 마제가 타제에서 발전된 형태라고 한다. 황하유역의 仰詔문화에서 출현하여 반월형석도 중에서 가장 오래된 형식으로 간주되고 있지만 연대에는 다소 문제가 있는 것으로 나타나고 있다. 표면에는 구멍이 없는 것도 이으나 대부분이 하나 또는 두 개가 있는데 층위적으로 볼 때 전자가 후자보다 오래된 것이라고 한다. 지리적 분포를 살펴보면 황하유역을 중심으로 서남으로는 절강, 대만, 강소, 협서 감숙 하남 그리고 동남으로는 산동, 요령, 내몽고, 한반도의 북부지역 까지 포함되어 반월형석도 중에서 다음에 설명하는 즐형석도와 함께 지리적으로 가장 폭넓게 분포하고 있는 점이 특징이다(安志敏, 앞의 논문, 石毛直道, 앞의 논문).

한반도에서는 평안북도와 함경북도에 집중되어 있다. 공귀리를 비롯한 압록강유역에서는 구멍이 두 개있고 칼날은 외날 또는 양날로 제작되어 있으나 함경북도지역에는 구멍이 하나있는 것이 대부분이다.

스웨덴 지질질학자 안더슨(Andersson)이 앙소문화에서 장방형석도를 처음으로 발굴한 이후 이의 기능을 연구한 후대의 학자들은 석도가 재배된 조나 수수를 수확하는 도구로 간주하였다[44]. 그러나 1980년대에 와서 일부 학자들은 장방형석도가 모두 동일한 기능을 지니고 있지 않다는 가설을 제기했다. 특히 장방형석도 중에서 토제품은 수확구가 아니라 토기제작과정에서 토기의 표면을 정리하는데 사용된 도구라고 주장하고 있다. 민족지 연구에 의하면 중국서남부의 시슈앙지역 대족들은 지금도 토기를 제작하는 과정에서 장방형석도를 사용하고 있다고 한다. 일부 장방형석도가 토기제작에 사용되었다는 증거는 감숙과 강소성의 유적지에서도 밝혀졌다. 신석기시대의 우싱과 인양인 유적지의 토기제작소로 간주되는 곳에서 장방형석도와 함께 토기의 시문구 그리고 토기표면을 두드리는 목제도구가 발견되었다. 장방형석도는 지리적으로 넓게 분포하고 통시적 측면에서 존재시기도 매우 길다. 앙소문화에서 출토된 장방형석도 중에서 절대연대가 가장 오래된 것으로 규명된 예는 반포(半坡)유적으로 3930±100 bc. (ZK-38)이며, 양자강유역에서 가장 오래된 곳은 마지아방(馬家浜) 유적이며 2865±105 bc. (ZK-273-0)로 검출되었다. 그러나 장방형석도는 산동지역의 경우 용산문화까지 주형석도와 함께 사용되었으며 한반도에서는 청동기문화층에서도 출토되었다. 지금까지 설명한 바와 같이 앙소문화에서 출토되는 석제품의 장방형석도는 곡물수확구가 확실하나 지역, 형식 그리고 시대에 따라서 그 기능이 서로

---

44) Andersson, J. G., 1943, Research into the Prehistory of the Chinese Neolithic, B.M.F.A., Vol.15, Pp.1~298.

다르다고 생각된다. 이러한 관점에서 본다면 한반도의 서북부와 동북부 지역에서 발견되는 장방형석도에는 토제품은 존재하지 않지만 평면에 구멍이 있는 제반양식의 석도가 출토된다. 날 부위가 외날 또는 양날의 기법은 사용도중에 도구의 효율성 때문에 전환이 충분히 가능하다고 생각되지만, 손잡이를 위한 구멍의 수가 하나와 둘이 있는 석도는 기능적인 차이라고 하기보다 유입경로와 관계가 있다고 생각된다. 예를 들면 요령지역 중에서도 요서지방의 하가점 문화에서는 구멍이 하나있는 것이 출토되는 반면에 요동지역의 新樂과 小珠山문화에서는 구멍이 두 개 있는 석도가 주를 이룬다고 한다[45]. 물론 앙소문화의 장방형석도 전개과정을 시기적으로 논의할 때 구멍이 하나 있는 것이 먼저 출현했다고 한다. 그러나 한반도의 경우는 두 가지 형식의 장방형석도가 시대적 선후관계에서 기인된 것이 아니라 지역과 시기에 따라 유입경로가 다르기 때문이라 하겠다. 한 가지 문제시되는 것은 만약, 장방형석도가 조 또는 수수와 같은 재배된 곡물의 수확구로 사용되었다면 왜, 황해도 쪽으로 전파되지 않았을까 라는 점이다. 당시 궁산리와 지탑리를 비롯하여 한반도의 중서부지역에서는 이미 농경문화가 전개되고 있었지만 장방형석도와는 형태가 다른 낫이 수확구로 사용되고 있었다.

2) 즐형석도

즐형석도는 지리적으로 중국에서 넓은 분포를 보이고 있다. 황하류역을 중심으로 볼 때 서쪽으로는 양자강 이남 그리고 동쪽으로 요령지역까지 퍼져있다. 한반도에는 서북부지역에 가장 많고 동북부와 중부지역에

---

45) 안승모, 1998, ≪앞의 책≫, P.139.

서도 간혹 출토된다.

 필자의 어학장벽 때문에 수집한 중국의 자료가 충분치 못하고 발표된 논문이 산만하여 즐형석도가 어느 지역에서 처음으로 출현하였는지 확실치 않다. 국내학자들에 의하면 용산문화에서 처음 나타난다고 하나[46], 용산문화의 전단계인 산동지역의 大汶口문화에서 구멍이 하나있는 즐형석도가 출토되었고 그 연대를 6,300~4,400년 전으로 편년하고 있다. 한편, 요서지방의 하가점하층 문화에서도 동일한 형태의 석도가 어형석도와 함께 발견되었다. 즐형석도는 구멍이 하나로 길이 13~14cm 그리고 넓이가 4cm 이며, 하가점하층문화의 절대연대는 4,000년~5,000년 전이라고 한다[47]. 대문구문화에서 발견되는 즐형석도와 하가점 하층문화와 직접 연관이 있다면 즐형석도의 발생지 또한 불분명한 실정이다. 그러나 산동지역의 즐형석도는 전개과정에서 요서지방보다 뚜렷한 자료를 제공해 준다고 하겠다. 산동지역의 경우 대문구문화에서 나타난 구멍이 하나 있는 즐형석도는 용산문화에서 주형석도와 함께 구멍이 두 개로 변화하게 된다. 이러한 현상은 岳石문화에서도 나타난다. 岳石문화에서 발견된 즐형석도는 구멍이 두 개이며, 길이 10cm 그리고 넓이는 5cm 이다. 岳石문화의 절대연대는 3,900~3,700년 전이라고 한다. 한편 요서지방 하가점하층문화에서 발견된 즐형석도는 하가점 상층문화에서 구멍이 두 개 있는 석도로 변화하게 되는데 상층문화의 상한연대는 약 2,700년 전으로 검출되었다.

 즐형석도의 기능에 대해서도 논란이 많다. 일반적으로 즐형석도는 장방형석도에서 변화된 형식이며, 수확구로 간주하고 있으나 토기제작과 관계된 도구라는 견해도 제시되고 있다. 산동지역의 용산문화에서는 절

---

46) 俞爲潔, 1998, 中國東部地區半月石刀初探, 古文化, 51, Pp. 97~110.
47) 俞爲潔, 1998, 中國東部地區半月石刀初探, 古文化, 51, Pp. 97~110.

형과 주형이 함께 출토되어 관심을 끌고 있다. 최근 중국학자의 주장에 의하면 악석문화에서 발견되는 즐형석도는 종교의례로 재 가공되어 제기를 제작하는데 사용되었다고 한다[48]. 산동지역의 악석문화 유적에서 즐형석도가 층층이 제기와 함께 발견되어 이를 뒷받침해 주고 있다. 즐형석도의 기능도 지역에 따라 수확구와 토기제작구로 사용된 것이 아닌가 생각된다.

 한반도의 경우 즐형석도가 장방형석도와 마찬가지로 서북지역과 동북지역에 집중 분포된 점은 장차 규명되어야 한다. 그리고 중서부지역과 춘천 및 동해안에서 출토되고 있으나 그 수가 너무나 제한된 것도 앞으로 연구의 과제이다. 지협성과 제한된 즐형석도의 숫자는 기능 또는 전파과정의 차이에서 집단간의 문화가 서로 다른지를 생각해 보아야 한다. 한반도의 즐형석도의 전파루터는 산동반도와 요동지역을 생각할 수 있다. 이러한 문제는 즐형석도와 관계된 문화적 복합요소를 보다 체계적으로 분석한다면 전파과정을 이해하는데 도움이 될 것이다. 즐형석도의 또 한 가지 문제점은 장방형석도와 선후관계이다. 두 석도간의 시간적 선후문제는 발생지인 중국자체에서도 절대연대가 분명하지 않다. 중국의 즐형석도 전개과정을 검토해 볼 때, 한반도의 즐형석도가 산동반도에서 해상으로 전파되었다면 즐형석도가 장방형석도 보다 먼저 유입되었을 가능성도 배제할 수 없다.

3) 어형석도

어형석도는 석도 등의 양식이 정형화되어 있지 않으나 등이 직선에 비

---

48) 俞爲潔, 1998, ≪위의 논문≫.

해 외만한 것을 모두 포함시키기 때문에 경우에 따라서는 주형석도와 그 분류기준이 모호하다. 어형석도의 지역적 분포는 타형식의 석도에 비해 제한되어 있고 그 숫자도 많지 않다. 분포지역은 요동반도를 중심으로 요서, 산동, 그리고 동북으로는 연변지역까지 포함 된다[49]. 한반도에는 동북쪽에 집중적으로 분포하고 있으며 압록강유역 공귀리 유적지를 비롯하여 주로 북부지역에서 발견된다. 그러나 최근 진주의 남강수몰지구와 청원 조동리, 등 여러 유적지의 동일한 층위에서 어형석도가 주형석도와 함께 발견되어 학계의 주목을 받고 있다. 지금까지 자료에 의하면 어형석도는 요령지역 홍산문화의 적봉유적에서 처음으로 출현한 것으로 나타나고 있으며, 이 지역의 석도는 구멍이 두 개로 절대년대가 5,500년 전으로 검출되었다고 한다. 만약 적봉유적의 절대연대를 받아드린다면, 앞에서 논의한 타형태의 석도와 시간적 선후관계를 규명하기가 어렵다고 하겠다. 따라서 어형석도가 즐형석도에서 발달하였다는 종래의 가설은[50] 재고되어야 한다.

　어형석도의 기능에 대해서 일부학자는 재배식물의 수확구 설을 부정하고 일반 조리용 칼로 사용되었다고 주장하고 있다. 이러한 주장은 시베리아와 알라스카의 에스키모들이 현재 조리용으로 사용하는 "우루"(Ulu)라고 칭하는 칼의 모양이 어형석도와 동일하기 때문이 아닌가 생각된다. 신대륙고고학자들에 의하면 에스키모가 사용하고 있는 칼은 동북아시아에서 전파되었다고 한다.

　어형석도는 홍산문화에서 출현하여 중국의 동북지역에서 사용된 일

---

49) 安志敏, 1955, ≪앞의 논문≫.
　　石毛直道, 1968, ≪앞의 논문≫.
50) 石毛直道, 1968, ≪앞의 논문≫.
　　김원용, 1972, ≪앞의 논문≫.

종의 지방형식이라고 할 수 있다. 한반도의 북부지역에서 발견되는 어형석도는 분명히 요동반도에서 전파된 것으로 생각되나 진주 남강유역에서 발견되는 어형석도가 한반도 남부지방형식인지 또는 그 뿌리가 요동지역에 있는지는 앞으로 연구에 기대해야 될 것이다. 어형석도가 공열토기나 구순각목문토기와 함께 남파되었다면 중부지역에도 마땅히 어형석도가 많이 발견되어야 하기 때문이다. 한반도에서 발견되는 어형석도의 기능문제도 규명되어야 한다. 에스키모처럼 어형석도를 조리용으로 사용했다면 칼날이 예리하여할 텐데 한반도의 경우는 그러하지 못하다. 따라서 한반도의 남부지역에서 발견되는 어형석도는 주형석도의 변형이며 벼의 수확구로 사용되었다고 생각된다.

4) 주형석도

앞에서 설명한 바와 같이 일부학자들은 반월형석도를 수많은 형식으로 분류하는 예가 있다. 따라서 주형석도의 경우도 날 부위의 길이에 따라 장주형과 단주형으로 구분하고 있지만[51] 본고에서는 양자를 주형석도 범주에 포함시키기로 한다. 왜냐하면 주형석도가 금속도구처럼 거푸집으로 제작되었다면 크기가 일정할 수 있으나 석제도구는 당시의 기술로 규모가 일정하게 만들 수 없었기 때문이다. 특히 반월형석도의 경우는 크기에 비해서 두께가 너무 얇기 때문에 제작과정에서 파손되는 우려가 있어 규격을 정확하게 통일하기 어렵다.

주형석도의 지리적 분포는 재배된 벼의 수확구라는 점에서 많은 학자들의 관심이 되어 왔다. 지금 까지 조사된 자료에 의하면 주형석도는 황

---
51) 안승모, 1998, ≪앞의 책≫.

하강 중류를 중심으로 서남쪽으로 양자강이남, 타이완, 트럭군도을 비롯한 마이크로네시아와 멀리 남태평양지역까지 산포되어 있다. 동남쪽의 분포지는 산동반도, 요녕지역, 한반도 그리고 일본 九州지방, 동북쪽은 흑용강유역의 길림지역이 포함된다. 그러나 주형석도가 집중적으로 분포하는 곳은 양자강유역과 한반도의 중서부지역 및 남부지역이다. 이들 지역은 모두가 벼농사의 집산지이기 때문에 주형석도를 벼의 수확구로 단정하여 왔다.

중국 측의 자료에 의하면 주형석도가 가장 먼저 출현한 곳은 中原지역의 廟底溝 2기 문화이며 2310±95 b.c.로 나타났다. 廟底溝 2기 문화층에 해당하는 강소성의 丹磨盤墩유적지에서 구멍이 하나 있는 주형석도가 3개 발견되었는데 절대년대는 4,950년~4,550년 전이라고 한다. 그리고 구멍이 두 개있는 주형석도는 寧鎭지구의 点將臺유적에서는 출토되었고 占將臺유적은 岳石文化와 동시기로 연대가 4,050년~3,550년 전으로 기록되고 있다. 다음 문화단계인 湖熱문화(3,550~3,050 B.P)에서도 구멍 두 개의 주형석도가 계속 사용되었다. 한편, 요령지역에도 전형적인 주형석도가 지금으로부터 4,000년 전후에 나타나고 있다.

주형석도의 발생지와 전파경로에 대해서는 여러 견해가 제시되고 있다. 일부 학자들의 주장에 의하면 주형석도는 용산문화의 파급과 함께 양자강유역에서 발생하여 타이완과 황해를 거쳐서 한반도의 중서부지역과 일본의 규슈지역으로 전파되었다는 것이다. 황하유역과 산동지역의 주형석도 또한 기원을 양자강유역으로 보고 있다. 그리고 요령지역의 주형석도는 양자강유역과 무관하게 독자적으로 발생했으며 그 기능은 벼의 수확구가 아니고 잡곡농경과 관계가 있다고 한다[52]. 또 다른 학

---

52) 石毛直道, 1968, ≪앞의 책≫.

자들은 요령지역 주형석도의 계보를 양자강유역에 두고 주형석도가 황하하류와 산동반도를 거쳐서 요령지역에 도달했다고 주장하고 있다.

지금까지 발견된 주형석도의 절대연대를 바탕으로 생각한다면 주형석도는 앙소문화와 용산문화의 중간단계인 廟底溝문화에서 발생하여 서남쪽으로 양자강유역에 전파되는 한편, 이와 비슷한 시기에 동북쪽으로도 확산되어 요동지역에 달하게 되었다는 논리가 성립된다. 그러나 앞에서 논의한 바와 같이 칼날의 형태와 위치를 생각한다면 舟形石刀와 가장 가까운 형태는 어형석도이다. 양자는 석도 등 부위의 형태에 따라 서로 다른 석도로 분류하기가 어려울 경우도 있다. 따라서 필자는 요령지역의 주형석도는 묘저구 또는 양자강유역과는 무관하게 독자적으로 발생했다고 본다. 가장 오래된 어형석도가 요서지방의 홍산문화에서 출현하였고 절대연대도 5,500년 전으로 검출되었다. 그리고 중국의 어형석도는 요령지역에 거의 한정되어 집중적으로 분포하고 있는 사실을 눈 여겨 볼 필요가 있다. 아울러, 요령지역에는 위에서 열거한 모든 석도가 발견된다. 이러한 관점에서 본다면 한반도 서북부에서 발견되는 초기 주형석도의 뿌리는 양자강유역 보다는 요녕지역에서 찾아야 한다. 물론 한반도의 주형석도가 요령지역에서 전파되었다는 가설을 과학적으로 입증하기란 쉽지 않은 문제이다. 앞으로 연구방향은 두 지역 간의 석도자체의 형식만을 비교하는데 그치지 말고, 한반도의 중기와 후기신석기문화에 영향을 주었다고 생각되는 홍산문화, 신락문화, 하가점문화, 소주산문화, 후와문화 등, 요령지역의 신석기시대 문화적 복합요소가 전개, 파급되는 과정을 한반도와 비교분석 한다면 어느 정도 문제해결의 실마리를 찾을 수 있다고 본다.

한반도의 주형석도는 후기신석기시대 요동지역으로부터 서북지역에 유입되기 시작했다. 유입당시 주형석도의 기능은 확실하지 않으나 중서부와 남부지역에서는 벼의 수확도구로 사용되었다. 그러나 한반도에서 출토되는 주형석도의 대부분이 중서부와 남부지역에 집중되어 있고, 일부 연구에 의하면 칼날의 길이가 짧은 단주형이 주를 이룬다고 한다. 그리고 이들 지역에는 양자강유역의 유구석부가 출토되는 점이 특징이다. 앞의 사실을 감안한다면 한반도 중서부지역과 남부지역에서 발견되는 석도의 계보도 화남지역과의 연관성이 문제가 된다. 이와 같은 명제도 유구석부에만 집착하지 말고 당시 양자강유역의 벼농사와 연관된 문화적 복합요소들을 검토해야 규명될 것이다.

주형석도가 지석묘에서 많이 발견되는 이유도 종교적인 관념체계에서 벼농사와 관계되었을 것이다. 지석묘문화를 남긴 농경민족들은 벼농사를 시작한 이후 곡물 중에서 쌀을 가장 선호했고 이의 풍작을 기원하는 의미로 벼의 수확도구인 주형석도를 지석묘에 매장하는 풍습을 지니게 되지 않았나 생각된다.

5) 삼각형석도

삼각형석도의 지리적 분포는 한강 이남을 경계로 영산강과 남강 그리고 경주지역에 집중되어 있는 점이 특색이다. 삼각형석도의 경우도 삼각의 모양과 변의 크기에 따라서 여러 형식으로 분류하는 경향이 있으나 기능적 차이는 없다고 생각된다. 칼날은 삼각형의 한 변에 제작되어 있는 것이 주를 이루나, 뒷면의 다른 한 변에 반대 방향으로 날이 조성된 경우도 많다. 이와 같이 날이 서로 다른 변의 양면에 조성된 것은 사용 중에 2차 가공되었다고 생각된다. 삼각형석도가 언제, 어디에서 출현하였는지는 분명하지 않다. 지금까지 발견된 예를 본다면 주로 중남부지역에서 주형석도와 함께 출토되었다. 따라서 삼각형석도는 한강이북에서 주형석도가 사용된 이후에 출현하였다고 보는 것이 타당하다.

　삼각형석도의 기능은 주형석도와 같이 벼의 수확구로 생각된다. 주거지에서 발견되는 주형석도의 대부분이 석도의 구멍부분을 중심으로 파손되어 있다는 점을 감안한다면, 당시 농경인들은 주형석도 보다 제작하기 쉽고 변을 따라 2차 가공이 가능한 삼각형석도를 착안했다고 본다. 주형석도의 파손된 부분을 가공하여 날을 만든 예가 평택과 남강지역에서 발견되었다. 중국대륙과 연관하여 생각한다면 삼각형석도는 한반도 남부지역에서 개발된 지방형식으로 일본 九州주지역에 전파되었다고 할 수 있다. 그리고 타이완지역에서 발견되는 삼각형석도는 한반도와는 관계가 없다.

5. 맺음말

　앞장에서 논의한 바와 같이 재배된 곡물이 유적지에서 직접 출토되지 않을 경우에는 농경과 관계된 도구들이 초기농경문화의 전개과정을 설명하는데 좋은 자료가 될 수 있다. 지금까지 한반도에서 발견된 가장 오래된 농경도구로 간주되는 유물은 굴지구와 수확구로 분류된다. 굴지구는 괭이와 막대기 형태의 굴봉이 사용되었고 수확구는 동물의 이빨과 돌로 만든 낫이 주를 이룬다. 이밖에도 목제굴봉이 많이 사용되었을 것이다. 지탑리, 동삼동, 비봉리(최근발굴)와 대천리유적을 감안한다면 한반도에서 처음으로 재배된 식물은 조, 피와 같은 잡곡류이다. 그리고 발견된 농경도구를 분석해 볼 때 경작방법은 소규모의 화전으로 추정된다. 이와 같은 원시농경은 적어도 기원전 3,500년경에 요령지역으로부터 유입되기 시작하였다. 중기신석기시대 초반에 농경문화가 전개되기 시작하였으나 한반도 서부의 일부지역에 국한되어 있었고 타지역은 수렵-채집경제생활에 머물고 있었다. 지탑리지역의 경우에는 기원전 3,000년경에 보습을 사용하여 사람이 손으로 당기는 갈이농사가 전개되었다. 그러나 이는 어디까지나 원시원예 형태의 소규모 농경이라고 생각된다. 기원전 2,000년경에는 중서부지역을 중심으로 벼농사가 시작되어 점차로 서해안과 남한강변을 따라 두 갈래로 전파되어 약 1,000년이 지난 다음에 남부지역에 도달하게 된다. 벼의 수확도구로 간주되는 주형석도는 기원전 1,500년경에 모습을 나타내기 시작하여, 기원전 1,000 이후부터 보편화되기 때문에 초기벼농사의 수확구는 중기신석기시대 암사동과 지탑리에서 발견된 낫과 비슷한 형태의 도구가 사용되었다고 보는 것이 타당하다.

초기농경문화의 흔적이 서부지역에서만 발견되는 것은 필자가 이미 지적한 것처럼 자연환경과 관계된 생계경제(subsistence pattern)의 특성 때문이다[53]. 초기신석기시대부터 한반도의 서부와 동부지역의 경제양상은 많은 차이를 보이고 있다. 서부지역은 식물성 먹거리를 중심으로 육상자원에 의존했던 반면에, 동부지역은 어로행위가 중요한 경제생활이었다. 동부지역의 이러한 경제양상은 후기신석기시대까지도 계속되었다는 사실이 출토된 유물로 증명이 된다.

초기농경문화와 연관하여 또 한 가지 언급할 사실은 시간적 관점에서 본 전개과정문제이다. 한반도와 인접한 요령지역 신락문화의 경우에는 기원전 5,000년경에 이미 성숙된 대규모의 농경마을이 형성되기 시작했는데도 불구하고, 한반도로 향한 농경문화의 전파가 시간적으로 너무나 지체되었다. 비록 한반도가 지리적으로 변방지역이지만 요령지역과의

---

53) 최정필, 1989, 농경문화기원에 대한 제문제, 한국상고사. 한국상고사학회편, 민음사.

문화교류는 초기신석기시대부터 있어 왔다. 그런데 당시의 한반도인들이 왜 농경문화를 대륙으로부터 채택하지 않았을까 라는 명제는 한반도의 농경문화 전개과정을 설명함에 있어서 매우 중요하다고 생각된다. 대륙으로부터 농경문화의 전파가 지체된 점은 농경문화가 한반도에 처음으로 유입되어 남부지방으로 확산되기까지 약 2,500년이란 시간이 걸렸다는 사실과도 무관하지 않다. 위에서 논의한 바와 같이 기원전 3,500년경에 중서부의 일부지역에서 시작된 농경문화는 급진적으로 확산되지 않았을 뿐만 아니라 중기신석기 인들의 수렵-채집경제양상을 완전히 바꾸어 놓지 못했다. 그리고 벼농사가 처음으로 시작되었던 기원전 2,000경에도 농경문화의 전개상황은 위와 대동소이한 것으로 나타나고 있다. 지역에 따라서 차이가 있지만 성숙된 농경문화는 기원전 1,000경에야 형성되었다고 본다. 따라서 한반도의 농경문화는 대규모의 이민집단이 대륙으로부터 이동하여 파급된 것이 아니라 변천하는 자연과 사회환경에 적응하는 과정에서 수천년을 두고 서서히 단계적으로 전개되었다고 생각된다. 농경문화가 오랜 시간에 걸쳐서 서서히 전개된 이유는 미국의 동부지역 경우에서 보는 것처럼[54] 당시 윤택한 자연환경에서 오는 이점(forest efficiency)과 계절에 따른 효율적인 경제계획성(seasonality and scheduling) 때문에 본격적인 농경의 필요성을 느끼지 못했기 때문이다.

장방형석도는 궁산리와 지탑리인들이 잡곡농사를 시작한 이후에 요령지역으로부터 유입되었다. 따라서 석도와 초기잡곡농경은 농경문화

---

54) Caldwell, J. R., 1957, Trend and Tradition in the Prehistory of the Eastern United States. New York: American Anthropological Association.
Caldwell, J.R., 1977, Cultural Evolution in the Old World and New World, Leading to the Beginnings and Spread of Agriculture. In C. Reed (ed), Origins of Agriculture.
Hague: Mouton, Pp. 77~88.

의 복합요소로 동시에 전파된 것이 아니기 때문에 양자의 유입시기가 다르고 석도의 분포는 북부지역 일부에 한정되어 있었다. 즐형석도는 어형석도와 비슷한 시기에 역시 요령지역에서 전파되었으나 한반도의 농경문화 전개과정에 아무런 변화를 주지 못했다. 바꾸어 말하면 두 석도가 유입되는 과정에서 다른 곡물이 농경에 추가되거나 농경기법이 개발된 것은 아니다. 즐형석도의 존속기간은 매우 짧으며 그 기능도 지역에 따라 수확구로만 사용되지 않았다고 생각된다.

주형석도는 벼의 수확구로 사용된 것이 확실하지만 서부지역에서 벼농사가 처음으로 시작되고 시간이 지나서 유입된다. 따라서 주형석도의 전파경로를 바탕으로 벼농사의 전파루터를 규명하는 방법은 설득력을 지니지 못한다. 후기신석기시대 전반에 실시된 서부지역의 벼농사는 요령지역으로부터 전파되었고, 어느 정도 시간이 지난 다음에 양자강유역의 벼농사문화가 해상으로 한반도의 서남부지역에 유구석부와 함께 도달하여 벼농사의 발전에 또 하나의 촉진제가 되지 않았나 생각된다.

통시적 측면에서 반월형석도의 형식분류 방법은 농경의 전개과정을 설명하데 별 도움이 되지 못한다. 만약 반월형석도를 하나의 복합문화로 간주하고 형태학적 시각에서 변화과정을 시간적 순서로 나열한다면 어형석도와 주형석도 그리고 삼각형석도가 연구의 대상이 된다고 하겠다. 이들은 모두가 동일한 문화층에서 벼농사와 관련되어 발견되며 변화과정의 양상도 전자를 바탕으로 후자의 형식이 전개되었기 때문이다. 앞으로의 연구는 형식분류에 집착하지 말고 이들 석도의 기능에 초점을 두어야 한다.

앞에서 지적한 바와 같이 신석기시대 한반도의 농경문화를 말해주는 곡물자체의 고고학적 자료는 매우 빈약하다. 이러한 이유는 한반도의 토양이 산성화되는 과정에서 식물성 유기물질들이 소멸되었기 때문이다.

그리고 발굴방법과 유물분석에도 문제가 있다고 본다. 지금까지 행해온 대부분의 발굴은 유적지의 제한된 범위내의 흙을 소량 분석하였다. 재배된 곡물을 찾기 위해서는 주거지는 물론 부근의 흙을 가능한 되로 모두 수합하여 분석해야 한다. 중요한 유적지의 경우에는 구획된 각 구덩이의 모서리면적을 일정하게 설정하고 10cm 층위마다 흙을 수합하여 (constant volume sample) 물 채질(water flotation)을 해야 층위에 따라 곡물을 수거할 수 있다. 화덕이나 집자리 바닥의 흙이 너무 단단할 경우에는 흙이 일반 물속에서 분해되지 않기 때문에 반드시 과산화수소를 물에 혼합하여야(hypo. analysis) 식물성 유기질을 검출할 수 있다. 물론 화분과 식물규소체 분석도 중요한 방법이다.

Ⅵ장
신진화론과 한국상고사 해설의 비판에 대한 재검토

1. 머리말

  신진화론은 1970년대 이후부터 한국 상고사의 연구에 소개되어 왔으나 지금까지 자리를 잡지 못한 채 논란의 대상이 되고 있다. 이와 같은 현상은 신진화론을 한국 상고사에 접목시키거나 또는 이를 비판하는 학자들의 전공영역이 서로 다르기 때문이기도 하겠지만, 문화진화론의 명확한 개념 및 고고학이 지니는 속성과 최근의 연구경향을 파악하지 못한데서 비롯된 것이 아닌가 생각된다. 신진화론과 관련된 그간의 국내연구를 살펴보면 대체로 다음과 같은 세 가지 성격으로 나누어져 연구방향에 많은 혼란을 주고 있다.
  첫째 연구는 신진화주의의 2세들이 제시한 진화도식(Band: 무리→Tribe: 부족→ Chiefdom: 족장¹⁾ → State: 국가)에 맞추어 구석기시대에서 위만조선 또는 초기삼국시대까지의 사회형태를 통시적 측면에서 분류하여 역사의 보편적 진화단계를 설정하는 것이다. 이러한 논의는 주로 문헌사학자[2]들에 의해서 다루어져 왔기 때문에 신진화론과 국가형성론에 대한 현대인류학적 이론의 틀을 심도 있게 이해하지 못한 점이 다소 있지 않았나 생각된다. 따라서 이들은 '왜', 그리고 '어떻게' 라는 연역적 방법으로 한국상고사를 신진화론적 가설로 검증하기보다는, 일부 외국학자들이 단순히 특정지역을 대상으로 제시한 문화적 요소들을 비판 없이 수용하여 이를 바탕으로 사회형태를 분류하는 것이 약점이라고 하겠다. 특히 분류학에 근거를 둔 일부연구의 또 다른 문제점은 신진화론자들이 설정한 족장사회와 고대국가의 명확한 개념을 규정하지 않은 채 국가의 기원을 갈등론 또는 통합론 중에서 단일변인으로 설명하는데 있다. 물론 이와 같은 명제에 접근하기 위해서는 한국 상고사에 존재했던 제반형태의 족장사회를 고고학과 문헌사학 그리고 문화인류학적 자료에 근거하여 설명을 해야 한다. 최근연구에 의하면 족장사회는 Service나 Renfrew가 주장했던 것보다 더욱 다양한 형태를 나타내고 있다.

또한 문헌사학자들은 국가의 형성문제를 다루면서 국가의 형태도 규명하지 않고 있는 형편이다. 여기에서 국가의 형태란 원초적국가[3](Pristin State: 기존 국가사회의 문화를 모방하지 않고 자생적으로 형성된 국가) 또는 2차적 국가(기존 인접국가의 영향으로 형성된 국가)를 말하는 것이다. 그러나 종래의 연구에서는 이에 대한 논의가 명확하지 않

---

1) Chiefdom을 김정배 교수는 군장사회, 이종욱 교수는 추장사회, 이기동 교수는 성읍국가, 최몽룡교수는 족장사회라고 명한바 있다. 본고에서는 국내 고고학계에 통용되고 있는 족장사회를 택하겠다.
2) 김철준, 1964, 한국고대국가 발달사, 한국문화사대계1, 고려대학교 출판부, Pp. 455~546.
  이종욱, 1982, 신라국가형성사, 일조각.
  김정배, 1986, 한국고대의 국가기원과 형성, 고려대학교 출판부.
  윤내현, 1987, 고조선사회의 성격, 한국고대의 국가와 사회, 일조각, Pp. 1~56.

고 용어의 개념정의가 없이⁴⁾ 단일변인을 바탕으로 기원론을 설명하고 있다.

신진화론에 대한 두 번째 연구 유형은 사회형태의 분류와 기원보다는 문화의 변천과정을 설명하는 것이 특색이다. 고고학자에 의해 수행된 이 연구는 고대국가의 형성과정을 신고고학의 한 분파인 과정주의(Processualism)적 관점에서 체계이론을 적용하여 설명하고 있기 때문에 고대 사회를 변화시키는 문화적 핵심요소가 무엇이며 이들이 어떻게 다른 변인들과 서로 작용하는가를 어느 정도 제시하고 있다⁵⁾ 1980년대 말기에 접어들면서 현대 고고학의 이론적 연구방향이 포스트 프로셰셜리즘으로 전환되고 있다하더라도⁶⁾ 과정주의 관점에 근거를 둔 연구는 이론과 방법론적인 측면에서 한국 상고사를 규명하는데 일익을 담당했다고 평가 할 수 있다고 생각된다.

세 번째 연구는 한국 상고사에 소개된 신진화론의 이론을 부정하고 앞의 두 연구를 신랄하게 혹평하는 내용이다. 문화인류학자에 의해 처음으로 제기된 비판의 논지에 의하면 신진화주의자들이 제시한 진화론적 네 가지 사회형태는 문화인류학적으로는 별 의미가 없으며 이를 주장한 대표적인 학자인 Service 자신이 부정하고 있는 이론을 국내학자들이 다

---

3) 전경수교수가 지적한 것처럼 프리드는 원초적 국가의 개념을 발생과정의 성격상으로 명확하게 규정하지 않는 점도 있다. 전경수, 1988, 신진화론과 국가형성론, 한국사론19, Pp.569~600. 그러나 프리의 글을 종합하면 원초를 자생, 그리고 이차적 국가를 전파로 구별하고 있다. 고고학에서도 원초와 2차 국가를 발생적 성격에서 정의하고 있다. 예, 조나단 하스지음, 최몽룡역, 1989, 원시국가의 진화, 민음사, Pp.15~16.
4) 김정배, ≪앞의 책≫, P.180.
5) 최몽룡, 1983, 한국고대국가형성에 관한 일고찰: 위만조선의 예, 김철준 박사 회갑논총, 지식산업사, Pp.61~77.
6) Jo Watson, p.1990, The Razor's Edge: Symbolic Structuralist Archaeology and Expension of Archaeological Inference, American Anthropologist. 92, 3, Pp.613~629.

시 한국 상고사에 적용하고 있다는 것이다[7]. 문화인류학자의 이러한 지적을 받게 되자 인류학이론과 연구경향에 친숙치 못한 일부 문헌사학자들은 한국 상고사 분야가 인류학 이론의 장식품화 또는 시험장화 될 수 없다고 주장하면서 신진화론의 철학적 개념을 전적으로 배격하기 시작하였다[8] 따라서 지금은 한국적인 모델을 설정해야 한다는 인식이 관계학계에 고조되고 있는 형편이다.

　문화는 각 민족의 역사에 따라서 서로 다르게 변천하게 되는 것은 주지의 사실이다. 그러므로 20세기의 신진화론자들은 문화의 변천개념을 보편진화와 다선진화 또는 일반진화와 특수진화로 분류하게 되었다. 이와 마찬가지로 사회과학의 이론도 외국의 모델을 무조건 수용하는 것 보다는 그 나라의 풍토에 적합한 특수성을 강조하려는 노력이 바람직하다고 본다. 그러나 학문에는 보다 진실에 가까운 보편적인 가설이 존재한다는 사실을 부정할 수 없으며 이러한 가설이 검증될 때는 이를 받아드려야 한다.

　필자가 본고를 쓰게 된 이유도 바로 여기에 있다. 신진화론자들이 분류했던 네 가지 단계의 사회형태는 그 명칭과 영역설정에 다소 문제가 제기되고 있다고 하더라도 국내의 문헌사학자들이 생각하는 것처럼 의미를 상실한 모형은 아니다. 최근 고고학적 연구에 의하면 지구상의 여러 민족의 문화가 신진화론의 도식에 적용된다는 것이 규명되고 있으며 한국 상고사의 경우도 이를 뒷받침 해주고 있다고 생각된다.

　본고는 그간 국내학계에 잘 못 소개된 진화론의 개념과 형성배경을 재

---

7) 전경수, 1988, ≪앞의 논문≫.
8) 노중국, 1990, 한국고대국가 형성의 제문제에 관련하여, 한국고대국가의 형성, 민음사, Pp. 11~13.
　이기동, 1989, 한국고대국가 형성사연구의 현황과 과제, 산운사학 1, Pp. 41~70.

검토하고 신진화론을 바탕으로 전개된 최근 고고학의 연구 성과를 소개하여 논란의 대상이 되어온 족장사회의 개념과 연구방향을 새롭게 설정하는데 그 목적이 있다. 문화진화의 가설검증은 문화인류학자들의 비교문화론적 연구에서 이루어지는 것이 아니라 한 문화지역에 오랜 세월을 두고 형성된 문화층을 고고학적으로 분석하여야 과학적 논리를 지니게 된다.

한 가지 밝혀두고자 하는 사실은 본고의 목적이 신진화론을 규명하는데 있는 것이지 학문적 방법론에서 사회형태를 분류하는 것은 아니다.

2. 문화진화론의 역사적 배경

신진화론이 한국 상고사의 쟁점으로 부각되면서 문화진화론에 대한 역사적 배경과 개념이 간헐적으로 소개되어 왔다. 그러나 소개된 내용이 너무나 압축되어 있기 때문에 이와 관계된 전문논저를 충분히 섭렵하지 못한 문헌사학자들은 이를 이해하기가 어렵다. 따라서 일부학자들은 진화론을 올바르게 소화시키지 못한 채 명제에 접하는 경우도 있다[9]

상고사와 관계된 진화론의 역사를 다룬 국내의 논문을 살펴보면 문화진화론이 다윈의 생물진화론에서 파생되었다고 설명하고 있으나 사실은 그렇지 않다. 19세기 중엽에는 두 갈래 계통의 진화적 이론이 학계에 제기되고 있었다. 하나는 Herbert Spencer가 사회과학의 철학적 이론의 틀에 준거하여 인간사회는 통시적인 측면에서 진보의 개념을 가지고 변천한다는 사회진화설이며[10], 다른 하나는 경험에서 얻어진 자연의 현상

---

9) 이현혜, 1991, 한국사 연구사에 나타난 진화론적 시각, 현대 한국사학과 사관, 일조각, Pp.84, 89, 97~98, 101~102.
10) Spencer,H. 1862, First Principles. London: William & Naragate. P.216.

을 과학적으로 정립한 Charls Darwin의 자연선택설을 말한다. 두 학설의 기본적인 차이점은 전자가 진화의 개념을 발전으로 보고 시간의 흐름에 따라 사회의 형태를 단계별로 분류할 수 있다고 주장하는 반면에 후자는 진화의 개념을 자연환경에 적응하기 위한 변화로 보았다[11]. 따라서 양자 간의 진화요인과 관점은 명확하게 구별이 된다는 점을 알 수 있다. 즉 Spencer는 진화를 개체의 능동적인 노력에 의해 전개되어 통합단계로 형성된다고 생각했고, Darwin은 개체가 피동적 입장에서 자연에 의해 선택되어 변화한다는 논리를 전개시켰다[12].

앞에서 열거한 두 학파는 진화의 요인과 관점에서 뚜렷한 차이를 보일 뿐만 아니라 "진화"라는 용어의 정의에서도 서로 다른 견해를 지니고 있었다고 생각된다. 다윈이 1859년에 발표한 "종의 기원"에서는 진화(evolution)란 용어를 찾아 볼 수가 없다. 그런데 1872년에 간행된 종의 기원 제6판에서는 진화라는 용어를 처음 사용하였지만 용어에 대한 정의를 하지 않은 것이 특색이다[13]. 그러나 스펜서는 "진화"라는 용어를 다윈보다 먼저 1862년에 사용하였고 진화에 대한 정의도 명확히 내렸다. 그가 저술한 1862년의 저서 First Principles에 의하면 진화는 명확하지 않고 획일성이 없는 하나의 동질성이 계속적인 분화와 통합을 거치면서 정확하

---

11) 진화란 용어를 처음 사용한 학자는 다윈이 아니고 스펜서이다. 다윈이 1859년에 편찬한 "Origin of Species"에는 Evolution이란 용어를 찾아볼 수 없다. 그가 진화의 용어를 사용 한것은 스펜서의 영향을 받아서 1872년에 출간한 "종의 기원" 6판에서부터이다.
Darwin,E, 1872, The Origin of Species. 6th. ed. ,London: John and Murray. Pp. 201~202.

12) 최정필, 1988, A Study on The Differences Between Biological Evolution and Cultural Evolution, 한국문화인류학보, 20, Pp. 37~56.
문화진화는 다윈의 선택적 관점이 아니라는 가설은 최근에도 제기되고 있다.
Rosenberg, M., 1990, The Mother of Invention: Evolutionary Theory, Territoriality, and the Origin of Agriculture, American Anthropologist, 92 2, Pp. 399~415.

13) Darwin, 1872, ≪앞의 책≫, Pp. 201~202, 424.

고 획일적인 이질성으로 변화하는 것이라고 정의하였으나[14] 후에 이를 다시 수정하여 진화는 절대적 동질성으로 출발하여 반드시 획일적인 이질성으로 귀착하지만은 않는다고 주장하였다[15]

위의 사실을 종합하여 본다면 인류학의 창시자인 Edward Tylor가 1871년에 출간한 미개사회(Primitive Society)와 Henry Morgan이 1877년에 발표한 고대사회(Ancient Society)에 기술된 문화진화론의 이론적인 틀은 다윈의 학설보다는 스펜서의 사회진화론에 그 뿌리를 두고 있다는 사실이 명백하며 20세기 중엽의 신진화론자들 까지도 스펜서의 영향을 받았다는 것이 입증된다. 19세기 문화진화론자들은 진화가 획일적인 방향을 띠고 있다는 스펜서의 이론에 기초하여 단선진화론을 창안하게 되었고[16] 그의 수정된 이론은 뒤에 출현한 신진화론자들이 보편진화나 다선진화에도 다소 영향을 주었다고 하겠다. 이러한 사실은 20세기 신진화론자들의 논저에서도 언급되고 있다. White, Sahlins 그리고 Service는 신진화론을 제기하면서 그들의 이론적인 바탕이 다윈의 생물진화론 보다는 스펜서와 타일러 그리고 몰간의 사회진화론에 있다는 사실을 명시하였고[17]

---

14) Spencer, 1862, 《앞의 책》, P. 216.
15) Spencer, H., 1898, First principles. London: William and Nargate, P. 353.
16) 물론 몰간과 타일러는 신대륙의 수많은 민족지 자료를 비교 연구하였다.
17) White, L., 1959, Concept of Evolution in Anthropology, In Evolution and Anthropology: A Centennial Appraisal. Ed. by B. Megger, Washington D.C.: Anthropological Society of Washington, P. 106.
Service, E., 1975, Origin of State and civilization: Process of cultural Evolution. New York: Norton, Pp. 21~46.
M. Harris는 그의 저서 Rise of Anthropological Theory에서 Social Darwinism이란 용어를 사용하면서 Darwin이 Spencer와 Malthus의 영향을 받은 것은 사실이지만 19세기 문화진화론자 Tylor의 학설은 Darwin에 기초하고 있다고 한다. 이는 Harris의 개인적 견해라고 생각된다.
Harris M., 1987, Cultural Anthopology. 2nd ed. New York: Harper and Raw, Pp. 417~418.

1950년대의 고고학자들도 위와 같은 관점에서 발굴을 통하여 초기 사회진화론의 입증을 시도하였다[18].

3. 신진화론과 문화단계의 분류문제

20세기 초에 접어들면서 문화진화론에 대한 회의가 역사적 특수주의와 기능주의, 그리고 구조기능주의를 주장하는 학자들에 의해 제기되었다는 것은 인류학사의 기초상식이다. 문화진화론을 비판하는 학자들은 19세기 진화론자들을 단순히 단선진화주의로 분류하고 모든 인류사회가 이들이 제시한 도식에 따라 진화하지 않았다는 사실을 지적하고 있다. 물론 이와 같은 반진화론자들의 주장은 민족지 연구에 나타난 문화의 상대성이나 연구방법론을 고려한다면 타당하다고 하겠다. 그러나 여기에서 필자가 우선 한 가지 지적하고 싶은 사실은 단선진화의 개념문제이다. 단선진화의 개념이 국내역사학계에 명확하게 소개되지 않았기 때문에 상고사의 해설에서 진화론이 비판을 받고 있다고 생각된다.

19세기 진화론자들이나 20세기 신진화론자들이 주장한 단선진화론의 개념은 우리가 통상 인류학개론에서 대하는 내용과는 많은 차이를 보이고 있다. 개론서에 소개된 단선진화의 정의에 의하면 모든 인류사회가 획일적으로 정해진 문화단계를 거쳐서 예정된 방향으로 진화한다는 것이다. 현재 이와 같은 문화진화설을 지지하는 학자들이 없다는 것은 상

---

[18] Dunnell, R. C., 1982,Evolutionary Theory and Archaeology,InAdvances in Archaeological Method and Theory: Selection from Volumes 1 through 4. Ed. by M.B. Schiffer.
New York: Academic press, P.41.

식적인 이야기이다. 19세기 말엽 문화진화론을 주장한 학자들을 가리켜 우리는 단선진화주의 라고 규정하고[19] 그들의 진화개념을 위에서 언급한 것처럼 이해해왔다. 그러나 민족지의 연구가 부족한 당시에도 문화진화론자들은 국내학계에 소개된 내용과는 달리, 모든 문화가 반드시 정해진 단계를 거쳐서 진화한다고는 설파하지 않았다. 몰간[20]과 프레이져[21]는 진화의 도식을 설명하면서 대부분의 사회가 정해진 사회단계를 밟아서 진화하는 것은 사실이나 모든 사회가 절대적으로 이러한 진화도식을 따르지는 않는다고 전제하고 있다. 따라서 우리는 한 문화지역의 발굴과정에서 진화론자들이 설정한 야만사회, 미개사회, 문명사회 중에서 이들 문화단계 하나가 발견되지 않았다고 해서[22] 진화론을 완전히 부정할 수는 없다고 생각된다. 바로 이러한 이유 때문에 1900년대 중반에 접어들자 진화론이 다시 학계에 거론되었던 것이다.

신진화론과 이에 관계된 문화단계를 설명할 때 국내학자들이 거론하는 내용은 White, Steward, Sahlins, Service 등 문화인류학자들의 학설만을 소개하고 있기 때문에 신진화론의 연구가 마치 문화인류학자들의 전유물이며 이들에 의해서만이 그 규명이 가능하다는 인상을 주고 있다. 그러나 고고학의 기본이론의 틀을 생각한다면 진화론은 오히려 고고학의 전유물이 된다. 고고학이 한 학문으로 형성되는 바탕에는 유물론과 진화론이 자리하고 있다. 아울러 신진화론의 가설을 처음으로 검증하여 학계에 재생시킨 것은 문화인류학자가 아니라 고고학자라는 사실을 생각한다면 뒷장에서 다시 언급될 한국 상고사와 연관된 신진화주의에 대

---

19) Steward, J., 1953, Evoution and Process, InAnthropology Today. Ed by A. L. Kroeber, Chicago: University of Chicago Press, P.316.
20) Morgan L. H., 1909, Ancient Society. Chicago: Charls H. & Kerr, P.9.
21) Frazer, .G., 1905, Lectures on the Early History of Kingship, London: Macmillan, P.151.
22) Morgan이 세분화한 결혼 형태는 물론 타당성이 없다.

한 문제에 고고학이 지니는 학문적 위상을 이해할 수 있다고 하겠다. 고고학계에는 널리 알려진 사실이지만 세계선사학을 처음으로 집필한 Childe는 중동지역과 유럽의 발굴을 바탕으로 신진화론을 1936년에 발표하였다. 물론 챠일드는 후에 등장하는 서비스처럼 진화의 도식에 따라 구체적인 사회조직의 특색과 명칭을 사용하지는 않았지만 생산수단과 기술에 근거하여 분류한 인류역사의 문화단계는 신진화론의 2세들인 서비스는 물론 Fried의 도식에도 반영되어 있음을 쉽게 찾아 볼 수 있다. 그는 인류역사에 나타나는 도구의 형태와 기술이 한 시대의 사회제도 및 경제조직을 결정한다는 가설을 내놓았다[23]. 그리고 인간의 기술형태는 변천하는 자연환경과 사회환경에 적응하기 위해 발전의 개념을 가지고 진화한다는 사실을 고고학적으로 설명하였다[24].

챠일드의 고전적 진화이론을 되풀이해서 요약하면 다음과 같다. 그는 인류문화단계를 초기 진화론자들처럼 도구의 형태에 따라 구석기 → 신석기 → 청동기로 분류하지 않고 경제양상에 바탕을 두고 구석기시대를 채집경제사회, 신석기시대를 초기농경사회, 그리고 청동기시대를 국가사회라고 규정지었다[25]. 챠일드는 위와 같은 진화도식을 제시하면서 각 문화단계의 사회제도와 경제조직을 분석하여 그 특성을 지적하고[26] 나아가서 한 문화단계에서 다른 문화단계로 진화하게 되는 요인의 분석을 시도하였다[27]. 챠일드가 서비스나 프리드처럼 인류문화를 네 가지 단계

---

23) Childe, G., 1936, Man Makes Himself. New York: Mentor Book, P.14.
24) 《위의 책》, Pp.15, 24.
25) Childe는 "도시혁명"이라는 용어를 사용하면서 그 의미는 국가라는 것을 밝히고 있다. 《위의 책》, P.87.
26) Childe, 《위의 책》, Pp.45~86, 114~142.
27) 《위의 책》, Pp.87~112. 농경문화의 기원에서 그가 제시한 "오아시스"설은 신빙성이 없다는 사실이 밝혀졌다.

로 분류하지 못한 점은 문화에 대한 진화의 관점 때문이라고 하겠다. 챠일드는 인류문화가 점진적으로 진화한다는 사실을 이해하지 못했다. 그는 문화가 어느 시점에 와서 갑자기 극적으로 전환된다고 생각하였음으로 "신석기 혁명", "도시혁명"이라는 용어를 사용하고 있다[28] 따라서 그의 진화도식에는 서비스가 국가 직전단계의 사회형태로 설정한 Chiefdom 이나 프리드의 계층사회(Stratified Society)를 찾아 볼 수 없는 것이 특색이다.

　유물사관에 입각하여 신진화론을 고고학적으로 연구한 챠일드의 진화법칙은 문화인류학자로서 진화론을 소생시키는데 선구적 역할을 하였던 화이트의 에너지 법칙을 바탕으로 하는 보편진화론에 그 맥을 이어주고 있다고 생각된다. 물론 화이트의 초기 논저[29]에서는 챠일드의 이론을 명확하게 인용하지는 않았지만 민족지연구에서 화이트가 주장하는 에너지법칙과 진화의 성향은 챠일드와 너무나 흡사하다는 것을 아무도 부정할 수가 없다[30]. 이러한 사실은 화이트와 함께 신진화론을 정립한 스튜워드의 논리에서도 잘 나타나고 있다. 스튜워드는 특정사회의 문화만이 진화한다는 19세기 진화론자들을 단선진화론자로 규정하는 반면에 챠일드와 화이트를 보편진화론자로 명명하였다[31]. 스튜워드가 챠일드

---

28) Childe, ≪앞의 책≫.
29) White, L., 1943, Energy and the Evolution of Culture, American Anthropologist, 45. Pp. 335~350.
30) 챠일드와 화이트는 유물사관에 입각한 그들의 진화론을 소개하기 위해 각각 소련 학계를 방문하여 강연을 하였다는 사실을 생각한다면 화이트가 챠일드의 영향을 받았다고 생각된다.
31) Steward, J., 1953, ≪앞의 논문≫, P.316. 이 논문에서 스튜워드는 단선진화론과 보편진화론 모두를 비판하고 그가 1949년에 발표한 다선진화론을 주장하고 있다. 그가 정의한 보편진화론은 특정사회의 문화보다는 인류문화가 일반적으로 진화한다는 것을 의미한다고 한다.

와 화이트를 보편진화론자로 분류하게 된 이유는 두 학자가 문화를 보는 관점이 서로 비슷하다고 생각한데서 기인했겠지만 고고학이란 통시적 연구에서 얻어진 챠일드의 이론을 화이트가 문화인류학적 견지에서 비교문화연구로 진화론을 입증하였기 때문이라고 볼 수 있다. 고고학자들의 연구성과로 문화인류학자들이 신진화론의 영향을 받았다는 사실은 스튜워드 자신이 제기한 다선진화론의 정립과정에서도 잘 나타난다.

국내문헌에는 소개되지 않았지만 1930년대 초반 신대륙의 고고학자들은 문화인류학자들과는 별도로 중미와 남미지역의 발굴을 통하여 신진화론을 소생시키기 시작하였다. 페루의 북부에 위치한 치카마 계곡과 멕시코의 유카탄지역을 발굴한 고고학자들은 문화층의 형태가 시간의 흐름에 따라서 단순한 촌락사회에서 복합사회로 진화한다는 사실을 인지하고 신진화론에 입각하여 문화단계를 챠일드의 도식보다는 좀 더 구체적으로 설정하기에 이르렀다. 특히 페루 출신의 고고학자 Larco Hoyle은 과거에 설정된 문화단계의 명칭이 토기의 형태에 따라서 단순하게 작성되었기 때문에 문화의 진화를 설명하는데 발전을 상징하는 기능적 내용이 결여되었다는 점을 지적하고 새로운 문화단계를 학계에 제시하였다. 그가 1946년에 페루의 Chielin에서 개최된 학술회의에 제시한 페루지역의 진화도식은 1) 선토기시대 → 2) 초기토기시대 → 3) 촌락형성시대 → 4) 지역융성시대 → 5) 지역연합시대 → 6) 제국시대로 분류되어[32] 관계학계로 부터 많은 지지를 받았다. Larco Hoyle은 신진화론을 주장하면서 그가 제시한 진화도식은 단순히 페루 문화사의 편년을 의미하는 것이 아니라 진보의 개념을 지닌 독특한 사회양상을 나타낸다고 설명했다[33]. Larco Hoyle의 문화단계 분류는 당시 페루의 Viru 계곡에서 발굴 작

---

32) Larco Hoyle, R., 1948, Cronologia Arqueologica del Norte del Peru. Buenos Aires: Sociedad Geografica, P.10.

업을 하던 미국고고학자 Willey에게도 많은 영향을 끼친 것으로 생각 된 다[34].

Larco Hoyle의 진화도식이 발표되자 1947년에 Viking Fund 인류학 학술대회가 뉴욕에서 개최되어 사회진화도식이 고고학자들을 중심으로 토의되었다. 여기에서 Strong은 페루 그리고 Armillas는 멕시코지역의 문화단계를 발표하였는데 Strong의 도식은 1) 전농경시대, 2) 촌락의 발달시대, 3) 지역형성시대, 4) 지역융성시대, 5) 지역연합시대, 6)제국시대[35]로, 그리고 Armillas의 문화단계는 1) 초기시대, 2) 지역형성시대, 3) 지역융성시대, 4) 군사정복시대로 제시되었다[36]. 물론 이들의 진화도식은 앞에서 열거한 Larco Hoyle과 큰 차이가 없음을 알 수 있다. 여기에서 중요한 사실은 문화인류학자인 스튜워드도 이 학술회의에 초청되어 신진화론의 문화단계를 발표하였는데, 그의 진화도식 역시 Larco Hoyle의 틀에서 벗어나지 않은 1) 전농경시대 2) 초기농경시대 3) 지역발전과 형성시대 4) 지역융성시대 5 제국과 정복시대로 분류되었다[37].

한편, 미국의 고고학자 Willey와 Phillips는 Larco Hoyle이 발표한 신진

---

33) Larco Hoyle, R., 1966, Peru: Trans Tames Hogarth. Cleveland & New York: World Publishing Co., P.12.
34) Willey, G., 1953, Prehistoric Settlement Pattern in Viru Valley, Peru, Bureau of American Ethnology Bulletin, 155, 서문, Pp.17~19.
35) Strong, W. D., 1948, Cultural Epochs and Refuse: Stratigraphy in Peruvian Archeology, InA Reappraisal of Peruvian Archeology. Ed by W. Bennet. Society for American.
Archeology, Memoir 4, Pp.93~102.
36) Armillas, p.1948, A Sequence of cultural Development in Mesoamerica, In A Reappraisal of Peruvian Archeology. Ed. by W. Bennet. Society for American Archeology,: Memoir 4, Pp.105~108.
37) Steward, J., 1948, A Functional-Developmental Classification of American High Culture, In A Reappraisal of Peruvian Archeology. Ed. by W. C. Bennet. Society for American Archeology, Memoir 4, P.104.

화도식을 바탕으로 신대륙의 여러 지역을 문화단계에 따라 분류하기 시작하였다[38]. 특히 그들이 발굴한 페루의 Viru계곡 문화형태는 통시적인 측면에서 단계적으로 진화했다는 사실이 입증되었다. 따라서 이들 두 학자는 신대륙의 선사학을 진화론적으로 정립하기 위해 여러 지역의 발굴결과를 비교·검토해 보았다. 그 결과 문화는 대체로 그들이 설정한 단계에 따라서 진화하는 것이 보통의 예이지만 이와는 다른 양상을 보이는 지역이 있다는 것도 알게 되었다[39]. Willey와 Phillips는 문화단계를 시간에 따라 설정하는 동시에 문화전반에 걸친 설명도 시도했다. 이와 같은 고고학자들의 신진화론적 접근은 구대륙에서도 꾸준히 전개되어 미국의 고고학자 Braidwood는 '왜', 그리고 '어떻게' 문화가 진화하게 되는가를 검증하기 위해 실증주의에 입각하여 1946년부터 중동지역을 발굴했다[40]. 아울러 그의 제자인 Adams는 문화단계를 내용과 기능적으로 분류하여 스튜워드를 비롯한 비고고학자들이 제시한 진화의 가설에 모순점이 있음을 제기하여 신고고학의 기틀을 닦아 놓았다[41].

진화론적 문화단계의 연구는 꾸준히 계속되었지만, 고고학자들은 비교문화론적 견지에서 진화의 개념을 구체적으로 측정하지는 않았다. 이와 같은 필요성을 인지한 Raoul Naroll은 사회의 진화단계를 측정하기 위해 구체적인 공식을 진화론의 연구사상 처음으로 제시하였다. 그는 각 사회의 제반 문화적 요소(예컨대, 경제, 사회조직, 정치조직, 법률, 전쟁,

---

38) 이들 두 학자는 문화단계를 부분적으로 수정하여 발표하는 반면에 스튜워드처럼 환경적 요인을 중요시 하였다. 이는 스튜워드의 영향을 받았다고도 할 수 있으나 그들이 발굴을 통해 얻어진 결과의 비교연구에서라고 생각할 수 있다.
39) Willey, G. & P. Phillips, 1958, Method and Theory in America Archeology. Chicago: University of Chicago Press, P. 200.
40) Braidwood, R., 1948, Prehistoric Man. Chicago: Chicago Natural History Museum.
41) Adams, R., 1960, Evolutionary Process in Early Civilization, In Evolution After Darwin. Ed. by Sol Tax, Vol 2, Chicago: University of Chicago Press, Pp. 153~168.

종교 등)를 변인으로 채택하여 통계적 방법으로 문화의 복합도를 측정해 보았다[42]. Naroll이 얻은 결론은 그의 공식으로 모든 사회의 문화적 복합도를 측정할 수 있다는 것으로 인정되어 학계의 지지를 받았다[43]

고고학적 유물과 유적에 기초하여 문화단계를 설정한 학자들은 각 문화단계가 생계경제, 주거형태, 인구밀도, 기술형태, 직업의 전문화, 사회계층화, 정치조직, 종교 등의 문화적 요소의 특성이 진화론적 측면에서 내포되어 있다고 설명하는 것이 특색이다.

앞에서 설명한 스튜워드의 진화도식에는 고고학의 영향을 받아 통시적 문화단계의 순서를 말해주는 단선진화[44]와 보편진화[45]의 개념이 명확히 표현되어 있지만 일반적으로 그를 다선진화론자로 분류 한다[46] 그 이유는 스튜워드가 1953년에 발표한 논저에서 생계경제와 기술형태를 자연환경과 관련시켜서 문화생태학이란 개념을 착안했기 때문이다. 그는

---

42) Naroll, R., 1956, A Preliminary Index of Social Development, American Anthropologist, 58, Pp. 153~168.
43) Carneiro, R. & S. Tobias, 1963, The Application of Scale Analysis to the Study of Cultural Evolution, Transactions of the New York Academy of Sciences, 26, Pp. 196~207.
44) 스튜워드는 다음해 발표한 논문에서 과거의 설을 수정하여 문화를 7단계로 분류하였다. 추가된 두 단계는 정복시대를 초기정복의 중세시대암흑시대 그리고 정복의 반복시대로 나눈것이다. 그러나 이는 전자의 도식과 별 차이가 없으며 암흑시대를 삽입한 것이 오히려 그의 상상에 불과한 점이라고 생각된다.
Steward, J., 1949, Cultural Casuality and Law: A Trial Formulation of the Development of Early Civilization, American Anthropologist, 51, Pp. 1~27.
45) 앞장에서 밝힌 것처럼 본고에서 인용되는 단선진화의 정의는 특정문화가 일정한 단계를 거쳐서 정해진 방향으로 진화한다는 것을 뜻하며, 보편진화는 문화가 대체로 복합적인 형태로 진화하는 경향을 보인다는 것을 의미한다. Steward, 1953, ≪앞의 논문≫, P.316 참조.
46) 다선진화의 개념은 1871년 Tylor, 그리고 1927년 Lowie에 의해서 이미 언급되었다. Tylor, E., 1871, Primitive Culture. London : John Murray, P.25. Lowie, R. H., 1927, The Origin of State. New York: Harcourt Brace, P.3. 참조.

단선진화론⁴⁷⁾을 수용하되 문화의 핵심인 생계경제와 기술형태가 자연환경에 어떻게 적용되느냐에 따라서 문화는 여러 가지 형태로 변화 할 수도 있다고 생각했다. 이러한 스튜워드의 다선진화론은 Boas의 역사적 특수주의를 소화시키는 과정에서 출현했다고 보는 견해도 있지만,⁴⁸⁾ 당시의 고고학적 업적을 많이 참조하였다는 사실은 그가 구대륙과 신대륙의 고대문명 발생과정을 비교연구한 점에서도 잘 나타나고 있다⁴⁹⁾. 물론 스튜워드는 문화인류학자이지만, 미국인류학의 연구 성향 때문에 고고학에도 폭넓은 안목을 가지고 있었다. 따라서 그는 공시성을 지닌 비교문화연구에서 얻어진 다선진화의 개념을 검증하기 위하여 당연히 고고학적 연구성과에 관심을 두었다고 생각 된다⁵⁰⁾.

화이트와 스튜워드는 신진화주의의 2세라고 지칭되는 사하린스와 서비스 그리고 프리드에게 직접영향을 끼친 학자이다. 이들 초기 두 학자의 이론을 바탕으로 사하린스가 신진화론을 일반진화와 특수진화⁵¹⁾로 발전시켰다는 점은 너무나 잘 알려진 사실이다. 그러나 신진화론의 2세들이 설정한 문화단계의 뿌리가 고고학자들의 도식을 모방하였다는 점

---

47) 모든 문화가 서로 영향을 받지 않은 상태에서 일정한 단계를 거쳐서 정해진 방향으로 진화한다는 것을 단선진화라고 규정하는 견해와 구별되는 것이다. Carneiro는 아래 논문에서 스튜워드가 분류한 단선진화와 보편진화는 무의미 하다고 비판하고 있다. 카네이로에 의하면 스튜워드의 이론은 초기에 단선진화를 주장하다가 후에 이를 수정하여 다선진화로 전환된 것이라고 한다.
Carneiro, R. L., 1973, The Four Faces of Evolution, In Handbook of Social and Cultural Anthropology. Ed. by J. Honigman, Chicago: Rand Mcnally & Co., Pp.91~93, 97.
48) 전경수, 1988, ≪앞의 논문≫.
49) Steward, 1949, ≪앞의 논문≫. 스튜워드는 다선진화를 주장하고 있지만 그의 진화론에는 진보의 개념이 내포되어 있는 것이 사실이다.
50) 이와 같은 사실은 스튜워드가 다선진화의 개념이 문화를 연구하는 기본 방법이며 이러한 방법을 통하여 문화의 변천에 관한 법칙을 찾아 낼 수 있다고 강조한 점을 보아서도 통시적 개념을 지닌 고고학에 염두를 두고 있다는 점을 알 수 있다. Steward, J., 1953, ≪앞의 논문≫, P.318 참조.

은 별로 언급된 적이 없었다. 따라서 필자는 앞에서 설명한 고고학과 신진화론의 업적을 종합하여 다음과 같은 몇 가지 중요한 사항을 집고 넘어갈 필요가 있다고 생각한다. 첫째, 문화는 다양한 형태로 변화하는 반면에 신진화론의 도식에 따라 단순문화에서 문화의 핵심이 축적되거나 교체되어 보다 복잡한 형태로 진화한다. 둘째, 신진화론은 고고학자들에 의해 처음으로 제기되었으며 문화인류학자들의 도식은 비교문화연구와 고고학자들의 연구에 기초하고 있다. 셋째, 신진화론의 문화단계는 공식적인 비교문화의 연구보다는 통시적인 고고학으로 검증될 수 있다. 위의 세 가지 논지는 신진화론의 이론적 틀이 한국 상고사에 적합하지 않다고 주장하는 학자들의 논리가 타당성이 없다는 것을 시사해준다. 그리고 현재 국내학계에 쟁점으로 부각되고 있는 서비스의 도식을 폐기시키는데 비교문화론적 연구보다는 여러 지역의 고고학적 검증이 반드시 필요하다는 의미도 함축되어 있다.

한국 상고사에 문제가 되고 있는 서비스의 진화도식(무리사회 → 부족사회 → 족장사회 → 국가사회)은 서비스 자신이 독자적으로 정립한 가설이 아니라 신진화주의 1세들이 오랫동안 조사해온 고고학과 민족지를 바탕으로 이루어진 것이다. 이러한 사실은 그의 진화도식을 초기 고고학자들이 제시한 문화진화단계설과 비교하면 너무나 흡사하다는 점에

---

51) 본고와는 다소 거리가 있지만 사하린스는 "특수진화"와 "특수진화적 진보"라는 용어를 사용하면서 양자간의 개념 정의를 명확히 하지 않고 있다. 그는 사회진화를 특수진화로서 측정할 수 없다고 언급한 반면에, 사하린스와 함께 책을 편찬한 서비스는 바로 다음 장에서 진화의 잠재적 법칙을 알 수 있다는 것을 강조하기 때문에 특수진화에 대한 개념이 더욱 모호해진다.
Sahlins, M. D., 1960, Evolution: Specific and General, In Evolution and Culture Ed. by M. D. Sahlins and E. R. Service. Ann Arbor: University of Michigan Press, Pp. 26~27.
Service, E. R., 1960, 사하린스와 함께 편찬한 ≪위의 책≫, P.97 참조.

서 잘 나타난다. 무리사회는 선(先)토기사회 또는 채집경제사회, 그리고 부족사회는 촌락의 발달시대 또는 농업혁명시대로 간주할 수 있다. 왜냐하면 Larco Hoyle과 Child가 설정한 초기의 문화단계는 경제양상, 주거형태 그리고 사회조직 면에서 서비스가 제시한 무리사회[52] 및 부족사회[53]의 특성과 거의 일치하기 때문이다. 족장사회와 국가사회의 경우도 마찬가지이다. 족장사회[54]는 지역융성사회와 지역연합사회에 해당하며 국가는 차일드의 용어와 동일하므로 제언할 필요가 없다. 물론 서비스는 그의 도식에서 민족지자료를 많이 이용하였기 때문에 앞의 고고학자들보다 각 사회형태에 대한 구체적인 문화현상의 특징을 설명하는 점이 새롭다고 할 수 있다. 그리고 그가 채택한 사회형태의 용어[55]도 어느 정도 세련된 느낌을 주고 있으나, 전반적인 진화의 도식은 과거의 학자들과 별로 차이점이 없다고 하겠다.

국내의 일부학자들은 서비스가 재정립한 신진화론의 새로운 도식은

---

52) Band(무리사회)라는 용어는 스튜워드가 수렵-채집 경제생활을 하던 북미의 Shoshone 인디언의 사회조직을 바탕으로 창안한 것이다. 스튜워드에 의하면, Band는 인간사회조직의 가장 원시적인 형태라고 한다. Steward, J., 1936, The Economic and Social basis of Primitive Bands, In Eassy on Anthropology in Hornor of Alfred Kroever. Ed. by R. Lowie,
Berkely: University of California press, Pp. 311~350.
53) Caton에 의하면 사회진화 도식에서 부족의 개념을 처음으로 사용한 학자는 K. Marx이 다. Marx는 국가사회 이전을 부족사회로 간주하고 부족연맹체에서 국가사회가 탄생한다고 주장했다. Caton, S., 1990, Anthropological Theories of Tribe and State Formation in the Middle East, In Tribe and State Formation in Middle East. Ed. by K. Kostiner, Los Angeles: University of California, P.78.
54) 서어비스에 의하면, 족장사회의 개념은 K. Oberg가 1955년에 남미의 평원지대 사회형태를 분류하는 가운데, 족장사회를 분절부족사회와 국가사회가운데 설정한 모델을 보고 이를 채택하였다고 한다. Service, 1975년, ≪앞의 책≫, Pp. 15~16.
55) 서어비스가 족장사회 용어를 Oberg로부터 인용하였다는 사실은 국내 학계에도 소개된 바 있다. 전경수, 1988년, ≪앞의 논문≫.

고고학자들에게는 폭넓게 수용되었지만 문화인류학자인 프리드에 의해서 전면적으로 거부당했다고 언급하면서, 마치 프리드의 가설이 입증된 것처럼 소개하고 있다[56]. 그러면 신진화론자 이면서 서비스가 설정한 가설을 전면적으로 부정하고 있는 Fried의 논의에 타당성이 있는가를 살펴보기로 하자. 프리드가 새롭게 제시한 진화도식(평등사회: Egalitarian → 서열사회: Ranked → 계층사회: Stratified → 국가사회: State)은 사회조직의 일면에서 생각한다면 앞에서 언급된 고고학자들과 서비스가 정립한 사회형태와 차이점이 없다고 생각된다. 무리사회 또는 수렵 채집 경제사회가 제도적으로 평등사회[57]라는 사실은 물론 족장사회가 어느 정도 계층화되어 있다는 것은 너무나 당연한 논리이다. 프리드가 집필한 저서의 서문에서 밝힌바와 같이 그의 이론은 문화단계를 설정하는 것이 아니고 신진화론에 입각하여 정치의 진화과정을 규명하는데 목적이 있다는 단서를 달고 있다[58]. 따라서 그의 진화도식은 서비스가 시도한 것처럼 사회의 문화적인 통합수준에 기초하지 않았기 때문에 사회형태의 분류에서 서비스와는 다른 용어를 채택했던 것이다[59]. 바꾸어 말하면 위의 두 학자는 신진화론을 수용하였으나 문화의 핵심을 보는 관점이 서로 다른 것이지 진화의 도식에는 문제가 없다고 생각된다.

진화론적 견지에서 부족사회(Tribe)의 개념이 허구성이라고 주장하는

---

56) 전경수, ≪앞의 논문≫.
57) 서비스는 1975년의 저서에서 프리드의 평등사회가 자신이 설정한 무리사회와 부족사회, 서열사회는 족장사회, 그리고 계층사회는 고대국가사회와 동일한 개념이라고 서술하고 있다.
　　Service, 1975년, ≪앞의 책≫, Pp. 44~45.
58) Fried, M., 1967, The Evolution of political Society: An Eassy in Political Anthropology. New York: Random House, P. XI.
59) 프리드는 사회형태를 복원하는 것이 목적이 아니라고 설명하고 있지만 그의 정치진화도식 자체가 분류학에 해당된다.

프리드의 견해도 다시 검토되어야 한다. 프리드는 서비스의 도식에 등장하는 부족은 원초적인 형태가 아니라 신대륙의 원주민 사회가 유럽인들과 접촉하는 과정에서 생존을 위하여 탄생된 사회조직이라고 주장하고 있다. 물론 신미대륙과 아프리카의 원주민 사회형태는 체계적인 인류학자의 연구가 진행되기 이전에 서구의 식민지화 과정에서 그 원형이 다소 변형 되었을 가능성도 있다. 그러나 위의 모든 원주민 사회가 서구의 영향으로 변화하였다고 보기는 어렵다. 일부 신대륙 원주민의 부족사회형태가 뉴기니 고원지대에서도 나타난다. 주지하는 바와 같이 뉴기니 고원지대는 열강의 세력들이 침투하기 이전에 체계적인 민족지연구가 이루어졌다. 그렇다면 뉴기니 원주민 사회를 원초적인 부족사회라고 간주해도 무리가 없을 것 같다.

부족(Tribe)의 개념정의 때문에 인류학계에서도 종종 혼선을 빚고 있는 것은 사실이다. 부족을 동일한 문화와 언어집단의 종족으로 해석한다면 부족의 구성원은 무리사회는 물론 국가사회에도 포함될 수 있다. 이러한 문제 때문에 한국 상고사의 편년에서 한때 부족국가라는 용어가 등장하게 되었다[60]. 물론 본고에서 사용되는 부족의 개념은 진화적 입장에서 설정된 문화단계를 의미하는 것이다. 부족사회는 서비스의 도식처럼 무리사회와 족장사회 사이에 존재했던 사회형태로 혈연을 바탕으로 이루어진 사회를 말한다[61]. 혈연사회란 개념은 사하린스가 설명한 것처럼 가족의 구성원이 증가하여 하나의 출계집단을 형성하고 출계집단은 다시 모여서 보다 큰 집단을 형성하게 된다는 뜻이다. 그러므로 부족사

---

60) 김철준, 1975년, 한국고대국가발달사, 지식산업사.
　　이기백, 1967년도판, 한국사신론, 일조각.
61) Evans-Prichard가 누어의 집단을 바탕으로 정의한 부족의 개념과는 물론 다르다. 그는 부족을 영토로 구획된 하나의 정치집단으로 간주하고 출계집단에 따라서 계급이 형성되어 있다고 설명하고 있다.

회의 구성원은 동일 출계집단으로 구성될 수도 있는 반면에 서로 다른 출계집단이 결합되는 경우도 있다[62]. 따라서 부족사회의 취락형태는 무리사회 보다 넓게 분포되어 있으며 대체로 구성원의 수도 많은 편이다. 아울러 부족사회에는 원시농경문화가 보편화되어 있기 때문에 정착생활을 하고 있다. 마을에는 지도자(뉴기니의 경우는 Bigmen이라 칭하고 남미는 Headmen으로 불리운다)가 있으나 이들 지도자는 특정자원에 접근하고 이를 통제할 수 있는 권력을 지니지 못한다[63]. 보다 간략히 설명한다면 부족사회는 사회계급이 존재하지 않고 혈연에 기초한 통합된 농경마을을 의미하는 것이다.

위와 같은 원초적 사회형태가 고대 인류문화의 진화과정에서 존재하지 않았다는 프리드의 견해를 고고학자들은 받아드리지 않고 있다. 멕시코의 Tehuacan 계곡을 발굴한 MacNeish는 계절에 따라 방랑생활을 하였던 소규모의 무리사회를 확인하였고 보다 규모가 큰 농경마을을 그 다음 문화층에서 발견하였다[64]. 부족사회의 규명을 위한 고고학적 연구는 계속되어 많은 학자들이 깊은 문화층으로 형성된 선사유적지를 조사한 결과 동일한 결론을 얻었다. 미국동북부의 뉴욕주에 위치한 Iroquois 인디언 유적지를 발굴한 Tuck에 의하면 소규모의 마을들이 시간이 지나

---

62) Sahlins, M., 1968, Tribemen. Englwood Cliff: Prentice-Hall, Pp. 16~17.
63) 일부학자들은 부족화 되어가는 과정에서 이미 사회, 정치, 경제조직이 족장사회처럼 발달되었다고 주장하기도 한다. 예, Braun, D. P. & S. Plog, 1982, Evolution of Tribal Social Networks: Theory and Prehistoric North American Evidence, American Antiquity, 47, Pp. 504~525.
Upham, S. 1987, A Theoritical Consideration of Middle Range Societies, InChiefdoms in the Americas. Ed. by Drennan, R. & A. Uribe, Lanham: University Press of America Inc., Pp. 356.
64) MacNeish, Rechard, 1964,Ancient Mesoamerican Civilization, Science, 143, Pp. 531~537.

면서 점차로 결합되어 하나의 촌락 집단을 이루는 것으로 나타났다[65]. 이러한 현상은 한반도의 여러 유적지에서도 확인되었다. 예컨대, 암사동과 궁산리 후기문화를 초기부족사회로 규정할 수 있는 반면에 흔암리[66], 송국리 하층문화[67], 석탄리 그리고 평양의 남경마을 청동2기 유적지[68]는 보다 통합된 부족사회의 면모를 보여주고 있는 것이다.

한국 상고사의 부족사회와 관련하여 한 가지 언급할 사실은 신석기시대 전체를 부족사회로 규정할 수 없다는 점이다. 한국고고학계에 통용되고 있는 신석기시대의 개념은 농경문화와는 관계없이 토기의 출현을 시발로 잡고 있기 때문에 초기 신석기시대에는 통합된 농경마을을 찾아볼 수 없다.

민족지의 사례처럼 출계집단을 구체적으로 확인할 수 없지만 고고학에서 밝혀진 부족사회는 지역과 시간에 따라서 그 규모가 무리사회보다 크고 넓은 영역을 차지하고 있으며 정교한 종교의례도 행해진 것으로 입증되었다[69]. 위에서 언급한 뉴기니 원주민들의 민족지 사례와 고고학적 연구를 종합해 볼 때 프리드의 "2차부족설"(즉, 원주민 사회가 서구문명

---

65) Tuck, J., 1971, The Iroquois Confederacy, Scientific America, 2241, Pp. 35~49
   프랑스와 스위스의 초기신석기 유적지를 분석한 Phillips도 부족사회의 존재를 입증했다.
   Phillips, A. P., 1973, The Evolutionary Model of Human Society and Its Application to Certain Early Farming Population of Western Europe, InThe Explanation of Cultural Change: Model in Prehistory. Ed. by C. Renfrew, Pittsburgh: University of Pittsburgh Press, Pp. 530~536.
66) 최몽룡, 1986, 흔암리 선사취락지, 삼화사.
67) 국립박물관, 1979, 송국리 I.
68) 김용간, 석광준, 1984, 남경유적에 관한 연구 사회과학출판사, Pp. 78~190. 남경유적지 보고서에 기록된 청동기시대 1기와 2기 주거형태가 이에 해당한다. 북한 학자들은 청동기 편년을 B.C. 2000으로 올려 잡고 있으나 이는 족장사회와 관계가 없는 신석기시대 즉, 초기무문토기시대로 간주할 수 있다.

과의 접촉과정에서 생존을 위해 결합되어 탄생했다는 설)은 타당성이 없다고 하겠다. 그리고 서비스 자신이 프리드의 가설을 받아들여서 "2차 부족설"을 인정하고 무리사회와 부족사회는 동일한 사회형태라고 한[70] 그의 변명적인 논조도 고고학적 성과를 염두에 두지 않았기 때문이다.

신진화론에 관한 연구는 1980년대 말기 이후부터 더욱 활기를 보이기 시작하여 경제제도의 관점에서 사회형태를 분류하는 추세가 증가하고 있다. 그 대표적인 예로 고고학자와 문화인류학자가 공동연구로 내놓은 업적을 들 수 있다[71]. Earl과 Johnson은 인류역사에 나타난 경제형태를 실재론과 형식론에 입각하여 생계경제(Subsistence economy)와 정치경제(Political economy)로 나누어 이를 바탕으로 문화진화를 설명하고 사회형태를 분류하였다. 두 학자가 설명하는 생계경제의 개념은 가정(household)수준에서 기본적으로 필요로 하는 음식, 의복, 주택 및 기초적 기술로 짜여진 가족경제를 뜻한다. 그리고 각 가정이 서로 협력하여 그들이 필요한 모든 물질을 자급자족하며 연령과 성(性)에 따라 노동의 분업이 형성되어 있다. 생계경제는 그들의 인구수에 필요한 생활용품의 분량만 획득하고 생산하기 때문에 노동력의 투자를 최소화 시키는 점이 특색이다. 한편 정치경제는 서로 연결된 가족들로 통합된 하나의 사회 속에서 물품과 노동력의 교류가 이루어지는 것을 말한다. 물론 이러한 경제형태

---

69) Flannery, K. V., 1972, The Cultural Evolution of Civilization, Annual Review of Ecology and Systematics, 3, Pp. 399~426.
 Phillips, 1973, ≪앞의 논문≫, Pp. 530~536. Phillips는 영국의 Verdon 발굴에서 부족사회의 문화단계는 동일출계집단의 연합으로 이루어진 것을 확인 했으나 사하린스의 주장과는 달리 주기적인 전쟁이나 인구의 압력 현상을 발견하지 못했다고 한다.
70) Service, 1975, ≪앞의 책≫, P. 304.
71) Johnson, A. W. & T. Earl, 1987, The Evolution of Human Societies: From Foraging Group to Agrarian State. Stanford University Press.

는 모든 사회 속에 존재할 수도 있지만, 진정한 의미의 정치경제는 문화의 진화과정에서 특정단계의 사회형태에서만이 찾아 볼 수 있다.

생계경제는 시간이 흘러도 안정성이 있는 반면에 정치경제는 유동적이어서 변화가 심하다. 정치경제는 생계경제로 부터 잉여물을 획득하여 이를 축적시킨다. 축적된 잉여물은 지배계급층에게 전달되어 농경지의 개발 그리고 종교와 정치적 목적으로 사용된다. 그러므로 두 경제형태의 가장 큰 차이점을 다음과 같이 요약할 수 있다. 생계경제는 생산을 담당하는 가정의 필수품들만 충족시키면서 안정되었다. 그러나 정치경제는 지배층을 위해 생산을 최대화해야 되기 때문에 경쟁을 유발시켜 경제적 성장을 가져 온다[72].

앞에서 설명한 것처럼 Earl과 Johnson은 경제형태를 두 가지로 분류하여 생계경제를 인류사회의 초기 경제형태로 규정하고, 생필품의 소요 증가로 가정경제가 압박을 받게 되면 정치경제로 전환된다고 진화의 요인을 설명하고 있다[73]. 나아가서 두 학자는 경제제도가 변화하는 양상에 따라서 다음과 같은 네 단계의 사회형태를 설정하였다.

1. 가족수준의 집단사회(Family Level Group)[74]
2. 지방 집단사회(Local Group)[75]
3. 족장사회(Chiefdom)[76]
4. 국가사회(State)[77]

---

72) 《위의 책》, Pp.11~13.
73) 《위의 책》, P.17.
74) 두 학자의 정의에 의하면 앞에서 논의한 무리사회와 동일한 개념이며 생계경제를 특성으로 지적하고 있다. 《위의 책》, Pp.19~20.
75) 부족사회와 동일하며 생계경제를 바탕으로 하고 있다. 《위의 책》, P.20.
Earl, T., 1991b, Property Right and The Evolution of Chiefdom, In Chiefdoms: Power, Economy and Ideology. Ed. by T. Earl. Cambridge: Cambridge University Press, P.73.

얼과 죤슨은 사회형태의 진화를 입증하기 위해 수많은 민족지, 민족사 그리고 고고학적 자료를 인용하고 이를 통시적 개념에서 정립한 것이 신진화론을 재생시킨 것이라고 볼 수 있다. 두 학자에 의하면 지방집단사회(부족)는 혈연의 출계집단에 따라 재산권과 마을의 경계선이 설정 된다고 한다. 이들이 분류한 지방집단 사회가 바로 부족의 개념인 것이다.

신진화론은 고고학에서 창출되어 서비스를 중심으로 하는 문화인류학자들에 의해서 재정립되었지만 프리드가 제기한 반론 때문에 한때 인류학계에 혼란을 초래한 것은 사실이다. 그러나 MacNeish[78]와 Sanders[79]를 비롯한 고고학자들은 민족지의 연구와는 무관하게 신진화론을 고고학적으로 입증하였지만 프리드는 고고학의 자료들이 너무나 단편적이어서 이를 풀이하는 것은 추론에 불과하다는 주장을 하고 있다[80]. 아울러 서비스 자신도 그가 설정한 사회형태는 민족지를 근거로 한 공시적인 분류이며 이를 선사학에 적용하기가 곤란하다는 입장을 밝혔다[81]. 바로 이러한 문화인류학자들의 편파적인 견해만을 수용했기 때문에 신진화론이 의미를 상실하게 되었다는 주장이 나오게 된 것이다. 앞에서 지적한 것처럼 신진화론은 고고학적 연구 성과로 오히려 그 이론적 틀을 더

---

76) 고고학에서 정의한 족장사회와 동일하나 사회경제적인 면에서 전쟁으로 인한 연합체가 형성되며 조직적인 장거리 교역이 출현한다. 아울러 자원의 획득을 위한 경쟁이 치열하고, 생계경제에서 정치경제로 전환되는 단계이다. Johnson과 Earl. ≪앞의 책≫, P.21.
77) ≪위의 책≫, Pp. 280~281. 두 학자는 족장사회와 국가사회를 지역 정치사회로 규정하고 이를 다시 족장사회와 국가사회로 분류하였다. ≪위의 책≫, Pp. 19, 207, 246. 완전한 정치경제체제를 갖추고 있다.
78) MacNeich, ≪앞의 논문≫.
79) Sanders, W. & B. Price, 1968, Mesoamerica: Evolution of a Civilization. New York: Random House.
80) Fried, 1967, ≪앞의 책≫, Pp. 198, 232.
81) Service, 1975, ≪앞의 책≫, P.303.

욱 다져가고 있는 형편이다. 문화진화론은 통시적 접근으로 규명될 수 있는 인류학의 이론이다. 인류학의 구성분야를 생각한다면 오직 고고학만이 신진화론을 입증할 수 있다고 생각된다. 따라서 고고학에서 정립되어 응용하고 있는 이론을 민족지 학자들이 부정한다고 해서 폐기될 수는 없다. 비록 진화의 과정을 보는 관점과 사회형태의 용어가 학자에 따라서 다르기는 하지만 각 단계의 사회를 진화론적으로 설명하는 내용이 동일하기 때문에 용어자체는 문제가 되지 않는다고 본다.

4. 족장사회(Chiefdom)

신진화론의 분류학적 도식에 의하면 족장사회는 국가사회가 형성되기 바로 전에 존재했던 사회형태이다. 그러나 지난 30여년동안 진화론에 입각한 인류학적 연구는 대부분이 무리사회, 부족사회 그리고 국가사회에만 치중되어 왔기 때문에 족장사회의 실체를 이론적으로 입증하는 자료가 체계적으로 집성되지 못했다. 이러한 상황 속에서 최근에 고고학자들이 족장사회에 관한 연구를 활발하게 전개시킨 결과로 국제학술대회가 두 차례나 개최된 것은 매우 다행스러운 일이라 하겠다. 우선 학술대회에서 얻어진 결론부터 소개 한다면 족장사회는 그 개념 면에서 종래의 가설과 견해의 차이를 보이고 있지만 신진화론의 도식에는 유용한 것으로 규명되었다[82]. 따라서 본장에서는 신진화론의 도식이 한국 상고사

---

82) Drennan, R. and C. A. Uribe, 1987, 편저Chiefdoms in the America.
 Lanham: University Press of America.
 Earl, T., 1991, 편저Chiefdoms: Power, Economy and Ideology,
 Cambridge: Cambridge University Press.

에 적용될 수 있다는 것을 다시 강조하기 위하여 족장사회와 관련되어 제기되고 있는 몇 가지 문제점의 해결을 시도해 보고 최근 연구경향을 소개하겠다.

1) 문화단계로서의 족장사회

족장사회의 개념은 중남미의 원주민 사회를 연구한 Oberg에 의해 처음으로 정의되었고[83], 이를 서비스가 다시 정리하여 보다 구체적인 신진화주의 도식으로 내어 놓았다. 서비스는 포로네시아 지역의 민족지를 바탕으로 족장사회가 부족사회와 고대국가사회를 연결시켜 주는 문화단계로 간주하고 Polanyi의 재분배 가설[84]에 토대를 둔 Sahlins의 이론[85]을 족장사회의 기능과 구조를 설명하는데 인용하였다. 서비스에 의하면 족장사회는 경제, 사회 그리고 종교적 행위를 총괄하는 중앙부서가 존재하는 점이 부족사회와 기본적으로 다르다는 것이다[86]. 서비스와 사하린스의 영향을 받은 Renfrew는 족장사회가 1)계급이 형성되어 있고, 2)생산된 물품들이 족장에 의해서 재분배된다는 점을 착안하여 이를 고고학적으로 검증해 보았다. 그는 영국의 Wessex지방 신석기 유적지를 발굴하여 18개의 문화적 특징을 족장사회에 더 추가하였다[87]. 다음에 다시 논의하겠지만 렌프루의 고고학적 연구업적은 높이 평가되는 반면에 이론적

---

83) Oberg, K., 1955, Types of Social Structure Among the Lowland Tribes of South and Central America, American Anthropologist, 57, Pp. 472~487. Oberg는 민족지를 연구하였으나 당시 페루의 Chavin과 멕시코의 Olmec문화가 고고학적으로 규명되었기 때문에 이의 영향도 받았다고 생각된다.
84) Polanyi, K., 1944, The Great Transformation0. New York: Farrar and Rinehart.
85) Sahlins, M. D., 1958, Social Stratification in Polynesia, Seattle: University of Washington Press.
86) Service, 1962, ≪앞의 책≫, P.143.

으로는 상당한 모순을 지니고 있는 것으로 나타났다[87]. 이렇게 대두된 족장사회의 개념은 한국 상고사의 해설에 적용되었으나 다음과 같은 두 가지 측면에서 비판을 받았다. 첫째, 서비스의 진화도식은 민족지를 바탕으로 하는 비교문화론적 연구로 수행되었기 때문에 족장사회를 통시적 진화단계로 볼 수 없다[89]. 둘째, 계층화된 족장사회와 국가사회를 식별할 수 있는 자료가 명백하지 않음으로 족장사회를 국가사회의 직전단계로 인정하기가 곤란하다[90].

첫째의 비판은 동일한 인류학의 분야에서도 사물을 보는 관점과 이를 분석하는 방법론이 다르기 때문에 빚어진 오류라고 하겠다. 고고학과 문화인류학(민족지)의 기본적인 차이점은 전자가 과거사회를 유물과 유적을 대상으로 인간행위를 연구하는 반면에 후자는 현재사회의 인간행위를 직접 다루는 점이다. 따라서 고고학은 과거의 인간생활양식을 토대로 문화사를 복원하고, 문화의 변천과정을 설명할 수 있지만, 문화인류학은 현재라는 공시성에 제한되어 있기 때문에 문화진화론을 검증하고 이론을 정립하기 위해서는 통시성이 결여된 비교문화론적 관점에서 문화를 분석하는 것이 결점이라고 볼 수 있다[91]. 그러므로 국내학계에 소

---

87) Renfrew, 1973, Social Organization in Neolithic Wessex, In The Explanation of Cultural Change: Models in Prehistory, Ed. by C. Renfrew, Pittsburgh: University of Pittsburgh Press, P.543. 렌프루가 설정한 문화항목은 김정배, 1986, 한국고대국가의 형성과 기원, 고려대학교 출판부, P.204에 나열되어있으니 참조바람.
88) 죠나탄 하스 지음, 최몽룡역, 1989, 원시국가의 진화, 민음사, Pp. 23~26.
89) 전경수, 1988, ≪앞의 논문≫.
   이기동, 1989, ≪앞의 논문≫.
90) ≪위의 논문≫.
   이현혜, 1991, ≪앞의 논문≫, P.102.
91) 물론 민족사는 문화인류학자에 의해서 연구되고 있지만 기술된 역사가 정확하지 않고 시간적 영역이 짧기 때문에 거시적인 안목에서 문화의 변동을 설명할 수 없다.

개된 족장사회에 관한 두 가지 문제점은 고고학의 최근 연구경향을 올바르게 인식하지 못한데서 기인된 것이라고 생각된다.

족장사회를 진화론적 측면에서 선사학의 사회단계로 설정하기가 곤란하다는 의견은 물론 서비스 자신에 의해 제기되어서[92] 문화의 변천을 다윈의 선택적 견지에서(Selectionist View) 보는 일부 고고학자들의 지지를 어느 정도 받은 것도 사실이다. 이 학자들의 주장에 의하면 문화는 진보의 개념을 가지고 단계적으로 변천하는 것이 아니며, 아울러 족장사회의 개념이 너무나 막연하여 문화단계로 설정하기에는 문제가 많다고 한다[93]. 위의 학자들이 전개시키는 논리를 눈여겨 분석하면 진화론을 연구하는 목적은 문화단계를 설정하는 것보다는 문화의 핵심적인 변인을 포착하여 변천과정을 설명하는데 있다는 것이다. 바꾸어 말하면 이들은 학문적 방법론에서 문화단계의 분류를 거부하는 것이지 인류의 역사에서 복합적으로 변천해 가는 사회형태가 존재했다는 사실을 부정하는 듯은 아니다. 그리고 족장사회에 대한 개념의 진폭이 너무 넓거나 또는 좁아서 그 실체를 인정하기가 곤란하다는 주장은 충분히 수긍이 가는 문제이다. 다음에 설명하겠지만 최근 고고학적 연구에 의하면 족장사회가 서비스나 렌프루가 생각했던 것처럼 그렇게 단순하지 않다는 사실이 밝혀졌다.

족장사회가 무두(無頭)사회에서 관료적 국가사회로 진화되는 중간수

---

92) Service, 1975, ≪앞의 책≫, P.303.
93) Steponaitis, V., 1981, Settlement Hierarchies and Political Complexity in Nonmarket Societies: The Formative Period in the Valley of Mexico, American Anthropologist, 83, Pp.320~363.
Blanton, R. 외, 1981, Ancient Mesoamerica: A Comparative Change in Three Regions, Cambridge: Cambridge University Press, P.23.
Rindos, D., 1985, Darwinian Selection, Symbolic Variation, and the Evolution of Culture, Current Anthropology, 26, Pp.65~88.

준의 사회형태라는 연구는 1980년대 이후부터 보다 구체적으로 시작되었다. 문화인류학자로서 고고학에 깊은 조예를 가진 Carneiro는 민족지의 연구와 고고학의 영향을 받아서 족장사회는 국가이전의 사회단계이며, 수천명 또는 만명 정도의 지역인구로 구성된 하나의 독립된 정치단위로 규정했다[94]. 한편 카네이로의 학설에 영향을 끼친 Flannery를 비롯한 많은 고고학자들도 동일한 견해를 내놓았다. 프렌너리는 체계이론을 도입하여 문명(국가)의 진화를 설명하는 과정에서 사회 정치적 의사의 결정 및 전달체계에 초점을 두고 족장사회를 국가 이전의 사회형태로 정의하고 이를 검증하기 위해 중동과 중미의 고고학적 예를 들었다[95]. 뒤이어 Peebles과 Kus를 비롯한 많은 고고학자들은 인구, 의사결정의 수준 그리고 주거형태를 핵심적인 변인으로 채택하고 이들의 상호관계를 고고학적 유적지의 비교문화론적 연구로 분석하여 동일한 결론을 얻었다[96]. 이와 같은 족장사회의 진화론적 문화단계설의 연구는 Earl과 Drennan에 의해서 고고학계에 확고하게 자리를 잡게 된다. 두 학자는 족장사회를 무두사회에서 국가사회로 전환되는 과정에서 탄생한 하나의 문화

---

94) Carneiro, R., 1981, Chiefdom as Precursor of the State, In The Transition to Statehood in the New World, Ed. by G. Jones and R. Krautz, Cambridge: Cambridge University Press, P.41.
95) Flannery, 1972, ≪앞의 논문≫.
Flannery, K., 1976, 편저 The Early Mesoamerican Village, New York: Academic Press.
≪위의 책≫에서 멕시코의 오와카 지역을 발굴한 학자들도 비슷한 결론을 얻었다.
96) Peebles, C. S. and S.M. Kus, 1977, Some Archaeological Correlation of Ranked Societies, American Antiquity, 42, 3, Pp.421~448.
Sanders, W. T. and D. Webster, 1978, Unilinealism, Multilinealism, and the Evolution of Complex Societies, InSocial Archaeology: Beyond Subsistence and Dating, Ed. by C. L. Redman, New York: Academic Press, Pp.269~272. 이들 두 학자는 족장사회의 문화단계에 대한 개념은 앞에서 언급한 다른 학자들과 동일하나 특색을 재분배, 그리고 형성요인을 자연환경의 다양성과 농업의 위험도로 보았다.

단계란 가설을 종합적으로 정리하고[97] 앞으로의 연구는 더 이상 족장사회의 유무(有無)에 집착하지 말고 문화의 진화과정과 그 실체를 규명하는 것이 현대 고고학의 과제라고 설파하고 있다[98].

지금까지 진화론적 사회단계로서 족장사회가 유용하다는 사실을 고고학적 연구를 바탕으로 간략하게 논의하였다. 최근 이현혜교수가 Earl의 논문을 인용하여 "족장사회는 무두사회에서 관료제 국가로 진화하는 과정상에 위치하는 중간 수준의 사회, 즉 단계라는 개념을 가지는 용어가 아니다."라고 국내학계에 소개하고 있으[99]나 Earl의 논문에 의하면 그 반대의 뜻을 표시하고 있다[100]. 이는 아마도 전경수 교수[101]와 Earl의 논문을 올바르게 이해하지 못한데서 기인된 것으로 보인다. 족장사회는 민족역사의 경우에 따라서 분명히 선사학의 통시적인 문화단계로 설정될 수 있다.

2) 족장사회의 식별과 적용문제

족장사회에 대해 두 번째로 지적되어 비판을 받고 있는 문제는 국가사회와의 관계이다. 이 문제도 앞에서 설명한 첫 번째 문제처럼 문헌적 우

---

97) Earl, T. and A. W. . Johnson, 1987, The Evolution of Human Societies , Stanford: Stanford University Press.
　　Earl, T., 1991a, The Evolution of Chiefdoms, InChiefdoms: Power, Economy and Ideology, Cambridge: Cambridge University Press, Pp. 1~15.
　　Earl, T., 1987, Chiefdom in Archaeological and Ethnohistorical Perspective, Annual Review of Anthropology, 16, P. 279.
98) Drennan, R. and C. A. Uribe, 1987, Introduction, In Chiefdoms in the Americas, Ed. by R. Drennan and C. A. Uribe, Lanham: University Press of America, Pp. 7~9, 12.
99) 이현혜, 1991, ≪앞의 논문≫, P.102.
100) Earl, T., 1987, ≪앞의 논문≫, P.279.
101) 전경수, 1988, ≪앞의 논문≫.

합과 최근 고고학의 연구 성과를 올바르게 소화시키지 못했기 때문에 대두된 것이라 생각된다.

서비스가 진화론에 입각하여 사회형태를 분류한 이후 족장사회는 국가형성 과정을 설명하는 과정에서 고고학자들의 관심을 모아왔다. 앞에서 언급한 것처럼 일부학자들은 고고학에 기초하여 20개의 문화적 특색을 바탕으로 족장사회를 정의하였고[102] 또 다른 학자들은 50개의 문화적 특질을 변인으로 채택하고 이를 50개의 과거 또는 현존 집단의 문화와 상관관계를 분석하여 문화적 복합도에 따라 족장사회와 국가사회를 구별하였다[103]. 중동지역의 고고학적 자료를 분석한 Wright는 족장사회와 국가사회를 구별하는 뚜렷한 증거를 제시하여 지금도 많은 학자들의 지지를 받고 있다. 그는 공간적인 측면에서 문화체계가 가정, 지방 그리고 지역 등으로 구성되어 있다고 간주하고[104] 족장사회와 국가사회는 지역적 수준(행정단위)에 따라 정책을 결정하는 성격이 서로 다르다고 주장하고 있다.

Wright에 의하면 족장사회는 지방과 지역의 의사결정권이 중집화 되어 있으나 단계적인 행정조직체로서의 전문성이 결여되어 있다는 것이다. 반면에 국가는 의사결정 기관이 위계적으로 중집화 되어 있고 조직체계가 전문화되어 일의 성격에 따라서 의사를 결정하는 조직도 다르다고 한다[105]. 의사결정 권한의 가설은 민족지의 예에서도 찾아볼 수 있으

---

102) Renfrew, 1973, 《앞의 논문》, P.543.
103) Carneiro, R., 1967, On the Relationship Between Size of Population and Complexity of Social Organization, Southwestern Journal of Anthropology, 23, Pp. 234~243.
104) 가정, 지방, 지역의 개념은 족장사회나 국가사회를 구성하는 사회단위의 규모를 순서적으로 의미하는 것임.
105) Wright, H., 1977, Recent Research on the Origins of the State, Annual Review of Anthropology, 6, Pp. 379~397.

며 최근 고고학적 연구에서도 밝혀졌다. 국가사회인 Oaxaca(오와까)의 Monte Alban유적지의 경우 서로 다른 형태의 공공건물이 중앙광장을 둘러싸고 있는 반면에 족장사회인 산 호제 마고떼(San Jose Magote)유적지에는 두개의 공공건물만이 발견되었다[106]. 이와 같은 예는 멕시코의 고원지대인 Teotihuacan의 경우에도 동일하게 나타났다.

족장사회와 국가사회의 차이점을 논의한 또 다른 연구는 Earl과 Kritiansen이 최근에 발표한 논문에서도 언급되어 있다. 이들 두 학자는 족장사회를 단순족장사회와 복합족장사회로 나누[107]고 단순족장사회는 혈연을 바탕으로 정치와 경제체제가 형성되어 있기 때문에 경제적 생산과 물품교환이 혈연의 연계망을 통하여 형성된다고 설명하고 있다[108]. 반면에 국가사회의 조직은 혈연보다는 관료적 행정조직과 직업의 전문성이 부각되어 주거형태도 이를 중심으로 이루어진다는 것이다[109]. 물론 국가조직의 특성으로 혈연의 개념이 희박하게 되었다는 가설은 과거에도 등

---

106) Spencer, C. S., 1987, Rethinking the Chiefdom, In Chiefdoms in the Americas, Ed. by R. Drennan and C. A. Uribe. Lanham: University Press of America, Pp. 373~374.
Spencer는 ≪위의 논문≫에서 과거에 발굴된 중미지역의 유적지를 분석하여 의사결정권의 중집화와 행정조직의 기능을 심도있게 분석하고 있다.
107) Johnson과 Earl, 1987, ≪앞의 책≫, Pp. 207, 225.
Earl, 1991b, Property Right and Evolution of Chiefdom, In Chiefdoms: Power, Economy and Ideology, Ed. by T. Earl. Cambridge: Cambridge University Press, Pp. 73~74.
Kristiansen, K., 1991, Chiefdoms, State and System of Social Evolution, In Chiefdoms: Power, Economy and Ideology, Ed. by T. Earl. Cambridge: Cambridge University Press, Pp. 21~22.
108) Earl, 1991b, ≪앞의 논문≫, Pp. 71~74.
나주군 판촌리 지석묘의 구조를 분석한 최몽룡 교수는 우리나라 지석묘 사회구조를 족장사회로 규정하고 혈연을 바탕으로 형성되었다고 주장하고 있다.
최몽룡, 1990, 호남지방의 지석묘사회, 한국지석묘의 제문제, 제 14회 한국고고학 전국대회 발표요지, P.63.
109) Kristiansen, 1991, ≪앞의 논문≫, P.21.
Johnson과 Earl, 1987, ≪앞의 책≫, P.22.

장하였고 이에 대한 비판도 제기되었지만 Earl에 의하면 국가사회에서 혈연적 조직은 지배층에 제한되었다고 한다[110]. 아울러 두 학자는 복합족장사회와 국가 사회의 구별은 문화의 복합도[111]를 바탕으로 설명하고 있다.

지금까지 논의한 내용중에서 우리는 다음과 같은 두 가지 사실을 도출해낼 수 있다고 생각된다. 첫째, 특정 문화적 요소의 유·무를 검증하여 수량에 따라서 족장사회와 국가사회를 식별하는 방법, 둘째 문화 통합수준의 복합도를 측정하여 양자를 구분하는 방법이다. 그러나 특정문화의 요소를 나열하여 검증하는 방법론은 최근에 Check-List Archaeology라는 낙인이 찍혀 관계학자들의 빈축을 사고 있는 형편이다. 따라서 족장사회와 국가사회를 가늠하는 방법론은 두 사회형태의 독특한 문화요소의 항목을 나열하여 정의하는 것 보다는 사회제도의 복합도를 측정하는 편이 타당하다고 생각된다. 특히 Earl이 제시한 지역사회의 통합규모, 의사결정의 중집성, 그리고 사회의 계층화는 복합사회의 수준을 측정하는 데 중요한 독립변수로 작용 한다[112]. 지역의 통합규모는 주거형태 및 인구수와 관련되어 있음으로 생산과 재분배를 통제하는 경제적 복합도가 결정되며, 의사결정의 중집성은 전문화된 관료체제의 복합도를 가늠할 수 있다. 그리고 계층화는 물질적 자원을 소유하고 통제하는 특권을 탄생시킨다. 바로 이와 같은 복합성이 양적으로 팽창하게 되면 보다 조직적인 중앙행정부가 탄생하게 된다. 바꾸어 말하면 문화적 복합성이 양적으로 변화가 지속되면 한계점에 도달하여 과거와는 질적으로 다른 국

---

110) ≪위의 책≫, P.22.
111) 문화적 복합도는 지역형태의 통합규모, 의사결정의 중집성, 경제체제, 종교 그리고 사회계층화를 의미한다.
112) Earl, 1987, ≪앞의 논문≫, Pp. 288~291.

가사회에 이르게 된다는 뜻이다[113]. 물론 한계점을 설정하기가 쉬운 일이 아니기 때문에 한 지역의 문화를 대상으로 족장사회와 국가사회의 편년을 설정하는 견해가 학자들에 따라서 다르게 나타난다. 이러한 문제는 국내 학계의 경우에도 예외는 아니다.

일부 학자들은 고인돌사회 또는 청동기시대를 족장사회로 정의하는 반면에[114] 또 다른 학자들은 신라의 육촌사회[115], 그리고 삼한사회가 족장사회라고 주장하고 있다[116]. 위의 제반 학자들의 설을 검토한 이기동교수는 국가형성 과정을 고고학과 문헌사학적 측면에서 고인돌사회(청동기시대), 소국, 그리고 성읍국가로 규정하고 Chiefdom사회가 성읍국가[117]에 해당한다는 견해를 내놓았다. 이교수는 Chiefdom사회가 어느 정도 발달하면 국가사회에 가까워짐으로 이를 준국가 또는 성읍국가로 지칭해도 무방하다고 생각하는 것이다[118]. 이교수는 종래에 제시된 Chiefdom에 관한 국내 학자들의 제반 학설을 비판하고 성읍국가 이전의 사회 예컨대, 청동문화사회, 사로육촌 등은 족장사회로 볼 수 없으며, 만약 족장사회를 성읍국가 이전 사회인 청동기시대에 비정한다면 족장사회 이전의 부족(Tribe)사회를 신석기시대로 올려야하는 모순에 직면하게 된다고 설명하고 있다.

필자는 이교수가 지닌 인류학적 학식은 높이 평가하지만 그의 견해에

---

113) 전경수교수도 이와 같은 견해를 소개한 바 있다.
    전경수, 1988, ≪앞의 논문≫.
114) 최몽룡, 1990, ≪앞의 논문≫.
115) 이종욱, 1982, ≪앞의 책≫.
116) 이현혜, 1984, 삼한사회 형성과정 연구, 일조각, Pp.104~110.
    김정배, 1986, ≪앞의 책≫, Pp.55~68.
117) 성읍국가의 개념은 이기백교수로 부터 인용한 것임.
118) 이기동, 1989, 한국고대국가 형성사 연구의 현황과 과제: 신진화론의 응용문제를 중심으로, 산운사학, 1, Pp.64~65.

몇 가지 문제점을 지적하지 아니할 수가 없다. 국가의 개념은 정치학, 사회학, 인류학 등 각 분야에 따라 그 정의가 서로 다를 수 있는 것은 당연한 논리이다. 그러나 상고사에서 다루고 있는 국가형태는 현대 문명사회가 아니라 고대국가를 의미한다는 점은 아무도 부정할 수 없다. 고대국가의 형성과정을 설명하기 위하여 신진화론의 도식이 설정되었으며 도식에 나타나는 Chiefdom사회는 분명히 국가 이전의 복합사회의 한 형태이며 또한 국가와 구분이 되어야 한다. 따라서 Chiefdom사회를 유별난 형용사를 구사하여 성읍국가라는 용어로 탈바꿈 시키는 것은 학계의 혼란을 초래할 뿐만 아니라 Chiefdom 이란 개념 자체도 무의미하게 만든다.

다음으로 제기되는 문제는 한국 상고사에서 족장사회의 적용문제이다. 이교수는 청동기사회와 사로의 육촌사회를 족장사회로 간주할 수 없다는 주장을 하고 있으나 이는 너무나 단순한 논리이다. 청동기 사회와 관련된 고인돌의 형식과 부장품을 구체적으로 분석하는 작업은 본고에서 생략하겠으나 이교수의 모순점을 시정하기 위해 다만 몇 가지 부언을 하고자 한다.

최근 보고에 의하면 남한지역의 고인돌은 호남지역에 집중적으로 분포하고 있는 것이 밝혀졌으며 호남지역 중에서도 전남지역에서 약 16,000기 그리고 전북지역에서 1,800기 이상이 발견되었다. 이들의 규모는 그 무게가 작은 것은 3톤에서 4톤 그리고 큰 것은 수십톤 가량 된다고 한다[119]. 부장품은 무덤의 규모에 비해서 빈약하나 일부지역에서는 청동제품, 마제석검, 玉으로 제작된 장신구 채색토기 등이 출토되었다. 부장품의 분포를 보면 전북지방 보다는 전남지방이 풍부하며, 특히 전남의

---

119) 지건길, 1990, 호남지방 고인돌의 형식과 구조, 한국지석묘의 제문제, 제 14회 한국고고학전국대회 발표요지, Pp.11.

남해안과 보성강지역에서는 사회적 신분을 나타내는 청동제품과 희귀한 장신구등이 발견되어 관심을 끌고 있다[120]. 구체적인 예로 송광면 우산리에서는 석검 17점, 비파형 동검 2점, 玉으로된 장신구 10점, 그리고 여천시 적량동에서는 석검 3점, 비파형 동검 7점, 비파형동모 1점, 관옥 5점이 출토되었다[121].

고인돌사회를 족장사회로 규정하는 가설에는 별 문제가 없다. 최몽룡 교수가 지적한 것처럼[122] 거대한 석조물을 운반하여 구축하는 데는 직업의 전문화와 막대한 노동력을 동원해야하는 행정적 통제가 요구된다. 그리고 지석묘가 일반인들의 무덤으로 축조되었다면, 무덤을 위해 경제적 손실이 막대하여 사회가 오래동안 지탱할 수 없다. 더하여 계급사회를 뒷받침해주는 증거는 청동제품과 옥으로 제작된 부장품들이다. 이들은 당시 일반인들이 일상생활용품으로 사용할 수 없는 상류계급층의 전유물이다. 이들 제품은 당시(초기 고인돌시대) 전남지역에서 생산되었다는 뚜렷한 증거가 없기 때문에 교역을 통해서 지배층에게 전달되었을 것이다.

한 가지 지적하고 싶은 점은 고인돌의 피장자 문제이다. 호남지역에서 발견된 고인돌의 총수가 약 18,000기나 된다는 사실을 생각하면 모든 지석묘를 족장의 무덤으로 간주할 수 없다. Earl과 Drennan이 제시한 것처럼 족장사회는 지역적 통합수준에 따라 차지하는 공간이 방대할 수도 있고 또 그렇지 않을 경우도 있다. 그리고 중앙과 지방의 통치자 수도 통합수준과 관련되어 있을 것이다. 그러므로 고인돌은 지역적 분포와 관계

---

120) 이영문, 1990, 유물상으로 본 호남지방의 지석묘, 한국지석묘의 제문제, 제 14회 한국고고학 전국대회 발표요지, Pp. 54~59.
121) ≪위의 논문≫.
122) 최몽룡, 1990, ≪앞의 논문≫, P.61.

되어 중앙족장의 무덤, 족장과 혈연관계가 있는 지배층의 무덤 그리고 하부지방 행정지도자의 무덤으로 생각된다. 전남해안 지역과 보성강지역에서 지배계급을 상징하는 유물들이 많이 출토된 사실을 생각한다면 이 지역이 족장사회의 중앙행정기관이 위치했을 가능성이 높다. 물론 고인돌의 엄청난 수를 볼 때 소규모의 수많은 족장사회가 오랫동안 지속되어 왔음을 말해준다[123]. 아울러, 지금까지 학계에 보고된 모든 고인돌이 모두가 무덤은 아니라고 생각된다. 그들 중에서 일부는 제단으로 그리고 영역의 경계석으로도 기능을 했다고 여겨진다.

앞으로의 연구는 고인돌과 관계된 주거지와 유물의 지리적 분포를 바탕으로 족장사회의 통합규모, 의사결정의 중집성, 생산과 재분배의 경제체계 그리고 종교의 구조와 기능을 규명하는데 초점을 두어야 할 것이다.

이기동교수의 Chiefdom 사회에 대한 지론과 관계되어 마지막으로 언급할 사실은 신석기시대와 부족문제이다. 이교수는 만약 Chiefdom 사회를 청동기시대에 비정하게 되면 그 직전사회인 부족(Tribe)사회를 신석기시대로 올려야함으로 논리상 곤란하다는 의견을 펴고 있다. 그러나 필자는 이러한 이교수의 논리야말로 모순에 빠져있다고 생각한다. 앞장에서 설명한 바와 같이 부족의 개념은 초기 농경을 바탕으로 통합된 무두의 혈연사회를 의미한다. 우리나라의 신석기시대는 말기에 와서야 부족사회의 개념이 두드러지게 나타나고 있다는 것도 앞장에서 언급하였다. 이교수가 혼란을 일으킨 것은 아마도 신석기시대란 용어의 개념과 편년 때문일 것이다. 필자는 국내학계에서 사용되는 신석기시대와 청동기시대라는 용어가 문화사의 편년에 전혀 도움이 되지 않는다는 사실을

---

123) 전남지방의 지석묘 편년을 B.C. 5세기에서 B.C.1세기로 추정하고 있다.
　　이영문, 1990, ≪앞의 논문≫, P.51.

여러 차례 지적하였다[124]. 교과서에 소개되어 있는 것처럼 신석기시대는 빗살무늬토기가 주를 이루며 약 1만년전에 시작되었고 청동기시대는 무문토기, 농경문화가 출현하는 약 3천년전으로 거슬러 올라 간다란 내용을 그대로 받아드린다면 이교수의 주장이 옳다. 그러나 사회경제사적인 측면에서 본다면 신석기시대는 초기농경문화의 출현시기부터 고인돌과 청동제품이 출현하기 이전(계급사회 이전)까지를 포함시키는 것이 타당하다고 본다.

족장사회는 지역과 시간에 따라서 다양한 형태로 나타난다는 사실이 최근 연구에서 밝혀지고 있다. 국내에서 논쟁이 되고 있는 고인돌사회, 사로육촌사회, 삼한사회 모두가 족장사회이다. 족장사회는 종래의 개념과는 달리 진폭이 넓고 통시적으로도 오랫동안 지속되어 온 경우가 많다는 사실이 규명되었기 때문이다[125].

3) 족장사회의 연구현황

족장사회는 생산의 재분배를 총괄하는 중앙부서가 존재한다는 점이 특성이라고 Service가 정의한[126] 이래 많은 수정이 가해졌다. Carneiro는 족장사회를 여러 촌락으로 구성되어 최고의 권력자에 의해서 통치되는 하나의 정치집단으로 간주하는[127] 반면에 Peebles와 Kus는 족장과 그의 동료들이 통솔력(Leadership)을 발휘하는 제도화된 사회조직으로 보았다

---

124) 최정필, 1990, Origin of Agriculture in Korea, Korea Journal, 30 11, Pp. 4~14.
　　최정필, 1992, 한국선사시대의 오늘과 내일, 先史文化, 1, Pp. 42~43.
125) 한국상고사의 경우 요동지역은 적어도 1천년 이상, 그리고 남한지역은 7백 년 이상 지속되었다고 볼 수 있다.
126) Service, 1962, ≪앞의 책≫, P.144.
127) Carneiro, 1981, ≪앞의 논문≫, P.45.

128). 또 다른 학자들에 의하면, 중집화 된 의사결정권이 영구적으로 족장에게만 부여되며[129] 족장사회의 주요한 직위는 같은 계급에 의해서 세습적으로 계승되고[130] "정치경제"체제가 사회제도의 근간을 이루며 종교적기능이 사회결속과 제반제도를 유지한다는 것이다[131]. 이처럼 족장사회의 정의가 학자들에 따라서 다른 견해를 보이기 있기 때문에 실지로 존재했던 족장사회도 서비스가 주장했던 것과는 달리 정형화 되어있지 않고 다양한 형태를 지니고 있었다는 점이 밝혀졌다. 그러나 비록 족장사회에 대한 학자들의 정의가 서로 다르다고 할지라도 대부분의 학자들은 다음과 같은 세 가지 사실에는 공통된 견해를 표하고 있는 것이 최근 연구의 추세이다[132].

첫째, 족장사회의 발달규모는 비록 시간이 흘러도 단순족장사회와 복합족장사회 형태로 나타나는 점이 통예이다. 단순족장사회는 인구수가 불과 천여 명에 지나지 않으며 정치적 위계도 지역사회 위에 한 단계만이 존재하여 단순한 사회정치조직으로 형성되어 있다. 반면에 복합족장사회는 구성원의 수가 수만 명을 헤아리며 정치적 위계는 지역사회위에

---

128) Peebles and Kus, 1977, ≪앞의 논문≫, P.422.
129) Johson,G., 1982, Oganizational Structure and Scalar Stress, InTheory and Explanation in Archaeology, Ed. by C. Renfrew, M. Rowlands, and B. Segraves. New York: Academic Press, Pp. 389~421.
130) Flannery, 1972, ≪앞의 논문≫, P.403.
131) Drennan, R., 1983, Ritual and Ceremonial Development at the Early Village Level, In The Cloud People: Divergent Evolution of the Zepotec and Mixtec Civilizations, Ed. by K. V. Flannery. New York: Academic Press, Pp. 46~50. Johnson과 Earl, 1987, ≪앞의 책≫, Pp. 13, 21, 243~245.
Feinman, G., 1991, Demography, Surplus and inequality, In Chiefdoms: Power, Economy and Ideology, Ed. by T. Earl. Cambridge: Cambridge University Press, P. 232.
132) Earl, 1991a, ≪앞의 논문≫, Pp.2~3. 이와 같은 사실은 Earl자신만의 견해가 아니라 지금까지 연구된 업적과 앞에서 설명한 세미나 결과를 분석한 것이다.

두 단계로 되어 어느 정도 계층화를 보인다.

둘째, 족장사회의 기본을 이루는 경제형태는 대체로 일상생활 소비제품과 권위를 상징하는 제품의 유통으로 구성되어 있다. 일상 소비경제 체제는 노동의 대가로 음식과 생활도구들이 지불되는 것이 근간을 이룬다. 그리고 소요되는 물품들은 그 사회내에서 조달된다. 한편, 권위와 부를 상징하는 경제체제는 원거리 교역망을 통해서 또는 특정인에 의해서 물품들이 생산되어 지배층으로 유입되는 것을 의미한다. 이러한 물품들은 개인의 사회적 신분과 경제적 특권을 나타낸다.

셋째, 족장사회의 구조는 집단적 성향(Group-Orientated)과 개인적 성향으로 구별된다. 집단적 성향은 집단노동력을 강조하고 있으며(예, 공동노동력을 동원하여 사회에 필요한 건축물의 설립), 개인적 성향은 그 사회의 지배층 자신들의 사회적 신분을 나타내는데 역점을 둔다. 따라서 개인적 성향의 족장사회에는 거대한 건축물이 결여되어 있는 반면에 지배층의 소지품과 주택, 그리고 무덤이 일반민들과 다른 점이 특색이다[133].

위에서 언급한 족장사회의 이원적 양상들은 시간과 지역에 따라서 함께 뒤섞여서 나타날 수도 있기 때문에 모든 족장사회의 문화가 이에 적용되지는 않는다. 그러나 이 가설은 고고학에 기초를 둔 것이며 아울러 고고학적으로 검증이 가능하다. 한국 상고사의 족장사회에 관한 구체적인 분석작업은 본고에서 논할 성질이 아니지만 우리는 위의 가설들을 바탕으로 한국 족장사회의 형태를 도출해낼 수 있다고 생각된다.

---

133) Kristiensen에 의하면 집단적 성향의 족장사회는 일상생활 경제를 바탕으로 하여 중앙집권화된 국가사회로 진화되는 반면에, 개인적 성향의 족장사회는 권위경제에 근거하여 봉건사회로 변화한다고 한다. Kritiensen, K., 1991, ≪앞의 논문≫, Pp. 22~23.

전남지방 고인돌사회의 경우를 예로 든다면 발전규모면에서는 아직도 확실한 전모는 파악할 수 없으나 집약적인 취락형태가 발견되지 않았기 때문에 단순족장사회로 추정된다. 그리고 경제체제는 출토된 제반유물과 청동제품 그리고 장식품들을 생각할 때 일상소비경제와 권위경제, 두 체제가 뒤섞여 있을 가능성이 높다고 볼 수 있다. 가장 분명하게 알 수 있는 사실은 사회구조이다. 고인돌사회에는 고인돌을 제외하고 집단 노동력을 나타내는 건축물이 없다. 비록 고인돌이 공동 노동력으로 건립되었지만 이는 어디까지나 사회적 신분을 나타내는 개인의 무덤인 경우가 많다. 그러므로 고인돌사회의 구조는 개인적 성향의 족장사회로 규정지어 진다고 하겠다[134].

족장사회의 최근 연구경향은 지역정책의 유지와 창출과정에도 많은 관심을 보이고 있다[135]. 이러한 관점에서 일부 학자들은 구조기능주의적 입장에서 족장의 세력기능을 사회구조의 유지와 관련지어 분석하였다. 이를 요약하면 다음과 같다[136]. 첫째 족장은 사회의 구성원들에게 노동력의 제공을 요구하며 이의 대가로 일상 생활용품을 나누어 주기 때문에 하부구조의 경제력을 향상시킨다. 즉 족장은 권한을 가지고 경제적 생산과 재분배를 관장하므로 계급사회가 구성 유지된다고 한다.

둘째, 족장은 사회의 내적 그리고 외적으로 세력을 확장시키는 경향이 있기 때문에 전쟁을 유발시켜 타사회를 정복하거나 이를 방지하기 위해 동맹관계를 맺는다. 군사적 힘으로 정복된 사회는 통합되기도 하지만 그

---

134) 삼한사회나 사로육촌사회도 사회구조면에서는 개인적 성향으로 분류된다고 생각된다.
135) Gilman, A., 1991, Trajectories Towards Social Complexity in the Late Prehistory of the Mediterranean, In Chiefdoms: Power, Economy and Ideology, Ed. by T. Earl. Cambridge: Cambridge University Press, Pp. 146~168.
136) Earl, T., 1991a, ≪앞의 논문≫, Pp. 5~8.

렇지 않는 경우가 많다. 따라서 전쟁의 기능은 족장사회의 통합을 가져오지는 못하나 동맹관계를 유지시킬 수는 있다.

셋째, 족장은 종교적 관점에서 자신의 신분을 합리화시켜 권력을 유지한다. 그들은 일반인들과는 달리 신의 세계에 배속되어 있다고 생각하여 그들의 조상을 자연신과 연결시키는 경향이 강하다. 따라서 족장의 무덤은 항상 특이하게 축조되는 것이 통예이다. 아울러 족장들은 그들의 종교적 지위를 과시하기 위해 원거리 무역을 통하여 상징적인 소유물을 취득한다. 바로 이러한 종교적 행위는 경제와 관련되어 원거리 무역망을 구축시키고 사회를 통제하는 기능을 발휘한다. 이상, 구조기능주의적 측면에서 족장사회를 검토한 내용을 살펴보면 족장의 기능은 경제, 군사, 그리고 종교적 요소가 서로 연결되어서 사회구조를 형성, 유지한다고 볼 수 있다. 그러나 Earl은 이들 중에서도 경제적인 요인이 다른 두 요인들을 유발시킨다고 생각하기 때문에 이를 가장 중요시 하고 있다[137].

족장사회의 형성과정을 규명하는 작업 또한 최근연구의 대상으로 다루어지고 있다. Boserup이 제시한 인구압력의 가설은 농경의 기원과 복합사회의 형성과정을 설명하는데 핵심적인 원인으로 종종 인용되어 왔다. 미신대륙의 족장사회들을 세밀히 비교 검토한 Drennan[138]과 영국의 남부지역을 조사한 Bradley[139]에 의하면 족장사회 형성과정 당시의 인구밀도는 매우 낮은 것으로 밝혀졌다. 이와 동일한 견해가 다른 학자들에

---

137) Earl, ≪위의 논문≫, P.8.
138) Drennan, R., 1987, Regional Demography in Chiefdoms, InChiefdoms in the Americas, Ed, by R. Drennan and C. A. Uribe. Lanham: University Press of America, P.319.
Drennan, R., 1991, Pre-hispanic Chiefdom Trajectories in Mesoamerica, Central America and Northern South America, In Chiefdoms: Power, Economy and Ideology, Ed. by T. Earl. Cambridge: Cambridge University Press, Pp. 263~287.

의해서도 제시되어 독립변인으로서 인구압력의 가설은 설득력을 잃고 있는 형편이다. Feinman은 족장사회 형성과정의 주거형태를 조사해 보았으나, 유적지에 따라서 인구밀도의 차이가 서로 다르게 나타나고 있지만 다윈의 "자연선택"이(인구압력설을 말함) 작용하기에는 충분한 조건이 되지 못한다고 설명하고 있다[140]. 즉, 부족사회의 가족차원에서 본다면 비록 인구압력을 받는다고 하더라도 가족자체가 이를 해결할 능력이 있다는 것이다. Feinman에 의하면 경제와 종교의 기능이 발달되며 이를 중심으로 인구가 한 지역에 모이게 되고 경제와 종교의 발달을 위하여 집단적인 노동력이 요구되는 것은 사실이라고 한다[141]. 그러나 이러한 현상은 집단적인 노동력이 복합사회를 형성하는데 공헌한다는 말이지만 인구의 압력을 뜻하는 것은 아니다. 물론 인구가 많아지면 정치적 기능이 발휘되어야 하는 것은 사실이다. 예컨대, 수천명의 인구 수준까지는 부족사회의 조직으로도 통제가 가능하다. 그러나 인구가 1만명 이상이 된다면 사회의 질서유지를 위해 족장사회형식의 정치경제조직이 필요하게 된다. 그리고 인구가 수만명이 더 증가한다면 족장사회조직으로서는 통제가 곤란하여 보다 복합적인 사회조직이 필요하게 될 것이다. 그러나 이러한 가설은 인구를 증가시키는 요인이 사회변동의 변수로 작용하는 것이지 인구자체가 복합사회를 형성시키는 원동력이 될 수 없다고 생각된다.

족장사회의 형성에 관한 "인구압력"가설이 생태계와 관련되어 종속변인으로 채택된 경우는 여러 지역에서 찾아볼 수 있다. 남태평양 말케

---

139) Bradley, R., 1991, The Pattern of Change in British Prehistory, In Chiefdoms: Power, Economy and Ideology, Ed. by T. Earl. Cambridge: Cambridge University Press, Pp. 52~65.
140) Feinman, G., 1991, ≪앞의 논문≫, Pp. 239~243, 255.
141) ≪위의 논문≫, P.261.

사스지역에는 자연환경이 악화되자 자원의 고갈로 생계경제의 위협을 받아서 한 지방의 인구가 자원이 풍부한 다른 지방 인구와 결합되어 지도자와 사회계층을 만들어 내는 것으로 나타났다[142]. 이러한 모델은 오래 전 카네이로가 제시한 영역한계이론에 기초하여 자원에 대한 경쟁 때문에 족장사회가 출현하였다고 설명한 것이나 마찬가지이다.

족장사회에서 인구압력과 전쟁설이 지지를 받지 못하는 과정에서 쟁점으로 부각된 독립변인은 경제와 종교이다. Earl은 족장사회를 하나의 정치경제 집단으로 규정하고, 정치제도의 발달과정을 규명하게 된다면 족장사회의 형성과정을 알 수 있다고 한다. 얼의 설명에 의하면 정치제도는 단순히 특정자원에 접근할 수 있기 때문에 형성되는 것이 아니라 자원을 통제하는 권력을 가짐으로써 발달하게 된다는 것이다[143]. 여기에서 자원의 통제는 생산과 분배를 의미한다. 따라서 생산품의 소요가 증가되면 생계경제가 압박을 받게 되고 통제의 기능은 더욱 강하게 작동하여 정치제도를 형성하게 된다고 한다[144].

종교가 족장사회 형성의 요인이라고 주장하는 학자들의 논리는 다음과 같다. 종교는 지역과 지역간을 결합시키는 힘을 지니고 있기 때문에 사회가 계층화되기 이전에 자리를 잡게 된다. 이렇게 침투한 종교는 그 기능 때문에 필요한 집단 노동력과 생산을 통제한다. 아울러 종교는 그 의식을 행하기 위하여 상징적인 귀중품들을 원거리 교역과 전문가의 생산을 통하여 입수하는 것이 통예이다. 따라서 종교는 지역을 통합하고 상징적인 귀중품을 획득하기 위해 지도자를 배출시킨다. 종교적 지도

---

142) Kirch, P. V., 1991, Chiefship and Competitive Involution: The Marquesas Island of Eastern Polynesia, In Chiefdoms: Power, Economy and Ideology, Ed. by T. Earl. Cambridge: Cambridge University Press, Pp. 122~145.
143) Earl, 1991a, ≪앞의 논문≫, P.8.
144) Johson and Earl, 1987, ≪앞의 책≫, Pp. 13, 223~224.

자는 지역인들의 지지를 받게 되어 합법화된 권력을 지니게 된다는 것이다[145].

앞에서 설명한 한계영역과 연관된 전쟁, 또는 경쟁, 경제, 그리고 종교는 족장사회가 형성되는데 중요한 요인으로 작용하는 것이라 하겠다. 이들 중에서도 경제와 종교는 가장 많은 지지를 받고 있다. 최근 Earl은 이러한 문제를 해결하기 위해 경제 속에 종교를 흡수시키는 이론을 내놓았다. 얼에 의하면 경제와 종교적 권한은 상호 밀접한 관계를 이루고 있다는 것이다. 경제적 권한은 사회통제의 안정성을 주는 반면에, 종교는 이러한 권한을 합법화 시킨다. 그렇다면 종교에 기반을 둔 권리는 결국 경제를 위해 기능을 발휘하고 경제는 정치제도를 위계적으로 발전시켜 정치적 안정을 가져온다는 것이다[146]. 물론 앞에서 열거한 모델이 모든 족장사회에 적용되는 것은 아니다. 족장사회의 형성은 자연과 사회 환경의 특성에 따라 서로 다르게 나타날 수 있기 때문이다. 한국적 모델을 개발하기 위해서는 취락형태, 경제형태, 종교 등을 세밀히 분석해야 될 것이다.

5. 맺음말

문화진화론은 다윈의 생물학적 진화에서 파생된 것이 아니고 스펜서에 의해 창시되어 몰간과 타일러에게 그 맥이 이어졌다. 20세기 초기에 와서 역사적 특수주의를 비롯한 반진화론자들의 비판이 제기되었으나 문화진화론은 신진화론으로 탈바꿈하여 인류학 분야중에서도 고고학

---

145) Feinman, 1991, 《앞의 논문》, Pp. 231~261.
146) Earl, 1991b, 《앞의 논문》, P.98.

의 중요한 이론으로 자리를 굳히게 되었다. 신진화론의 이론적 틀은 고고학자들에 의해서 기초가 다져져 전개되어왔기 때문에 서비스가 정립한 진화도식의 뿌리는 그가 제시하고 있는 민족지보다는 고고학에 바탕을 두고 있다고 하겠다.

고고학은 인류학의 한 구성분야로서 이론적 배경을 문화인류학에 많이 의존하고 있다. 그러나 고고학이 인류학의 이론 발달에 크게 공헌을 한 사실은 문화진화론을 검증하여 문화의 보편진화와 특수진화, 그리고 문화변천과정을 정립하였다는 점이다. 따라서 신진화론을 통시적 방법으로 규명하는데는 오직 고고학적 발굴과 출토된 유물을 과학적으로 분석함이 필수적이다. 이러한 관점에서 고고학자들은 구대륙과 신대륙의 도처에서 수많은 유적지의 발굴을 통하여 신진화론의 도식이 경우에 따라서 유효하다는 사실을 입증하였고 또한 각 문화단계가 지니는 의미와 문화의 변천과정에 대한 가설을 민족지에 의존하지 않고 전개시켜 왔다.

문화인류학자인 서비스가 후에 수정한 이론과 프리드의 비판적 견해를 그대로 받아드려 신진화론의 사회형태에 대한 도식이 의미가 없다고 간주하여, 한국상고사는 진화론적 이론과는 무관하다고 주장하는 일부 문헌사학자들의 생각은 너무나 비약적인 논리라고 하겠다. 비록 진화의 개념을 해설하는 관점과 문화단계에 대한 명칭은 학자들에 따라서 서로 다르게 나타나고 있지만 신진화론의 기본적인 틀에는 아무런 문제가 없다.

신진화론의 사회형태에서 가장 연구가 미진한 영역은 족장사회이다. 족장사회의 출현과정과 사회제도를 규명하기 위해 그간 수많은 민족지의 예를 소개한 문화인류학자들의 연구는 마땅히 인정받아야한다. 그러나 앞장에서 지적한 것처럼 문화인류학의 민족지연구는 통시성이 결여되고 현재라는 시간적 제약 때문에 문화의 변천과정과 과거사회가 지니는 원초적 형태를 정확히 제시하지 못한다. 따라서 앞으로의 연구는 민족지의 자료보다는 각 지역에 따른 고고학적 연구를 비교 검토하는 방법이 바람직하다고 생각된다. 특히 한국상고사의 경우는 족장사회의 연구가 고고학과 문헌사학이 어느 정도 겹쳐있기 때문에 고고학자들은 유물과 유적을 연구의 대상으로 채택하되 문헌적 기록을 고고학적으로 검증할 수 있다면 더욱 유익할 것이다. 반면에 문헌사학자들은 단편적인 문헌의 기록을 비판 없이 수용하여 풀이하지 말고 고고학적 연구성과에 항상 관심을 두어야 한다.

한국상고사의 전개과정은 서비스가 제시한 진화도식과 매우 비슷한 양상을 보이고 있다. 그러므로 장래의 연구는 신진화론의 타당성 여부에 매달리거나 또는 기존이론의 틀에 꿰어 맞추는 방법론을 탈피하여 현대고고학의 페러다임에 적합한 방향을 모색하여 한국상고사에 내재된 신진화론의 새로운 이론을 개발해야 한다.

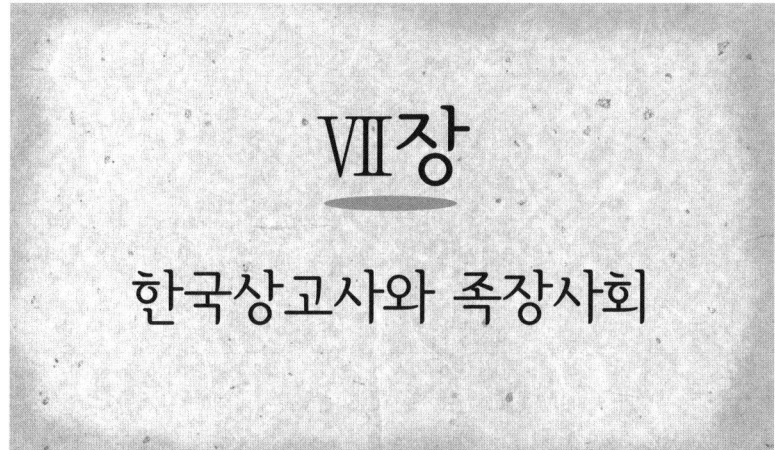

VII장
한국상고사와 족장사회

1. 머리말

고대국가의 형성과정에 관한 논의는 1970년대 중반부터 한국상고사의 중요한 쟁점으로 부각되었다. 초기의 연구내용은 대체로 두 방향으로 분류할 수 있다. 하나는 기존에 사용되어 왔던 국가발전의 도식과 국가형태의 용어를 재정립하는데 중점을 두었고 다른 연구는 인류학의 신진화주의 2세대인 서비스(E. Service)가 제시한 진화도식(band→tribe→chiefdom→state)을 한국상고사에 적용하여 고대사회의 전개과정을 신진화론적 시각에서 조명하는 것이다[1].

신진화주의 도식을 한국상고사에 적용시킨 학자들은 1980년대에 접어들면서 신진화론자들이 설정한 네 가지 사회형태에 관한 이론을 보다 구

---

1) 김정배, 1973, 한국고대국가의 기원론, 백산학보, 14.
   이용조, 1975, 양평 앙덕리 고인돌 발굴보고, 한국사연구.

체적으로 소개하였다. 이들은 문헌사료[2]와 고고학적 자료를 바탕으로 신진화론을 검토하고 고대국가사회 직전에 chiefdom(학자에 따라서 족장, 추장 또는 군장사회로 번역함)이 한국상고사에도 존재하였다고 보았다.

신진화론에 입각한 한국상고사의 해설은 1980년대 중반까지 고고학자는 물론 문헌사학자들에 의해서 폭넓은 지지를 받아왔다. 그러나 1980년대 말에 와서 한 문화 인류학자가 신진화론에 내재되어 있는 문제점을 지적하자[3] 국가형성론을 중심으로 국내에 소개되었던 신진화주의 이론은 한국상고사에 접목될 수 없다는 반론이 여러 문헌사학자들로부터 제기되었다. 논쟁의 초점이 되는 문화인류학자의 지론은 다음과 같다.

즉, 서비스가 초기에 분류한 네 가지 유형의 사회는 민속지(ethnography)의 비교문화론적 연구를 바탕으로 이루어졌고, 또한 서비스 자신이 후에 그의 이론을 수정하여 네 가지 문화단계는 선사고고학에 적용하기가 곤란하다고 발표한 사실[4]을 국내 학자들이 이해하지 못했다는 것이다. 그리고 서비스가 제시한 신진화론의 도식 중에서 부족사회(tribe)는 원초적으로 발생한 사회형태가 아니고 신대륙의 원주민사회가 서구문명과 접촉하는 과정에서 생존을 위하여 탄생된 사회조직이라는 프리드의 논문 또한 신진화론을 주장하는 국내학자들이 섭렵하지 못했다고 한다.

위와 같은 문화인류학자의 비판은 인류학 이론과 고고학의 연구 경향에 친숙치 못한 문헌사학자들에 의해 즉각 수용되면서 한국고대사가 인

---

2) 이종욱, 1981, 추장사회시대의 사로6촌, 신라가야문화, 12, Pp. 117~143.
  김정배, 1985, 한국고대의 국가기원과 형성, 고려대학교 출판부, Pp. 147~167.
3) 전경수, 1988, 신진화론과 국가형성론, 한국사론, 19, Pp. 569~600.
4) Service, E., 1975, Origin of State and civilization, New York: Norton, P. 304.

류학 이론의 시험장이 될 수 없다는 목소리가 높아지고 있다. 이들은 신진화론의 이론적 틀이 마치 문화인류학자들만에 의해서 정립되었고 이를 문화인류학자들이 부정한다면 그 의미를 상실한 것으로 착각하고 있는 형편이다[5].

필자는 그간 국내에서 논란의 대상이 되어온 신진화론이 문화인류학자들에 의해서 일방적으로 폐기될 수 없다는 사실과 함께 고고학자들이 오랫동안 연구해온 신진화론과 족장사회가 한국상고사에도 적용될 수 있다는 내용을 비교적 소상하게 발표한 적이 있다[6]. 그런데 필자의 이와 같은 소견에 최근 한 문헌사학자의 반론이 제기되었기에[7] 한국상고사와 연관된 족장사회의 개념을 다시 정리해 보고자 한다. 그리고 한국상고사의 전개과정에서 최초로 등장하는 복합사회(complex society)를 족장사회로 규정하고 이를 지석묘문화와 연계시켜보기로 하겠다. 우선 필자가 문헌사학자들에게 당부하고 싶은 것은 '신진화주의자들이 제시했던 네 가지 사회유형에는 그 용어와 문화영역 설정에 약간의 문제가 내재되어 있고, 족장사회의 개념이 다소 수정된 것은 사실이지만, 국내학자들이 생각하는 바와 같이 의미를 완전히 상실한 이론은 아니다'라는 점이다. 최근 고고학적 연구에 의하면 지구상의 여러 민족문화에는 족장사회(chiefdom)가 존재했고 이러한 사회형태는 고대국가사회와 상이하다는 사실이 밝혀지고 있다. 이는 족장사회와 신진화론이 무의미하다고 주

---

[5] 이기동, 1989, 한국고대국가 형성사 연구의 현황과 과제, 산운사학, 1, Pp. 41~70.
노중국, 1990, 한국고대의 국가 형성의 제문제와 관련하여, 한국고대국가의 형성, 한국고대사학회 편, 민음사, Pp. 11~13.
이현혜, 1995, 신진화론의 이해와 적용을 둘러싼 몇가지 문제, 역사학보, 146, Pp. 271~283.
[6] 최정필, 1994, 신진화론과 한국상고사 해설의 비판에 대한 재검토, 한국상고사학보 16, Pp. 7~37.
[7] 이현혜, 1995, 《위의 논문》.

장하는 국내학자들에게 한국상고사를 검토하는 또 다른 이론적 배경을 조성시켜 줄 수 있지 않을까 생각된다.

물론 문화의 전개과정은 민족의 역사에 따라서 특수성과 보편성을 지니기 마련이다. 따라서 외국에서 개발된 이론의 틀을 비판 없이 수용하는 자세보다는 그 나라의 역사적 특수성이 고려되어야 함은 당연한 논리이다. 그러나 외국에서 통용되는 이론이라고 하여서 무조건 거부감을 가진다면 국수주의 사관에 빠져서 학문의 발전을 저해할 소지가 많다. 학문에는 절대성을 지닌 진리는 존재하지 않는다. 특히 사회과학에서는 하나의 가설을 학자들이 동의하여 하나의 진리로 가정해 놓는다. 그러므로 학문에는 보다 진실에 가까운 가설이 존재한다는 사실을 부정할 수 없으며 이러한 가설이 현재라는 시점에서 검증될 경우에는 받아들여야 한다.

한국상고사의 전개과정에서 초기 복합사회(족장사회)의 출현 시기 문제는 영세한 문헌사료에 의존하는 것보다는 통시적인 고고학적 연구로 해결되어야 설득력을 지닐 수 있다. 그리고 초기 족장사회의 성향에 대한 가설의 검증도 고고학적 자료에 바탕을 두어야 한다. 특히 한반도 남부지역의 경우는 고고학적으로 본 명제에 접근하는 것이 더욱 타당하다고 생각된다.

2. 족장사회의 성향과 최근 연구경향

유물론과 진화론을 바탕으로 성립된 고고학은 1960년대 중반에 와서 신고고학파(New Archaeology)들이 혁명적인 이론의 틀을 가지고 기치를 올리자 세계 고고학의 연구추세도 새로운 방향을 모색하게 되었다.

고고학자들은 '왜', 그리고 '어떻게' 라는 사고의 틀을 가지고 여러 가지 흥미로운 명제에 접근하게 되었다. 이들이 가장 많은 관심을 둔 분야중의 하나가 복합사회의 기원문제(Complex Societies)였다. 복합사회의 기원문제를 다루는 학자들은 무슨 국가가 '언제', '어디서' 성립되었다는 연구보다는 '왜', 그리고 '어떻게' 국가라는 사회조직이 탄생하게 되었는가에 초점을 두었다. 고고학자들은 국가사회의 형성과정을 설명하는 절차에서 그들의 논리를 정립하기 위해서 통시적인 견지에서 국가 직전의 사회형태를 거론하게 되었다. 바로 이 사회조직이 처음으로 고고학자에 의해 제기된 지역융성체 그리고 문화인류학자들이 도식한 족장사회(chiefdom)[8], 또는 서열사회(ranked society)와 계층사회(stratified society)이다[9].

고고학자와 문화인류학자들이 제시한 문화의 진화단계는 문화를 분석하는 시각의 차이 때문에 그 영역과 용어가 서로 다르게 나타나는 것이 사실이다. 예컨대, 일부 학자들은 문화의 진화단계를 지역문화의 특성에 따라 네 단계 또는 여섯 단계로 나누는 반면, 또 다른 학자들은 위에서 분류된 문화단계의 명칭을 서로 달리하는 경우도 있다. 그러나 본고에서 논의되는 족장사회(chiefdom)는 고대국가 형성 직전에 사회 내부적으로 문화요소가 과거의 문화단계보다 복잡하게 조직된 계층화를 이룬 사회를 말한다. 따라서 필자는 위에서 열거한 용어 중에서 족장사회(chiefdom)란 명칭이 문화진화론적 측면에서 널리 사용되어 왔기 때문에 가장 무난하다고 택한 것이지 그 밖의 다른 의미는 없다.

족장사회의 개념을 학계에 처음으로 소개한 학자는 오베르그(K.

---

8) Service, E., 1962, Primitive Social Organization, New York: Random House.
9) Fried, M., 1967, The Evolution of Political Society: an Essay in Political Economy, New York: Random House.

Oberg)이다. 그는 중남미의 원주민 사회를 비교문화론적 관점에서 연구하여 족장사회를 기점으로 정치조직이 탄생하였으며 이러한 사회 형태를 고대국가 직전의 사회조직으로 간주하였다[10]. 오베르그에 의해 제시된 족장사회의 개념은 후에 서비스가 다시 정형화시켰다. 서비스는 포로네시아지역의 민족사연구를 바탕으로 족장사회가 부족사회와 고대국가를 연결하는 하나의 문화단계로 보았다.

주지하는 바와 같이 서비스는 포라니(K. Polanyi)의 고대사회에 관한 교역이론에서 재분배의 가설을 인용하여 족장사회를 경제, 사회, 그리고 종교행위를 총괄하는 중앙부서가 탄생한 점이 족장사회 이전 문화단계인 부족사회와 기본적으로 차이점이 있다고 지적하였다[11]. 이러한 가설을 참고하여 멕네쉬(R. MacNeich)와 프렌너리(K. Flannery)가 멕시코의 저평원지대와 고원지대를 고고학적으로 연구한 결과 족장사회의 문화단계를 규명하게 되었다는 것이다[12]. 특히 멕시코의 오하까(Oxaca)지역에 위치한 산 호제 마고떼(San Jose Magote)유적지를 발굴한 프렌너리는 1300 B.C. 경에 이 유적지의 인구수가 주변 유적지보다 3배가 많은 약 140명에 이르고 4백년 후에는 주변 유적지는 큰 변화를 찾아 볼 수 없는 반면에 산호제 마고떼 유적지는 총 30가구에 인구는 적어도 240명에 달했다고 한다. 그리고 권력과 부를 상징하는 대형의 집자리와 전문직인 기술자에 의해서 제작된 거울이 발견되었다. 한편 산호제와 마고떼

---

10) Oberg, K., 1955, Types of Social Structure Among the Lowland Tribes of South and Central America, American Anthropologist, 57, Pp. 472~487.
11) Service, E., 1962, ≪위의 책≫, P.143.
12) MacNeish, R., 1970, The Prehistory of the Tehuacan Valley, Austin: University of Texas Press.
   Flannery, K. V., 1972, The Cultural Evolution of Civilization, Annual Review of Ecology and Systematics, 3, Pp. 399~426.

의 유적지에서 많은 양의 노루 뼈가 출토되었고, 인근 유적지에서는 사냥도구는 있었으나 짐승의 뼈는 보이지 않았다. 이는 산호제와 마고떼의 주민들만이 노루고기를 독점하였다는 사실을 보여준다. 이와 같은 산호제 마고떼인들의 호사스러운 식생활은 사회계층에서 발생된 빈부의 차이를 말해주고 있다.

산호제와 마고떼의 주민들이 권력과 부를 축적하게된 것은 거울을 제작하는 원자재를 확보해서 이를 전문적으로 제품화하여 올멕(Olmec) 지역으로 수출했기 때문이라고 한다[13].

여러 가지 고고학적 자료를 검토한 프렌너리는 족장사회가 정치적 의사의 결정 및 전달체계가 국가사회보다 단순하고 또한 행정 관료직이 세분화되지 않았기 때문에 이러한 사회조직을 바로 국가사회 직전의 문화단계로 보았다.

카네이로[14]는 민속지 연구와 고고학적 자료에 근거하여 족장사회를 국가 이전의 사회단계로 규정하고 여러 마을이 통합되어 형성된 하나의 독립된 정치집단으로 규정지었다. 그리고 족장사회에 와서는 여러 촌락이 정치, 경제 그리고 종교적으로 통합되었기 때문에 인구도 부족사회보다 증가하여 수천명 또는 만여명에 달했다고 한다. 최근 족장사회를 연구한 Earle[15]에 의하면 족장사회는 여러 촌락으로 구성되어 그 형태도 다양하게 나타나고 있으며, 의사결정권이 중집성을 이루고 있다는 것이 특징이다.

족장사회에 대한 연구는 수많은 학자들에 의해 여러 지역에서 진행되

---

13) Flannery, K. V., 1976, 편저, The Early Mesoamerican Village, New York: Academic Press.
14) Carneiro, R., 1981, Chiefdom as Precursor of the State, In The Transition to Statehood in the New World, Ed. by G. Jones and R. Krautz, Cambridge: Cambridge University Press, P.41.

어 왔지만 서비스가 민속지 연구를 바탕으로 정의한 이론과는 정확하게 일치하지 않아서 정형화된 사회모형의 이론은 정립하기 어려운 실정이다. 족장사회의 구조적 연구는 대부분이 민속지(ethnography) 또는 민족사(ethno-history)의 자료에 근거하여 이루어졌기 때문에 이들 자료가 원초적인 족장사회의 모습을 그대로 말해주는 지에 대해 의문을 제기하는 학자도 많다[16].

1980년대 말엽에 와서 고고학자들은 문화인류학자들이 정립한 가설을 미신대륙과 포로네시아 그리고 영국의 유적지를 중심으로 검증하기 시작했다. 앞에서 이미 논의한 바와 같이 족장사회의 존재여부는 고고학적 접근만으로 가능하다. 그러나 고고학적 자료의 영세성 때문에 민속지 연구처럼 구체적인 사회구조를 규명하기 어렵다는 점은 누구나 다 아는 사실이다. 예컨대, 족장사회의 권한이 장자상속인지, 그리고 친족의 출계집단이 어떠한 과정으로 형성되었으며, A집단과 B집단 사이의 구체적인 혈연관계가 무엇인지, 의사전달 체계가 어떻게 이루어졌는지 구체적으로 알 수 없다.

위와 같은 난점이 많음에도 불구하고 고고학자들의 끊임없는 연구가 계속되어 족장사회의 구조에 대해 다음과 같은 사실을 밝혀 낼 수 있었

---

15) Earle, T., 1987a, Chiefdoms in Archaeological and ethnohistorical Perspective, Annual Review of Anthropology, 16, Pp. 279~308.
   Earle, T., 1987b, The Economic Bases of Chiefdoms, Paper presented at the center for Research in the Humanities, University of Copenhagen.
   Earle, T., 1991, The Evolution of Chiefdoms, In Chiefdoms: Power, Economy and Ideology, Ed. by T. Earle, Cambridge: Cambridge University Press.
16) Drennan, R., 1987, Introduction, In Chiefdoms in the Americas, Ed. by R. Drennan & C. A. Uribe, Lanham: University Press of America.
   Drennan, R., 1991, Prehispanic Chiefdom Trajectories in Mesoamerica, Central America and South America, In Chiefdom: Power, Economy and Ideology, Ed. by T. Earle, Cambridge: Cambridge University press.

다. 1) 사회가 계층화되어 이를 총괄하는 중앙행정부가 존재하고, 2) 족장과 권력층은 특권이 부여되어 특정자원에 평민보다는 쉽게 접근할 수 있었다. 3) 족장은 종교적으로 신성함을 표방하고 정치뿐만 아니라 종교와 경제도 총괄하였다. 4) 족장은 권위를 상징하는 신성한 종교적 기념물 또는 장소를 건립하였다. 5) 족장의 주거건물과 무덤은 종교와 군사적 권위를 상징한다. 6) 족장사회는 일반적으로 부족사회보다는 그 규모가 대단히 크고 직업의 전문화가 어느 정도 이루어졌다. 7) 모든 족장사회가 반드시 국가사회로 진화하는 것은 아니며 족장사회 자체로 끝을 맺는 문화의 경우도 있다. 물론 위의 사실 이외에도 족장사회의 직위는 같은 계급에 의해서 세습적으로 계승된다는 사실은 고고학적으로 증명되지 않았지만 모든 학자들이 동의하고 있다.

이상 열거한 항목은 렌프루(Renfrew)[17]가 Wexssex 지방의 유적지를 바탕으로 족장사회의 특징을 20개의 문화요소로 설정한 내용과 비슷한 점이 있다고 하겠지만 실상은 차이점이 많다. 렌프루는 문화인류학자가 제시한 가설 위에 자신의 연구는 물론 타 지역에서 제시된 문화요소도 많이 첨가하였다. 따라서 그가 주장하는 20개의 문화요소가 모든 족장사회에 내포되어 있지는 않다. 아울러 렌프루의 모델을 하나하나 고고학적으로 검증하기도 곤란하고 또한 이러한 항목의 유무에 매달리다 보면 Check-List-Archaeology라는 낙인이 찍혀 현대 고고학의 개념을 흐려놓을 수도 있다. 한편 미신대륙을 중심으로 여러 학자들이 최근에 제시한 족장사회의 개념은 고고학적으로 검증이 어느 정도 가능하다. 비록 지역의 자연환경에 따라서 문화적 성향의 차이는 나타나지만 대부분의 족

---

17) Renfrew C., 1973, Monuments, Mobilization and Social Organization in Neolithic Wessex, In The Explanation of Cultural Change: Models in Prehistory, Ed. By C. Renfrew, Pittsburgh: University of Pittsburgh, P.543.

장사회에 공통적으로 적용될 수 있는 내용이 주를 이룬다. 그러면 최근에 제시된 족장사회의 특징을 바탕으로 족장사회의 성향을 다시 살펴보기로 하자.

앞에서 논의한 항목 중에서 일부 족장사회는 시간이 지나도 족장사회 자체로 남게 된다는 내용은 족장사회의 발달 규모와 연계되어 있다. 이를 기초로 학자들은 족장사회를 단순족장사회와 복합족장사회로 나눈다. 단순족장사회는 인구수가 불과 수천명에 지나지 않으며 정치적 위계도 지역사회 위에 한 단계만이 존재하여 단순한 사회조직 형태로 되어 있다. 반면에 복합족장사회는 구성원의 수가 수만명을 헤아리며 정치적 위계는 지역사회 위에 두 단계로 되어 어느 정도 계층화를 이룬다.

족장이 자원에 접근할 수 있는 특권을 가진다는 내용은 족장사회의 경제구조를 설명해 준다. Earle[18]에 의하면 인류역사에 나타난 경제 형태는 생계경제와 정치경제로 나눌 수 있다고 한다. 생계경제는 일반가정 수준에서 필요로 하는 식품을 비롯한 일상생활 필수품을 뜻하며 이들은 소규모의 지역 내에서 생산 유통되고 또한 생산에도 큰 기술이 필요치 않는다. 이러한 경제 형태는 족장사회의 피지배계층과 무두사회에 보편화되어 있다. 한편 정치경제는 생계경제로부터 잉여물을 획득하여 이를 축적시킨다. 축적된 잉여물은 지배층에 전달되어 종교와 정치적 목적으로 사용된다. 아울러 정치경제는 특정자원을 독점하고 이를 제품화하여 부를 축적시키는 반면에 권위를 상징하는 물품을 유통시킨다. 바꾸어 말하면 족장은 사회의 경제를 총괄하는 권력을 지니고 원거리 교역을 통해 수입한 귀중한 물품도 소유한다. 따라서 이 물품들은 개인신분과 경제적 특권을 나타낸다.

---

18) Earl, 1987b, 《앞의 논문》.
　　Earl, 1991, 《앞의 책》.

마지막으로 족장사회의 성향을 말해주는 것은 족장의 주거지, 무덤 또는 기념물과 연계된 것들이다. 학자들은 위의 고고학적 증거를 근거로 족장사회의 구조를 집단적 성향과 개인적 성향으로 분류하고 있다[19]. 집단적 성향은 집단 노동력이 강조되어 있으며, 개인적 성향은 그 사회의 지배층 자신들의 사회적 신분을 나타내는데 역점을 둔다고 한다. 따라서 개인적 성향의 족장사회에는 거대한 건축물이 결여되어 있는 반면에 지배층의 소지품, 주택 그리고 무덤이 일반인들과 다르다.

지금까지 언급한 족장사회의 두 가지 형태는 시간과 지역에 따라서 함께 뒤섞여서 나타날 수도 있기 때문에 모든 족장사회의 문화가 이에 적용되지는 않는다.

족장사회에 대한 최근의 연구 중에서 또 다른 특색은 족장사회의 형성과정보다는 구조기능적 시각에서 사회를 분석하는 점이다. 족장사회를 논의할 때 가장 보편적으로 등장하는 문화요소는 경제의 재분배, 전쟁 그리고 종교이다.

그러면 이들이 족장사회의 구조를 형성하고 유지하는데 어떠한 기능을 발휘하는지 근자에 행해진 연구를 바탕으로[20] 살펴보자.

재분배의 원리는 앞에서 언급한 정치경제 체제에서 그 기능을 작동한다. 즉, 피지배계급층의 생계경제는 비교적 안정되어 있는 반면에 지배계급을 상징하는 정치경제는 항상 유동적이다. 정치경제를 담당하는 지배계층은 피지배계층에게 노동력을 요구하고 이의 대가로 일상생활 용품들을 나누어준다. 지배계층이 피지배계층에게 공급하는 생활용

---

[19] Earle, T., 1991, ≪앞의 책≫, Pp. 5~8.
Kristiansen, K., 1991, Chiefdoms, State and System of Social Evolution, In Chiefdoms: Power, Economy and Ideology, Ed. by T. Earle, Cambridge: Cambridge University Press.
[20] Earle, T., 1991, ≪위의 책≫.

품들은 피지배계층에 의해서 생산된 것이다. 따라서 피지배계층은 그들의 생계경제가 지배계층으로부터 압박을 받게 되면, 노동력을 가중시켜 생산성을 높이고 이렇게 생산된 물품들은 족장들이 권한을 가지고 피지배계층에게 재분배됨으로써 계층사회가 유지·존속된다. 결국 지배계층은 자원을 통제한다는 의미이며 이에 따라서 생산과 분배가 이루어진다는 것이다.

전쟁은 무두사회에도 존재하지만 이러한 사회에서 발생하는 전쟁은 정복이란 개념보다는 물품이나 여자를 약탈하는 것이 일반적인 현상이다. 그러나 계층사회에서의 전쟁은 패자가 종종 피정복자로 전락하여 노동력을 제공하게 된다. 족장사회는 대체로 그들의 세력을 내부적으로 굳히고 외부적으로 확장을 꾀한다. 외부적인 세력의 확장은 전쟁을 유발시켜 다른 사회를 정복한다. 고고학과 민속지의 연구에 따르면 전쟁을 통한 정복으로 통합사회가 형성되는 경우도 있지만, 사전에 전쟁을 방지하기 위해 동맹관계를 맺는 예가 많다는 것이다. 이러한 관점에서 본다면 전쟁은 정복으로 인한 사회적 통합과 동맹관계를 결속시키는 두 가지 기능을 발휘한다고 볼 수 있다.

족장사회에서 종교에 관한 연구는 최근에 각광을 받고 있다[21]. 계층사회의 지배자들은 종교의 힘을 빌려서 그들의 조상이 사회 내에서 절대적으로 신봉되는 신과 혈연적으로 연결되어 있다는 주장을 내세워 권위를 합리화시킨다. 따라서 지배자의 소유물과 장법에는 특이한 경우가 많다. 그들은 종교적 힘을 과시하기 위해 경우에 따라서는 종교적 상징물품을 특정한 기술자가 제작하기도 하지만, 원자재가 그들이 관할하는 지역에서 생산되지 않을 때는 원거리 교역을 통해서 상징물품들을 수입한

---

21) Drennan, R., 1987, ≪앞의 책≫.
　　Earle, T, 1991, ≪앞의 책≫, P.8.

다. 그러므로 종교는 지배자를 신격화 시켜서 집단과 집단간의 결속을 가져옴과 동시에 원거리 교역망을 통제하는 기능을 발휘하게 된다.

지금까지 설명한 재분배, 전쟁 그리고 종교는 구조기능주의적 측면에서 족장사회를 설명하고 있지만, 이는 족장사회의 형성과정을 이해하는 데에도 도움이 된다고 할 수 있다. 재분배는 특정자원에 접근하는 경쟁을 유발시키고 행정적인 기능을 탄생시킨다. 전쟁은 카네이로[22](Carneiro)가 제시한 영역한계이론, 그리고 보스럽[23](Boserup)의 인구압력설과 그 맥락을 같이하기 때문에 정치조직과 정복국가설에 연계되어 있다고 하겠다. 종교는 사회구성원의 결속을 가져오고 종교의 지도자는 자연스럽게 신과 동격으로 추앙을 받게 된다. 그러므로 종교는 지역과 지역 간을 결합시키는 힘을 지니고 있기 때문에 사회가 계층화되기 이전에 자리를 잡는다. 아울러 종교는 그 의식을 행하기 위해 집단노동력과 생산력을 증대시키고, 이러한 과정에서 조직의 통제력이 요구된다. 또한 고대 종교의 지도자는 권위를 상징하는 물품들을 원거리 교역망을 통해 입수하므로 경제를 통제하는 권한도 갖기 마련이다[24].

위와 같은 세 가지 변인은 서로 자원의 획득 및 경제적 통제와 모두 연계되어 있다. 특히 경제와 종교는 밀접한 관계를 이룬다고 보겠다. 최근 Earle[25]은 경제적 변인 속에 종교를 흡수하여 다음과 같은 이론을 제시했다. 경제적 권한은 사회통제의 안전성을 주는 반면에 종교는 통제권을 합법화시킨다. 그렇다면 종교에 기반을 둔 권리는 경제를 위해 기능

---

22) Carneiro, R., 1970, A Theory of the Origin of the State, Science, 169, Pp. 733~738.
23) Boserup, E., 1965, The Condition of the Agricultural Growth, Chicago: Aldine.
24) Feinman, G., 1991, Demography, Surplus, and Inequality: Early Political Formations in Highland Mesoamerica, in Chiefdoms: Power, Economy and Ideology, Ed. by T. Earle, Cambridge: Cambridge University Press, Pp. 231~261.
25) Earle, T., 1991, ≪위의 책≫.

을 발휘하고 경제는 정치제도를 위계적으로 발전시킬 수 있다는 것이다.

족장사회의 개념은 서비스와 렌프루가 제시한 모델과는 달리 정형화되어 있지 않다는 사실이 밝혀졌다. Earle[26]과 Drennan[27]이 논의한 것처럼 족장사회의 진폭은 매우 넓고 그 의미도 포괄적이다. 이러한 이유 때문에 Upham[28]은 족장사회의 문화적 개념이 지역에 따라서 너무나 희박하거나 또는 방대하여 이를 차라리 중간영역사회(Middle Range Societies)라고 하는 편이 타당하다고 주장하였다. 그러나 명확한 자료와 과학적인 논리가 없는 상황에서 종래에 사용되어 온 용어를 바꾼다면 학계에 혼란만 초래한다는 것이 관계학자들의 지배적인 주장이다[29]. 그러므로 무두사회와 고대국가사회 사이에 하나의 문화단계가 존재했다는 점에 대부분의 학자들이 동의하고 있는 실정이다.

본고에서 논할 성격의 것은 아니지만 족장사회와 고대국가사회의 식별문제가 고고학자와 문헌사학자들에 의해서 종종 논의되어 왔다. 양자를 식별하는 방법론은 특정 문화요소의 유무, 그리고 문화의 복합도를 진화론적으로 측정하는 것이다. 이 두 방법 중에서 사회제도의 복합도를 측정하는 것이 더 타당하다고 논의되어 왔다. 예컨대, 지역사회의 통합규모, 의사결정의 중집성, 그리고 사회의 계층화는 복합사회의 수준을 가늠해 주는 좋은 요소가 된다. 지역사회의 통합규모는 인구수와 통치영토의 면적에 관련되어 있기 때문에 행정조직과 경제조직의 복합도

---

26) Earle, T., 1987b, The Economic Bases of Chiefdoms, Paper presented at the center for Research in the Humanities, University of Copenhagen.
27) Drennan, R., 1987, ≪위의 책≫.
　　Drennan, R., 1991, ≪앞의 책≫.
28) Upham, S., 1987, A Theoritical Consideration of Middle Range Societies, In Chiefdoms in Americas, Ed. by R. Drennan & C. A. Uribe, Lanham: University Press of America, Pp.345~365.
29) Drennan, R., 1987, ≪앞의 책≫, 서문, x-xi.

를 나타낸다. 그리고 의사결정의 중집성은 사회계층화의 단계수를 말해주며 아울러 전문관료제의 유무도 알 수 있다. 국가사회에 접어들면 사회가 완전히 계층화를 이루어 계층의 수와 양이 팽창하게 된다. 바꾸어 말하면 족장사회의 구조가 단순히 두 단계의 사회계층으로 형성되어 있다면 국가사회는 이보다 훨씬 복잡하다. 따라서 국가사회의 의사전달체계는 여러 단계를 거쳐야 한다는 말이다. 그리고 족장사회에 전문관료제가 결여된 반면 국가사회에는 업무에 따라 이를 주관하는 부서가 원시적인 형태이지만 존재한다는 것이다. 족장사회와 국가사회를 단순히 행정제도만 가지고 설명한다면 전자는 현재 서울의 행정구역 단위인 하나의 동과 비교될 수 있고 후자는 서울특별시 또는 구의 개념과 동일하다고 볼 수 있다.

물론 위에서 언급한 변인들의 복합도를 고고학적으로 검증한다는 것은 쉬운 일이 아니다. 그러나 문화가 진화하면 사회제도가 양적으로 팽창하여 어느 한계점에서 그 질이 변화하기 마련이다. 따라서 관계학자들은 진화의 모형을 피라미드식과 계단식으로 도식을 제시하고 있기[30] 때문에 정확한 편년을 설정하는 것은 곤란하다. 그러므로 족장사회와 국가사회 사이에는 이를 연결해주는 또 하나의 좁은 문화적 과정이 존재할 수 있으나 이를 문화단계로 볼 수는 없다. 최근 한국상고사를 검토한 강봉원 교수[31]는 이 과정을 왕국(Kingdom)으로 설정한 바 있으나 고대국가와 왕국 사이에 뚜렷한 개념의 차이를 찾아 볼 수 없다.

국가와 족장사회를 논할 때 가장 고전적으로 등장하는 이론은 족장사

---

30) Redman, C., 1978, The Rise of Civilization: from Early Farmers to Urban Society in the Ancient Near East, San Francisco: Freeman.
31) 강봉원, 1995, 국가와 군장사회 사이의 중간 단계에 대한 고찰, 한국고고학보, 33, Pp. 7~28.

회가 혈연사회인 반면 국가사회의 조직은 혈연적 유대관계가 희박하다는 것이다[32]. 그러나 많은 학자들은 고대왕국의 세습제를 증거로 이에 대해 반론을 제기하고 있다. 필자는 국가사회에서 혈연적 유대관계가 희박해 졌다는 이론에 타당성이 있다고 본다. 예컨대, 족장사회의 지배계층들은 대부분이 동일한 혈연으로 구성되어 있다. 그러나 국가사회에는 사회계층과 이를 구성하는 집단의 수가 많고 관료의 전문제도도 탄생하였다. 이들 지배계급은 모두가 동일한 혈연으로 구성되어 있지 않다. 즉 왕족을 제외한다면 동일한 지배계층이라 할지라도 서로 다른 혈연집단으로 구성되어 있다는 사실은 우리나라 상고사의 기록에서도 잘 나타난다. 예컨대, 부여, 고구려 그리고 신라사회가 형성되는 과정에서 등장하는 여러 "부"의 대표들은 국가사회단계에 와서 분명히 지배계층으로 등장하지만 이들은 상이한 혈연집단이다.

국가사회가 족장사회에 비해서 혈연이 희박해진 점은 주거형태로 말할 수 있다. 족장사회는 단순히 지배계층과 피지배계층으로 나누어졌기 때문에 혈연에 기반을 두고 있다. 그러나 국가사회는 주거형태가 혈연보다는 직업과 계급에 따라 정해지는 것이 특징이다. 물론 이렇게 규정된 주거지역은 하나의 혈연촌락을 형성할 수 있다. 하지만 국가사회의 주거률은 계급과 직업에 기본적 원칙을 둔다.

---

32) Flannery, K. V., 1972, ≪앞의 논문≫.
Fried, M., 1960, On the Evolution and Social Stratification of the States, In Culture in History, Ed. by S. Diamond. New York: Columbia Uiniversity Press, P.728.

3. 족장사회와 지석묘

　무두사회에서 사회계층이 형성되어 정치, 경제 그리고 종교를 총괄하는 족장사회의 출현을 고고학적으로 검증하는 작업은 이와 관련된 자료의 보존 상태에 따라서 쉽게 해결될 수도 있지만, 그렇지 못한 경우가 더 많다. 계급의 발생에 관한 명제에 접근하기 위해 고고학은 대체로 주거형태의 위계적 단위구성과 분묘의 부장품에 관심을 두는 것이 일반적이다.
　주거형태의 단위규모는 족장사회가 수천명 또는 그 이상의 인구로 형성되어 있었기 때문에, 권력이 중집화 된 중심지역이 존재하기 마련이다. 이러한 관점에서 고고학자들은 사회의 계층화를 규명하기 위해 지리학에서 개발된 Central Place Theory, Thiessen Polygons 또는 XTENT 모델 등, 제반 이론을 적용하여 주거형태의 위계적 위치를 찾아내고 한 사회의 중심지역을 바탕으로 정치, 경제 그리고 종교의 중집화 현상을 설명한다. 그러나 우리나라의 경우에는 대부분의 발굴작업이 기간산업의 개발로 인하여 수행되어 왔기 때문에 발굴작업 자체가 체계적으로 이루어지지 못했다. 따라서 자료가 영세하여 한 사회의 총체적인 주거형태의 위계적 사실을 파악하기 어려운 형편이다. 그러므로 위에서 열거한 "중심지 이론"을 적용하여 족장사회를 검증하는 것보다는 분묘가 좋은 자료로 사용될 수 있다고 생각된다.
　분묘는 일반적으로 다음과 같은 속성을 지니고 있기 때문에 계급사회의 발생을 규명하는 데 많은 단서를 제공해 준다. 첫째는 분묘의 규모와 구조 그리고 위치이며, 다음은 부장품이다. 계급사회에 접어들면 이들 속성은 모두가 상대적 개념을 내포하여 개개인의 사회적 신분에 따라 다르게 나타난다. 따라서 본고에서는 계층사회와 연관지어 "지석묘"라는 묘제형태를 채택하고 논의 대상지역을 비교적 자료가 풍부한 전라남도의 일부 지역으로 제한하였다.

지석묘와 연관된 피장자의 사회적 신분에 관한 논쟁은 오래전부터 제기되었으나 뚜렷한 결론에 도달하지 못하고 있는 실정이다. 일부 학자들은[33] 지석묘를 족장의 무덤이라고 주장하고 있으며 이에 대한 반론도 뒤따르고 있다[34]. 한편 최근에 발표된 연구에 의하면 요령성 일대와 북한지역에 한 기씩 분포하는 대형 북방식 지석묘는 족장의 분묘라는 설[35]이 제기되는 가운데, 지석묘의 변형이라고 추측되는 석관묘의 피장자를 지배층으로 간주하는 논의도 있다[36].

김정배 교수가 지적한 바와 같이 우리나라는 지석묘가 전국토에 산재하여 지석묘 문화로 뒤덮여 있다. 그러나 요령성 일대와 한반도에 분포하는 2만여기의 지석묘가 모두 동일한 형태는 아니다. 지석묘의 형식과 부장품은 지역과 시간의 차이에 따라서 매우 다양하게 나타난다는 것은 잘 알려진 사실이다.

지금까지 알려진 전남지역의 지석묘 수는 약 16,000기가 넘는 것으로 파악되었다고 하며, 이는 한반도 전체 지석묘의 과반수에 해당하는 엄청난 수이다. 물론 보고된 지석묘가 모두 발굴을 통하여 확인되지 않았기 때문에 이들 가운데는 자연석과 지하유구가 전혀 없는 표식석도 많을 것

---

33) 최몽룡, 1981, ≪앞의 책≫.
  최성락 외, 1989, 지석묘 복원의 일례, 전남문화재, 2, Pp. 11~24.
34) 이현혜, 1995, ≪앞의 논문≫.
  전경수, 1990, 대략짐작의 고고학적 경향을 박함, 제14회 한국고고학 전국대회 발표요지.
  이기동, 1989, ≪앞의 논문≫.
  이선복, 1996, 고고학 이야기, 가서원, Pp. 248~250.
35) 김정배, 1996, 한국과 요동반도의 지석묘, 선사와 고대, 7, Pp. 77~92.
36) 이융조, 1975, ≪앞의 논문≫.

이다. 그리고 앞으로의 조사에서 더 많은 지석묘가 추가로 발견될 가능성도 있다.

지석묘를 족장과 계급층의 분묘라고 주장하는 학자들의 설은 다음과 같은 사실에 바탕을 두고 있다. 첫째, 거대한 지석묘를 축조하기 위해서는 막대한 인력과 전문적인 기술이 필요하며 이러한 인력의 동원은 잉여생산물의 축적과 정치적 지도력이 존재할 때 가능하다고 한다. 둘째, 판촌리 지석묘군을 가족 또는 동일한 혈연집단으로 간주한다면 13호분은 규모가 매우 작은 것으로 보아 유아의 분묘이다. 어린이를 위해 지석묘를 축조했다는 사실은 사회적 신분이 어린이에게 세습되었다는 것을 말해 준다는 점이다[37].

셋째, 지석묘가 일반인들의 무덤일 경우에는 사회적·경제적 손실이 막대하여 사회가 오래 지속되지 못하고 붕괴한다.

한편 지석묘의 피장자가 족장이 아니라는 학자들의 반론은 대략 두 가지로 요약할 수 있다. 첫째, 가설에 대한 과학적인 검증이 없고 논리전개가 단순한 추론에 불과하며[38] 둘째, 지석묘의 수가 족장의 수에 비해서 너무나 많다는 것이다[39].

필자는 위의 두 가지 반론에 다소 일리가 있다고 생각되나 지석묘가 족장사회의 산물이란 가설을 변함없이 주장하고자 한다. 먼저 밝혀둘 사실은 전남지방에 분포하는 모든 지석묘가 족장과 그 가족들의 분묘는 아니다 라는 것이다. 바꾸어 말하면 이들 지석묘 중에서 부장품과 지석의 구조 및 위치가 특이한 것은 당시 지배층 또는 족장의 분묘임을 분명히

---

37) 최몽룡, 1990, 호남지방의 지석묘사회, 제14회 한국고고학 전국대회 발표요지, Pp. 61~76.
38) 전경수, 1990, ≪앞의 논문≫.
39) 이선복, 1996, 고고학 이야기, 가서원, Pp. 249~250.

보여준다.

　지금까지 발표된 자료에 의하면 전남지역의 지석묘에서 출토되는 유물은 대체로 토기류, 석기류, 청동기류 그리고 옥제장신구류로 분류할 수 있다[40]. 물론 이러한 유물들이 모든 지석묘에서 출토되지는 않는다. 대부분의 지석묘에서는 유물들이 전혀 없거나, 토기류 또는 석기류가 한 두 점만 발견되는 것이 통례이다. 이와 같은 사실 때문에 관계학자들은 지석묘의 부장품이 너무나 빈약하다고 주장하고 있다. 그러나 지석묘의 부장품 문화를 관념론적 시각에서 분석한다면 유물 그 자체인 물질문화는 빈약하게 나타나고 있지만, 유물 속에 담긴 인간의 관념체계는 복합성이 내재되어 있어 매우 풍성하다고 생각된다.

　필자는 위에서 언급한 지석묘 출토유물 중에서 청동기류와 옥제장신구는 물론 석기류에 포함된 석검이 지니는 의미가 복합사회(complex society)의 출현과 밀접하다고 본다. 최근 연구에 의하면 지금까지 전남지역에서 발굴된 지석묘는 700여기에 달하나 출토된 석검은 불과 90여점으로 집계되고 있으며 이들 대부분이 지석묘에서 발견되는 점이 특이하다(이영문, 앞의 논문). 한반도에서 출현하는 보편적인 석검의 형태는 유병식으로 병부의 형식에 따라 일단병식과 이단병식으로 나누어진다. 일단병식은 지석묘에서 발견되는 반면에 이단병식은 주로 주거지에서 출토된다[41]. 이와 같은 사실은 동일한 석검이라 할지라도 양자는 기능면에서 큰 차이가 있음을 시사해 준다. 즉, 일단병식 석검은 무덤의 매장용으로 제작되어 종교적 기능을 지니고 있다고 한다면 이단병식 석검은 실생활에 사용되었거나 또는 권위의 상징이라는 가설을 도출할 수 있다.

---

40) 이영문, 1990, 호남지방의 지석묘 출토유물에 대한 고찰, 한국고고학보, 25, Pp. 95~173.

41) 김원용, 1971, 한국마제석검 기원에 관한 일고찰, 백산학보, 10, Pp. 1~33.

이러한 석검의 기능문제는 전남지방에서도 뚜렷하게 나타난다. 전남지방에서 발견된 일단병식 석검은 모두가 지석묘에서 출토되고 있으며 보고자도 이를 피장자를 위한 매장용 의기로 간주하고 있다[42]. 이를 뒷받침해 주는 증거는 지금까지 발견된 석검의 형태를 구조적으로 세밀히 관찰해 보면 부서지기 쉽게 제작되어 있고 그 길이가 너무나 짧기 때문에 적을 기습공격하거나 포로의 살생용으로 사용되었을 가능성은 있지만 전쟁무기로는 부적합하다는 점에서 찾을 수 있다.

한반도의 마제석검 기원에 대한 연구는 미진한 형편이나 스키타이-타가르-오르도스 문화로 연결되는 오르도스동검을 모방하여 가장 먼저 출현한 것이 유병식 마제석검이라는 견해[43]가 설득력을 지니고 있다고 생각된다. 이와 같은 가설을 뒷받침해 주는 증거는 한반도의 일부 청동제품에서도 스키타이-타가르-오르도스의 문화적 요소를 쉽게 찾아볼 수 있기 때문이다. 더하여 스키타이 문화가 한반도에 영향을 주었다는 사실은 여러 학자들에 의해 제기되고 있는 실정이다. 그렇다면 지석묘에서 출현하는 마제석검의 기능을 이해하기 위해 스키타人들의 동검에 대한 관념체계를 살펴볼 필요가 있다. 민족사적(ethno-history) 연구에 의하면 스키타이인들은 동검을 권력의 상징은 물론 종교적 신으로 간주하는 풍습이 있는 것으로 밝혀졌다. 그들은 동검을 전쟁의 신으로 받들어 높이 쌓아올린 나무장작 위에 전쟁의 신을 상징하는 종교의식으로 동검을 꽂았다. 그리고 동물들과 전쟁포로를 장작위에 놓고 불을 질러 재물로 바쳤다고 한다[44]. 우리는 스키타이인들의 이와 같은 종교적 행위에서 동검의 관념론적 기능이 얼마나 중요한가를 감지할 수 있지 않나 생각된

---

42) 이영문, 1990, ≪앞 논문≫.
43) 김원용, 1971, ≪앞 논문≫.
44) Piotroysky, B., 1987, Scythian Art. Oxford: Phidon Press, P.13.

다. 한국의 청동기인들이 스키타이 동검을 모방하여 유병식 마제석검을 제작하였다면 이는 전쟁무기의 성격보다는 사회적 신분의 상징과 신성함을 표방하는 종교의식이 함께 내재되어 있다는 사실을 알 수 있다. 이러한 가설은 위에서 설명한 스키타이 문화와 비교문화론적 연구에서 어느 정도 입증되고 있지만 유병식 마제석검이 지니는 성향으로도 정립이 된다. 한반도에서 발견되는 마제석검은 다양한 형태를 보이고 있지만 유병식 석검은 제작과정이 매우 복잡하여 고도의 기술을 요한다. 청동제품이 한반도에서 본격적으로 생산되기 이전에 출현하는 마제석기류는 그 제작과정이 유병식 마제석검에 비해 매우 단순하다. 실험고고학으로 시도하지는 않았지만 유병식 마제석검을 제작하는데 요구되는 시간은 마제석부나 마제석촉에 비해 적어도 몇 십 배나 될 것이다. 아울러 제작과정에서 실패하는 경우도 많기 때문에 석기를 다루는 전문가에 의해 제작되었다고 보는 것이 타당하다. 따라서 이러한 고도의 기술과 오랜 시간에 걸쳐 제작된 유병식 마제석검은 일반인의 생활용구로 사용될 수 없다고 생각된다. 바로 이와 같은 이유 때문에 유병식 마제석검은 지석묘 중에서도 그 구조와 위치가 특이한 것에서만 출현한다.

　유병식 마제석검을 비롯하여 지석묘에서 출토되는 유물의 상관관계 및 분포를 규명하기 위해 승주군 우산리 지석묘군[45]을 대상으로 하기〈표1〉, 〈표2〉, 〈표3〉, 〈표4〉에서 보는 바와 같이 통계처리를 해보았다. 자료의 선정에서 필자의 개인적인 사정 때문에 전남지역 전체의 지석묘군을 대상으로 하지 않아서 흡족할 만한 결과는 얻지 못하였으나 유병식 마제석검의 중요성은 어느 정도 표출되었다.

---

45) 최성락 외, 1993, 승주 우산리 고인돌, 목포대학교 박물관, Pp. 115~117.

승주군 송광면 우산리 지석묘군과 유물현황

1) 각 변인들과의 상관관계

표 1. 출토물과 상석 그리고 묘실크기에 따른 상관관계

	마제석검	석촉	토기	홍도	기타석기	상석크기	묘실크기
마제석검(n=3)							
석촉(n=3)							
토기(n=11)		.7059					
홍도(n=2)			-1.0000				
기타석기(n=9)		.5976	.5000				
상석크기(n=33)		-.1455	-.1334	-1.0000	-.2206		
묘실크기(n=39)		-.2876	-.4274	-1.0000	-.3491	.5371	

　상석크기와 묘실크기 그리고 출토물과의 상관관계를 살펴본 결과, 출토물의 수가 적은 관계로 거의 상관관계가 형성되지 않는 것으로 나타났다. 상관계수가 계산된 경우도 사례수의 분포가 적은 관계로 유의미한 자료가 없는 것으로 나타났다. 따라서 각 변인들과의 상관관계를 살펴보기 위해서는 자료의 보충이 없이는 의미 있는 상관계수의 산출이 어려울 것으로 예상된다.

2) 상석과 묘실크기에 따른 출토물의 분포

　상석과 묘실크기에 따른 출토물의 분포를 살펴보기 위하여 상석크기와 묘실크기를 3등급으로 분류하여 각 등급별로 출토물의 분포를 살펴보았다. 상석크기와 묘실크기를 세분화하기 위해서 상석크기와 묘실크기의 전체 빈도분포를 검토해 보았고, 이에 따라 상석크기와 묘실크기를 소, 중, 대로 나누기 위하여 33%, 66%에 근접하는 크기로 나누었다. 세분화하기 위하여 설정한 상석크기와 묘실크기는 다음과 같다. 한 가지 주지할 사실은 지석묘의 상석이 직육면체가 아니지만 상석의 크기를 짐작하기 위해 장축과 단축 그리고 두께를 바탕으로 부피를 계산했기 때문에 부피의 수치가 정확하지는 않는 것이다.

(1) 상석크기
　　소 : 335825이하(전체의 33.3%)
　　중 : 938336이하(전체의 66.7%)
　　대 : 16727256이하(전체의 100%)

(2) 묘실크기
　　소 : 43472이하(전체의 32.4%)
　　중 : 116113이하(전체의 67.6%)
　　대 : 322770이하(전체의 100%)

표 2. 상석크기에 따른 출토물의 분포

출토물	상석크기		
	소	중	대
마제석검		1(33.3)	2(66.7)
석촉		1(12.5)	7(87.5)
토기	2(20.0)	2(20.0)	6(60.0)
홍도			2(100.0)
기타석기		3(33.3)	6(66.7)

 상석크기에 따른 출토물의 분포를 살펴보기 위하여 교차분석을 실시한 결과, 통계적으로 의미 있는 결과가 나타나지 않았다. 그러나 분포상으로 볼 때, 상석크기가 클수록 출토물의 분포가 높게 나타나고 있는 것을 알 수 있다.

표 3. 묘실크기에 따른 출토물의 분포

출토물	묘실크기		
	소	중	대
마제석검			2(100.0)
석촉		4(50.0)	3(37.5)
토기	1(12.5)	4(40.0)	4(40.0)
홍도	2(20.0)		2(100.0)
기타석기		4(44.4)	5(55.6)

 묘실크기에 따른 출토물의 분포를 살펴보기 위하여 교차분석을 실시한 결과, 통계적으로 의미 있는 결과가 나타나지 않았다. 그러나 분포상으로 볼 때, 묘실크기가 클수록 출토물의 수가 높게 나타나고 있는 것을 알 수 있다. 특히, 마제석검은 묘실크기가 큰 곳에서만 출토되고 있는 것으로 나타났으며, 석촉 역시 어느 정도의 묘실크기에서만 출토되고 있는 것을 볼 수 있다.

표 4. 묘실형식에 따른 출토물의 분포

출토물	형 식		
	토광형	석곽형	위석형
마제석검		2(100.0)	
석촉	1(12.5)	4(50.0)	3(37.5)
토기	1(10.0)	3(30.0)	6(60.0)
홍도	1(50.0)	1(50.0)	
기타석기	1(11.1)	7(77.8)	1(11.1)

　묘실크기에 따른 출토물의 분포를 살펴본 통계적으로 의미 있는 결과가 나타나지는 않았다. 그러나 전체적인 분포를 본다면 마제석검은 상석과 묘실이 큰 석곽형에서만 출토되고 있으며, 홍도의 경우는 위석형에서 출토되지 않는다는 것을 알 수 있다. 그 외의 출토유물의 경우는 사례의 수에서 차이는 있지만, 모든 형식의 묘실에서 출토되고 있다.

　위의 표에서 특별히 관심을 두어야 할 사실은 대형지석묘에서 마제석검이 출토된다는 점이다. 그러면 일단유병식 마제석검의 상징체계가 계층사회의 사회적 신분과 종교의식에 직결되어 있다는 또 다른 증거를 규지하기 위해 마제석검이 출토된 지석묘의 위치를 살펴보기로 하자. 1992년 목포대학에서 조사 발굴한 승주군 우산리 지석묘군은 모두 73기로 확인되었으며 발굴된 40기의 지석묘 중에서 3점의 유병식 석검이 출토되었다. 석검이 출토된 지석묘 14호는 16기의 지석묘가 군집을 이루는 가장 중심부에 위치하여 마치 14호 지석묘를 거점으로 나머지 중, 소규모의 지석묘들이 축조된 인상을 뚜렷하게 주고 있다. 석검이 발견된 5호 지석묘의 경우도 마찬가지이다. 5호 지석묘가 지석묘군의 심장부에 자리하고 15기의 중, 소규모 지석묘들이 이를 중심으로 배열되어 있다[46]. 보

---

46) 최성락, 1993, 승주 우산리 고인돌, 목포대학교 박물관, Pp. 114, 119~24.

고자에 의하면 조사된 73기의 지석묘가 무질서하게 축조된 것이 아니고 4개군으로 분리되어 1기의 지석묘를 축으로 나머지 지석묘들이 정연하게 배열되어 있다고 한다.

이상에서 설명한 바와 같이 일단유병식 마제석검은 권력의 상징이며 이를 소유한 자는 종교적으로 신성함을 표방한다고 볼 수 있다. 우산리 지역은 아니지만 지석묘에 유병식 마제석검을 매장하는 대신에 이를 지석묘의 상석위에 새긴 경우도 있다. 영일군 인비동과 여수시 오림동에서 발견된 지석묘의 상석에는 유병식 마제석검과 석촉 그리고 동심원이 음각되어 마제석검과 지석묘의 연관성은 물론 마제석검이 지니는 권위와 종교행위를 입증해 주는 좋은 예가 된다[47]. 지금까지 청동기시대로 추정되는 암각화는 모두 17곳에서 발견되었으며 새겨진 화제의 내용도 매우 다양하다. 그러나 유병식 석검이 새겨진 암각화의 대부분이 지석묘의 상석에서 발견된다는 점은 위의 가설을 더욱 뒷받침해 준다. 종교적 신성함과 권위를 상징하는 매장용 석검문화의 관념체계는 실용적인 면에서 다소 변화를 가져왔으나 후대에도 전승되어 세형동검문화와 최근 경주시 사라리 고분에서 출토된 철제대도에서도 찾아볼 수 있다.

유병식 마제석검이 사회적 신분과 연관되어 있다면 이들이 매장된 전남지역의 지석묘, 특히 승주군 우산리에서 발견된 14호와 5호 지석묘는 그 위치, 상석 그리고 묘실의 규모를 보아 지배계층의 무덤이라고 간주해도 별 무리가 없다고 본다. 특정 지석묘가 족장 또는 지배계층의 무덤이라는 사실은 여천시 적량동 상적 지석묘군에서도 잘 나타나고 있다. 적량동 지석묘군은 상석이 없는 석실을 포함하여 모두 29개가 정식으로 조사되었는데 6개의 구역으로 분포되어 있다고 한다. 6개의 구역 중에서

---

47) 장명수, 1996, 한국암각화의 편년, 한국의 암각화, Pp. 184, 192.

비파형동검이 출토된 석실은 그 위치가 중앙에 있거나, 또는 한 쪽으로 치우쳐 축조되어 다른 지석묘와 비교하여 눈에 두드러지게 나타나는 점이 특색이다. 그리고 이들의 석실은 다른 것보다는 정교하게 만들어 졌다. 결국 적량동 지석묘군은 6개의 집단으로 형성되어 있으며, 각 집단(구역)에서 가장 중요한 의미를 지니는 지석묘는 상석과 석실의 규모가 크고 가장 정교하다. 이들은 지석묘의의 군집상 중심을 이루며, 바로 이러한 석실에서 비파형동검이 하나씩 발견되었다[48]. 이와 같은 사실은 비파형동검이 출토된 지석묘의 피장자 신분과 직접 연관이 있다고 하겠다. 앞에서 논의한 바와 같이 고고학적 기록에서 사회적 신분과 연계된 계층사회를 가장 잘 나타내는 것은 무덤과 주거유적지이다. 적량동 지석묘군의 경우 앞에서 열거한 지석묘의 부장품은 주변의 것들과 비교하여 본다면 현격한 차이를 보여 준다. 특히 2호 석곽에서 발견된 비파형동검과 동모 그리고 관옥 5점의 유물조합은 특정 자원의 소유는 물론 종교 또는 정치적 권의를 상징하는 가장 좋은 예라고 할 수 있다.

여천시 적량동 상적 지석묘군에서 출토된 비파형 동검이 복합사회의 산물이라는 증거는 비파형동검에 내재된 경제형태에서도 잘 나타난다. 앞장에서 설명한 바와 같이 인류역사의 경제형태는 생계경제를 바탕으로 복합사회가 형성되는 과정에서 정치경제가 출현했다. 정치경제는 특정자원 또는 권위를 상징하는 물품을 독점하는 성향을 지닌다. 원자재가 복합사회의 정치적 영역내에서 생산될 경우에는 이를 제품화하여 부를 축적시킨다. 반면에 권위를 상징하는 귀중한 물품을 동일한 사회내에서 생산하지 못할 때에는 이들을 원거리 교역으로 수입한다. 그러므로 희귀한 자원에의 접근과 귀중한 물품을 독점한다는 권한은 바로 개인

---

[48] 이영문 외, 1993, 여천 적량동 상적 지석묘, 전남대학교 박물관, Pp. 126~142.

의 사회적 신분을 말해 준다고 할 수 있다.

적량동 출토 비파형동검이 서해안을 통해 수입되었다는 견해도 있으나[49] 최근 연구에 의하면 적량동 인접에서 제작되었을 가능성이 많다고 한다. 적량동을 비롯한 한반도 남부지역에서 출토된 비파형동검에 대한 납동위원소비법으로 동검의 원료를 분석한 결과에 의하면 만주지역과는 다른 남한의 납을 사용하였다고 하며 이는 남한의 동과 주석으로 동검이 제작되었다는 증거라고 한다[50]. 특히 적량동의 동검은 출토지와 가까운 영암지역에서 생산되는 광석으로 제작되었다는 견해는 적량동 지석묘사회가 위에서 설명한 정치경제형태에 기초하여 복합사회로 진입하였다는 사실을 보여주고 있다. 적량동 지석묘사회의 지배자는 인근지역에 생산되는 동과 주석이라는 특정자원에 접근할 권한을 가졌고 이러한 자원을 바탕으로 부를 축적하지 않았나 생각된다. 물론 청동제품, 특히 비파형동검의 제작에는 고도의 기술이 필요하기 때문에 족장사회의 성향인 직업의 전문화도 적량동 지석묘사회에 형성되었을 것이다. 직업의 전문화를 말해주는 또 다른 증거는 아래에 논의되는 지석묘 자체의 축조기술에서도 찾아볼 수 있다.

전남지역 지석묘의 구조는 크게 나누어서 묘실, 지석 그리고 상석으로 형성되어 있는 것이 통례이다. 지하의 묘실은 설계자가 원하는 규격과 방향에 따라 견고하고 정연하게 축조되어야 하기 때문에 석재의 선택은 물론 가공기법에도 기술이 필요하다. 지석 또한 묘실과 상석의 규모와 역학적으로 연계되어 있음으로 적절한 석재를 선택하여야 한다. 이는 상석의 경우도 마찬가지이다. 상석의 규모는 묘실과 지석에 부합해야 되

---

49) 이영문 외, 1993, ≪위의 책≫.
50) 최주, 1996, 슴베에 홈이 있는 비파형동검 및 비파형동모의 국산에 대하여, 先史와 古代, 7, Pp. 93~102.

기 때문에 석재의 선택과 가공 그리고 이를 묘실이 위치한 장소까지 운반하는데 기술적 문제가 따른다. 특히 상석을 지석위의 올바른 위치에 안치하기 위해서는 전문적인 지식이 없으면 불가능하다는 사실이 실험고고학에서 밝혀졌다[51]. 위와 같은 사실을 감안한다면 대형 지석묘를 축조하기 위해서는 어느 정도의 기술직이 탄생했다고 볼 수 있다.

지금까지 지석묘문화가 복합사회의 산물이며 지석묘 중에서도 일부가 족장 또는 지배계층의 무덤이라는 가설을 분묘의 구조, 위치 그리고 부장품에 내재되어 있는 지석묘사회인들의 관념체계를 바탕으로 검증해 보았다. 아울러 지석묘문화에는 복합사회의 성향인 기술전문직도 문화적 복합요소의 하나로 존재했다는 점을 알게 되었다. 그러면 전남지역의 지석묘사회가 족장사회(복합사회)로 진입하였다는 위의 가설을 뒷받침해 주는 또 다른 증거를 살펴보자.

실험고고학적 연구에 의하면 6.8톤으로 추정되는 지석묘의 상석을 운반하는데 약 73명의 인력이 소요되었다고 한다. 실험고고학이 채택한 방법은 상석을 포크레인으로 약 150m 덜어진 평지에 이동시킨 다음에 이를 다시 원위치에 운반하기 위해 통나무를 상석밑에 깔고 밧줄로 견인하였다. 운반하는 과정에서 가장 큰 문제점은 통나무의 규격이 상석의 형태에 적절하지 않으면 상석의 무게를 지탱하지 못하여 많은 시간과 인력이 소요된다는 것이다. 아울러 상석을 줄로 견인할 때 힘의 균형이 맞지 않아 작업이 수없이 중단되었다고 한다. 따라서 위의 문제점을 현대인의 역학적 지식으로 보완하여 지휘자의 통솔하에 다시 상석을 100m 옮기는데 소요된 시간은 45분이었다. 이와 같은 지석묘축조를 위한 실험고고학에서 얻을 수 있는 사실은 상석의 운반거리에 소요된 시간이 아니고

---

[51] 최성락 외, 1989, 지석묘 복원의 일예, 전남문화재 2, Pp. 115~117.

특정인의 무덤을 위해 동원된 인력과 운반과정에서 수많은 어려움이 따른다는 점이다. 예컨대, 무게 20톤의 상석을 운반하려면 200명 이상의 인력이 필요할 것이고 또한 이들을 동원, 통솔하고 먹거리를 제공하자면 엄청난 지도력과 경제력이 필요하다. 물론 동원된 인력은 현대 산업사회처럼 정해진 시간에 소집, 해산되지 않았을 것이다. 왜냐하면 당시의 사회구조는 200명이 동원되어 비록 한 시간이 소요되는 작업이라 하더라도 작업성격의 중요성에 따라 하루일과로 간주된다. 더하여 지배계급의 관념체계와 연계된 지석묘의 축조에는 수많은 종교의식이 거행되었을 것이다. 그리고 상석의 채석과 운반과정에서 돌발적인 사고로 인명의 피해도 흔히 있었다고 생각된다. 지금까지 열거한 관점에서 본다면 지석묘의 축조에는 수많은 노동력과 시간이 소요되어 사회적 손실이 너무나 크기 때문에 지석묘가 일반 개개인의 장법으로 적합하지 않다는 것을 볼 수 있다.

지석묘의 축조를 위해 상석을 목적지로 운반하는데 동원되는 인력을 감안하여 지석묘가 족장 또는 그에 상응하는 세력자나 그들 가족의 무덤이라는 견해는 일부학자에 의해 오래전에 피력된 바 있다[52]. 반면에 계층화되지 않은 무두사회에서도 마을공동체의 자발적인 협력으로 지석묘를 축조하는데 필요한 인력을 충분히 동원할 수 있다는 반론도 제기되었다[53]. 복합사회의 형성과정과 연관하여 흙과 거석으로 무덤이나 의례적 건축물을 축조하는데 소요되는 인력과 시간에 대한 연구는 영국 Wessex와 Orkney지방의 신석기 유적을 중심으로 많은 연구가 진행되어 왔다[54]. 예컨대, Wessex지방의 초기 신석기시대(4000~3000 B.C.)에 축조된 토축분묘는 20명이 동원되어 50일 동안 작업을 해야만 완성이 가능한 것

---

52) 최몽룡, 1990, ≪앞의 논문≫.
53) 이융조 외, 1996, 평라리 선사유적, 충북대학교 박물관.

으로 밝혀졌다. 그런데 말기신석기시대(3000~2000 B.C.)에 축조된 토축분묘는 전자에 비해 규모가 크고 무덤주위에 구조물도 만들어져서 이를 축조하는 데는 약 300명이 1년 동안 작업을 해야 되는 것으로 추정하고 있다. 따라서 보고자는 초기 신석기의 토축분묘 축조에 동원된 인력은 부족사회(tribal society) 수준에서도 가능하지만 말기유적의 축조는 계급이 발생한 족장사회가 아니고는 불가능하다고 주장하고 있다[55].

거대한 건축물을 축조하기 위해 집단노동력이 필요하고 이를 통제하는 과정에서 지도자와 통치력이 탄생한다는 가설은 복합사회의 기원을 설명하는 과정에서 종종 인용되어 왔다. 그러나 영국의 경우에는 초기 신석기유적에서 보는 바와 같이 계급사회와 무관하게 집단노동력을 바탕으로 토축분묘나 거대한 거석문화를 남긴 것은 사실이다. 이들이 축조한 분묘나 건축물은 지배자와 피지배자의 종속관계가 성립되지 않아도 부족 또는 마을 공동체의 협력으로 축조될 수 있으며 특히 거석건축물의 경우에는 부족사회 수준인 분절사회(segmentary society)의 영토 표시 상징물일 가능성이 있다는 설에도 설득력을 지니고 있다.

무두사회에서 집단노동력으로 이루어진 축조물은 앞에서 설명한 영국의 신석기유적 이외에도 민족지의 예와 미국 루이지아나주에 위치한 토축분묘로 형성된 Poverty Point유적 등에서 흔히 찾아볼 수 있다. 그러나 이러한 유적들은 개인이 아닌 집단분묘이다. 단지 제한된 노동력을 동원했다는 논리는 성립되지만 전남지역의 우산리나 적량동의 지석묘

---

54) Renfrew C., 1973, ≪앞의 책≫, Pp.539~558.
 Renfrew C., 1979, Investigation in Orkney. London: Society of Antiquaries.
 Bradley, R., 1993, Altering the Earth: the Origins of Monuments in the Britain and Continental Europe. Edinburgh: Edinburgh: University Press.
55) Renfrew C., 1996, Archaeology: Theories Methods and Practice. New York: Thames and Hudson, Pp.190~191.

문화처럼 사회의 계층화를 말해주는 다른 증거가 없다. 특히 영국의 Orkney지역에서 발견된 거대한 석실분들의 경우도 집단노동력으로 축조되었으나 부족사회 수준에 머무른 마을사람들의 집단분묘임이 밝혀졌다. Orkney지역의 각 석실분에서 출토된 부장품은 모두가 동일하여 피장자의 사회적 신분차이가 없다는 징표가 되고 있다. 그리고 발견된 인골 390개체 중에서 남자와 여자의 수가 거의 비슷하게 나타났으며 연령의 분포율도 실지의 부족사회와 비교해 볼 때 큰 오차가 없는 것으로 판명되었다. 따라서 보고자는 Orkney 석실분문화를 무두사회로 단정하고 있다[56].

위에서 설명한 민족지와 고고학적 사례의 유적들은 비록 집단노동력으로 축조되었다고 볼 수 있으나, 모두가 당시 사회를 구성했던 특정인의 권력과 무관하다는 점에서 전남지역의 지석묘문화와 또 다른 점을 시사해 준다. 전남지역 우산리와 적량동의 지석묘가 특정인의 무덤을 위해 집단노동력을 동원했다면 전자의 경우는 마을공동체의 종교의식 때문에 마을사람들이 자발적으로 작업했을 것이다.

한국상고사에서 족장사회의 출현은 지석묘문화와 그 맥락을 같이하고 있다는 사실을 살펴보았다. 마제석검과 연계된 거석문화는 종교적인 힘을 빌려 소규모의 부족사회를 통합하는 기능을 발휘하였고 지도자를 탄생시켰다. 지도자는 신앙을 배경으로 그들의 권위를 합법화하였다. 따라서 그들은 특정자원을 독점할 수 있는 권한을 가지고 부를 축적했다는 사실이 적량동 지석묘군에서 어느 정도 밝혀졌다.

---

56) Renfrew C., 1979, Investigation in Orkney. London: Society of Antiquaries.

4. 맺음말

족장사회는 한국 상고사에 존재했으며 그 시발은 지석묘 문화이다. 전남 우산리와 적량동 지역의 지석묘사회는 앞장에서 논의한 바와 같이 족장사회의 성향을 어느 정도 말해주고 있다. 지석묘군은 여러 개의 집단을 이루어 분포하고 있으며 가장 중심이 되는 분묘에서 비파형동검과 마제석검이 출토되어 피장자의 사회적 신분이 다른 분묘와 분명하게 구분이 된다. 이러한 사실은 당시 우산리와 적량동사회가 계층화되었다는 점을 시사해 준다. 특히 적량동의 경우에는 지석묘가 6개의 집단으로 나누어져 각 집단에서 비파형동검이 하나씩 발견되어 부근 지석묘의 부장품과는 큰 차이를 보이고 있다. 이는 적량동 일대에 종교와 경제를 총괄하는 행정조직이 자리하고 있지 않았나 생각된다.

적량동의 지배층들은 인근 영광지역에서 생산되는 광석이라는 특정 자원에 평민보다 쉽게 접근할 수 있는 권한을 지니고 있었다는 사실도 판명되었다. 그리고 지석묘사회의 족장과 지배층들은 종교적 신성함을 내세워 그들의 신분을 합법화 시켜서 부를 축적하고 수많은 노동력을 동원하여 종교와 군사적 권위를 상징하는 특정 지석묘를 그들의 개인 분묘로 축조하였다. 따라서 우산리와 적량동 지석묘사회의 형태는 집단노동력을 동원하여 축조된 거대한 건축물이 결여된 반면에, 지배계층 개개인의 무덤과 부장품이 일반인들과 다른 점을 볼 때 크리스티엔센(Kristiensen)이 분류한 개인적 성향이 강한 족장사회라고 생각된다.

우산리와 적량동의 족장사회 성향과 관련지어 마지막으로 언급할 사실은 이들 사회가 단순족장사회냐 또는 복합족장사회냐 하는 문제이다. 지금까지 지석묘군과 직결된 주거형태가 총체적으로 규명되지 않았기 때문에 행정단위의 짜임새를 알 수 없는 형편이다. 그러므로 앞으로의 연구는 이러한 문제에 관심을 두어야한다.

 학자들에 따라 족장사회가 한국상고사에서 차지하는 통시성에 대해 달리 나타나는 견해 또한 재정립되어야 한다. 앞에서 열거한 제반학자들이 족장사회를 지석묘사회(청동기시대), 삼한사회, 사로6촌사회, 또는 부여를 비롯한 고대국가형성 직전에 비정한 지론은 충분히 이해가 된다. 누차 설명한 바와 같이 족장사회는 종래에 통용되어오던 설과는 달리 정형화되어 있지 않고 그 유형의 진폭이 매우 넓다는 것이 최근연구에서 밝혀졌기 때문이다. 그러므로 일부학자들은 족장사회(chiefdom)를 문화의 복합도와 규모에 따라서 두개 혹은 세 개로 나누는 것을 소개하였다[57]. 필자가 이미 논의한 것처럼 청동기시대, 사로6촌, 그리고 마한의 목지국을 제외한 삼한사회는 모두가 족장사회에 포함된다고 생각된다. 이러한 관점에서 본다면 위의 사회 대부분이 족장사회의 변형체일 따름이다. 그러나 이기동 교수가 족장사회를 "한국적 개념에서 본다면 국가사회"란 설은 재고되어야 한다. 이교수가 지적하는 한국적 기준이 무엇을 의미하는지 알 수 없으나 현대 고고학의 추세는 족장사회와 고대국가사회를 식별하기 위해서 지금까지 족장사회를 인정하고 이에 대한 연구를 계속해 왔다. 따라서 족장사회(chiefdom)를 유별난 형용사를 구사하여 성읍국가 또는 소국가라고 지칭하면 학계에 혼란을 초래할 뿐만 아니라 문화진화론적으로 지니는 족장사회(chiefdom)의 개념 자체도 무의미하게 만든다.

 이 교수가 두 번째 전개한 논리 중에서 족장사회(chiefdom)를 청동기

---

57) Steponaitis, V., 1981, Settlement Hierarchies and Political Complexity in Nonmarket Societies: The Formative Period in the Valley of Mexico, American Anthropologist, 83, P.420.
 Carneiro, R., 1981, ≪앞의 책≫, P.420.

시대로 비정한다면 부족사회는 신석기시대로 설정되어야 하기 때문에 문화전개의 모순에 빠진다는 주장은 타당성이 없다는 점을 필자의 논문에서 이미 설명한 바 있기 때문에 더 이상 거론하지 않겠다. 이교수의 모순은 부족사회에 대한 그릇된 인식에서 빚어진 것이다.

필자는 지금까지 발견된 영세한 자료를 바탕으로 전남지방의 지석묘사회가 족장사회라고 주장하는 일부학자들의 지론을 지지하였고, 지금도 필자의 생각에는 변함이 없다. 그런데 최근 한 문헌사학자는 고인돌사회를 족장사회에 비정한 설은 이미 문화인류학자에 의해 논리전개 방법이 비과학적이라는 이유로 인하여 점쟁이로 판명 받았기 때문에 더 이상 논의할 가치가 없고, 필자가 전개시킨 지론에 대해서도 점쟁이를 두둔하고 있다는 이유로 비판하고 있다. 물론 최 교수의 논문에서 판촌리 고인돌사회는 어린 나이에 사망한 유아에까지 분묘형태를 고인돌로 축조했기 때문에 족장의 세습제를 나타낸다는 증거 등의 문항에는 논리의 비약이 있는 것은 사실이다. 그러나 최 교수가 논의한 고인돌사회가 계층사회가 아니라고 부정할 수 있는 과학적 논리는 전교수의 토론문[58]에서 찾아볼 수 없다.

주지하는 것처럼 고고학은 유물과 유적 속에 담겨있는 인간행위를 설명하는 학문이다. 그러므로 필자가 앞장에서 지적한 바와 같이 혈연사회 및 계급의 세습제 등의 명확한 자료에 근거하여 과학적으로 설명될 수 있는 경우는 그리 많지 않다. 이러한 점을 극복하기 위해서 고고학자들은 가설을 유추하여 검증을 시도하지만 추론에 불과하다는 비판을 종종 받고 있다. 그러나 사회과학의 발전을 위해서는 추론적인 가설이라

---

58) 김전경수, 1990, ≪위의 글≫.

할지라도 계속 여러 학자들이 방법을 달리하여 검증을 시도한다면 과학적인 논리가 성립될 수 있는 수준에 달할 수 있다.

적량동 고인돌사회는 종교와 경제적 변인이 서로 작용하여 형성된 족장사회처럼 느껴진다. 대략 어림짐작 또는 점쟁이 운운은 자료의 영세성에 직면하여 이를 족장사회라고 설명하는 학자들에 대한 일부 학자들의 편파적인 비판이라고 생각한다. 대규모의 노동력을 동원하여 이를 통제하고 신분의 차이를 뚜렷하게 설명해 주는 자료가 있다는 것이 한국상고사에 족장사회가 존재했다는 것을 보여준다. 우리는 이러한 사실을 논리적으로 증명하기 위해 앞장에서 논의한 외국연구의 사례와 문헌사료를 참조해야 될 것이다. 특히 적량동 고인돌군과 관계된 주거지를 분석한다면 좋은 연구결과가 맺어질 것으로 생각된다.

DEVELOPMENT OF SUBSISTENCE PATTERNS IN NEOLITHIC CULTURE IN KOREA

Introduction

Investigations of subsistence practice changes and the adoption of cultivation must take into account the interrelationships between social and ecological factors over the long-term. What circumstances lead prehistoric societies to cultivate plants? Cases of prehistoric societies that have adopted cultivation in relatively resource-abundant environments have been highlighted (Price 1996; Price and Gebauer 1995b). Researchers have suggested that the transition to cultivation in several regions worldwide was delayed because people in resource-rich coastal areas required no other sources of food (Akazawa 1982; Keeley 1995:258; Price 1996). Climatic change, demographic pressure, and social demands have been cited as factors that explain the transition from food gathering to the practice of small-scale cultivation (Flannery 1968; Hayden 1990; Keeley

1995; Wright 1977).

There may have been two distinct regional subsistence strategies practiced on the Korean peninsula before the adoption of small-scale cultivation. In eastern and southern Korea, marine resource exploitation was a main subsistence strategy between 8000 and 3500 B.C., while in western Korea, from 6000 to 3500 B.C., a broad-spectrum of resources were acquired through hunting, gathering, and foraging.

Korean archaeologists and palaeobotanists have been slow to advance integrated models that account for Korea's incipient millet and rice horticulture during the period from 3500 to 2000 B.C. Most previous studies have concluded that the agricultural complex, consisting of both plants and cultivation techniques, was simply diffused by means of migration or culture stimulus from the nuclear zones of north and south China, and that there was a great change in the prehistoric Korean society in connection with the introduction of rice cultivation (e.g. Kim 1986). No direct evidence exists to show exactly how people of the Korean peninsula adopted cultivation: indigenously, through culture contact, or through migration. Outside of Korea some ideas have been advanced (Crawford and Shen 1998; Nelson 1993, 1999; Norton et al. 1999), but they are based on limited data and are somewhat preliminary in nature.

No major statements incorporating new data on the Bissalmuneui period have been published since Nelson (1993). In addition the discourse on the origins of cultivation in Korea and other places in Asia lacks a discussion of the character of the cultural and subsistence landscape in which the process took place (Crawford and Shen 1998:865; Norton et al. 1999:152). This paper traces subsistence and social technological changes that occurred in the period between 8000 and 2000 B.C. The paper examines how and why prehistoric agriculture developed in Korea, comparing and contrasting the character of and change in the subsistence patterns of two main areas: the eastern and southern peninsula, and the western peninsula. Throughout the period between 8000 and 2000 B.C. cultivation of grains such as millet and rice was introduced gradually, not as a comprehensive cultural complex.

I. The Bissalmuneui Period

The paper employs the term Bissalmuneui 1 pottery period for the time span that follows the Paleolithic and lasts between 8000 and 1500 B.C. The term *Jeulmun* (Chulmun) from Western literature (Barnes 1993; Nelson 1993) has the same meaning as Bissalmuneui, a native (i.e., not derived from Sino-Korean) Korean word. Both terms refer to the incised comb pattern designs of the pottery used during this period (Im 2000). This period is characterized by hunting, gathering, fishing, the use of plant foods such as nuts and cultigens, and lacks evidence of socioeconomic complexity. Approximately 600 Bissalmuneui period sites are known in Korea but less than one tenth of them have been systematically excavated. The remaining sites have been surveyed with the aid of test pits and surface collections. It is important to note that some of the ideas about the subsistence-settlement system in place during this period are assumptions that have not yet been tested (Lee 2001:28-9; see below).

This period is called Neolithic by Korean researchers (Im 2000; Kim 1986; Song 2001). Yet the stone-bronze-iron age sequence was created for European prehistory, where pottery, ground stone tool-making technology, sedentism, and agriculture are elements of the Neolithic cultural complex. The Korean case does not follow the same process. A great deal of Korean research is based on the stylistic variation of pottery (Ahn 1999; Seo 1986; Tanaka 2001), but such research does not explain changes in the settlement or subsistence patterns of the Bissalmuneui period. It is possible to subdivide the Bissalmuneui period based on the distinct character of subsistence patterns, tool types, settlement patterns, and pottery traditions. We divide this period into Incipient (ca. 8000-6000 B.C.), Early (6000-3500 B.C.), Middle (3500-2000 B.C.), and Late subperiods (2000- 1500/1000 B.C.) The dates assigned to each subperiod are based on radiocarbon dates found in association with artifact assemblages.

The temporal classification in this paper varies slightly from other conventional periodization schemes (see Barnes 1993:24-5; Kim 1986; Lee 2001:70; Nelson 1993:58,95-6) because it is based upon new evidence as well as the character of subsistence-settlement patterns, tool types, and pottery traditions over the entire peninsula. I have conservatively set the upper limit of the Incipient subperiod at 8000 B.C. in spite of earlier radiocarbon dates from Gosan-ni and Osan-ni. Also, early evidence at Gosan-ni, Seopohang, Hahwagye-ri, and perhaps Sangnodae-do mark a transition between Paleolithic and Bissalmuneui cultural traditions (see below). Regionalized pockets of people practicing Bissalmuneui cultural lifeways exist at the same time as people using

Mumun (undecorated) pottery and megalithic burials from about 1500 to 1000 B.C. This suggests that the dates of the Late subperiod be expressed as 2000 to 1500/1000 B.C.

Koreans have used the classification of pottery to establish cultural chronology since the stylistic variations of pottery seem to reflect chronological change (Im 2000; Nelson 1993:97). Evidence from sites in Korea, however, does not suggest that each subperiod produced totally distinct vessels. Throughout succeeding subperiods of the Bissalmuneui period, many vessels from earlier stages continued to be used as new types and variations developed or were introduced. Pottery decoration is also regionalized (Im 2000). Pottery decoration generally changes from decoration over the whole vessel in the Early Bissalmuneui period to decoration close to the neck in the Late Bissalmuneui period. However a chronology of the period based on changes in subsistence and settlement patterns is more useful in understanding prehistoric culture change.

Some limitations make this kind of research difficult. For example, archaeological sites in Korea that yield clear stratigraphic sequences in association with evidence of cultivated grains are rare. A lack of systematic archaeobotanical studies inhibits a comprehensive understanding of cultivation in the Bissalmuneui period (Lee 1998). Finally, Korean soil is acidic (Jo 1977:25-6; Nelson 1993:15), and botanicals and faunal material tend to decay rapidly. However, faunal remains are preserved in shell midden sites (i.e. Bak et al. 2001; Jeong et al. 1981).

II. Perspectives on Hunter-Gatherer Subsistence and Small-Scale Cultivation

What kinds of prehistoric societies adopted plant cultivation? Aspects of socioeconomic complexity such as sedentism, storage, social hierarchy, exchange, and the scale of a political entity may be associated with the intensity of plant exploitation (Keeley 1995). In China and elsewhere, societies with rich alluvial and coastal resources adopted rice or grain cultivation (Higham 1995; Lee 2001:3; Price 1996), and cultivation became an important part of the subsistence repertoire. Yet, although the people of the Jomon period used cultivated plants, they did not become important in the Jomon subsistence base until after 400 B.C. (Barnes 1993). Archaeologists have suggested a number of different modes that seek to explain the transition to cultivation. These include environmental adaptation (Wright 1977), population pressure (Flannery 1968), social demands resulting from formation of alliances, confiscation by leaders, and competitive feasting (Hayden 1990). Other authors have observed that long-term changes in subsistence strategies and contrasts between coastal and inland areas are linked to the transition from foraging to agriculture (Fitzhugh and Habu in press; Lee 2001:35-6; Price and Gebauer 1995a:6-7,9).

The recent focus on social demands and long-term changes in prehistoric societies has reinforced the realization that the notion that people were either hunters and gatherers or agriculturalists is outdated. For example, the Jomon engaged in small-scale cultivation (Imamura 1996) and aboriginal people living along the resource-rich northern Australian coast gather wild rice in addition to fishing and foraging (Jones and Meehan 1989). Binford describes two basic kinds of subsistence-settlement systems: collector systems (low residential mobility, high logistical mobility) and forager systems (high residential mobility and low logistical mobility) (Binford 1980, 1982). This model is useful to explain annual cycles of subsistence behavior and corresponding settlement patterns, but does not easily account for change over the long-term. However the interplay of social conditions with changes in climate, the structure of the population, and subsequent changes in subsistence patterns leading up to the adoption of agriculture are better understood as a long-term phenomenon. Clearly, plants were available and used by humans over a long period before they were domesticated or cultivated (Price and Gebauer 1995a:7).

Some researchers have described cases where sedentism in hunter-gatherer societies is a process that grows out of increased reliance on cultivation (i.e. Bar-Yosef and Belfer-Cohen 1991; Keeley 1995:267-8). Yet Price and Gebauer maintain that sedentism is a prerequisite of the development of agriculture (Price and Gebauer 1995a:8). What of the Korean case? Evidence suggests that sedentary village life was established in some areas by 6000 B.C., about 3000 years before cultivation appeared in Korea.

Some researchers have suggested that the transition to cultivation in southern Scandinavia and Japan was delayed because people in these resource-rich coastal areas required no other sources of food (Akazawa 1982; Keeley 1995:258; Price 1996). Yet others argue that agriculture first appeared among groups of hunter-gatherers with substantial resources

(Flannery 1973; Hayden 1990; Higham 1995:141; Keeley 1995:266; Price and Gebauer 1995a:8). In the Korean case, it appears that societies in western Korea that were practicing multiple forms of subsistence were the first to begin to cultivate millet and other cereals. There is no evidence that people who occupied what are now island shell midden sites in the Yellow Sea at the mouth of the Han River practiced agriculture. Yet the inhabitants of the Han River sites such as Amsa-dong apparently did practice small-scale cultivation starting from perhaps 3000 B.C. Were the Amsa-dong people sedentary hunter-gatherers? Why did they not take up cultivation as their northern neighbors did when millet was first introduced? How is the western peninsula different from the southern and eastern regions in terms of subsistence changes and the adoption of cultivation?

We use the term small-scale cultivation to refer to the incipient cultivation practiced in Korea during the Bissalmuneui period. Small-scale cultivation is defined as the sowing of limited amounts of wild or domesticated seeds of cereals, rice or other crops in small, non-permanent plots. Plots are prepared and harvested, and seeds or plant parts are stored (Price and Gebauer 1995a). This kind of cultivation is a minor part of the subsistence base of hunter-gatherer groups.

III. Post-Pleistocene Environment and Social Conditions on the Korean Peninsula

a) Background to the Prehistoric Environment

Below, the Upper Paleolithic and Bissalmuneui period environment is described using the results of studies on pollen, vegetation, faunal remains, and changes in sea levels conducted since the 1970s (Bak 1969, 1976, 1992; Choi 1993, 1996, 2001a, 2001b; O 1971; Yasuda and Kim 1980). In contrast to the large database on Japan (Tsukuda 1986), only approximately 10 sites in South Korea yield pollen sequences associated with absolute dates, and these are summarized in Figures 4 and 5. Most environmental research has been conducted in the coastal areas of the eastern Korea and the alluvial plains of the western Korea. Some of this work has yielded absolute dates from the upper Paleolithic to Bissalmuneui period. Unlike studies in Japan, pollen sequences in Korea do not show evidence of the clearing of land that researchers sometimes link to early cultivation (Tsukuda 1986).

Upper Paleolithic and Bissalmuneui period sites discussed in this paper are located near sites where pollen studies have been conducted. Among the existing pollen study sites, only the Yeongrang Lagoon in east-central Korea revealed a continuous pollen sequence associated with absolute dates from the late Upper Paleolithic to the present. Based on these data G.L. Choi concludes that the pollen spectra gathered from different locations in Korea are roughly similar (Choi 2001a, 2001b). He divides the vegetation history of Korea into six stages as follows: 1) 17,000-15,000 b.p.2, Conifer stage; 2) 15,000-10,000 b.p., Herb and *Pteridophyta* stage; 3) 10,000-6700 b.p., *Quercus* stage; 4) 6700-4500 b.p.; *Pinus, Quercus* and *Carpinus* stage; 5) 4500-1400 b.p., *Quercus* and *Pinus* stage; 6) 1400-Present, Herb stage. However, Choi (2001a, 2001b) suggests that the vegetation sequence of the southeastern and western parts of the peninsula were slightly different from the rest of Korea (is this a correct interpretation of what you have meant to say?)beginning in 6000 b.p. The sequence in these areas proceeded as follows: 6000-5000 b.p., *Alnus-Quercus* stage; 5000-4,500 b.p., *Alnus, Quercus, Pinus* stage; 4500-2600 b.p., *Alnus-Pinus* stage. This difference may be due to the fact that the samples Choi collected from the southern peninsula were analyzed in more detail than were previous samples, resulting in a more fine-grained sequence.

The pollen spectra from analyses conducted on samples from the period between 17,000 and 15,000 B.P from the Yeongrang Lagoon (Choi 2001b; Yasuda and Kim 1980) show that vegetation consisted primarily of sub-arctic conifers and presumably the weather was colder and dryer than it is today. Pollen data from the period 15,000 to 10,000 B.P. comes from Yeongrang. Choi states that sub-arctic conifers decreased in number and new genera such as *Pteridophyta* gradually increased in number at the end of this period. This suggests that the character of the late-glacial weather continued in this period. Circa 10,000 B.P. the climate became cooler and wetter than it is at present (Choi 2001b). The pollen sequence from a Jeommal Cave sample collected between 78-89 cm in depth also reflects this (Nelson 1993; Sohn 1975). Charcoal collected from these strata have been radiocarbon dated to 11,700±700 years b.p. (Sohn

1974). Thus, it seems that the period around 10,000 b.p. is the boundary between the final glacial and the post-glacial periods in Korea, a situation similar to that found in Japan (Tsukuda 1986:51).

From about 10,000 to 6700 b.p., sub-arctic vegetation such as *Pinus* and *Larix* decreased in frequency? in higher altitudes or disappeared in lowlands, and deciduous broadleaf trees such as *Quercus serrata* and *Quercus aliena* became predominant [in the highlands, lowlands, or throughout the region?]. Choi concludes that the sub-arctic vegetation zone existed in the northern and highland areas of the Korean peninsula until about 6700 B.P. and that the weather was warmer and wetter than in the previous final glacial period. Choi indicates that many alluvial plains and swampy areas developed in the western and southern lowlands and *alnus* was densely distributed in lowland zones (Choi 2001a, 2001b). The vegetation of Korea during this period was somewhat different from that of Japan. The area of Japan at the same altitude as South Korea was covered with *Fagus* and *Cryptomeria,* with exception of highlands with lower than the annual precipitation of 1200 mm (Tsukuda 1986:37-8). These species have not been found in Korea during this time period, suggesting that Korea was colder and dryer than Japan due to Koreas continental climate (Choi 2001a, 2001b).

Other lines of evidence support the contention that the period from 4700 to 2500 B.C. was warm and wet in Korea. Bones of water buffalo (*Bubalus sp.*) and sub-tropical deer (*Hydropotes inermis swinhoe*) were discovered in association with the Early Bissalmuneui period at the Gungsan-ni site in Pyeongan Nam-do (Kim 1990). Such animals are sub-tropical species that are not presently found in Korea. Kim's findings

(1990) suggest that during the Early Bissalmuneui period the climate was more moist and warm than the present. Seo assigns the layer to between 4000 and 3000 B.C. by comparison with other sites (Seo 1986:20-22). Bak suggests that the temperature of the Korean Straits at around 3000 B.C. was at least 2.5°C warmer than present (Bak 1976, 1992; Nelson 1993:23). The remains of tropical and subtropical animals also suggest that the region experienced climatic fluctuations during this time period, as many do and shellfish (e.g. *Halitis gigantea*) found at the island site of Sangnodae-do and Dongsam-dong on the southern coast. Sea turtle (*Chelonia mydas*) and abalone (*Nordotis gigantea*) were found in layers 2, 3, and 4 of the site (Shin 1992).

Results of pollen analyses of the peat bogs of the Gimpo Gahyeon-ni site near the west-central coast show that the temperature in this area was warmer than the present between 4500-2200 B.C. (Im and Suzuki 2000). However other pollen analyses reveal that from about 4500 b.p., *Pinus* decreased and *Cyclobalanopsis* and *Custanopsis* increased, indicating that climate became cooler than it had been during the previous period (Bak 1976; Choi 1993, 2001b; O 1971; Yasuda and Kim 1980). The general consensus is that a cool and moist climate persisted by 3000 B.C. (Lee 2001; Nelson 1993:23).

Sea levels seem to have risen over time, and some sites likely disappeared. However there is little consensus on changes of coastlines (Nelson 1993:23-4). Holocene sea levels on the west coast have been investigated by scholars who argue that around 6000 b.p. sea levels were about 2 to 3m higher than present (Lee 1992; Yoon and Park 1977). Circa 5000 b.p., the peak of the Post-Pleistocene Optimum period, sea levels were 5 m higher than present (Lee 1992; Yoon and Park 1977). On the other hand, a study conducted on the east coast reveals differences in sea levels greater than those on the west coast. Cho suggests that the around 10,000 b.p. the sea level was 25 m lower than at present, and around 7000 b.p., 10 m lower than present (Cho 1987:172). It reached its current level around 6000 b.p. The Post-Pleistocene Optimum period in Japan existed from approximately 6000 to 4000 b.p. The Korean data were compared with data from the Japanese Post-Pleistocene period. Both the Korean and Japanese scholars determined that the sea level during this time period was about 2 to 5 m higher than at present. This indicates that the Dongsam-dong site may have been closer to the shore of Tsushima Island than at present. Faunal and floral evidence from the Dongsam-dong (Sample 1974) and Gahyeon-ni sites (Im and Suzuki 2000) also suggest fluctuations of sea levels. are also indicated by.

Detailed studies of the west coast of Korea suggest that the level of the Yellow Sea rose 1.4mm each year in the period between 4500 and 2000 B.C. (Bak 1992). Bak's calculation that the sea level of the west coast of Korea continued to rise until about the year 2000 B.C. is different from the studies of sea levels near Japan (Bak 1969). Based on the above studies, Lee (1973) demonstrated that the level of the Yellow Sea in 8000 b.p. was 7.3 m lower than at present.

The Korean data for the Post-Pleistocene environment are incomplete, but are similar overall to the East Asian data (Barnes 1993; Nelson 1993). Despite some contradictory evidence, until 8000 B.C. the climate was cool and wet. This was followed by a period of warming until 6000 B.C. The warmest period began 6000 and lasted until about 2500 B.C., during this time Korea experienced both wet and dry fluctuations. The following period that extended to 600 B.C. had a cool and wet spell. Coastlines consistently changed until the present. Considering the evidence from the Yellow Sea coastline presented above, it is likely that Incipient and Early Bissalmuneui sites on the west and east coasts have been submerged or washed out (Nelson 1993:54), even though the coastline has not changed greatly in the past 3000 years. The loss of these sites is likely due to the effect of the peak of warm periods, when marine changes altered the form of many river valleys by flooding deeper portions and providing conditions for the build-up of deltas and wide alluvial areas (Hwang and Yoon 2000, Pearson 1977:1242).

b) Human Settlement in the Incipient Bissalmuneui period

Despite post-glacial changes in sea level and topography, our evaluation shows that approximately 10 sites have yielded artifacts consistent with this subperiod. Major sites are Hahwagye-ri, Donggwanjin, Osanni, and Seopohang in northeastern Korea and Sangnodae-do, Imbul-li, and Gosan-ni in southern Korea (Choi 1992; JNUM 1998; Nelson 1993:53-4). Hahwagye-ri yielded 515 microlithic blades and 834 pieces of obsidian tools, some of which are bifacial points from the pre-ceramic phase (Choi 1992). Hahwagye-ri, located on a terrace above the Hongcheon River, produced artifacts from the Upper Paleolithic to the Mumun period.

The recent excavation of the Gosan-ni site on Jeju-do Island sheds new light on the culture of the Incipient Bissalmuneui period (JNUM

1998). Artifacts are scattered in the area of 150,000 m2 near the coast. Excavations yielded more than 700 projectile points, 470 microblades, scrapers, awls, burins, bifaces, knives, and 1900 potsherds. Stone tools were retouched using percussion or pressure flaking techniques. Projectile points are mainly triangular in shape and have stems. The average length is 3 cm or less. The length of the bifaces, including blades, falls below 5 cm. The Gosan-ni site stone tools are also characteristic of the microlithic traditions of Japan and eastern Siberia (JNUM 1998). Pottery from the same stratum as the stone tools are undecorated bowls tempered with grass and sand as well as bowls with appliquéd line decoration (*Yunggimun* pottery). The artifacts just described were found below a layer containing ash from the Akahoya volcano that is dated to between 6300 and 6700 B.C. (Imamura 1996:70; JNUM 1998:98-103) Radiocarbon dates of approximately 10,000 b.p. were obtained from pottery at Gosan-ni (Choi 2002; Kuzmin 2002, personal communication).

The lowest level of Locality B at Osan-ni, an east coast settlement, has three radiocarbon dates that fall between 7100 and 6700 B.P. Taken together with a very early radiocarbon date of 12,000 b.p., one component of the site corresponds to the Incipient Bissalmuneui period. Based on similarities in archaeological features and artifacts, the earliest component of Seopohang also fits into the Incipient Bissalmuneui period (Nelson 1993:70).

c) The Incipient Bissalmuneui period and the Seopohang site

In the early 1960s North Koreans conducted excavations at Seopohang in Gulpo-ri. A total of eight closely clustered localities with clearly stratified cultural sequences were identified in Seopohang, ranging from the Middle Paleolithic (Barnes 1993:51) to the Mumun period. The site contains 18 pit-houses mostly from the Early Bissalmuneui period(Kim et al. 1975:6-7). Houses are mainly subrectangular, pit-houses are quite deep (approximately one meter), and houses have hearths. Based on clear stratigraphy, archaeologists reconstructed the cultural sequences of Seopohang and concluded that there is cultural continuity from the Middle Paleolithic to the Bissalmuneui period (Kim and Seo 1972).

Small triangular arrowheads and oval-shaped scrapers, as well as elongated blades and blades of the Seopohang culture II-1 (Seo 1986:15) have been found at House 9, Locality 3. This 72 m2 pit-house is the earliest feature in the site (Kim and Seo 1972; Pearson 1977:1243). Many spear points, harpoons, and awls made of antler and animal bones were also discovered in the same cultural layer as the lithic tools?. The evidence from Seopohang culture II-1 and Locality 3 indicates that there was a transitional period between the Upper Paleolithic and Bissalmuneui cultures. The continuity of the lithic tradition supports this hypothesis (Kim and Seo 1972). Moreover, Pearson states that the Bissalmuneui and Jomon occupations of this period can be seen as mesolithic in cultural and environmental adaptation (Pearson 1977:1239).

We are just beginning to understand Incipient Bissalmuneui culture in Korea. Although the major settlement zones of this subperiod were along sea coasts and islands, this does not mean that the subsistence pattern of all the sites of this subperiod consisted of only fishing and collecting shellfish. Various types of projectile points, large scrapers, chipped stone axes, and core tools suggest that the people were also hunting terrestrial animals. For example, Seopohang yielded faunal material of 21 species of mammals, of which 30% is deer (Kim 1990). Yet subsistence cannot be discussed in detail because faunal remains rapidly decay in the predominantly acid soils of the peninsula. Dwellings in Seopohang were equipped with central hearths, indicating the need for protection from cold winter weather in North Korea. The density of potsherds found inside semi-subterranean structures and in their foundations provides evidence that the people of Seopohang were relatively sedentary. This settlement pattern was possible due to the rich natural environment. Inhabitants seem to have adopted a seasonal schedule for hunting, gathering, and fishing, but did not have to leave the area to engage in these activities.

Incipient Bissalmuneui culture appears to have been a society that was engaged in fishing, collecting shellfish, gathering plants and nuts (acorns, chestnuts), and hunting. Incipient Bissalmuneui subsistence practices are generally similar to those of geographically circumscribed areas in Maritime Northeast Asia and Japan. Initial evidence appears to show that the people of Seopohang appear to have lived relatively sedentary lives in a stable settlement. The main habitation zones in the western area were later submerged or disturbed by changes in topography caused by a fluctuation of the sea level. Pottery was first produced during this period. With the rise in sea level, hunters and gatherers of the Incipient and Early Bissalmuneui periods gradually moved inland along the large river terraces (Choe 2000; Lee 2001; NMK 1994).

IV. Subsistence and Settlement in the Early Bissalmuneui Subperiod

The lower limit of this period is based upon radiocarbon dates from Phase 5 of Locality A at Osan-ni on the east coast, pit-houses at Amsa-dong and Gungsan-ni on the west coast, Dongsam-dong, Sangnodae-do, and Yeondae-do in southern Korea, and many other sites. Researchers claim that different orientations in subsistence patterns in both the western and eastern groups are detectable from the beginning of this time period (Ahn 1999; Song 2001).

The natural environment of the area containing eastern and southern sites in the Bissalmuneui period is circumscribed by steep montane zones and consists of narrow coastal plains. Although the main vegetation zone is situated in the mountains, there are some variations of vegetation zones within the eastern area. These include mixed hardwood forests of maple, birch, evergreen, oak, and schima. Most sites in the eastern and southern group are within easy access of the Sea of Japan (East Sea) and montane forests. The vertical relief of the eastern mountains seems to have channeled resource exploitation along the coast and major river systems. The northeastern coast is a very productive fishing ground due to the juncture of the eastern and northern ocean currents (Im 2000:209-10). The successful maritime adaptation of Bissalmuneui people is evident in the extensive shell middens and highly diversified fishing equipment such as harpoons, net sinkers, and composite fishhooks found in the Seopohang and Osan-ni sites (Im and Lee 1988; Kim and Seo 1972). Moreover, middens at Seopohang, Dongsam-dong, and Sangnodae-do show a great variety of fish and shellfish species (Shin 1992).

Vegetation in the western region includes subtropical and temperate species. The subtropical vegetation zones are limited to the Mokpo area and southern islands. There are about 223 plant families with 4191 species (Nelson 1993:20). Most of these plants are from the temperate zone. Western forests are a mixture of mesophytic conifers and broadleaf deciduous trees. Conifers are principally pines and deciduous trees include oak, maple, birch, elm, and chestnut. Most western sites were established on the river terraces or coastal plains. Ecologically, these areas can be defined as "edge zones" between rivers, the sea, and forests. Early Bissalmuneui people exploited three microenvironments in the western area: 1) river terraces or coastal plains that form grasslands, 2) montane forests, and 3) littoral and coastal areas. In this subperiod fewer shell middens are found on the west coast in comparison to the south coast (Lee 2001:113-8).

a) Settlements in Western Korea

Data concerning the Early subperiod in the western area come from the Amsa-dong, Jitam-ni, and Gungsan-ni sites. The results of surveys and excavations have not demonstrated evidence of settlement in the midwest before the Early subperiod, so it appears that these settlements developed quite suddenly. It is important to note that some shell middens on islands in the Yellow Sea, such as Songsan are present, but they do not contain evidence of pit-houses. The bottom layer of these sites produced evidence of possible year-round pit-house occupation and

Bissalmuneui pottery bearing incised comb-pattern designs (Kim et al. 1975:10-5,19-25; NMK 1994, 1999; Nelson 1993). The Amsa-dong and Jitam-ni sites are situated on river terraces about 40 km inland from the Yellow Sea. Gungsan-ni is on the slope of a high hill close to the Yellow Sea. Many Early Bissalmuneui pit-houses were identified at these sites. These sites, especially Amsa-dong (NMK 1994, 1999), contain an artifact assemblages with which it is possible to discuss subsistence-s ettlement patterns. Therefore, Amsa-dong will be discussed in some detail below.

Amsa-dong pit-houses of this subperiod were sub-rectangular or rounded. A central hearth was excavated in each house floor. Smaller pit features, possibly for storage, were also identified. The mean size of the 14 pit-houses at Amsa-dong is approximately 21 m2 in size and 60 cm in depth. There are two types of entrances, one with stairs on the floor of the pit and the other with a sloping ramp extending from inside the pit to the outside. The entrance usually faces south. Some houses have storage-pits dug in the floor. At Amsa-dong, a large storage pit approximately 3 m in diameter and 1 m deep, was located in the area between houses. It may have been used for storage of communal food (NMK 1994).

It is difficult to define specific indoor activity areas at Amsa-dong with the data available. Artifacts used for outdoor activities, including projectile points, axes/adzes, and stone net-sinkers were found on the east side of a pit-house, near the entrance. Tools related to indoor activities, such as grinding stones and pestles, were in the interior of the house, in areas west of the hearth. Thus, the sleeping area was possibly north of the hearth and away from the entrance (NMK 1994). The semicircular arrangement of pit-houses unearthed in the excavations in Amsa-dong may indicate that communal activity areas existed (NMK 1994:43, 1999). Clusters of houses indicating activity areas are a feature of peninsular settlements through the Early Mumun Pottery period (ca. 1500/1000 to 650 B.C.; Bale 1999:36-7).

The assemblage of artifacts and the labor-intensive construction of Early Bissalmuneui pit-houses at Amsa-dong, Jitam-ni, and Gungsan-ni strongly suggest a semi-permanent settlement pattern. The size of the post-molds, the depth and treatment of house floors, the large number of potsherds, and the presence of many large jars give further weight to the idea that the dwellings of this period may well have been occupied year-round. Norton at al. (1999:163) contend that the ability to store fish in pottery was probably one of the contributing factors that allowed Bissalmuneui people to become sedentary before the introduction of agriculture. Amsa-dong appears to be a residential settlement because all other sites within an 8 km radius contain only ephemeral evidence of pit-house occupation and a small amount of pottery and stone tools. For example, one pit-house is reported at Misa-ri, while Seon-ni and Dong-mak-dong contain mostly potsherds (Choe 1986, 2000).

If the people of Amsa-dong were collectors with low residential mobility and high logistical mobility, then the stone tool assemblage would be highly variable, reflecting sites with different functions (Binford 1982, 1983; Habu 1995). Variability of archaeological features would also reflect the collector subsistence-settlement system. We conducted a pilot test after Habu (1995) to determine the degree of relative stability of Amsa-dong compared to other Han River basin sites through table analysis of classes of stone tools. Since Seon-ni, Dongmak-dong, and other sites in the Han river area consist of few artifacts or small potsherd scatters, only assemblages of Amsa-dong and Misa-ri were considered for comparison of stone tool assemblages. The research in this area shows very little variation between the percentages of stone tool classes at Amsa-dong and Misa-ri. The area of Amsa-dong, at approximately 7800 m2 (NMK 1994:46), is much bigger than any other nearby site. However, Misa-ri contains three large outdoor hearths and 27 smaller ones, and so the two sites are different in that respect. Misa-ri is located on an island in the Han River formed by silt and has been flooded periodically. This and the presence of Mumun period and early historic settlements could have destroyed evidence of pit-houses. It is difficult to say that Seon-ni and Dongmak-dong may have had functions different than Amsa-dong and Misa-ri, since Dongmak-dong contains only a few potsherds, stone tools, fish-net sinkers, and other artifacts (Im 2000:108).

Another concern regarding the Early subperiod that extends into the Middle subperiod is the apparent differences of pottery and subsistence practices between western riverine and island sites off the coast in the Yellow Sea. The subsistence practices of the former occupants of the riverine sites (i.e. Amsa-dong) are described above. In contrast, western coastal and island sites (i.e. Yeongjong Songsan) close to the mouth of the Han River consist of shell middens (Im 2000). These sites have not generated any evidence of small-scale cultivation. Were the shell middens on islands off the west coast part of a seasonal movement of people living in Amsa-dong? Im conducted research into the pottery of these two areas and found some differences in pottery temper, decoration, and shape (Im 2000:108-16). Nelson conducted tests on the results and found that the differences detected by Im were statistically significant (Nelson 1993:105). From this and associated data Nelson postulates the existence of regional tribes in the Bissalmuneui period (Nelson 1993:105-6). Differences between coastal and interior adaptations can also be discerned.

b) Subsistence in Western Korea

Common stone tools found in the Early Bissalmuneui period include grinding stones, projectile points, stone axes/adzes, scrapers, net-sinkers, and loom-weights. Stone tools found in this period were both chipped and ground. Axes and adzes of the Han River sites were chipped or partially ground. River fishing seems to have been important as evidenced by the large number of stone net-sinkers compared to stone projectile points in Amsa-dong and Misa-ri. Projectile points make up only about 2% of the stone tool assemblage at both sites, raising the question of the relative importance of terrestrial resources. However assessment of subsistence in this way is difficult because of the lack of preservation of faunal remains at such sites.

Different sized stone querns and pestles are found in western settlements. It is possible that these tools were used for preparation of seeds, roots, and nuts. Wild seeds and roots probably were harvested from summer to fall and nuts in the fall. Remains of acorns have been reported from many sites including Amsa-dong and Misa-ri. Dwellings were equipped with a large central hearth for warmth in the winter. It was possible to employ nets and fish in riverine environments during the summer and spring.

I have limited knowledge about the kinds of plants that made up the diet of Bissalmuneui people in the early subperiod. Acorns from oak (*Quercus mongolia*) and chestnuts (*Aesculus turbinata*) are the only plant remains recovered at Early Bissalmuneui dwelling sites. It can be assumed that these were eaten during winter. For example, acorns could be collected during the late fall and stored for winter since they preserve very well if dried under the sun for several days. Acorn cake and acorn jelly have long been important in the diet of Korean people. Evidence from Amsa-dong suggests that these were used. However, this foraging was part of a series of seasonal activities; perhaps people gathered shellfish at shell middens during late winter and early spring (Barnes 1993; c.f. Nelson 1993). People at eastern sites such as Osan-ni also used nuts to some extent.

In addition it is possible that the diet of people in western Korean included pine bark and nuts, turnips, garlic (*Allium satvium*), wormwood (*Artemisia absinthium*), green onions, leeks (*Allium scrodo prasum*), and bellflower (*Platycodon glaucm*). These foods are discussed in historical documents and ethnographic information. Korean pine bark was useful during early spring in the difficult years following the Korean War (1950-1953). Pine trees grow new skin just under the bark in early spring, and when moist it is very tender. Koreans make cakes and soup broth with the young pine bark. Stone scrapers and blades with convex edges and backs found in the prehistoric sites were possibly used for gathering pine bark.

Modern Koreans eat more than 30 wild plants as part of their regular diet. In the spring side dishes eaten by rural Koreans are prepared with such plants. Until the late 1990s the systematic recovery of archaeobotanical remains was rare in Korea, and only recently have such techniques been employed at the Dongsam-dong shell midden (Ha 2001). Large numbers of querns and pestle stones suitable for use in shelling and grinding such foods as acorns, chestnuts, pine bark, and seeds have been recovered at Amsa-dong, Jitam-ni, and Gungsan-ni. The first author has observed that some querns are deeply worn from use, and open at one end to allow ground-up particulate to be pushed out onto a mat or tray as the grinding process continued.

Settlements in the western areas moved slightly inland during the Early subperiod, but the reasons for this are unclear. The habitation zones expanded and shifted from the coastal niches to the open river terraces at about the same time cultural contact began with the Xinle and Xitushan cultures of the Liaoning area (Im 2000:163-76; Nelson 1990, 1993:107-8). By this time the inhabitants of the western areas had established a semi-sedentary settlement pattern, supported mainly by river fishing, gathering wild plant foods, and hunting of land animals. The food resources from deciduous forest and open grasslands on the river terraces may have been sufficient for the western inhabitants until the Middle Bissalmuneui period. This was probably why cultivation practiced by the Xinle (c. 5000 B.C.), Chaihai, Hongshan, and Fuhe (c. 4000 to 3000 B.C.) cultures of the Liaoning area did not penetrate into the Korean peninsula at that time.

c) Settlements of Eastern and Southern Korea

A more variable situation is evident in eastern and southern peninsula in the Early subperiod. There are 17 pit-houses from the Early Bissalmuneui period at Seopohang. These houses appear to have been sturdy and permanent, as were those of the Initial subperiod component of Seopohang. However, other eastern and southern sites exhibit a different pattern than Seopohang. The structure of houses at Yeondae-do, Mok-do, Sinam-ni, and Osan-ni is very ephemeral, or perhaps the period of occupation was not long (Im and Kwon 1984; Im and Lee 1984; Lee 2001). For example, the two houses at the Mok-do shell midden located in Layers IV and V have floors covered with clay, hearth-like features, and postholes. Yet they are very shallow and difficult to distinguish from the soil and shell matrix of the midden. The houses are located between layers of shell and very few artifacts were recovered (JNM 1999).

Evidence is gradually appearing that suggests that at least some people of the east and south may have been somewhat mobile. An ephemeral house floor was found close to the coast at Sinam-ni, between Busan and Ulsan, along with flake tools, ground stone axes, and whetstones. The Ubong-ni site is located nearby (DAUM 1997). This site has many Yunggimun potsherds, stone tools, and hearths located on a bluff overlooking the sea. It was presumably a fish processing station. Other clusters of pottery in the area (Lee S.H. 2002, Pers. Comm.) give weight to the idea that Bissalmuneui people used more than one location for subsistence activities. Perhaps Sinam-ni was a residential site while Ubong-ni and other nearby finds of Jeulmun potsherds may represent limited activity stations. Lee also finds that people in the southern peninsula moved seasonally from inland to coastal areas (Lee 2001:323).

d) Subsistence in Eastern and Southern Korea

An elaboration of the subsistence pattern that began in the Incipient Bissalmuneui period continues into the Early subperiod in the east and south. Deep-sea fishing of large species is indicated by the large number of composite fishhooks unearthed from eastern and southern sites of this period. The subsistence strategy in the Seopohang area seems to be similar as in the Incipient subperiod, but importantly a shell midden is present in the Early Bissalmuneui component.

Eastern people depended on fishing, collecting shellfish, and hunting both sea and land animals. Composite fishhooks, bone fishhooks, spatulas, awls, stone axes, adzes, and obsidian projectile points indicate a variety of different subsistence activities were practiced at Dongsam-dong. Faunal material representing deer, wild boar, sea lion, whale, shark, dogfish, cod, yellowtail, red sea bream, gray mullet, tuna, and at least nine different varieties of shellfish have been unearthed at the same site. The presence of large amounts of composite fishhooks in eastern sites may indicate that the people became more specialized toward deep-sea fishing and shellfish gathering (Seopohang, Dongsam-dong), or deep sea fishing and foraging (Osan-ni) (Lee 2001:266). Eastern and southern people exchanged shell bracelets and obsidian with Kyushu and also shared similar pottery, composite fish hook styles, and stone tools (Imamura 1996:122-24; Tanaka 2001). Perhaps this relationship was close, as evidenced by the similarities of strikingly similar shell face representations from Dongsam-dong and the Adaka site in Japan, as well as clay figurines from Sinam-ni and Tanabatake in Japan. Western peninsular houses share similar styles of square, upright hearths with Liaoning.

Some researchers have stated that Korea was in the same cultural area as the Soviet Far East during the early Siberian Neolithic period (Okladnikov 1965: 63, 68, 70). We can see, however, that Bissalmuneui people manifested two ecological adaptations in eastern and western Korea that were distinct from the traditions referred to by Okladnikov. Northeastern Korea may have belonged to Okladnikov's scheme. Its particular ecological zone and its geographical location made possible the early development of the shell midden culture in Seopohang and Gulpo-ri. Human settlement in the area resulted in additional cultural elements such as pottery and lithic technology from the Boisman culture in the Soviet Far East (Brodiansky 1996). There were also connections with Jomon culture dating from the Incipient Bissalmuneui period, based on similarities between Initial Jomon and Yunggimun pottery types (Choe 1986), as well as obsidian and Jomon potsherds at Dongsam-dong (Imamura 1996:122).

Sites of this period also show a regional difference in subsistence patterns between the western area and eastern and southern areas. Inhabitants of the western area (e.g., Amsa-dong) depended heavily on broad-spectrum subsistence including hunting, fishing, and gathering wild plant foods. Exploitation of shellfish is evident from shell middens in coastal areas. Fewer shell middens are found on the west coast in comparison to the south coast (Lee 2001:113-8). Exploitation of the rich forest and grassland area made great herbalists of the western people, who had deep knowledge of seasonal plant foods. It has been argued by several scholars that the first use of plants might have been the work of herbalists (Chang 1986: 81). Flannery (1968) also suggests that pre-adaptation such as the knowledge of seasonal wild plant food is essential for the origins of cultivation. It seems that the subsistence practices of the western group greatly varied in the diverse environment of the west, while a narrower spectrum of adaptation, based on ecological specialization, is more applicable to the eastern group.

In contrast to the west, eastern peoples lived in an area circumscribed by the coast of the Sea of Japan (East Sea) and steep mountains. There, fishing for shark, tuna, yellowtail and other large fish species was important in Seopohang, Dongsam-dong, and other sites (Im and Lee 1988; NMK 1994; Seo 1986). Different pottery shapes are dominant in each region. For example, people in the south and east had pottery with flat bases, while people in the Han and Daedong River basins had conical-shaped vessels with pointed bases. Undecorated bowls, short parallel line decoration on the rim, as well as pinched and appliquéd characterizes classic Bissalmuneui pottery decoration of this period.

Interestingly, both regions may be further subdivided based on contrasting subsistence patterns and artifacts into western island and riverine areas (Im 2000) and eastern and southern areas.

V. Subsistence in the Middle Bissalmuneui Period

More than 15 sites from the Middle Bissalmuneui period have yielded carbonized grains and agricultural tools. Jitam-ni, Masan-ni, Namgyeong-ni, Sangchon-ni, Dongsam-dong, Daecheon-ni, and others in the western and the southern areas yielded domesticated carbonized millet such as *Panicum miliaceum* and *Setaria italica* ssp. *italica* between 3500 and 2500 B.C (Bale 2001; Lee 2000b:16; Lee and Crawford 2002). Undomesticated plants and acorns are also present. Many sites with evidence of domesticated cultivars also contain wild plants such as *Echinochloa frumentacea*, *Echinochloa crusgalli*, *S. italica* ssp. *viridis* until the Middle Mumun period (c. 700 to 500 B.C.) (Lee 1998; Lee 2000b:16). The cultivation of domesticated and wild cereals first occured close to the Daedong River basin and was slowly taken up by people in the Han River area, followed by the south coast and interior. It is unclear if these carbonized remains represent cultivation introduced from abroad by culture contact, indigenous developments, or migration.

In the later stage of this period, the number of sites increased and people settled further inland. Stratigraphic analysis in the northern parts of Korea indicates that these changes happened gradually (Choe 1989). The middle to late part of this subperiod is also characterized by a cooling of the climate in the mid-western region (Choi 1996, 2001b; Tanaka 2002) or the peninsula as a whole (Lee 2001; Nelson 1993:23). Classic Bissalmuneui pottery of the mid-western area is added to pottery with flat bases in southern coastal areas, raising the possibility of a movement of people or the operation of an exchange network (Song 2001; Tanaka

2001). The number of shell middens in the west central coastal area remained low (Lee 2001:113-8).

a) The Jitam-ni Site and Small-Scale Cultivation

The most well-preserved and earliest evidence of millet cultivation comes from the Middle Bissalmuneui component of Jitam-ni in northwestern Korea. This component is represented by two pit-houses from Locality 2, situated on a river terrace in the Jaeryeong River alluvial plain. A pottery vessel containing carbonized millet was found on the floor of House 2. It is reported that the grains are millet, but it is unknown whether the 500 ml of carbonized grains are domesticated or wild (Hwang 1984:95). This pit-house is roughly rectangular in shape and measures 19 m2 in area and 60 cm in maximum depth. The floor was spread with clay mixed with sand, and a hearth was located near the center. Three storage pits were found east and south of the hearth. It is notable that this and other houses were destroyed by fire (Hwang 1984; Kim et al. 1975).

Jar-shaped vessels perforated at the base were found placed upside-down over two storage pits in the floor of House 2. The shapes of jars are typical of pottery of this subperiod with the exception of vessel size. The height of the largest vessel is 50 cm and the mouth is 65 cm in diameter. It is identical in size to the one found in House 1 at Locality 1. Here, some of the jars were unearthed in an upside-down state while others were half buried in pit features. Similar configurations were found at Gungsan-ni (Kim et al. 1975). It is not clear why these large bottomless jars were placed upside down over pits in the house floors. Perhaps the function of the perforated jars is to better utilize the space in the storage pit. The addition of an inverted jar to a 40 cm deep pit would double its capacity to store grain. Open pit storage alone would be inconvenient for the preservation of cereals, since soil from the house floor could easily fall into the stored grains. Utilization of the bottomless jar as a cover for the pit also likely protected the harvested cereal grains from the elements. The assumption that the pits were for storage is made from evidence of cereal grains and nuts found in the pits (Hwang 1984:95; Kim et al. 1975).

Stone tools found on the pit-house floors and in the same cultural layer include querns and pestle stones, axes and adzes, sickle-like blades, other blades, scrapers, and hand plows. Among the stone artifacts found at Jitam-ni, the hand plows (whose blades resemble the traditional hand hoes but are much heavier) and sickle blades imply that cultivation occurred during the Middle Bissalmuneui period. This implication is particularly strong, since these tools were excavated in association with carbonized grains. The hand plows, made of argillite, were flaked, and some of their working edges were partially ground. It is assumed that the plow blade was hafted to a wooden handle and that the plow required at least two individuals for use (Choe 2000). The hand plows range in size from 30 to 65 cm in length, 15 to 24 cm in width, and 5 cm in thickness. Use-wear on the edges of blades was likely produced by actual use of the tools. Smaller but similar plow blades were found in Amsa-dong and at Sangchon-ni (Lee 2000a; NMK 1994). Evidence of use-wear has also been found on similar tools from several other Neolithic sites in Korea.

Sickle blades were found in the same cultural layer that yielded plows and hoes in the Jitam-ni, Amsa-dong, Wonjeong-ni, and the Nam River basin. There is regional variation in the size of the sickle blades. The general size of northwestern blades was about 20 cm in length and 5 cm in thickness.

b) The Spread of Small-Scale Cultivation

Dongsam-dong is a south coast shell midden site located on Yeongdo Island, Greater Busan. Excavations at the Dongsam-dong site in 1999 by the Busan Museum yielded three pit-houses with pottery and stone artifacts that correspond to the Middle Bissalmuneui period(Ha 2001:41-50). G.A. Lee and G. Crawford of the University of Toronto discovered domesticated grains that are identified as two different kinds of millet (Ha 2001:41-50; Lee and Crawford 2002). The millet was found on the floor of House 1, which corresponds to the Middle subperiod. A high percent of the recovered plant remains are domesticated millet. The house contained agricultural tools such as a sickle made of shell, stone adzes, and grinding stones. It seems likely that the Dongsam-dong people depended on hunting, gathering, and fishing from the beginning of the Bissalmuneui period and cultivated millet on a small scale from about the Middle Bissalmuneui subperiod.

Another discovery of domesticated grains came from the Daecheon-ni, an interior site near Greater Daejeon (Han et al. 2002). The stratigraphy of the site demonstrates human activities from the Upper Paleolithic to Middle Bissalmuneui. Carbonized rice (*O. sativa* japonica), barley, wheat, millet, and soybeans were discovered on the floor of Pit-house 1 along with agricultural tools such as stone plows, grinding stones, and stone axes. The house plan is square and is approximately 48 m2 in area. According to analysis of structure and distribution of artifacts, the house floor was possibly separated between living and storage areas (Han et al. 2002). The carbonized grain was found in the living and storage areas. Interestingly, rice husks, acorn, hemp seeds, and honeycombs were found in the storage area. A storage pit 147 cm in length, 74 cm in width, and 81 cm in depth was uncovered in the storage area. The storage area space comprises 30% of the total house floor.

Sangchon-ni is another interior site located on the floodplain of the Nam River in Gyeongsang Nam-do. Sangchon-ni has 23 pit-dwellings dating from the Middle to Late Bissalmuneui. Carbonized millet, barnyard millet (*Echinochloa frumentaecea*), indian millet, barley (*Hordeum satvium*), beans, walnuts, acorns, and stone tools such as plough-like implements were unearthed from seven archaeological features, including rectangular-shaped pit-houses, piled stone features, ditch-features, and storage pits (Lee 2000:14-6). The stone tool assemblage indicates a range of subsistence activities including hunting and fishing. It should be noted that the grains were recovered on the surface in the vicinity of pit-structures 16 and 17 after rain exposed their existence (Lee 2000:15-6). The average area of the four houses bearing carbonized grain is 40.2 m2.

c) Rice Cultivation and the Late Bissalmuneui Period

Evidence of Late Bissalmuneui settlement and subsistence shows the increased exploitation of shell middens in the littoral areas, the presence of more inland settlements, and the cultivation of rice. Domesticated rice appeared somewhat later than millet in Korea. Rice grains recently found at sites in the mid-western region were identified as japonica and indica. Rice from the Gawaji site near Seoul (Sohn et al. 1992) and the Gahyeon-ni site in Gimpo (Im 1990) were radiocarbon dated to the latter part of the Middle Bissalmuneui. Recent research based on the results of AMS dating of rice grains and identification of silica phytoliths indicates that there is evidence of domesticated rice dating from 1500 to 2000 B.C. Therefore, it seems that the western inhabitants in Korea may have began to practice rice cultivation from about 4000 years b.p. Interestingly, the first author participated in excavations at Soro-ri, a Paleolithic site with clear stratigraphy. Palaeo-rice grains(*Oryza rufipogon*) were found in a stratum that is radiocarbon dated to $13,010 \pm 190$ b.p. (CBNUM 2000:316-27). *O. rufipogon* may be an ancestor to the domesticated *Oryza sativa* (Crawford and Shen 1998:863). However no other evidence suggests that rice was domesticated on the Korean peninsula.

Semi-lunar stone blades for reaping cereal grains appear about 1500-1000 B.C., but their numbers are limited and evidence of intensive cultivation is lacking. A new style of pottery called Mumun appeared in the late stage of this period and overlaps the Mumun Pottery period (or Bronze Age, c. 1500/1000-300 B.C.) in many regions. The nature of society appears to have remained egalitarian throughout this period, but the increased use of polished ground-stone tools, small-scale production of jade ornaments, trade of shell bracelets with Kyushu, and cultivation of rice and millet demonstrate that the society of this period differs from that of the Middle Bissalmuneui period(Lee 2001:320).

Rice found in Korea in the Late Neolithic sites is *O. sativa* japonica and indica, which likely originated in southern China (Glover and Higham 1996; Wang 2001). It may have come from the northeast to the Korean peninsula as a result of trade or culture contact from the Shandong and Liaoning along coastal lines from trade and cultural contacts (Choe 1982). It is important to point out that the contribution of cultivated plants to the daily diet was likely very small, however. The number of shell middens in western and southern Korea appears to have increased, and resource stress is indicated by intensive exploitation of shellfish (Lee 2001:113-8). Lee explains this as a possible relocation of Bissalmuneui people who were displaced by a movement of Mumun pottery-using people from the north (Lee 2001:324).

Discussion and Conclusions

Evidence related to the origin of cultivation in Korea suggests that it was adopted by inhabitants of the western areas in order to adapt changing both natural and social environments. The cultural process of how cultivation was first adopted or practiced into the Korean peninsula is still difficult to explain with the existing data. There are many different strands of data and no single theoretical perspective is suitable to explain the adoption and spread of small-scale cultivation in Korea. However it can be stated with certainty that this was a long-term process that took place over thousands of years, not unlike China and South Asia (Crawford and Shen 1998; Glover and Higham 1996), or other areas around the world (Price and Gebauer 1995b).

Researchers have argued that sedentary culture is a prerequisite to the adoption of small-scale cultivation (Price and Gebauer 1995a). It is clear from the above evidence that a reassessment of the Incipient Bissalmuneui period is necessary to account for its chronological depth and the possibility of sedentism. Early radiocarbon dates for Osan-ni and Gosan-ni show that pottery-making cultures of the Korean peninsula have an antiquity that is similar to that found in the southern Russian Far East and Japan (8000 to 6000 B.C.) (Barnes 1993; Kuzmin and Orlova 2000). The corresponding similarities between the artifact sets of early Osan-ni and Seopohang houses show that people were relatively sedentary between 7000 and 6000 B.C. Subsistence strategies of the eastern peninsula show a society engaged in deep sea fishing, shellfish collecting, nut gathering, and hunting of terrestrial animals. This corresponds to Binfords collector system, where groups have low residential mobility and high logistical mobility (Binford 1980, 1982). The climatic and environmental data of the period along with faunal evidence and the circumscribed nature of the terrain demonstrate that plentiful resources were available to the eastern people, making this group similar to those in certain regions of Jomon Japan (Barnes 1993:77-8).

Residential stability is a phenomenon that depends on interactions between several factors environment, economy, and technology. Some archaeologists have described sedentism in hunter-gatherer societies as a process that grows out of increased reliance on cultivation (i.e. Bar-Yosef and Belfer-Cohen 1991). However, evidence presented above shows a pattern of subsistence and settlement consistent with residential stability in the west and east of the Korean peninsula by 5000 to 4500 B.C. The lack of sites with evidence of settlement throughout the peninsula during the Incipient subperiod hinders a thorough assessment of residential stability, but the case of Seopohang is evidence of a settlement that appears to have been sedentary.

The cases of Gosan-ni and Hahwagye-ri do not suggest sedentism. However, very early pottery was found at Gosan-ni. Both sites contain evidence that a microblade industry flourished in the Korean peninsula and offshore islands. Pottery-making and microblade technology were probably not independently developed. That is to say, the presence of these technologies indicates that long-term cultural contact with Japan, China, and possibly the Russian Far East was probably established in the Incipient subperiod. Direct evidence is absent, but the artifact sets and coastal locations of Gosan-ni, Seopohang, and Osan-ni suggest the use of boats.

Subsistence and settlement patterns of the Incipient subperiod extended into the Early subperiod. Seopohang, Gungsan-ni, and Amsa-dong were probably stable villages since construction of houses required digging a pit between 50 and 100 cm into the ground. The presence of many composite fishhooks suggest that eastern subsistence strategies became more specialized toward deep-sea fishing. Lee has detected a greater reliance on marine resources at shell middens in the south and southwest during the end of the Early subperiod (Lee 2001:266-7). This may also be the case in eastern Korea. Yet there is little evidence of permanent settlements around some shell middens in the southern part of the peninsula during the Early subperiod. Thus, the function of some shell middens may have been for occasional shellfishing. Also, the pithouses at Osan-ni appear to be somewhat ephemeral in nature compared to Seopohang. This suggests that residential stability may not have been the norm for all areas of the peninsula, or that regional differences in subsistence and settlement patterns existed.

It is not unreasonable to expect that the environment, climate, the cultural trajectory of individual societies, along with culture contact with regions adjacent to the peninsula had some influence on the nature of subsistence and settlement. The variation of their subsistence patterns is partly the result of different ecological adaptations that in turn led to different settlement patterns (Jochim 1979; Steward 1938). Other contributing factors that lead to the perpetuation of subsistence include the geographical circumscription of the eastern area, and the cultural exchanges of the west with Liaoning and the east and south with the Japanese islands and Russian Far East (Imamura 1996; Nelson 1993; Tanaka 2001). The eastern and southern sites bear evidence of culture contact with the Initial and Early Jomon societies of Kyushu and other regions during the Early Bissalmuneui. Contact of the east and south with people in the western peninsula is less evident in the Early subperiod.

Research has established that millet and rice domestication in East Asia originated early in north and south China (Crawford and Shen 1998; Glover and Higham 1996). Millet cultivation was practiced by Yangshao agriculturalists, and perhaps was later introduced from there into the Liaoning area (An 1984; Chang 1986:236-7). Some scholars argue that millet cultivation in the Liaoning area was developed independently from that of Yangshao culture based on site evidence from Chaihai, Hongshan, Xinle, and Fuhe cultures (An 1984; Kim 2001). Curiously, Korean evidence from Soro-ri that shows *O. rufipugon* grains in a layer dated to 13,000 b.p. (CBNUM 2000:316-17). The first author is generally confident with the integrity of the stratigraphic sequence of the site. Yet both authors think that the presence of grains in that layer may be explained by transportation through the soil from upper layers. It would be premature to consider that domestication of rice occurred in the Korean peninsula.

It has been established above that the people in Korea had contact with Neolithic cultures in Dongbei of northeast China and in Jomon Japan from at least the Early Bissalmuneui. Peninsular people of this subperiod who had close contact with Chinese agriculturalists in the Dongbei area could have possessed knowledge of agriculture, but they exclusively remained hunters and gatherers until 3500 to 3000 B.C. Research shows that adoption of agriculture may have been delayed in Jomon Japan and in southern Scandinavia because they were coastal dwellers with rich resources and had no need for other subsistence methods to provide food (Akazawa 1982; Keeley 1995; Price 1996). Ethnographic studies by Woodburn show that the Hazda lived near agriculturalists but did not take up agriculture (Woodburn 1968). Perhaps the exploitable resources in western Korea were suitable such that experimentation with sowing seeds and harvesting of plants was unnecessary.

Lee has pointed out the need to compare island and inland sites to discern the role of marine resources in the transition to agriculture (Lee 2001:35-6). Knowledge of cultivation was apparently passed by culture contact from Liaoning or other coastal areas of the Yellow Sea to the Daedong and Han River basins and beyond. Carbonized grains are found and an increase in the number of stone tools that could be used for cultivation occurs in western riverine sites in the Middle Bissalmuneui (Choe 2000; Nelson 1993). Why, then, is there no evidence of cultivation or culture contact with Dongbei Neolithic sites at shell middens on islands near the mouth of the Han River. Perhaps the island dwellers had ample marine resources to exploit and may have had no need for cultivation. Further investigation of this problem is necessary.

There are other possibilities for explaining the transition in subsistence in western Korea. Researchers have drawn attention to the observation that agriculture first appears in groups of hunter-gatherers with substantial resources (Flannery 1973; Hayden 1990; Higham 1995:141; Keeley 1995:266; Price and Gebauer 1995a:8). If this scenario is proposed for western Korea, perhaps the process of how agriculture was first adopted in the peninsula can be partly explained. Riverine areas in western Korea (i.e. Amsa-dong, Gungsan-ni, Jitam-ni) would seem to qualify as an area with substantial resources because of the wide-spectrum subsistence practices and the presence of residentially stable villages, sturdy pit-houses, and storage facilities. Societies in resource-rich areas that practice wide-spectrum subsistence patterns may be able to afford to engage in risk-taking activities such as small-scale cultivation (Price and Gebauer 1995b:8). The proximity of western Korea to China also appears to be important. Interestingly, western Korea also appears to be the first region in the peninsula to adopt wet rice agriculture and bronze-making technology in the Middle Mumun period. Such technological transmissions result from the cultural orientation of western Korea to the coastal areas of the Yellow Sea in China.

Yet how can the apparent absence of small-scale cultivation in the Yellow Sea islands adjacent to the Han River be explained? Perhaps the marine resources available to the people of the nearby Yellow Sea islands were not sufficient, and so they could not take the risks inherent in adopting small-scale cultivation. Eastern Korea also appears to have been an environment with substantial resources. In this case, the absence of small-scale cultivation may be partly explained by the power of cultural orientation of the eastern people to Jomon Japan. Although contact with the west coast is more apparent in the Middle Bissalmuneui, eastern coastal sites are far from the west. Direct evidence of cultivation is absent in sites on the east coast (DAUM 1997; Im and Kwon 1984; Im and Lee 1988).

It is apparent that southern areas also used small-scale cultivation by the end of the Middle Bissalmuneui (Ha 2001; Lee and Crawford 2002). The spread of cultivation to this area can be explained by a number of factors. The proximity of the southern coast to the western peninsula means that contact by boat was possible. Therefore culture contact is a possibility. The presence of shell middens in both areas implies similarities in certain aspects of the culture. For example, classic Bissalmuneui pottery appears in southern coastal sites during the Middle subperiod (Song 2001; Tanaka 2001). This is the main indication of western cultural contact with the south. Small-scale cultivation may have been adopted in the south because the presence of rich coastal resources allowed the people to experiment with different kinds of subsistence.

Climate may have also had a role in the adoption of small-scale cultivation in western Korea and later in subsequent areas. A trend towards a cooler and wetter climate likely began as early as 3000 B.C. (Bak 1976; Choi 1993, 2001b; Lee 2001; Nelson 1993:23; O 1971). Site evidence demonstrates that the people of the Early subperiod favored warm-climate species, such as water deer (*Hydropotes inermis Swinhoe*), water buffalo (*Bubalus sp.*) and tropical shellfish (*Halitis gigantes*). Hunting and scavenging of these species ceased in the Middle Bissalmuneui. Perhaps the people of the western riverine areas used small-scale cultivation to supplement for the loss of these terrestrial animals. A parallel to the Korean case may be found in China, where the earliest sedentary villages date from a period where increasing cold resulted in changes in vegetation from subtropical plants to coniferous and mixed forests. Higham suggests that the sedentary people of the period became concerned about stabilizing the subsistence base and so turned to rice and millet (Higham 1995:146-7).

As incipient cultivation is taken up in the western area, settlements in riverine zones are found far into the Korean interior by the latter part of the Middle subperiod. Sites such as Daecheon-ni also have Upper Paleolithic components, and the first author has observed that Imbul-li has pottery from the Early Bissalmuneui. Yet we cannot explain the long gap between the Paleolithic and Middle Bissalmuneui. It may be tempting to explain the presence of interior settlements by saying that they resulted from sites that budded off from growing populations in western or southern Korea. However, the presence of Paleolithic and Early Bissalmuneui components may require other explanations. It is difficult to account for the relationship of these villages with western Korea until we know more about basic subsistence practices in the interior. The gaps in knowledge here are exacerbated from a lack of published site reports.

The presence of many different kinds of carbonized cultivars differentiates interior sites such as Daecheon-ni and Sangchon-ni from western Korean sites with millets. It is notable that the size of the pit-houses associated with carbonized grains in interior settlements is quite large (see above). This is the case in the Early Mumun period (c. 1500/1000 to 700 B.C.) in the same areas, where large house size has been interpreted as the presence of multi-family groups involved in different kinds of production (Bale 1999). Domesticated and wild grains have been discovered together at Sangchon-ni and adjacent Early Mumun sites (Lee 1998; Lee 2000b:16). However, in the latter part of the Early Mumun period, large-scale, permanent field features were used to grow millet and rice (Bale 2001), demonstrating the increased importance of cultivation (Lee 2001:5). The number of pit-houses at Sangchon-ni during the Middle and Late subperiods is 14 and 9, respectively (Lee 2000b:24-5). However, the number of houses directly adjacent to Sangchon-ni is approximately 100 in the late Early Mumun, and is more than 500 in the Middle Mumun (Bale 1999, n.d.). This may represent a very slow increase in population over a 3000-year period (2500 to 500 B.C.).

Population increase or migration has been used to explain developments in the Middle and Late Bissalmuneui such as movement of settlement to the interior and adoption of small-scale rice cultivation (Choe 1982; Kim 1986:35). However, using population increase as an explanatory method is problematic since direct evidence in the form of an increase in the number of houses, burials, and sites is lacking. Invoking a migration to explain the appearance of agriculture (Kim 1986:35) is also problematic since, with the exception the introduction of cultural elements such as rice grains and semi-lunar stone blades, the stone tool assemblage and subsistence settlement system is essentially the same from the Middle to Late subperiods.

Yet Lee (2001) makes some interesting arguments using ideas based on structural change of population and migration. She finds that in the Late subperiod, people began to switch from a subsistence based heavy on marine resources to one relying on? terrestrial resources. In the background of these changes Lee detects terrestrial and marine resource stress using molluscan and faunal data, climate and environmental change from the Middle subperiod, and social changes reflected in burials and artifacts the southern peninsula (Lee 2001:323). She proposes that the resource stress is due to a movement of interior Bissalmuneui people into southwestern coastal areas. Following that, the number of shell midden sites increased and resource stress occurred. Southern people were no longer able to intensively exploit coastal shell middens. They stayed in the interior and became oriented toward terrestrial resources (Lee 2001:324-5). Lee stresses that her model of subsistence change needs further examination and testing. She suggests that Bissalmuneui people realized the benefit of cultivation as a supplementary food source and the use of plants gradually increased (Lee 2001:325). We would stress that at some point, in the midst of long-term resource stress and climatic change, the supplements of food derived from cultivation would have become indispensable in the subsistence regime. This probably occurred in the Korean peninsula between 1000 and 800 B.C.

My model of subsistence change and the [introduction of cultivation into the Korean peninsula] are tentative and require further testing. A major challenge of this research is reconstruction of subsistence patterns during the early Post Pleistocene Period. However, the data available now are more substantial than they were in the 1970s and 1980s (i.e. Pearson 1977). It is clear that there was a cultural stage in Korean prehistory that connected the Upper Paleolithic and the Early Bissalmuneui Pottery Period. During the Initial subperiod residentially stable settlements were made possible by a combination of resource availability, climate, and geography.

Evidence suggests that sedentary village life was established in some areas by 6000 B.C., about 2000 to 3000 years before cultivation appeared in Korea. From the beginning of the Bissalmuneui there were different traditions of subsistence patterns in western and eastern areas within Korea. With regard to the cultural change from hunting and gathering to cultivation, it is has been found that the eastern and western groups took divergent paths in the transition to food production. The western people of riverine areas were broad-spectrum hunter-gatherers who depended largely on gathering wild plants, especially acorn, river fishing, and hunting land animals. This tendency toward a broad spectrum of exploitation is evidenced in the origins of agriculture in other parts of world (Flannery 1973; Hayden 1990; Higham 1995:141; Keeley 1995:266). People in other regions seem to have been more specialized. People on coastal islands depended on shellfish gathering and fishing. Eastern and southern people depended on fishing, collecting shellfish, and hunting both marine and terrestrial animals.

The observed variability in subsistence patterns probably resulted from the existence of a number of different environments and resources that enabled different cultural adaptations on the peninsula. People living on islands with shell middens near the mouth of the Han River did not adopt cultivation in the Early or Middle subperiods, but the inland people along Han River used small-scale cultivation to supplement their subsistence economy. It is likely that the riverine settlements of the Daedong, Jaeryeong, and Han Rivers were among the first to adopt cultivation in the Korean peninsula. The cultural orientation and proximity of eastern and southern Korea to Japan delayed intense interaction with the western peninsula until sometime into the Middle Bissalmuneui. Thus the groups there did not use cultivation to supplement their subsistence strategies until classic Bissalmuneui pottery was introduced in the Middle subperiod.

Small-scale cultivation was first practiced in Korea during the Middle Bissalmuneui (3500-2000 B.C.) and rice cultivation followed about 2000 B.C. along the coastal line of northern China. There is no evidence of migration from China in connection with the introduction of millet and rice cultivation. It is not expected that migration played a role in the initial transmission of cultivation into the Korean peninsula because we do not find physical evidence of a Chinese Neolithic cultural intrusion in Korea (Nelson 1999:160-1). In fact, agriculture introduced through migration is not a well-observed phenomenon (Price and Gebauer 1995a:8). Elements of the Chinese Neolithic cultural complex such as farming, village life, pottery, and agricultural tools appeared in Korea little by little over a long period (Choe 1982, 1989). There is an undeniable long-term chronological pattern in the origin of agriculture in China, its spread through the north to Liaoning, and the adoption of small-scale cultivation in Korea. Thus, the development of agriculture in Korea was a slow and gradual process that seems to have taken place over several thousand years. We can argue that plant food, if present at all, was of little comparative significance in the Bissalmuneui Period, and that even the Late Bissalmuneui simply saw an elaboration the preceding patterns. Hunting, gathering, and foraging continued over a very long period despite possible climatic change, resource stress, movement into and exploitation of interior peninsular environments, increases or changes in the structure of population (Lee 2001), and the presence of sedentary societies. The contribution of cultivated plants to their diet seems to have been relatively insignificant during the Bissalmuneui Period. Cultivation became important in the subsistence system between 1000 and 800 B.C.

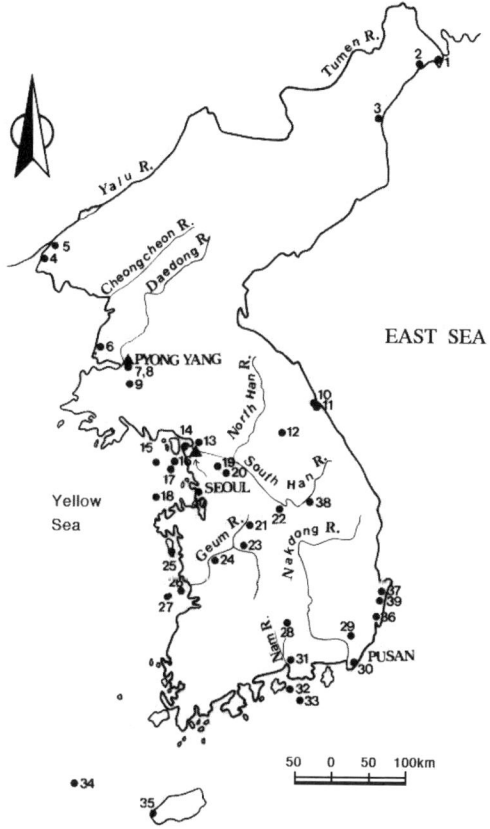

1. Seopohang 2. Donggwanjin 3. Nongpo-dong 4. Sinam-ni 5. Misong-ni
6. Gungsan-ni 7. Namgyeong-ni 8. Masan-ni 9. Jitam-ni 10. Osan-ni
11. Jigyeong-ni 12. Hahhwagye-ri 13. Gawaji 14. Gahyeon-ni 15. So-do
16. Yeongjong-do 17. Oi-do 18. Soya-do 19. Amsa-dong 20. Misa-ri
21. Soro-ri 22. Jodong-ni 23. Daecheon-ni 24. Seokjang-ni
25. Anmyeon-do(Gonam-ni) 26. Nogarae-seom 27. Seonyu-do
28. Imbul-li 29. Suga-ri 30. Dongsam-dong 31. Sangchon-ni 32. Yeondae-do
33. Sangnodae-do 34. Soheuksan-do 35. Gosan-ni 36. Sejuk-ni
37. Ubong-ni 38. Jeommal Cave 39. Sinam-ni 40. Wonjeong-ni

Fig. 1. Major sites appearing in the text.

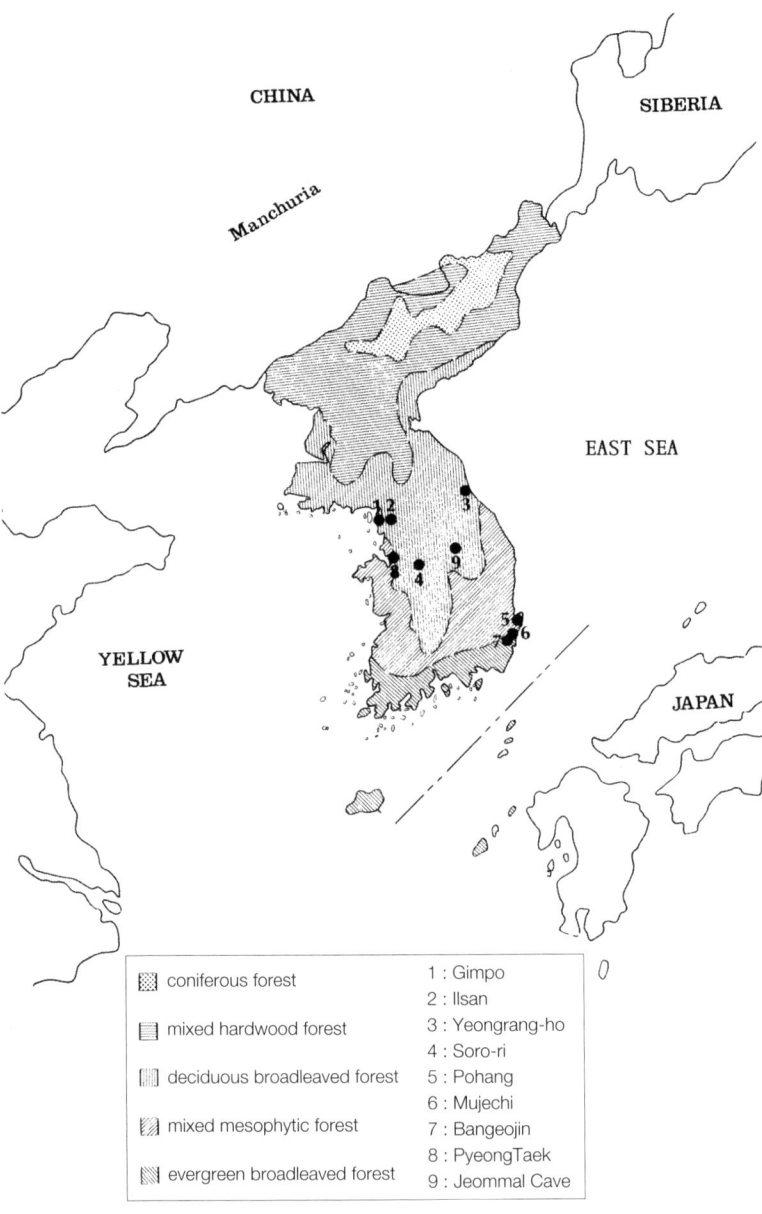

Fig. 2. Natural vegetation types and pollen sample sites in Korea.

Notes

1. I use the romanization system for Korean instituted in July 2000, with some minor exceptions for the convenience of the reader.
2. Radiocarbon dates in the text presented in lower case b.p. are uncalibrated. Upper case B.P. dates are calibrated.

| References |

An, Z. M.
1984   Chiangjang Xiayou Shiquian Wenhua due Haidong e Yingxiang [Prehistoric Culture of the Lower Yangtze and its Influence on the East]. *Kaogu* 5:439-448.

Ahn, S. M.
1999   Seohaean Sinseokgi Sidae-eui Pyeonyeon Munje [Problems of Neolithic Chronology of the West Coast, Korea]. *Ko Munhwa* [Korean Antiquity] 54:3-25.

Akazawa, T.
1982   Cultural Change in Prehistoric Japan. In *Advances in World Archaeology*, Vol. 1, edited by F. Wendorf and A. F. Close, pp. 151~211. Academic Press, New York.

Bak, S. B., S. T. Lim, J. J. Lee, and J. S. Kim
2001   *Ga-do Paechong* [The Ga-do Shell Midden], Papers of the Museum of Chungnam National University, No. 22. Chungnam University Museum, Daejeon.

Bak, Y. A.

1969   Submergence of the Yellow Sea Coast of Korea and Stratigraphy of the Sinpyeongcheon Marsh, Kimje, Korea. *Daehan Jijil Hakhoeji* [Journal of Geological Society of Korea] 5(1):65-66.

1976   Hanguk Seonsa Sidae Jayeonhwangyeong [The Prehistoric Natural Environment of Korea]. *Hanguksa Yeongu* [Studies in Korean History] 14:16-18.

1992   The Sea Level and Coastal Shoreline of the Early and Middle Holocene in the Yellow Sea. Paper Presented at the International Symposium of Environment and Culture in the Yellow Sea Region, Hanyang University, Seoul.

Bale, M.T.

1999   Prehistoric Settlement and Production in the Nam River valley, South Korea. Unpublished M.A. thesis, Department of University of British Columbia, Vancouver.

2001   The Archaeology of Early Agriculture in Korea: An Update on Recent Developments. *Bulletin of the Indo-Pacific Prehistory Association* 21(5):77-84.

n.d.   The Origins and Intensification of Agriculture in the Korean Peninsula. Ms. on file with the author.

Barnes, G.L.

1993   *China, Korea and Japan: the Rise of Civilization in East Asia.* Thames and Hudson, London.

Bar Yosef, O. and A. Belfer-Cohen

1991   From Sedentary Hunter-gatherers to Territorial Farmers in the Levant. In *Between Bands and States,* edited by S.A. Gregg, pp.181~202. Occasional Paper No. 9. Southern Illinois University, Carbondale.

Binford, L. R.

1980 Willow Smoke and Dogs Tails. *American Antiquity* 45(1):4-20.

1982 The Archaeology of Place. *Journal of Anthropological Archaeology* 1(1):5-31.

Brodiansky, D. L.

1996 Boisman Culture, Paper Presented at the 2nd International Symposium on Osan-ni, Yangyang, Korea.

Chang, K. C.

1986 *Archaeology of Ancient China*. Yale University Press, New Haven.

Cho, H. L.

1987 *Hanguk-eui Jungjeok Pyeongya* [The Alluvial Plains of Korea]. Gyohak Yeongusa, Seoul.

Choe, Chong Pil

1982 The Diffusion Route and Chronology of Korean Plant Domestication. *Journal of Asian Studies* 41(3):519-29.

1986 Subsistence Patterns of the Chulmun Period: A Reconsideration of the Development of Agriculture in Korea. Unpublished Ph. D. dissertation, Department of University of Pittsburgh, Pittsburgh.

1989 Nonggyeongmunwha-eui Giwon-e Daehan Jemunje [Some Problems about the Origins of Agriculture in Korea]. In *Hanguk Sanggosa* [Korean Ancient History], edited by Korean Ancient Historical Society, pp. 332~45. Mineumsa, Seoul.

2000 Nonggyeong Dogu-reul Tonghaebon Hanguk Seonsa Nonggyeong-eui Giwon [Origins of Prehistoric Agriculture and Tools]. *Hanguk Seonsa Gogo Hakbo* [Journal of Korean Prehistory] 7:63-84.

Choi, B.K.

1992 *Hongcheon Hahwagye-ri Jungseokgi Sidae Yujeok Balgul* [Excavation of the Mesolithic Site at Hahwagye-ri, Hongcheon]. Gangwon University Museum, Chuncheon.

Choi, G.L.

1993 Jungbujibang Jeoji-eui Siksaengsa-wa Ingan Ganseob-eui Gwangye-e Gwanhayeo [On the Relationship of Human Interference and Diet in the Lowlands of Central Korea]. Hangukjayeonbojonhyeobhwoe Bogoseo [Report of the Korean Nature Preserv ation Association] 12:31-6.

1996 Jeonnam Gwangju Gwangyeoksi Bongsandeul-eui Hwabunbunseok Yeongu [Pollen Analysis of the Bongsan Field in Greater Gwangju, Jeonnam]. *Ulsan Daehakgyo Jayeongwahak Nonmunjib* [Collected Works on Natural Science from Ulsan University] 5(2):115-20.

2001a Hanbando Hubinggi-eui Siksaeng mit Gihubyeoncheonsa [History of Postglacial Vegetation and Climatic Change in the Korean Peninsula]. In *Hanguk Sinseokgisidae-eui Hwangyeong-gwa Saengeob* [Subsistence and Environment of the Korean Neolithic], Proceedings of the 1st Conference of the Dongguk University Buried Cultural Properties Research Institute (DDMMY), edited by the DDMMY, pp. 47~56. DDMMY, Gyeongju.

2001b Hanbando-eui Byeonongsa Gaesi-wa Jayeonhwangyeong

[The Beginning of Rice Cultivation and Natural Environment of the Korean Peninsula]. In *Hanguk Nonggyeongmunhwa-eui Hyeongseong* [The Formation of Agricultural Societies in Korea], Proceedings of the 25th National Meetings of the Korean Archaeological Society, edited by Korean Archaeological Society, pp. 9~19. Korean Archaeological Society, Busan.

Choi, M. Y.

2002   21 Segi Hangukgogohak-eui Saeroun Jeoryu-wa Jeonmang [New Directions and Perspectives in Korean Archaeology in the 21st Century]. *Jae 27 Hwoe Hanguk Sanggosa Hakhwoe Balpyo Daehwoe Yoji* [Proceedings of the 27th Meetings of the Korean Ancient Historical Society], pp. 1~8. (CBNUM) Chungbuk National University Museum

2000   *Soro-ri Guseokgi Yujeok* [Soro-ri Paleolithic Site]. CBNUM and Korean Land Corporation, Cheongju.

Crawford, G. W. and C. Shen

1998   The Origins of Rice Agriculture: Recent Progress in East Asia, *Antiquity* 72:858-66.

(DAUM) Dong-A University Museum

1997   *Ulsan Ubong-ni Yujeok* [The Ulsan Ubong-ni Site]. DAUM, Busan.

Fitzhugh, B. and J. Habu

2002   Introduction. In *Beyond Foraging and Collecting: Evolutionary Change in Hunter-Gatherer Settlement Systems*, edited by B. Meggars, pp. 1~19. Kluwer Plenum, New York.

Flannery, K. V.

1968   Archaeological Systems Theory and Early Mesoamerica. In *Anthropological Archaeology in the Americas*, edited by B. Meggars, pp. 67~87. Anthropological Society of Washington, Washington, D.C.

1973   The Origins of Agriculture. *Annual Review of Anthropology* 2:271-310.

Glover, I.C. and C.F.W. Higham

1996   New Evidence for Early Rice Cultivation in South, Southeast and East Asia. In *The Origins and Spread of Agriculture and Pastoralism in Eurasia*, edited by D. Harris, pp. 413~41. UCL Press, London.

(GNUM) Gangwon National University Museum

2000   Yujeokbalgul Bogo [Excavation Report]. Gangwon University Museum, Chuncheon.

Ha, In-Soo

2001   Dongsam-dongpaechong Jugeojichulto Sikmulyuche [Plant Remains from Dwelling Site No. 1 of the Dongsam-dong Shell-middens] *Hanguk Sinseokgi Yeongu* [Journal of Korean Neolithic Society] 2:41-50.

Habu, J.

1995   Jomon Sedentism and Intersite Variability: Collectors of the Early Jomon Moroiso Phase in Japan. *Arctic Anthropology* 33(2):38-49.

Han, C.G., G.W. Kim, I.Y. Jeon, and J.J. Gu

2002   Okcheon Daecheon-ni Yujeok-eui Sinseokgisidae Jibjari Balgul Seonggwa [Some Comments on Pit-house No. 1 of the Neolithic Phase at Daechon-ni, Okcheon]. In *Hanguksinseokgi Hakhoe 2002 Nyeon Balpyo Nonmunjib* [The Preceedings of the 2002 National Conference of the Korean Neolithic Society], edited by the Korean Neolithic Society, pp. 51~56.

Hayden, B.

1990   Nimrods, Piscators, Pluckers, and Planters: The Emergence of Food Production. *Journal of Anthropological Archaeology* 9:31-69.

Higham, C.

1995   Transition to Rice Cultivation in Southeast Asia. In *Last Hunters First Farmers: New Perspectives on the Prehistoric Transition to Agriculture*, edited by T.D. Price and A.B. Gebauer, pp. 127~55. School of American Research Press, Sante Fe.

Hwang, S.I. and S.O. Yoon

2000   Ulsan Taehwagang Jung-Haryubu-eui Holocene Jayeonhwangyeong-gwa Seonsain-eui Saenghwal Byeonhwa [The Change of Physical Environment during Holocene and Human Life of the Middle and Downstream of the Taehwa River in Prehistoric Times in Ulsan, Korea]. *Hanguk Kogo-Hakbo* [Journal of the Korean Archaeological Society] 43:67-112.

Hwang, G.D.

1984   *Joseon-eui Cheongdonggisidae* [The Bronze Age of Joseon]. Science and Encyclopedia Publishing House, Pyeongyang.

Ilyon

1972   *Samguk Yusa: Legends and the History of the Three Kingdoms of Ancient Korea.* Translated by T.H. Ha and G. Mintz. Yonsei

University Press, Seoul.

Im, H. J

1990   Gyeonggi-do Gimpo Bando-eui Gogohak Josa Yeongu [Archaeological Research on the Gimpo Peninsula, Gyeonggi-do]. *Annual Bulletin of Seoul National University Museum* 2:1-22. Seoul National University Museum, Seoul.

2000   *Hanguksinseokgimunhwa* [Neolithic Culture in Korea]. Jibmundang, Seoul.

Im, Hak-jeong

2001   1969-1971 Busan Dongsam-dong Paechong Balgul Gaeyo [A Summary of Excavations at Dongsam-dong in Busan, 1969-1971]. *Bakmulgwan Sinmun* [Museum News] 356:6-7. National Museum of Korea, Seoul.

Im, H. J and Kwon H. S.

1984   *Osan-ni Yujeok* [Osan-ni Site: A Neolithic Village on the East Coast]. Archaeological and Anthropological Papers Vol. 9. Seoul National University Museum, Seoul.

Im, H. J. and J. J. Lee

1988   *Osan-ni Yujeok III* [Osanni Site III: a Neolithic Village Site on the East Coast]. Archaeological and Anthropological Papers Vol. 13. Seoul National University Museum, Seoul.

Im, H. J. and M. Suzuki

2000   Gimpo Itancheung Yujeok-gwa Dangsi Jayeon Hwangyeong [Peat Bogs in the Gimpo Area and the Natural Environment during the Neolithic]. *Hanguk Seonsa Gogo Hakbo* [Journal of Korean Prehistory] 7:7-40.

Imamura, K.

1996   *Prehistoric Japan: New Perspectives on Insular East Asia.* University of Hawaii Press, Honolulu.

Jeong J. W., H. T. Im, and K. C. Shin

1981   *Gimhae Suga-ri Paechong I* [The Gimhae Suga-ri Shellmound I]. Busan National University Museum, Busan.

JNM (Jinju National Museum)

1999   *Mok-do Paechong* [Excavation Report on Mokdo Shellmound], Jinju National Museum Site Excavation Report Vol. 12. Jinju National Museum, Jinju.

JNUM (Jeju National University Museum)

1998   *Jeju Gosan-ni Yujeok* [The Jeju Gosan-ni Site]. JNUM, Jeju City.

Jo, S. W.

1977   *Singo Toyanghak* [Modern and Ancient Soil Science]. Hyangmunsa, Seoul..

Jochim, M. A.

1979   Breaking Down the System; Recent Ecological Approaches in Archaeology. In *Advanced Archaeological Method and Theory.* Vol. 2, edited by M. B. Schiffer. pp. 77~117. Academic Press, New York.

Jones, R. and B. Meehan

1989   Plant Foods of the Gidjingali: Ethnographic and Archaeological Perspectives from Northern Australia on Tuber and Seed Exploitation. In *Foraging and Farming: the Evolution of Plant Exploitation,* edited by D. R. Harris and G. Hillman, pp. 120~35. Unwin Hyman, London.

Keeley, L.
1995   Protoagricultural Practices Among Hunter Gatherers: A Cross-Cultural Survey. In *Last Hunters First Farmers: New Perspectives on the Prehistoric Transition to Agriculture*, edited by T.D. Price and A.B. Gebauer, pp. 243~99. School of American Research Press, Sante Fe.

Kim, S.K.
1990   Seonbong Seopohang Wonsiyujeok-eso Deureonan Jimseungbbyeo-e Daehayeo [On Faunal Material from the Seopohang Site in Seonbong]. *Joseongogoyeongu* [Studies in Ancient Joseon] 3:13-8.

Kim, W.Y.
1986   *Art and Archaeology of Ancient Korea*. Taekwang Publishing Co., Seoul.

Kim, Y.H.
2001   Yodongbando-wa Hanbando Jungseobu-eui Gwallyeonseong Geomto [An Examination of the Relationship between the Liaodong Peninsula and Korean Midwestern Region]. *Hanguk Seonsa Gogo Hakbo* [Journal of Korean Prehistory] 8:55-70.

Kim, Y.G. and G.T. Seo
1972   Seopohang-dong Wonsiyujeok Bogo [Seopohang-dong Prehistoric Remains Report]. *Gogo Minsok Nonmunjib* [A Collection of Ancient Folklore Studies] 4:31-145.

Kim, Y.N., Kim Y.G., and G.D. Hwang
1975   *Urinara Wonsijibjari-e Gwanhan Yeongu* [A Study on the Settlements of North Korea], edited by History Editorial Depart-

ment. Pyeongyang: Sahwoegwahak Chulpansa.

Kuzmin, Y. V. and L. A. Orlova
2000   The Neolithization of Siberia and the Russian Far East: Radiocarbon Evidence. *Antiquity* 74:356-64.

Lee, C.
1973   Sinseokgi Munhwa Jayeon Hwangyeong [Natural Environment of the Neolithic in Korea]. *Hanguksa,* [The History of Korea], Vol. 1, edited by National History Compilation Committee, pp. 58. National History Compilation Committee, Seoul.

Lee, Dong-ju
2000a. Amsa-dong Bissalmuneui Togi-eui Wolyu-e Daehan Searoeun Sijeom [A New Perspective on the Bissalmuneui Pottery of Amsa-dong], Paper Presented at the Second Symposium on Amsa-dong Neolithic Culture, Seoul.

2000b. Namgangyuyeok Sinseokgimunhwa-wa Ilbonyeoldo-Jinju Sangchon-niyujeok-eul Jungsimeu-ro, [Nam River Valley Neolithic Culture and the Japanese Archipelago: the Sangchon-ni Site in Jinju]. In *Jinjunamgangyujeok-gwa Godaeilbon-Godae Hanilmunhwagyoryu-eui Jeyangsang* [Sites in the Nam River, Jinju, and Ancient Japan: Aspects of Ancient Korean-Japanese Cultural Exchange], An International Symposium, edited by Gyeongsang Nam-do and Inje University Gaya Cultural Research Institute, pp. 1~34. HallaEd, Busan.

Lee, D. Y.
1992   Hanbando Sagi Jicheung-eui Cheungwi Gochal [Stratigraphic Analysis of Quaternary]. *Sagi Hakhwoeji* [Journal of Quater-

nary Geology], 1:3-20.

Lee, Gyoung-Ah

1998   Gominjoksikmulhak-eui Yeongubanghyang-gwa Hanguk-eso-eui Jeonmang [Perspectives of Paleoethnobotanical Study and the Possibility of its Application to Korean Archaeology]. Yongnam Kogohak [Yongnam Archaeological Review] 23:61-89.

Lee, G.A. and G. Crawford

2002   *Antiquity*, Report on Dongsam-dong millet from House 1.

Lee, June-Jeong

2001   From Shellfish Gathering to Agriculture in Prehistoric Korea: the Chulmun to Mumun Transition. Unpublished Ph.D. dissertation, Department of Anthropology?, University of Wisconsin, Madison.

Lee, Su-hong.

2002   Personal Communication, Ulsan Institute of Cultural Properties.

NMK (National Museum of Korea)

1994   *Amsa-dong* [Amsa-dong Site], Report of the Research of Antiquities Vol. XXVI. NMK, Seoul.

1999   *Amsa-dong II* [Amsa-dong Site II], Report of the Research of Antiquities Vol. XXX. NMK, Seoul.

Nelson, S.M.

1990   Neolithic Sites in Northeastern China and Korea. *Antiquity* 64:234-48.

1993   *The Archaeology of Korea*. Cambridge University Press, Cambridge.

1999   Megalithic Monuments and the Introduction of Rice in Korea. In *The Prehistory of Food: Appetites for Change*, edited by C. Gosden and J. Hather, pp.147~65. Routledge, London.

n.d.   Korean Fishing and Foraging Sites in the Holocene. In *From the Jomon to Starr Carr: Hunter Gatherers of East and West Temperate Eurasia*, edited by S. Kaner and L. Janik. List the publisher.

Norton, C. J., B. Kim and K. Bae

1999   Differential Processing of Fish During the Korean Neolithic: Konam-ni. *Arctic Anthropology* 36:(1-2):151-65.

O, J.Y.

1971   Pyeongtaekjigu Totanbunseok [Analysis of Peat from Pyeongtaek]. *Hanguksikmulhakhwoeji* [Journal of the Korean Botanical Society] 14:66-73.

Okladnikov, A.P.

1965   *The Soviet Far East in Antiquity: An Archaeological and Historical Study of the Maritime Region of the USSR*. Arctic Institute of North America, Anthropology of the North: Translations from Russian Sources, No. 6. University of Toronto Press, Toronto.

Pearson, R.J.

1977   Paleoenvironment and Human Settlement in Japan and Korea. *Science* 197:1239-46.

Price, T.D.

1996   First Farmers of Southern Scandinavia. In *The Origins and*

Spread of Agriculture and Pastoralism in Eurasia, edited by D.R. Harris, pp. 346~62. Smithsonian Institution Press, Washington, D.C.

Price, T.D. and A.B. Gebauer

1995a. New Perspectives on the Transition to Agriculture. In *Last Hunters First Farmers: New Perspectives on the Prehistoric Transition to Agriculture,* edited by T.D. Price and A.D. Gebauer, pp. 3~19. School of American Research Press, Sante Fe.

Price, T.D. and A.B. Gebauer, (editors)

1995b. *Last Hunters First Farmers: New Perspectives on the Prehistoric Transition to Agriculture.* School of American Research Press, Sante Fe.

Sample, L.L.

1974 Tongsamdong: A Contribution to Korean Neolithic Cultural History. *Arctic Anthropology* 11(2):1-125.

Seo, K. T.

1986 *Joseon-eui Sinseokgi Sidae* [The Neolithic of Joseon]. Sahwoe Gwahak Publishing, Pyeongyang.

Shin, S.J.

1992 Urinara Sinseokgi Sidae-eui Jayeonhwangyeong [Environment of Southern Coast Area during the Korean Neolithic Age], *Hanguk Sanggosa Hakbo* [Journal of the Korean Ancient Historical Society] 10:17-81.

Sohn, B. K.

1974 Hanguk Guseokgi Sidae-eui Jayeon [Palynological Studies of

Korean Paleolithic]. *Hanbul Yeongu* [Korean-Chinese Studies] 1:9-31.

1975 Jecheon Jeommal Donggul Junggan Bogo [A Preliminary Report on the Excavation of Jeommal Cave in Jecheon]. *Hanguksa Yeongu* [Studies in Korean History] 11:9-53.

1982 *Sangnodae-do-eui Seonsasidae Salim* [The Sangnodae-do Site]. Suseowon, Seoul.

Sohn, B.K., H.S. Chang and T.S. Jo

1992 Excavation, Survey, and Dating. In *Ilsan Sindosi Jiyeok Haksul Bogo (1) Jayeon-gwa Yessaram-eui Sam* [Report on the Research of the New City of Ilsan Area (1)], pp.19~39. Institute of Korean Prehistory, Seoul.

Song, E.S.

2000 Sinseokgisidae Saenggyebangsik-eui Byeoncheon-gwa Nambu Naeryukjiyeok Nonggyeong- eui Gaesi [Transition in the Subsistence Patterns in Neolithic Korea]. *Honam Koko Hakbo* [Journal of the Honam Archaeological Society] 14:95-118.

Steward, J.H.

1938 *A Theory of Cultural Change*. University of Illinois Press, Urbana and Champagne.

Tanaka, S.

2002. Hanguk Jung-nambujibang Sinseokgisidae Togimunhwa Yeongu, [A Study of Ceramic Cultures of the Neolithic in the Central and Southern Korean Peninsula]. Unpublished Ph.D. dissertation, Department of Dong-A University, Busan.

Tsukada, M.

1986 Vegetation in Prehistoric Japan: The Last 20,000 Years. In *Windows on the Japanese Past: Studies in Archaeology and Prehistory,* edited by R. Pearson, G. Barnes, and K. Hutterer, pp. 11~56. Center for Japanese Studies, University of Michigan, Ann Arbor.

Wang, W.

2001 Zhongguoshiqianshiqi Daozuoyicun Xinfajian ji Qidui Chaoxianbandao de Chuanbo [New Discoveries of Prehistoric Rice Cultivating Sites in China and the Spread to Korea]. In *Hangukgodae Dojakmunhwa-eui Giwon* [The Origin of Rice Cultivating Culture in Ancient Korea], edited by Im H.J., pp. 227~49. Need to list pubisher.

Woodburn, J.

1968 An Introduction to Hadza Ecology. In *Man the Hunter,* edited by R. Lee and I. DeVore, pp. 49~55. Aldine, New York.

Wright, H.

1977 Environmental Change and the Origin of Agriculture in the Old and New Worlds. In *Origins of Agriculture,* edited by C.A. Reed, pp. 281~318. Mouton, The Hague.

Yasuda, Y. and J.M. Kim

1978 Kankoku ni Okeru Kankyô-hensen-si to Nôkô no Kigen [History of Natural Environmental Change in Korea and Origins of Agriculture]. In *Kankoku ni Okeru Kankyô-hensen-si* [History of Natural Environmental Change in Korea], Academic Research Reports on Overseas Countries. Ministry of Culture, Tokyo. Page numbers?

Yoon, Y.K. and B.K. Park
1977   Hanbando Hubinggi Haemyeon Byeonhwa-eui Jihyeong Hakjeok Jeungeo [Geomorphological Evidence of Sea Level Fluctuation in the Korean Peninsula during the Holocene]. *Daehan Jijil Hakhoeji* [Journal of Korean Geology]. 13(1):15-22.